汉语语法丛书

汉语语法论

高名凯　著

商务印书馆
2011年·北京

图书在版编目(CIP)数据

汉语语法论/高名凯著. —北京:商务印书馆,2011
(汉语语法丛书)
ISBN 978-7-100-07668-5

Ⅰ.①汉… Ⅱ.①高… Ⅲ.①汉语—语法—研究 Ⅳ.①H14

中国版本图书馆 CIP 数据核字(2011)第 020338 号

汉语语法丛书
汉 语 语 法 论
高名凯 著

商 务 印 书 馆 出 版
(北京王府井大街36号 邮政编码 100710)
商 务 印 书 馆 发 行
北 京 瑞 古 冠 中 印 刷 厂 印 刷
ISBN 978-7-100-07668-5

1986 年 10 月新 1 版　　开本 850×1168 1/32
2011 年 3 月北京第 2 次印刷　　印张 20⅝
定价: 42.00 元

重印说明

高名凯先生(1911—1965),北京大学中文系教授,我国著名的理论语言学家、汉语语法学家和文学翻译家,曾为中国现代语言学的开拓与发展做出了重要贡献。为纪念高名凯先生诞辰100周年,我馆重排出版高名凯先生语言学著作系列,包括《汉语语法论》、《语法理论》、《高名凯语言学论文集》和《语言论》等四种。

《汉语语法论》初版于1948年(上海开明书店),科学出版社1957年出版修订本。商务印书馆1986年再版,并收入"汉语语法丛书"。全书分构词论、范畴论、造句论和句型论等四编,提出了不少新颖而有价值的见解,是高名凯先生的代表作,在汉语语法学史上与王力《中国现代语法》、吕叔湘《中国文法要略》并称,是20世纪40年代最重要的汉语语法著作之一。高先生所主张的汉语实词无词类的观点影响深远,目前仍有重要意义,在汉语语法研究领域自成一家,对国内外汉语语法研究都产生了一定的影响。本次重印依据商务印书馆1986年版,增收了1948年版的两个序。

虽然半个多世纪过去了,高名凯先生的著作对今天的语言学研究仍具有重要参考价值。相信本书的出版一定会对语言学研究者和爱好者有所帮助。

目　录

《汉语语法丛书》序

《汉语语法丛书》选收1949年以前国内出版的汉语语法著作十种。这些著作除了本身各有其独自的价值之外，合在一起，可以说大致上反映了上半个世纪汉语语法研究经历的过程。过去对这些著作有过不同的评论和估价，毁誉不一。《丛书》第一种《马氏文通》出版于1898年，距今八十余年，第十种《汉语语法论》出版于1948年，距今亦有三十余年。有了这样一段时间上的距离，回过头来看这些书，我们的认识可能会比以往客观一些。

《马氏文通》往往因其模仿拉丁语法而为人诟病。其实作为第一部系统地研究汉语语法的书，能有如此的水平和规模，已经大大出人意表，我们实在不应苛求于马氏了。只要看《文通》问世二十余年以后出版的一批语法著作，无论就内容的充实程度论，还是就发掘的深度论，较之《文通》多有逊色，对比之下，就可以看出《文通》的价值了。

早期的语法著作大都以印欧语法为蓝本，这在当时是难以避免的。但由于汉语和印欧语在某些方面有根本区别，这种不适当的比附也确实给当时以及以后的语法研究带来了消极的影响。在印欧语里，句子跟小于句子的句法结构——词组——构造不同，界限分明。在汉语里，词组和句子的构造原则是一致的。词组被包含在句子里时是词组，独立时就是句子。早期语法著作想要按照印欧语法的模型把句子和词组截然分开，事实上又做不到，因此产生纠葛。《文通》书中“句”和“读”（“读”的范围大致相当于印欧语法里的子句 clause 和分词短语 participial phrase）界限含混不清，正反映了这个事实。后来的语法著作在这一点上大都因袭《文通》，由此造成了语法体系内部许多难以克服的矛盾。

跟词组和句子的分野相关联的另一个问题是词类的划分。早期的语法学者用印欧语的眼光看待词类。他们在给汉语的词分类以前，心目中已经有了一套先入为主的划类标准。其中最重要的是以下两点：第一，认为动词、形容词不能占据主语和宾语的位置，主宾语位置上的成分总是名词性的。第二，认为修饰名词的必然是形容词。事实上汉语里绝大部分的动词和形容词都能充任主语和宾语，修饰名词的也不一定都是形容词。无论在古汉语里，还是在现代汉语里，名词修饰名词都是很自由的。因此，如果承认以上两项标准，那就等于承认汉语里的名、动、形三类可以变来变去，流动不居。所以《马氏文通》说，“字无定义，故无定类”，《新著国语文法》也说，“凡词，依句辨品，离句无品”。到了《汉语语法论》就索性提出汉语实词无词类的主张了。

关于汉语的词类问题，30 年代末期曾经展开过一次讨论，主要的文章都收集在《中国文法革新论丛》（《丛书》第六种）里。由于当时对划分词类的标准只能是词的分布（distribution）这个原理还缺乏认识，这次讨论的深度是不够的。

吕叔湘《中国文法要略》（《丛书》第八种）和王力《中国现代语法》（《丛书》第九种）出版于 40 年代。这两部书都力图摆脱印欧语的羁绊，探索汉语自身的规律。《中国现代语法》在句法结构的分析上有不少创见，对于后来的语法研究有相当大的影响。但从现代语言学的角度来看，《中国文法要略》尤其能引起我们的兴趣。第一，这部书上卷“词句论”里讨论到句子和词组之间的变换关系，其中有些观察是相当深入的。例如书中指出叙事句一般都能转化为名词性词组，而存在句、领属句和判断句则不能转换成名词性词组。再如说带指人的“补词”的叙事句转换成词组时必须补一个代词复指成分“他”(你送花给一个人→你送花给他的人/我向一位老人家问路→我向他问路的老人家)[①]。《要略》应该说是研究汉语句法结构变换关系的先驱。第二，下卷“表达论”以语义为纲描写汉语句法，许多见解富有启发性。特别应该指出的是，《要略》是迄今为止对汉语句法全面进行语义分析的唯一著作。

《中国文法要略》和《中国现代语法》两书都曾因采用叶斯丕孙(Otto Jespersen)的“词品说”受到批评。其实叶氏的词品说并不见得比当时流行于汉语语法界的词类通转说和词无定类说更坏。词品说正是为了要解决多少也存在于英语语法里的“词无定类”的困难而设计出来的。按照叶氏的理论，词类是固定不变的，词类和词品之间的关系则是变动的(例如名词一般是首品，有时是次品，有时还可以是末品)。在30年代关于词类问题的讨论中，傅东华曾经倡议把词类和句子成分合一，提出了所谓“一线制”的主张。跟一线制相比，词品说可以说是“三线制”，即在词类和句子成分之间加入词品一线，作为两者的桥梁。总之，吕、王二氏的书只不过是用词品说代替了旧有的并不见得比词品说高明的词类理论。这两部书的价值和词品说的得失并没有多大关系。

---

① 我在《“的”字结构和判断句》一文中曾提到这一点(《现代汉语语法研究》134页)，当时没有注意到《要略》早已注意到这个现象了。

在《丛书》所收集的十种著作中,《文通》导夫先路,开创之功不可泯灭。《国文法草创》(《丛书》第二种)虽然成书相当早,但对于语法的性质以及研究语法的原则独具卓识,不为流俗之见所囿,在当时是难能可贵的。《新著国语文法》(《丛书》第四种)在20年代讲现代汉语语法的著作中,影响最大,在普及语法知识方面有一定的功绩。何容《中国文法论》(《丛书》第七种)对30年代以前的几部重要语法著作进行分析和批评,多有独到的见解,至今仍不失为一部有用的参考书。吕、王二氏的书反映了前半个世纪汉语语法研究所达到的水平。这两部著作几乎是同时出版的,同工异曲,各有千秋。综观这些著述,对于这五十余年中语法研究的发展,可以见其梗概。

朱 德 熙

一九八〇年十月十九日

重印《汉语语法论》序

《汉语语法论》是名凯先生撰写的几部重要著作中的头一部，是抗日战争后期在沦陷区北平(北京)写出的。成书在1945年，搜集材料和开始写作则在1941年(时年三十岁)。1941年5月在燕京大学语文学会所作的演讲，即同年发表在《文学年报》(燕大)上的《怎样研究中国的文法》，是本书“绪论”第二章和第六章的蓝本。其后，主要是书成之后的次年即1946年，相继在《国文月刊》(上海)和《燕京学报》上以单篇论文的形式先期发表了大部分章节。[①] 1948年1月，开明书店出版了《汉语语法论》初版。1957年11月，科学出版社出版修订本。现在收入《汉语语法丛书》的是修订本。

陆志韦先生在初版序言中称赞本书是“以前从没见过的”“从现代文法学的立场”来研究汉语的“有系统的著作”。《汉语语法论》与《中国文法要略》(吕叔湘，1942—1944)、《中国现代语法》(王力，1943)、《中国语法理论》(王力，1944)等著作共同代表了汉语语法学史上的一个历史阶段。[②] 这些著作的共同特点是：以现代语

---

① 在《国文月刊》上发表的那九篇论文，后来为台湾乐天出版社汇集成册，定名《国语语法》，作为“乐天人文丛书”之一，于1960年1月出版发行；作者署名改为“高明凯”。

② 这已是中外语言学界的公论。例如，王力《中国语言学史》(1981)认为中国语法学的“发展时期”(1936—1948)“以王力、吕叔湘、高名凯为代表”。苏联著名汉学家A. A. 龙果夫在《汉语语法纲要 · 俄文本序》(1954)中说：“到了40年代，现代语言的研

言学理论为指导，力图摆脱西洋语法的格局，建立反映汉语特点的语法体系。这使汉语语法研究从《马氏文通》和《新著国语文法》跨出了可贵的一大步。

这里说的现代语言学理论，即20世纪初到30年代的西方普通语言学。自中国学者接触并研究了普通语言学，并且用之于中国的实际之后，中国的语言研究包括语法研究在内的各个领域都发生了质的变化，面目一新。“以普通语言学为理论指导来进行研究工作”，“是这个时期和语法初期的明显分野”。（王力《中国语言学史》，1981）与同时期的语法著作比较，《汉语语法论》更偏重于理论的探讨。有专章（《怎样研究汉语语法》）系统讲述研究方法；有关于语法理论的一般原理的阐述；对语法事实的描述则伴之以理论上的解释。本书总是把作出论断的理论上和材料上的依据以及论证过程，展示出来。为此，涉及中外古今若干学者的若干论著，从而形成了本书所特具的论辩式的风格。从这方面来看，本书不是一部通俗的教程，但对研究者和喜欢刨根问底的读者，则有特殊的吸引力。以至“日本研究汉语语法的人，大多先参考高名凯的《汉语语法论》，因为可以借此对汉语语法中存在的各项问题获得一个初步的认识。在读完这本书的基础上，然后再对汉语语法的

究特别加强起来，那时，吕叔湘、王力（王了一）和高名凯教授的著作都出来了。”日本中国语学研究会《中国语学研究史》（1957）的《中国的汉语语法研究（解放以前）》部分（牛岛德次执笔）指出，“……后期（1936—1949）打破了前期语法的研究方法，进一步试图建立起一个新的汉语语法体系。当时曾有多人发表过这方面的著作，其中最重要的，是王力、吕叔湘、高名凯三人的论著。”海牙出版由T. A. Sebeok总编的《语言学的当代趋势》第13卷《语言学的历史文献》（1975）的《远东》部分（R. A. Miller执笔），认为中国语言学自30年代中期起至1949年，“三个人的著作占统治地位”，这三个人是王力、吕叔湘、高名凯。

各家专著加以进一步的研究”。（日本中国语学研究会《中国语学研究史》(1957)的《词典与研究书解题》部分，赖维勤执笔。）

作者早期深受德·索绪尔（F. de Saussure）及其后法兰西学派的梅耶（A. Meillet）、方德里耶斯（J. Vendryès）、马伯乐（H. Maspero）等人语言学理论的影响。在汉语语法研究中，马伯乐的影响最为直接。马伯乐到过中国，熟悉汉语，对汉语语法做过专门研究，发表过一些超越当时一般西方学者的见解。他是曾经风靡欧洲的“普遍语法”的坚决批判者，反对拿欧洲语言的语法来解释汉语语法。他认为汉语语法的重心在句法。与方德里耶斯一样，他强调语法范畴和语法形式的统一。这些见解都是本书作者十分赞同的。在汉语实词分类问题上，也不难看出作者所接受的马伯乐的影响；马伯乐否认汉语有“特殊的语法范畴”，从而否认汉语有词类分别。同时，我们也注意到，作者并不完全附和马伯乐。例如，他虽然同意马伯乐所说，汉语缺少以屈折表达的语法范畴，但同时认为，汉语有丰富的由虚词表达的语法范畴，这是《范畴论》一编得以建立的理论根据。马伯乐只讲规定关系和引导关系，作者则除此而外还讲对注关系、并列关系和联络关系。对汉语实词分类问题的处理和认识也与马伯乐有所不同。

这部理论性强的著作，落脚点还在于建立一个汉语语法的新体系。“汉语的语法应当拿汉语语法本身来作研究的对象”（修订本 48 页，初版 70 页）的原则和作者对汉语语法特点的认识，决定了初版《句法论》、《范畴论》、《句型论》三大编的布局。《句法论》主要讲词与词的组合关系，大别为“内在的关系”和“外在的关系”两者，又进一步分为几种类型。同时研究了系词、规定词、受导词、连词、承接词等虚词。《范畴论》探讨了指示、人称、数、数位、次数、体、态、愿望欲求、能、量等语法范畴及有关的虚词。又单辟《句型论》一编，详细论述同样的语言材料因不同说法而构成的句子不同的“型”（如“否定命题”）。这不但大大打破了前期语法模仿西洋语法的框架，在后期所出的各种语法著作中也是独具一格的。

在充实这个体系的各个具体问题的描述上，也随处可见作者独到的见解和处理。例如，对高本汉认为古汉语第一、二人称代词曾有所谓格的变化的学说的批评（修订本 35—38 页，初版 56—60 页）；对汉语的近指指示词分齿音和喉牙音两套描述，远指指示词分鼻音和唇音两套描述（修订本 115 页、120 页，初版 286 页、292 页）；认为表数目的“两”与“斤两”的“两”无关，是“𨊠、倆”的后身（修订本 140—141 页，初版 319—320 页）；严格区分“时”和“体”，认为汉语无“时”但有“体”的范畴（修订本 188—190 页，初版 371—374 页）；认为汉语具有动词功能的词本身无施动和受动的区别（修订本 200—211 页，初版 392—407 页），也无内动和外动的区别（修订本 211—213 页，初版 407—410 页）；认为“的”是规定词，不是形尾（修订本 287—288 页，初版 151—152 页）；归纳出传递式规定关系中规定词去取的若干规则（修订本 290—291 页，初版 155—156 页）；认为“右丞相陈平”是对注关系（对注者在后），而“陈平右丞相”是规定关系（规定者在前）（修订本 341—342 页，初版 225—227 页）；认为汉语否定词的作用不只在否定系词或“动词”，而在否定整个命题（修订本 426—428 页，初版 519—521 页）；认为命令命题有强制式与非强制式的区别，非强制式又有请求式和劝告式的区别（修订本 494—496 页，初版 618—622 页），等等。

本书的研究对象不限于某一特定时期的汉语，上下三千多年都在研究范围之内。每一种语法现象都要求有相当数量的古今例证，并尽可能说明古今演变的线索，往往是从结果倒过去追溯其历史渊源。本书还强调运用比较的方法，一方面与印欧语等非亲属语言比较以突出汉语的特点，另一方面用汉藏语系其他语言和汉语方言的材料来做说明汉语语法现象及其历史发展的佐证。

从上可以看出，作者给自己提出了很高的目标，并且取得了当时历史条件所允许的了不起的成就。诚然，作者并不认为他已圆满地达到了目标。他一再声明，他这只是“初步工作”，“初步的意见”，是“尝试”。（初版《陆序》、《自序》，修订本《前记》）。这是事实。我以为，主要的缺陷也还在理论与实际的结合上。概括地说，本书的写作有从西方语言学的一般理论出发来找汉语材料的倾向。这样，一方面，难免会有不全符合汉语实际的描述。一个突出的例子是：作者明明见到，就句子的谓语对主语的关系来说，规定式（如“你家这酒，好生淡薄”）与对注式（如“我是佛弟子”）大不相同，但在初版中仍然把这两种句子统称为名词句而与动词句对立，因为根据方德里耶斯的理论，“名词句与动词句的分别则是一切语言所共有的”。（初版 87 页）[①]另一方面，发掘的汉语的特点也“只限于欧洲语所有的语法结构方面的不同特点，而不能发现这范围以外的汉语语法的特点”，因此“还不能完全摆脱西洋语法的格局”。（见《中国语文》1958 年 10 月号高文）这给我们提供了一个极其宝贵的教训。纵观汉语语法学史，从套用西方语法来写汉语语法，到借用西方理论来写汉语语法，无疑是很大的进步；后者比前者有较多的自由天地。更为可贵的是，后一时期包括本书作者

① 作者有关这一理论的认识过程参看作者所著《书评：〈中国语法理论〉（王力）》，《燕京学报》35 期，1948 年。

在内的杰出的语法学家都在某些方面对他们所信奉的西方理论有所突破，然而正如前期语法由于面对汉语实际而在某些方面也突破了西方语法的框框一样，那是有限度的。我们一点也不能轻视理论而盲目摸索，一切先进的语言学理论我们都要借鉴。但任何理论都不能代替具体情况的具体分析，理论本身也要在实际中不断丰富和完善。绝不是有了某种先进理论，加上汉语例子，就解决了汉语的问题。把理论与实际结合好，真正建立起科学的汉语语法理论和汉语语法体系，实非易事，也许要用几代人的劳动。

从初版到修订本，引人注目的改动是新增《构词论》一编，这既是为了在汉语语法中给词法以一定的地位，也是出于阐述作者新的词类观的需要。40 年代写作时，作者即已对当时一般语法著作对汉语词类问题的处理深表不满。指出“西洋语言的词品分类已经有问题”，“再以此来套中国的语法，更是不妥”。（初版 44 页、41 页）但毕竟还把汉语实词分成了名词、动词和约词三类（初版 52 页），尽管这种分类在书中不占多大地位。经过深思熟虑，作者于 1953 年明确提出了汉语实词不能分类的主张，从而在我国语言学界展开了规模空前的大讨论。在这以前，所有的汉语语法著作都给汉语实词分了类，但对有关划分词类的基本问题的认识很不清楚，甚至相当混乱。作者就词类的性质、划分词类的标准和汉语的特点等方面提出问题，点到了要害。无论反对还是赞成的人都从讨论中获益不少，这个讨论大大促进了汉语词类问题研究的深入。在此过程中，作者坚持他的基本结论，但与此有关的某些看法有所改变。本书修订本概括了作者到那时为止的认识，是汉语实词分类问题的讨论的继续，也是对于在不分名动形的情况下系统讲述汉语语法的一个尝试。自然，毕竟是修订旧著，“不能一下子全部重新写起”（修订本《前记》）。简略地说，作者承认以形态为主的语法意义、句法功能和形态三位一体的分类标准。认为，汉语实词既缺乏有分类作用的形态，又往往具有多种语法意义、多种句法功能，所以没有固定的类，只是在不同场合具有不同的词类功能，例如名词功能、形容词功能、动词功能。作者指出，词类和词类功能是两个不同的概念。作者后来在一篇演讲中曾以俄语名词和形容词的“性”作比，每个俄语名词都属于阴性、阳性和中性中的某一类，但任何一个俄语形容词都不固定地属于阴性、阳性或中性，但它却可以在不同场合分别具有阴性、阳性或中性的语法意义或语法功能。（《汉语语法研究中的词类问题》，《安徽大学学报》1963年第1期）另一方面，作者认为汉语虚词（比一般的理解要宽）可以分成若干类别，因为虚词是语法成分，可以根据虚词所表达的不同语法意义的类别、不同种类的句法关系加以分类。大别说来，有代表虚词、范畴虚词、结构虚词和口气虚词四类，又可进一步分为二十一个小类。（修订本86—89页）《汉语语法论》的重印发行，也给人们全面了解并研究作者的汉语词类学说，提供了方便。

石安石

1985年1月

《汉语语法论》(1948年初版，上海，开明)之《自序》

转眼已是四年前的事了。那时候我在燕京大学讲授"中国文法研究"，课余之暇，略作思考，颇有一些新意见。于是就想写一部关于汉语语法的书。没有想到正在搜集材料的光景，十二月八日的风波却给我带来了一个难堪的生活局面。在日本军警的监视之下，燕大同仁算是完全失去自由了。然而我却居然能够镇静的坐了下来，开始我的《汉语语法论》的著述，现在回想起来，实在觉得很可玩味。本书的《绪论》的一部分就是在这时期写成的。让日本人监视了三个月之后，我就迁居城内，同时又应了法国朋友杜柏秋先生(J. P. Dubosc)的邀请，担任了中法汉学研究所的研究职务。我每日到所和甘茂德子爵(Vicomte de Kermedec)共同研究中国文字，翻译中国小文，六小时的疲惫工作之后，白天的剩余时间又得花费在生存的挣扎上。可是，我对于汉语语法的探讨，却仍然感有极大的兴趣。所以就在夜里，对着一盏蓝色的菲力浦电灯，继续我的工作。本书也就这样的居然能够在竟天弥漫炮火的气味中完成了。

本书完全是用尝试的态度写成的。我觉得坊间所有关于'中国文法'，'国语文法'之类的书籍都未免太过于模仿西洋的通俗语法格局，而不是对汉语语法作下正确的分析。因此，我就根据语言学的原理给汉语语法尝试的整理出一个科学的系统。所解释的虽未详尽,所取的路径则自信比较的正当。这其实只是我的初步工作。我的希望也并不大,不过是给大家作摇旗呐喊的先锋而已。

我曾作过哲学的冥想,思索是我的癖好,因此,本书对于理论上的探讨也比较的偏重,书名《汉语语法论》也正为此。昨得林焘君成都来书,说是李方桂先生认为我的《汉语介词之真价值》(Essai sur la valeur réelle des particules prépositionnelles en Chinois)哲学气味甚浓。本书确是一部理论的著作,但我不知道李方桂先生读到本书时仍觉得哲学气味甚浓否。

我对于语言学发生兴趣是业师陆志韦先生的鼓励,我对汉语语法进行研究是马伯乐教授(H. Maspero)的指导。然而本书完稿之日,马伯乐先生却已经因为莫须有的罪名而惨死在德意志的集中营里。我在万分悲悼之余,愿将本书献给马伯乐之灵。

我得感谢杜柏秋先生,周作民先生和陈伯流先生。没有他们,我恐怕都已经成为饿鬼了。这部书之所以能得写成,这几位朋友所给我的帮助实在是第一功。

书成之后,蒙洪煨莲先生阅过一遍,陆志韦先生阅过一遍并愿作序;出版的事情,又蒙郭绍虞先生诸多帮忙,也应当在此致谢。

民国三十五年元旦日序于北平燕京大学

陆　序

马氏《文通》以前，中国没有文法书，只有像袁氏《虚字说》，王氏《经传释词》那一类的著作。马氏把整套的拉丁语法枷在中国文言文的脖子上。在不明白西洋语的人看来，简直不知道那一部书的目的何在。反正从许慎之后，以至马建忠跟近来模仿《文通》的著作，都不过谈些文言文的字法跟句法。直到最近，才发现国语文法之类的书，可惜那些作家都好像是说着汉语而根本不考虑到汉语是怎么一回事。像赵元任先生等人能从现代文法学的立场来研究方言的，真是凤毛麟角。可是有系统的著作在高君名凯以前从没见过。

这部大著作，高君用了好几年的功夫，才把他编造成功。希望大家不把这一番苦工等闲放过。最好是多多加以批评，从批评加以修改，然后能了解我们的祖语，我们切身的工具，究竟是怎样的。

高君的成绩，只要我们能小心阅读，无须乎为他特别介绍，特别铺张。当然开山的事业是最难的。高君自己也以为这部书只代表他的初步工作。将来大家还得埋头苦干。最精密的办法应当是先从某一种方言入手，譬如北平话。我们得先把他的范畴，句法，全部解释清楚。然后再同样的叙述别的几种重要的方言，譬如上海话，福州话，广州话。然后可以成立方言的比较语法。然后把这现代语法一方面跟泰语相比较，或是再放大一点跟藏缅安南同一语系的语言相比较。又一方面，这方言谱可以用来跟秦汉以后所有的方言的记录相比较。从这几句话看来，我个人对于文言文的看法显然跟高君不同。

文言跟白话的分别切不可以轻易放过。唐朝以后，不论是变文，语录文，元曲的道白，以及三国演义，红楼梦都是在文白之间摇摇晃晃。这一大堆的材料偶尔引用则可，似乎不能凭他做什么有系统的研究。纯粹的文言文，据我看来，又跟古白话全然是两回事。就拿《诗经》来说，我不信其中有一首诗是真正的白话诗。别的不提，单就高君所注重的辅名词来说吧。汉暹语除去了辅名词，就不成其话。可是全部《诗经》没有一个真正的辅名词。我不信周朝人会说这样的话的。古汉语的确有辅名词。汉朝人写文章，一不小心，就用上了。譬如“一个臣”，“一只鸟”。所以我有一种偏见：研究语法的时候，暂时把文言文搁在一边。好在所要考查的例子在白话里没有找不到的。然而我们对于像高君这种开创的工作上，不宜乎这样苛求。

此外至少还有一个问题高君的著作里没有详尽讨论。汉语不论那（录入者注：现在应为“哪”）一种方言都有一套特别的煞尾词，像“罢”，“么”，“呐”之类。各方言所用的差不多。我老觉得这一类的词是在整个句子的后面的，例如“不去罢”，“不去么”，“不去呐”。那些煞尾词的声调跟轻重随着意义而变化，然而都有一定的规矩。西欧语好像没有这一类的词。外国人学汉语，一句话老像是斫了尾巴似的，我不知道这个问题是属于范畴的，还是句法论的。无论如何，这确是汉语的特点。不知高君如何看法。

民国三十五年三月八日　陆志韦读。

前　记

《汉语语法论》于 1948 年初次出版。出版时，印数不多，坊间早已见不到。年来国内外各专家和读者们曾屡次询及此书，希望能够得到，作为参考的资料，因此，就想把它重印出来。

自从《汉语语法论》出版以来，语言学已不断向前发展，而我对书中某些论点也有所改变，于是，就趁着重印的机会，加以全面的修订。

修订的地方很多，主要在于理论部分，例如汉语词类的划分问题、汉语的句法问题等，并且加上了许多新的内容，使其更为完整。在内容的安排上也有所不同，例如把"范畴论"移至"造句论"（旧名"句法论"）之前，把讨论词类的一章从"绪论"里抽出，加以重写，插在"构词论"里，把原有的"句法论"、"范畴论"、"句型论"三编改为"构词论"、"范畴论"、"造句论"、"句型论"等四编。这样的经过全面的修订之后，全书的面目已与旧本不同。

当然，汉语的语法问题，在目前的发展阶段上，还没有得到圆满的解决；许多地方，甚至于最基本的问题，都还值得大家研究和讨论，我们正应当展开自由讨论来促进汉语语法问题的科学研究，而这部书的写作也只是在于提供一种看法，作为语言学家和读者们的参考而已。其中的某些问题，我自己也还没有做出最后的安排，例如，我既认为汉语的实词没有划分词类的可能和必要，那么，在这种情形之下，汉语的语法体系要如何地建立起来，书里还没有做出最后的安排，这一方面是因为受旧稿的影响，不能一下子就全部重新写起；另一方面是因为建立一个适合汉语规律的新的语法体系不像抄袭欧洲语的语法格局那样容易，不是一朝一夕所能办到的，也不是一个人的能力所能完成的。我只能够在这里提出初步的意见，作为参考，让大家共同研究，共同努力，加以解决。正因为这个缘故，这部书是研究和探讨的性质，不是定出什么规章，来叫大家遵守，更没有要求读者依照我的体系来进行语法教学的意图。在目前的情况下，制定规章，尚非其时。但有一点则是我所坚信的：汉语有汉语的特点，一般讨论汉语语法的著作只能解说问题，不能作为实践的指导，显然是脱离汉语的语法特点，而去抄袭欧洲语的语法格局来给汉语语法建立“体系”所生的结果；不根据汉语的特点来为汉语的语法建立科学的体系，只有使汉语语法的研究停留在“文字游戏”的阶段上，不能解决问题，因此，这部书的精神是就我对汉语语法特点的理解，运用普通语言学的原则而来尝试建立一个科学的汉语语法体系的。不消说，我的学力有限，而科学的汉语语法体系的建立也不是“易如反掌”的事情，这个尝试是否能够得到成功，还需要各专家和读者们的帮助，我也只有诚恳地请求专家和读者们的指教了。

这部书在初版付印之前，蒙陆志韦、郭绍虞等先生给我许多帮助，出版以来，又蒙专家和读者们给我提出一些宝贵的意见，对这部书的著作和修订都起着极大的作用，我应当在这里向他们表示我的衷心的感谢。我也应当向科学出版社的同志们表示我的敬意，因为没有他们的辛勤劳动，这部书也就不能以现在的面目与读者们见面。

高 名 凯

1957 年 2 月 20 日记于北京大学燕东园

绪　　论

第一章　汉语之范围及其重要

第一节　汉族与汉语

所谓汉语乃指中国领内及海外一切汉民族所说所用的语言。语言本来是构成民族单位的主要条件之一。史前学的研究和民族学的探讨都有赖于语言学的帮助。西洋学者往往利用语族问题为线索去追求人类各族的分布情形。最近且有人想把全世界各语言作一综合的研究,因而去答复全世界的人类是否出自一源的问题。这种企图之是否合理我们暂且不必加以追究,但对于汉族的来源则是应当加以讨论的。

自从19世纪末年拉苦披里(Terrien de Lacouperie)发表中国文化来自西方的意见[①]后,汉族西来的理论差不多是成了一般人的共同信仰。拉氏的立论是以中国古代的人名和古代巴比仑东方伊琅(Elan)王国的人名在发音上的相同来做根据的。比方说,黄帝在古代又有有熊氏之称,"熊"字有时念为 Nai 音,Nai-huang-ti 就等于伊琅古人名之 Nakhunte。这种理论之不可靠,葛兰言(M.

---

① 见所著:Western Origin of Chinese Civilization,London,1894.

Granet)辩之[1]至详。因为黄帝虽有有熊氏之称，而熊黄帝(Nai-huang-ti)这个名称则不见于史书，“熊”字有时虽可念为 Nai，但有熊氏之“熊”却是念为 Hsiong，何况熊黄帝三字之念为 Nai-huang-ti 根本是近代的读音，如何可以和伊琅古代之 Nakhunte 相比拟？但拉氏之说虽不足信，而汉族西来的观念却仍旧存在于一些西欧汉学家的脑筋之中。这原因，一部分是因为中国古代的历史中，如周秦的兴起，都是在中国的西方，因此就认为汉族是从西方来的；一部分则因为近年考古学的发现，证明中国古代的文化和西方的文化颇有关系，因此就认为汉族是从西方来的。其实周秦虽然崛起于中国的西部，然而这只是中国本土的西方，而且是历史时期的事实，不能证明原来的中国人是来自西方。至于文化上的交通则是另外的问题，不能与种族的问题混为一谈。1923 年天津北疆博物院院长桑志华(Père Licent)和巴黎自然历史博物馆德日进(Père Theihard de Chardin)在黄河河套附近及甘肃庆阳、宁夏、榆林一带发现全打置的旧石器并有火烧过的兽骨堆积在一处。差不多同时瑞典安德生(J. G. Andersson)也发表了他在河南、甘肃及辽宁的考古结果，证明新石器时代曾于中国存在过。最使人感觉兴趣的，即安氏居然在河南仰韶新店一带发现了彩陶，其花纹颇类于巴比仑之素沙(Susa)及中央亚细亚之亚脑(Anau)、脱里波留(Tripolje)所发现的彩陶花纹。安氏即由此而判断中国文化的来源是在中亚细亚，俄属土耳其斯坦，因为种族的移殖就把这文化带到中国来，最初受到这影响的就是甘肃[2]。这种理论发表了之后，

---

① La Civilisation Chinoise (Paris 1929), Livre II, Chap. I, p. 69.

② 参阅 Andersson, An Early Chinese Culture, Peking, 1923; Preliminary Report on Archaeological Research in Kansu, Peking, 1925.

汉族西来说更为一般人所崇奉。然而安氏此种理论显然没有说服力。安氏自己也说过，在河南、甘肃和辽宁的发现中，时代较早的遗物是发现于河南和辽宁而不在甘肃。如果这种族是从西方来的，哪能先及东方而后及于西方。何况近日基本建设工程中到处都发现有极早期的文化，这就证明了我国人在极早的时期就有自己的文化，所谓汉族西来的学说，只是一部分资产阶级学者企图证明汉人是西方人的子孙的一种狭隘的种族主义的表现。

1929年周口店"北京猿人"的发现证明在中国本土有始石器时代的存在。有的考古学家则借此而认为人类的发源地是中国①。然而这和汉族西来说一样，都只是推测，并无实证。我们至多只能说：在中国的本土，史前时代已经有始石器时代的人类居住过。这些人是否现今中国人或全世界人类的始祖，则尚须更进一步的研究。

中国古代之有独立自创的文化在殷墟的发掘中也可以得到证据。龟卜除中国外在任何国家都不存在，而殷墟的龟板可以给我们一个印象，即当时龟卜方法的复杂和文字排列的整齐都需有长时间的经验和训练。这显然是中国特有的文化。殷墟文字又告诉我们当时的农产物有米，遗存中的兽骨不但有旱牛，且有水牛，而且尚有鲸骨、咸水贝等的发现。这证明殷墟时代不但有自创的文化，就是受外来影响的文化，也不一定都是来自西方。米和水牛就是来自东南亚洲的，而鲸骨和咸水贝则是近海的产物。另外山西西阴村史前的遗址曾发现过半个被人割裂过的茧壳，这证明在石

---

① 土耳其的语言学家们曾经主张过，土耳其是人类的始祖，这种论点显然是种族主义的表现，与科学没有任何共同之处。在没有得到科学的证据之前，同样地，认为中国是人类的发源地，也是狭隘的民族主义的表现。

器时代，中国已有养蚕的习惯。养蚕之为中国的自创文化是毫无疑义的①。

原来文化的交通是极自然的现象。我们不能因为中国古代文化中有西方的色彩或东南方的色彩，就认为中国的种族是从西方或东南方来的。然而我们也并不是说中国种族绝不能是从西方来的。我们的意思只是说：以文化中一部门之有相同之点实在不足以证明中国种族的来源问题。种族和文化是两个不同的领域。当然考古学和人类学的研究对于种族问题的探讨有极大的帮助。但这种考古学尚属草创，确定的结论一时是得不到的。在文献不足的今日，我们不能武断地下结论。不过有一点我们可以相信的，即在中国的本土，史前时代已经有人居住，而且已经有了始石器时代的文化，而在历史时期，中国的本部确有许多自西方来的侵略者。

资产阶级的人种学家往往利用文字学的结论来解决种族的问题。远在 1903 年，戴遂良（L. Wieger）就曾利用中国文字的结构来证明中国的种族是从西南方来的，而不是一般人所相信的来自帕米尔高原。戴氏以中国古文字中所述的鸟兽草木，其形状都有类于热带的产物，因此就认为中国人是从缅甸方面侵入中国的西南部，经大理府、云南府、洞庭湖而入于黄河流域②。这种理论的弱点正如以彩陶花纹之相同而认为汉族来自西方一样，都是不足为凭的，何况文字的象形并不能完全表现原物，如何知其必是热带的产物。无怪乎他自己后来也就放弃了自己的意见③。奇怪的

---

① 参阅李济《西阴村史前的遗存》第 22 页。

② Textes Historiques (Ho-kien-fou, 1902), p. 18.

③ Histoire des croyances religieuses et des opinions philosophiques en Chine, depuis l'origine jusqu'ā nos jours (Hien-hien, 1920), p. 17 notes.

是，福尔开氏（A. Forke）却重新蹈了戴氏的覆辙，也以文字学的探讨来说明中国种族是从南方来的①。

然而如果我们对于中国种族的来源没有什么具体的答案的话，汉民族的存在则是毫无疑问的。要知道种族和民族是两回事。中国人种的来源虽不是我们所知道的，但汉民族的形成却是我们所明了的。我们可以不必讨论史前的情形，也不必过于怀疑我国古代的历史，殷墟的发现证明中国古代的历史并不是顾颉刚等人所相信的那样的无稽。历史告诉我们在中国古代本来就有许多部落、部族居留在现今中国的领土之中。维登来赫氏（Weidenreich）在对周口店山顶洞所发现的骸骨的研究中，认为在旧石器时代这里有三个不同种族的人居住在同一个地方。虽然这三个种族不见得是如维氏之所言，必得是蒙古种、爱斯基摩种、麦兰尼斯种，但其为不同的种族则是比较可靠的②。卜辞中所见的羌、鬼方等等都是外族而和古代中国人有密切的关系的。徐中舒曾以周人之呼商人为夷狄而认为商周是两个不同的民族③。周秦时代外族之居于中原者更是比比皆是。晋代所谓“五胡乱华”的“五胡”原就是居住在中国本土的外族。然而这些外族其实是同化了的，后来也成为了汉民族的一分子。所谓汉民族其实是先后占据中国本土的无数种族随着社会的发展而渐渐地统一在一起的。虽然是许多种族的结合，却是一个民族，因为他们是在同一的地区之中，同一的文化

① Der Ursprung der Chinesen.

② Weidenreich, On the Earliest Representatives of Modern Mankind Recovered on the Soil of East Asia, Peking Natural History Bulletin, 1938—1939, vol. 13, part 3, pp. 161—173.

③ 徐中舒：《从古书中推测之商周关系》，《国学论丛》第一卷第2期。这里所说的“民族”其实指的是部族。

之中，有一个共同的经济生活，而有其共同的语言即汉语的。

语言学家认为汉语是汉藏语系中的一个语言(汉藏语系又名为印度—支那语系)。所谓汉藏语系是西自西藏、喜马拉雅、后印度一带，东至太平洋西岸，北至西伯利亚之一小部分，南至缅甸、印度支那半岛这领域内各民族(非种族)所用的语言。它们在结构上有其相同之处，大半都是单音缀而有声调变化的，而在基本词汇及语法构造方面也有相类似的地方。在这大系统的语言之中，一般语言学家都给他们分下了几个支派。布仑费德氏(Bloomfield)把它们分为三支:(一)汉语支，(二)泰语支，(三)藏缅语支。他又把藏缅语支分为四派:(一)藏语，(二)缅语，(三)Bodo-Naga-Kackin语，(四)倮㑩语①。施美德氏(W. Schmidt)也把它们分为三大支，但分法却与布氏不同:(一)北支 Jennissei-Ostjakische 语支，(二)西支藏缅语支，包括西藏喜马拉雅语、北部阿萨蜜语(Assam)、中部南部阿萨蜜语及阿拉干(Arakan)缅甸语四者，(三)东支泰汉语支，包括汉语、倮㑩西夏麽些语、加连尼(Karenische)语、泰语及越南—孟语五者②。布施二氏的分法都是以地域为根据，并非以语言的结构为凭借。汉藏语系的归属问题尚待研究，这里不能做出肯定的结论。关于越南语派的语族问题，学者们的意见并且是很分歧的。甫慈卢斯基氏(Przyluski)就认为越南语属于澳亚语系(Austroasiatiques)，和马来语是同一的系统，而不属于汉藏语系③。

伯希和(P. Pelliot)曾经说过，泰缅藏汉各语言的关系不能给

① Bloomfield, Language, pp. 69—70.

② W. Schmidt, Did Sprachfamilien und Sprachenkreise der Erde, pp. 132—133.

③ Les Langues du Monde 中甫氏所作 Le Sino-tibétain 文。

我们丝毫关于这些民族的过去历史的知识[①]。这句话当然是武断。语言和使用语言的人民有密切的关系，了解某一语言的历史可以帮助我们了解使用这一语言的人民的历史。但是，我们却的确不能由此而证明占据中国领土的汉民族是从藏缅泰等民族现在居留的地方来的。此外，纵使这些民族所说的语言是从原始的汉藏语来的，这也不能证明这些民族是同一的种族来源。正如麦叶(A. Meillet)之所言，只有印欧诸语之存在，并没有印欧诸种族的存在，语族问题和种族问题是两回事[②]。但我们至少可以说：在历史时期中，亚洲东南部有几个人民团体，他们的语言是属于同一系统的，而汉语则是这大系统中之一势力最大的语言。

第二节　汉语的范围

汉语是周秦以来以及汉代统一中国后，由占据中国领土中的各种族随着社会的发展而统一在一起的汉人所用的语言。后来汉人的势力一天大似一天，到现在居然占了全世界人口的四分之一，而领土的范围也渐渐向外扩张，现在占了全世界土地的十二分之一。在这样地大人多的情形之下，随着社会的分化，地域的分野，语言上也渐渐地起了方言的分化。然则现在所谓的汉语到底是何所指，我们就不能不给它一个答案了。

依照语言学的见地，所谓方言和共同语(common language)是有密切关系的，但分别起来却不容易。现在欧洲大陆上有许多

---

① Abadie 著 Les Races du Haut-Tonkin 伯氏序。

② Introduction à l'Etude Comparative des Langues Indo-Européennes p. 80.

语言，如法语、意大利语、西班牙语、葡萄牙语、罗马尼亚语等，它们中间的分别并不大。懂得法语的人就很容易懂西班牙语。然而它们却是不同的语言。中国领土之大，中国人口之多，中国人与中国人之间的语言大有差别。就是汉人与汉人之间，说起话来，也有不容易彼此了解的情形。广东人说的话北京人就不懂得，福建人说的话江苏人就不理解，其相差的程度何尝不如西班牙语之与法兰西语？这样说起来，所谓汉语到底是什么，确是一个问题。原来中国版图虽大，中国人口虽多，但是现在汉人所说的话确是同一来源的。我们知道中国各地方的汉人所说的话虽然不完全一致，可是就语音学的原则来研究，我们的确可以给它们找出一个线索来追溯其同一的来源。例如“饭”北京话叫做 fan，福州人则叫做 puɔŋ 听起来大家都不懂的，可是研究起来就知道 fan 和 puɔŋ 原来只是一个同一的词[①]，在中古的《切韵》方言念做 b‘ji̯ʷɒn。b. p. f. 都是唇音，中古双唇音在北方官话里有一部分变成了现代的唇齿音 f，而福州话则尚保留其古音的色彩。在福州话中除了极少数的词外，多半都能用这种原则去解释，所以我们绝不能说福州话是另外一个语言，我们只能说它是汉语的一个方言。原来一个共同语范围内的方言的规定，不能单独用语音来做标准。语音的变化很多，就是同一的北京，城内和城外人所发的音就不见得完全相同。更不能够以一般的词汇来做标准，因为词可以借用，现在汉话里有不少外来词，如“摩登”、“爱克斯光”之类，我们不能说汉语就是西洋语；而且每一个地方每一个社群都有其特殊的环境，都有其特殊的

---

① 这里所谓“词”并非先辈训诂学家所说的“词”，乃指语言词汇的一个单位，即英语所谓之 Word。参阅本书《绪论》第三章第一节。

用语，就是北京话，文化界的人和工商界的人就可能用一些各自的行业语的词。以语言学的观点来说，规定一个语言的条件，是它的基本词汇和语法构造。语法的变化并不容易，而在同样的语法构造之内可以接纳不同的发音、不同的词。虽然语法也总还有演变的时候，但却演变得很慢。基本词汇也是语言中不容易起演变的部分，能长期地保留其特点。在汉语的不同方言里，虽然发音是不同的，然而语音的系统则大略相似，而且只要用心，大体还能互相了解。从基本词汇方面来说，大家所有的也大体相似。尤其是日常生活中所常用的词，各地方言所用的词都大致相同。北京人所说的"一"、"二"、"三"、"四"、"山"、"水"，在福州话也是说为"一"、"二"、"三"、"四"、"山"、"水"，并没有什么不同。再从语法构造方面来说，各方言的发音和一般的词汇虽然有不同的地方，但语法上的不同则极微细。比方说，西洋语动词都有过去、现在、将来的分别，而汉语的任何方言中都没有这种情形。所以尽管汉语的方言彼此不相同，然而尚不失其为汉语的一种方言。换言之，都是属于汉语的范围之内。这与西洋的语言不同。西洋语虽然都是从原始的印欧语来的，是互相关联的，然而它们的变化却比较的大。日耳曼语系的语法构造和拉丁语系的语法构造大不相同，而在日耳曼语系或拉丁语系诸语言之中，它们也是不相同的。这是因为印欧语的语法构造着重于形态的变化，形态是附加在词根上的一个成分，往往是用一个语音成分代表之。这语音成分一起演变，语法的演变也就随之而生。何况它们为着文化政治的关系，各国都有各国的文字，都有各国的书面语言，并不是全欧洲只用一种文字，只用一种"书面语言"的。因此随着各民族的形成也就成为各不同的民族语言。汉语在这一方面又刚刚好成为一个单位。汉人虽然散处各地，但却都是同一民族的成员，汉人尽管方言不同，然而说汉语的人只有一种共同的文字，而现在的汉人也有统一民族共同语的要求。现在在中国境内，差不多没有谁也不懂民族共同语的地方。所以汉民族语其实是一个单位，我们的共同语其实就是以唐宋以后因政治、文化的关系而养成优越势力的北方方言为基础而发展起来的各地汉人之间的共同语。虽然也有别的方言成分掺杂在内，然而却是一般人所都了解的。所以所谓汉语实在有广狭二义，前者包括一切汉语的方言，后者则专指汉民族所用的以北方方言为基础而发展出来的民族共同语而言。可是后者的研究却有赖于前者。因为本来都是出自一源，比较的研究可以增进对这民族共同语的认识。

第三节　汉语与汉文

上面说汉民族有一共同的文字，用这文字写出来的，却有两种系统，一是所谓文言文，一是所谓白话文和其他用方言写的“通俗文”。白话文一般人都认为是“语体”，是“说话”的文体。法国人竟将“白话文”译成 langue parlée，而译文言文为 langue écrite（前者为“说的语言”，后者为“写的语言”）。实则白话文并不见得是“说的语言”，而文言文也不见得不代表说的语言。现在的白话文并不和说话完全一致，它已经是一种写的语言，书面语言，不过接近于说话而已[①]。以语言学的眼光来看，文言文和白话文的分别并不

① 关于说的语言和写的语言的分别，参阅 Vendryès, Le Langage, 5ᵉPartie, chap. 2。

在于写不写，因为白话文也是写的，也和说话不同，而是在于时代。换言之，文言文是古代的写的语言，而白话文则是现代的写的语言。因为其为古代的写的语言，所以它和现代的说的语言（简称为“语言”）相去更远。关于古文是否当时的语言，国人争论了很久，大约都出不了两个极端的论调：一认为古文就是当时的白话，一认为古文并不代表古时的语言。其实这两种看法都不十分对，其原因就是没有了解写的语言和说的语言的分别。原来写的语言和说的语言不是完全一致的，然而前者却代表后者。古文是写的语言，它不能和当时的说话完全一致，然而却不能说它不代表某一时代的语言。然而这也并不是说古文是古代的白话。古文只是古代的白话文，而不是古代的白话。我们看古代的经典每一时期都有每一时期的一些特殊的句法，都有每一时期的一些特殊的词汇，很可以证明古代的记载确是代表当时的写的语言，不过因为是写的语言，同时又因为书写的物质上的困难，更因为原始文字还脱不了象形的规模，例如卜辞，大部分抽象的概念无从表现，这写的语言总不能和说的语言完全一致，只能相当地代表它而已。我们可以说，凡是古文中所写的大体可以相当地代表当时的说话情形，不过还有的说的语言成分却不存在于古文，因此用古文来研究古代的语言也并不是不可靠的，不过不能以此而窥古代说的语言的全貌而已。葛兰言谓中国的文言文绝不能代表真正的语言，只有《诗经》接近于古代的语言①。这句话是错误的。其实古代文言文并不是完全和语言不生关系，而《诗经》也不见得较接近于语言，因为无论

---

① Quelques particularités de la langue et de la pensée ehinoises, Revue philosophique de la France et de I'Etranger, 1920.

何时何地，诗总是一种特殊的文学体裁，和日常的语言至少在风格的结构上并不一致。

不过这是就经典的古文来说。大约汉代的文献还能相当代表当时的说话情形。司马迁的《史记》就有许多和先秦的文献不相同的地方。可是后来因为经典文学的势力，大家都来仿效，这传统的所谓文言文就离开说话的语言太远了。因此民间的俗文学家又创出了白话文。这白话文是根据唐宋以后的说话而写的，然而也并不完全和当时的说话一致，就是现今的白话文也并不见得和说的话完全一样。这不一致的原因一方面是受了传统的影响，一方面则因为书面语和说的语言总有一些不一致的地方。

第四节 汉语的重要

汉族自古就是惹人注意的。它是惹人喜欢、惹人敬服的，印度古代的文学作品《大战书》(Mahābhārata)中就有许多关于汉人的记载。它说 Cīna(即汉人)很可爱，因为 Cīna 给印度人带去了许多好看的丝。希腊、拉丁以及阿拉伯的文献中也都有关于汉人的记载。汉唐两代对于西域的经营实在是汉人对外建立威信的基础。中国文化的发达是西方人一向所承认的。近世纪以来，欧洲人受中国文化的恩惠更是不少，即在文学、哲学以及艺术方面，17、18两世纪的欧洲很显然地呈现着中国的影响。德国哲学家莱布尼兹(Leibnitz)认为世界最大的文化在于大陆的两端，中国和欧洲，但中国在实践哲学方面却在欧洲人之上[①]。那时候，在他们的眼中，

① 见 Novisima Sinica 序。

中国是一个神秘的国度。他们羡慕中国，敬服中国。然而自从海通以来，西洋的资产阶级国家用了从中国人学来而加以改良的枪炮把中国打败了之后，忽然改变了态度。这时候他们就侵略中国人，欺侮中国人。他们耗费极大的精力来镇压中国人民的反抗，不断地到中国来“寻宝”，也常因为争夺市场而起内部的纷争，而对中国文化有研究的也仍旧成为了学术界中的闻人。在世界全人类的眼光之中，汉人总是惹人注意的。这证明汉民族本身有其内在的伟大，尽管在某些方面（如工业）是落后的，但这地大物博人多的汉族在全世界的整个文化潮流中，总有其惹人注意的地方，将来更将永远地惹人注意。在世界的语言之中，汉语是一个重要的语言。汉族这样的在全世界的视线中有其特殊的地位，表达汉人思想感情的汉语，其重要性也就可知了。

汉语的重要不但在于说的人多，同时也在于文字记载的丰富。汉人之有文字，为时极久，而且是远东许多文字，如日文、朝鲜文、字喃等的滥觞。殷墟的卜辞，其文字的齐整，词汇之丰富，已经证明它是很进步的。与殷墟同时，除了美索不达米亚、小亚细亚及埃及外，只有爱琴与印度的西北是有文字的文化。西洋的学者曾有中国文字来自埃及的理论。这显然是胡扯。文字的创造是人类的自然现象。埃及人可以创造文字，汉人也可以。在没有得到确实的证据之前，我们很难说谁是受谁的影响。殷墟卜辞的发现可以给我们一个印象：即汉人文字的初创时期一定很早，甲骨文字虽尚带有象形的色彩，但已去图像的字形很远。“人”字之作为而不作就是例子。

汉字的重要并不光是在于创造时期的早，同时是在于文字记载的丰富。在全世界任何民族，任何语言之中，汉字所写而留下的文献可以说是最多的。法人爱斯加拉(Escara)曾谓中国文献之丰富,即以史部论,正史一门已非全世界史书之可比[①]。这些文献不但是研究中国历史,中国文化的宝库,同时也是研究人类历史、人类文化的锁钥。世界其他许多民族、部族或部落的历史也可以从中国的文献中得到解决的眉目。

然而这尚不是汉语在纯粹语言学方面所有的重要性。从纯粹语言学的观点来看,最重要的是汉语的研究对于普通语言学所有的贡献。

我们知道现代科学语言学的发展实有赖于梵文研究的发现。自从博布(Bopp)的《梵语动词变化之系统》一书问世(1816)以来,比较语法学才在欧洲兴盛起来。比较语法学并不是一般人所了解的随便的比较,乃是指印欧语族中各语言的语法的比较,因而去推测其共同的来源的。因为梵文和拉丁文、希腊文等的比较,欧洲人才知道他们的语言原来是和远在东方的印度语属于同一的系统,从同一的"母语"蜕化出来的不同的"子语"。后来欧洲又有所谓日耳曼语学,拉丁语学及斯拉夫语学等的研究。其实就是取了比较语法学的办法,对于日耳曼语系各语言,拉丁语系各语言,以及斯拉夫语系各语言加以比较的研究,以推求其原始的情态。因为这样研究的结果,对于民族学及考古学有了不少的帮助,而语言学本身也进入了新的阶段,即普通语言学的兴起。在各个语言的比较研究中,语言学家被两种事实所惊动,一是各语言的不同的成分,一是不同之中的相同。因为有不同,有相同,于是便想推求一个语言学的普通原则,是一切语言所共有的。这便是普通语言学的对

---

① La Chine, présent et passè, Ière partie, chapitre IV, sec. VI.

象。普通语言学是一个特别的名词，它是一种特殊的科学，并不是一般人所谓的“普通”，以为只是浅明的或通俗的语言学。然而普通语言学的目的既在于研究人类语言的一般原则，人类语言发展的一般规律，则光光印欧语系，日耳曼语族、拉丁语族、斯拉夫语族的比较研究是不够的，因此近年对于各种语言都加以详细的探讨，汉语之被西洋语言学家所注意即为是故，虽然一部分西洋人学汉语则有其个人的或阶级的目的。

汉语的研究对于普通语言学有极大的贡献。比方说，从前西洋学者都以为语法的特征是词尾的屈折。可是等到细究汉语时，发现汉语有许多虚词（汉语不常用屈折而用虚词来表示某种语法作用），再回来细究西洋语法，就认为西洋传统的语法学未免太乌烟瘴气，实则西洋语中也有很多虚词用以表示语法的，不见得语法的成分必得是词尾的屈折。近年来西洋语法学的更进一步的发展未始没有受到汉语研究的影响。

然而要利用汉语来作比较的研究，必须先对汉语加以科学的研究，必须先认识清楚汉语是什么样子，然后才谈得到比较，才可以用以推求普通的语言原则。汉语虽被一般学者所重视，但到现在为止，对于汉语的研究还只是开端。不但西洋人对于汉语的构造有所误解，即国人对于汉语的认识也不十分正确。所以汉语的科学的研究实在是很重要的①。

---

① 本书所引中古音皆据高本汉之 Etude sur la phonologie chinoise，标音仍其旧，其他引用他人学说时，标音亦仍原作者之旧，惟著者自标时，则用国际音标。

第二章　汉语有语法吗？

第一节　疑问的由来

汉语有语法没有？这是一般人所发出的疑问。我们常常听见人家说汉语并没有语法。这不但是出诸一般人之口，就是西洋的语言学家也曾发过同样的议论。19 世纪的博布和施来格（Schlegel）就是提这种论调的人。大体说起来，所谓汉语没有语法有两个意思。一是把语法和语法学混在一起看，因为中国的语法学研究并不十分发达，因此就说汉语没有语法。一是根本不承认汉语有语法，或认为汉语语法很贫乏。在这两个意思之中，前者只是误会，没有什么严重的影响，后者则非由研究汉语语法的人加以答复不可。因为如果真的汉语没有语法，则我们又何必来研究它呢？

中国的语法学确是不够发达。但并不等于我们没有进行过语法的研究。中国古代的学者就曾做过一些语法研究的工作。比方说，《说文》里头就有许多关于语法的解释①。《说文》的目的在于解说文字，等到碰着一些没有基本语义的所谓“虚字”的时候，《说

---

① 我曾把《说文》所有这一类的解释列了下来，载我的《汉语介词之真价值》（Essai Sur la Valeur Réelle des Particules Prépositionnelles en Chinois）导言页 10 注 X。

文》的著者许慎就觉得很难说明它；这些“虚字”多半都是表达语法意义的，他只好说这是某一种“词”或“语”。《说文》里头所谓的某“词”某“语”者，大体都是表达语法意义的虚字。例如“者”字是指示词，这是大家所知道的，现在口语中的“这”字不过是声音的假借而已，我们还可以在词曲里找到“者个、者般”等形式。《说文》解释“者”说是“别事词也”，分别这个事和那个事，这就是指示词的意思。又如“皆”字，《说文》谓：“俱词也。”“各”字，《说文》谓：“异词也。”“只”字，《说文》谓：“语已词也。”“臮”字，《说文》谓：“众与词也。”这些都是解释语法意义的。汉朝人注释经传的时候，碰到同样的情形时，也是一样的办法。比方说，当郑玄笺注《诗经》的时候，碰到“勿”字，他就说：“勿，禁词。”高诱注《淮南子》时也大加解释“矣”字和“也”字的不同。就是唐宋，也有一些人做这样的工作。颜师古谓《汉书·礼乐志》“自夏以往，其流不可闻已”的“已”字是语终词；柳宗元谓《论语》“是知津矣”的“矣”字是决辞；朱熹谓《论语》“女得人焉尔乎”的“焉尔乎”是语助。清代的学者对此更有比较详细的讨论。王引之的《经传释词》和刘淇的《助字辨略》是其代表。梁启超且认为王氏之书是语法学上的巨著。这可以证明古人不是一点不做语法的研究的。不过这种研究不是有系统的，而他们的目的也并不在于系统的研究语法，而是在于解经，也是实情。此外，我们的前辈学者对于“文章作法”之类所有的意见，以及“实字”、“虚字”、“死字”、“活字”等名词的创造，都足以证明中国人并不是对于语法毫不注意，都足以证明我们的祖先对祖国语言语法的研究是有相当成绩的，不过我们也不能否认我们对这一方面的工作还做得不够。

世称语法学创自希腊人。然而这只是就西洋的语法学而言。

实则远在希腊人之前，印度人对于梵文的语法早就做过解释的工作，我们可以从《黎俱吠陀》(Rigveda)中看得出来①。中国文化曾经受过印度文化的影响。中国的音韵学可以说是从印度来的，可是印度的语法学却并没有在中国起什么影响，其中的一个原因就是梵语语法和汉语语法差别很大，不容易将梵语的语法格套来解释汉语语法。中国语法学之成为一个专门的学问，可以说是很近的事，而且是从西洋传来的。我们知道“语法”(一般人译为“文法”)两个字原本是西洋 grama(希腊文)翻译过来的。马建忠在1904年所出版的《马氏文通》里头，还曾用“葛琅玛”三个字去音译 gramma。他说“此书在泰西名为‘葛琅玛’”②。可见中国语法学之成为一门学问的确是受了西洋的影响，正如中国的音韵学是受印度的影响一样。在马建忠以后，研究汉语语法的还有不少的人，如黎锦熙、杨树达、刘复、王力、吕叔湘诸先生都做过汉语语法的研究，都对汉语语法的研究有过贡献。然而一直到现在，一本可以当做“官书”用的语法书还没有人编出来。因为找不到这么样一本书，有些人就说汉语没有语法，我们知道他们是把语法和语法学相混了，只要略为解说，他们就可以立时承认汉语语法的存在。

另一部分人说汉语没有语法则是根本不承认汉语有语法的存在。这问题可就严重了。当然他们说这句话是错误的，他们的错误在什么地方我们也应当给他们指摘一下。但在说明这个问题之前，我们应当先明白语法的性质。

---

① 参阅 Chakravarti, Philosophy of Sanskrit Grammar, Introductory.

② 商务印书馆初刊本《马氏文通》例言页1。

第二节 语法是什么？

原来语法这个东西是一切语言所共有的，没有一个语言没有语法。要问这是什么原因，请先一问语言的性质。语言是一种交际工具，是一种用以交流思想的带有符号性质的工具。它的目的是在于表达人的意思给社会中别的分子，它的作用是工具，而它的性质是符号。符号是可以自由的，我们可以随便用哪一种符号去代表哪一个意义，但是为着交通意思的关系，这符号必得是社会中的分子所共同承认的，并且共同承认之后，就不能随便加以更改。语言是表达意思的，所以语言必得和思想结合在一起。人类的思想有一个特性，就是凡是思想必是综合的，换句话说，在思想历程中，我们不是在思索一个一个独立存在的概念，而是要想出概念和概念之间的关系。在一个判断之中，分析起来看，有许多独立的概念，不过这许多独立的概念是在判断之中互相关联着的。在语言方面说，代表判断的就是句子或命题，代表每一个概念的是所谓词。词有两种，一种是代表基本概念的，一种是代表关系或次要的概念的。基本的概念就是可以独立存在的概念，而关系或次要的概念则是代表独立的概念之间所生的关系是怎么样，或去附带的说明这些基本概念是在什么状态之下。比方说："鱼游"是一个句子；"鱼"是独立的概念，"游"也是独立的概念。现在把它们连在一起，按照词的次序排列起来，于是"鱼"和"游"就发生了关系，意思是"鱼"的"游"，"鱼"有"游"的动作，或"游"的动作属于"鱼"。又如："吃了饭。"在这个句子之中，除了"吃"和"饭"的关系由词的次序表现出来以外，又有一个"了"字去表示"吃"的动作是什么状态。

"了"是表示动作的完成,所以"了"字必须跟在某一个具有动词功能的词后面,假如没有表示动作的独立的词,"了"字就没有着落。我们必得说"吃了","好了","做了",然而却不能单独说"了"。有的时候,我们也单独说"了",但这个"了"则是独立的词,它的意思和表示动作的完成的"了"并不一样。我们有的时候还可以说"了了",前一个"了"是独立的词,后一个"了"则是跟在前一个"了"后面的次要的词。独立的"了"只表示其为完成一事的动作,但这个完成的动作是不是已经终了却没有说明白。我们说:"我正要了这一桩事。"这里所说的"了"的动作还没有开始,更谈不到已经终了。所以表示动作之是否终了的"了"并不能离开表示动作的词而独立存在。从语言学的观点说,基本的概念是词汇学所研究的对象,也就是语义学(semantics)所研究的范围,它是研究每一个词所有的词汇意义的。关系的或次要的概念就是语法学所研究的对象。关系的或次要的概念往往可以列入几种范畴,就是说明它所对付的是那一类的关系。所以语法里头往往有许多语法范畴(grammatical categories)。语法范畴是表达思想的范畴。各语言所表达的思想的范畴是不是一样,人类是不是有一个共同的思想范畴,那是民族学家和逻辑学家所研究的问题,语言学家可以暂时不讨论它。不过这里头有一个极应注意的问题,就是语法范畴毕竟是语言的问题,而不是逻辑的问题。语言是表达思想的,然而语言并不等于逻辑,它有一个特性,就是它必是一个社会的产物。换言之,表达思想范畴的语法形式必得是社会分子所共同承认的习惯。表达思想范畴的语法形式也是一种符号。符号可以代表事物,其所以有一定的意思者,是社会习惯和语言构造所决定的。所以每一个不同的社会有一个不同的语言,也有一个不同的语法结构,而其所表达的意思可以是一样的。还有一个情形，须加说明，即语法必得是一种概括化了的符号。这句话怎讲呢？语言既是代表意思，那么，一切的意思它都可以代表，所以一切的概念，连关系的概念也在内都可以用一个词去代表。例如占有的概念是一个关系的概念，它说明一个事物之被另一个事物所占有。我们可以说"我占有这房子"，或"这房子属于我"，在这种情形之下，词的语义成分(semantem)就说明了占有的关系。然而如果有了语法成分，我们就可以不必说出这特殊的词，我们只加上一个概括化了的符号"的"，就可以表示这同样的意思，我们说："我的房子。"所以一切的语法形式都是概括化了的符号。同样的意思不但可以由语义成分或语法成分(morphem)表达出来，同时也可以由不同的语法形式表达出来。我们知道在不同的语言之中，同样的语法意义可以由不同的语法形式表达之，例如，拉丁语是以词尾的屈折来表示与格的意义，而法文则用介词 à 去代表它。就是在同一的语言中，也可以用不同的语法形式去表达同一的语法意义，例如，日耳曼语中往往有两个形式去表达领格：英语的 the house of my father 和 my father's house，德文的 Vaters Haus，das Haus des Vaters，形式虽不同，而所表达的则是一样。

这可以让我们得到一个结论，就是同样的语法意义或语法范畴可以由不同的语法形式表达出来，而语法的研究很显然的就是着重于各不同的形式的探讨。语法范畴虽然不能脱离逻辑，但并不完全和逻辑一致。语法意义或语法范畴是指由语音形式而且是概括化了的符号所表达的意义而言。洪波特(W. V. Humboldt)曾谓一切语言的语法范畴都是一样的，只有在材料上(即形式上)有不同。他又以为汉语虽无词类之标明，然其语法范畴却是一样的由词的地位表现出来[1]。高本汉也认为汉语虽无词类的分别，但汉人却与西洋人有同样的语法范畴[2]。洪高二氏之说虽较一般误认汉语无语法者为高，但也还有不正确的地方。其实他们所谓的语法范畴是和逻辑范畴相混的。汉人的逻辑范畴是否和西洋人不同，这是另外的问题。但因为有的思想范畴可以由语义成分来表示，而又因为社会习惯以及语音的变化等往往会影响到语法形式的结构，各语言的语法范畴自然而然的有不同的地方。所以我们认为汉语的语法范畴并不和别的语言完全一致[3]。

第三节　语法的构成方式及汉语语法的存在

这里我们可以说一说一般的语法形式是由哪几种方法结构成的。结构语法形式的方法，一般说起来有五种：

(一)在词根(root)或词干(radical)上边加上一个附加成分(affix)。如前加成分(prefix)，后加成分(suffix)或中加成分。

(二)变化词根或词干中的元辅音或语音的重复。如英语之goose，geese，德语之 Hand，Hände，梵语之 ghur，ghuraḥ。

(三)音重、音长或声调的变化。如英语的 abstráct，ábstract。

(四)句中的词序。即一般语法学家所谓的造句法(syntax)。

(五)特殊的语法成分。即我们所谓的虚词。如英语的 *to* do，

---

① Über die Verschidenheit des Menschen Sprachbaues，pp. 328—329.

② B. Karlgren，Sound and Symbols in Chinese，p. 70.

③ 马伯乐尝谓“汉语之没有语法范畴及词类乃系绝对的”。(见 La Langue Chinoise，Conférences de l'lnstitut de Linguistique de L'Université de Paris，1933，p. 51.)此说未免失之太过，汉语之语法范畴与西洋语自有不同，但不能说汉语并没有任何语法范畴。

will do。

在这五者之中，前三者是就词的变化而言，一般语言学家称之曰“形态”（morphology）[①]；第四是句子中词的安排方式，一般语言学家称之曰“造句法”（syntax）；第五是另外加上的虚词，以前的语言学家忽略这一点，现在的语言学家则重视之，称之曰“特殊的语法成分”（special morphemes）。因为是以“词”的形式来做语法成分用的，甚至于可以说是词的“外部形态”，用以说明词的语法变化的，所以虚词也都属于词法的范围。这不同的方法可以由不同的语言自由选用之。有的语言如古代印欧语，则注重形态，而缺乏造句法。拉丁语 *Petrus cœdit Paulum* 及 *Paulum cœdit Petrus* 并无分别。有的语言则注重造句法与虚词，而缺乏形态，或词的内部形态[②]，汉语就是其中的一个。可是，它们之表达说话人心中所要表达的意思则是一样合式的。一般人没有明白这个道理，看见汉语中并没有英语、法语、德语那样的有许多词形的内部变化，就以为汉语没有语法，这是莫大的错误。实则汉语只是缺乏形态，而不是没有语法。汉语虽在形态方面比印欧语言贫乏，但在词序的安排和利用虚词方面则比印欧语言，尤其是古代的印欧语丰富得多。

---

① 形态有广狭二义，前者指一切的语法形式而言，则一切的语法问题皆为形态之问题，后者专指由语的内部变化而言；印欧语富于后者，故西洋学人大有只认后者为形态之趋向。

② 有的语言学家，如苏联的维诺格拉陀夫院士（Виноградов），说“为和词相结合而表示词的语法作用的虚词也可以说是形态”，不过是词的外部形态罢了。这种理论是正确的。但我们也不要因此而否认一般所了解的“形态”和“外部形态”的区别。为着方便起见，本书所说的“形态”都指的是词的内部变化。

第三章　汉语的词

第一节　词是什么？

词是语言建筑材料的单位，它表达一个概念，而有一个语音的形式。词的构成有两个成分，意义为其内容而语音为其外壳。没有意义，音只是物理现象；没有音，意义只是心理作用：两者不可缺一。换言之，词是语音形式和意义的结合，而这意义则是独立的。

这句话的意思可以分两方面来解释。（一）一个词必有一个特殊的音去代表它。（二）语流中的词都是和意义结合在一起的。前者是容易明白的，不必多说[①]，后者则非加以说明不可。

原来在说话的语流里，以物理的现象言，语音只是一片起伏不等的各种不同的音波，其中的分界并不像写的文字那样的清楚。然而我们却知道每一群语音现象合在一起是一个词，这原因在哪里呢？这就是因为在一片语流之中，其中的每一段落都代表一个意义，这个意义可以独立地存在，虽然在说话的时候它却存在于句子或判断之中而为其一分子。比方说，在 *wɔkenniik'uaitɕ'ytʂ'ʅfan*（我跟你一块去吃饭）这一群语流之中，说话时可以连着说下去，并

---

① 参阅本书《绪论》第二章。

没有什么分界，但是按照其所代表的意义，我们知道应当把它分为 *wɔ ken ni ikʻuai tɕʻy tʂʻɿ fan*，其中 *wɔ* 是一个词，*ken* 又是一个词，*ni* 又是一个词，*ikʻuai* 又是一个词，*tɕʻy* 又是一个词，*tʂʻɿ* 又是一个词，*fan* 又是一个词，它们都代表一个独立的意义，因为这些独立的词可以和别的词组合成为别的句子，别的判断，而不失其本来的意义。我们可以说 *wɔ lai*（我来），*tʻa ken wɔ lai*（他跟我来），*ni ʂɿ mama ma*（你是妈妈吗?），*ikʻuai ta tʻa*（一块打他），*tʻa tɕʻy fakuɔ*（他去法国），*tʂʻɿ li*（吃梨），*jau fan*（要饭）。一个包含有独立意义的独立的词是从一个句子里抽象出来的单位，它是从许多不同的具体的语流里抽象出来而成的。这单位必有一个语音的结构代表它。可是语音的单位却并不和词相符。抽象的语音的单位是音位(phoneme)，如辅音的 *t*，*p*，*k* 和元音的 *a*，*i*，*o* 等，然而这并不是语言建筑材料的单位，因为语言建筑材料的单位必代表一个意义，而语流之中的单位却不是单独的音位所能胜任的，虽然单独的音位有的时候也可以代表它。以物理的现象言，在具体的语流之中，语音的单位是音缀(syllable)，因为凡是说话必有生理的紧张，而音缀的成立原就在于说话时一张一弛的段落[1]。然而这只是具体的语音流的单位，而不是语言建筑材料的单位，因为有的词并不是一个音缀所能代表的。例如英语的 *brother* 就有两个音缀，可是只是一个词。有的人常谓汉语的词是单音缀的，而西洋语的词是复音缀的，这句话只是就大体而言，实则汉语的词不见得完全是单音缀的，而西洋语的词也不见得完全是复音缀的。

---

① 关于音缀的定义，请阅 Grammont，Traité de phonétique，pp. 97—104。

第二节　汉字与汉语的不一致

“词”，一般中国学者叫做“字”。“词”就是英语的 *word*，法语的 *mot*，德语的 *Wort*。一般人把它译成“字”确是有毛病的。要知道语言的本身是口说的，文字不过是语言的代表而已。我们实在可以说文字只是符号的符号。有的语言，如西洋语，其写的文字和说的话很相近，因为这种文字是根据拼音的原则结构成的。可是汉语的文字却不同了。汉语的文字并不是完全根据发音的原则创造的，因此我们的一个“字”并不一定能代表一个“词”。这句话有好几个意思。第一，汉语中往往有同一的字而所表示的却是不同的词。例如，“的”字一方面是表示规定关系的规定词，如“好看的头发”，一方面则是代表可能性用的，如《金瓶梅》（第八十回）“做不的主儿”的“的”字就是代表可能性的虚词，和现在口说的“得”字是一样的用法，而和《元曲选·忍字记》（第四折道白）“我的父亲曾说我那祖公公刘均佐被个胖和尚领着他出家去了”的“的”字用法不同。这实在是两个同音词而由一个同样的字写出来的。第二，有的时候不同的字却表示同样的词。例如“弟”“地”“但”等字当其表示英语 but 的意思时，实在只是一个同一的词而由不同的字写出来的。钱大昕说：“《史记·五帝本纪》‘顾弟弗深考’，徐广云：‘弟，但也。’《汉书·陈胜传》注：‘《汉书》言弟者甚众；弟，但也。’语有缓急，今俗人称‘但’，急言之，则音为‘弟’矣。《丙吉传》：‘西曹地忍之。’李奈曰：‘地犹弟也。’师古曰：‘地亦但也。’语声之急耳。”[①]这

---

① 《声类》第一卷第1页下。

是一个好例子。吴玉搢的《别雅》居然比辑了三十二个“委蛇”的同音字,这些都是同一的词而用不同的字写出来的。第三,有的时候一个字却有两个音缀的音,例如《淮南子·主术训》“鵕䴊”,高诱注云:“读曰私钮头。”两个字却有三音缀的音。当然“私钮”是汉人翻译匈奴的名词“鲜卑”[①],说不定在音译外国语时,两音缀的音却缩成一个音缀,可是这里明明说是“读曰私钮头”,则这两个字确是读为三个音缀的,甲骨卜辞中有[illegible],[illegible],[illegible],[illegible],[illegible],[illegible]等字,每一个字其实都是两个词的“合文”,应当念为“二百”、“三百”、“四百”,“二千”、“三千”、“四千”。这也是一个字而有两个音缀的例子。不过这种情形在现在的口语中可以说是没有了,除了新造而念为“图书馆”的“圕”字之类以外。反之,现在的口语却学了古代两音并一(之乎>诸,不可>叵)的办法而把两音缀的音读成一个音缀,如“不用”念为 *pəŋ*。可是现在已经有人把这“不用”两字写成“甭”。大体说起来,汉字都是单音缀的。第四,有的时候,两个或两个以上的字只代表一个词。比方说“黑板”是两个字,然而却只代表一个词。它所要说明的是那块黑颜色而挂在教室中的写字板,并不是指一切黑颜色的木板而言。在这个地方,“黑板”是一个词。

第三节 汉语的单音词及复音词

关于汉语的词是单音缀或是复音缀的问题,学者们有过不少的争论。一般西欧的汉学家都认为汉语的词是单音缀的。近年则有人以为现代汉语的词是复音缀的。马伯乐对此说曾经反对过,

---

① 此据伯希和,《通报》第 26 期,1929,页 141。

他认为复音词绝不存在于汉语[①]。另外则有一班人以为古代汉语是复音缀的，后来渐渐变为单音缀的。勒皮西乌斯(R. Lepsius)于1861年即创此说[②]。实则这个问题可以按照上面的原则来解决。词的规定是以语音和意义的结合为标准的。所以要知道汉语是否单音缀的只要看汉语的词是否由单音缀的语音形式去代表，又因为汉字不能完全代表说话，我们应当从现在说话的实际情形来下判断。有人说汉语的词是单音或复音之所以难于决定乃是因为汉字并不是拼音制。这句话也不正确。第一，汉字只是不完全代表语音，其实所谓形声字和假借字都是拼音的一种。不过这还不能解决单音缀或复音缀的问题，因为形声字或假借字只教我们某字应当念如某字或与某字的发音相类，却不告诉我们这某字是怎么样的念法，更没有说明它有多少音缀。第二，虽然形声字或假借字没有告诉我们某个字是多少音缀，然而一般的念法却明明白白告诉我们现在的汉字是单音缀的。就是因为现在的汉字是单音缀的，所以如果有复音缀的词，写起来仍得用这单音缀的字，而这单音缀的字又本来有它的意义，拼在一起，使人分不清到底它是词中的一分子或且本身就是一个词。所以要说明汉语的词是单音缀或是复音缀的，我们应当跑到文字后面去看说话的实在情况，看看在说话之中，代表一个独立的意义的是由单音缀的词结构成的或者是由多数的音缀结构成的。

汉语确有许多复音缀的词，口语[③]中的"花生"、"土豆"、"乒乓

---

① La Langue Chinoise, Conférenses de l'Institut de Languistique de L'university de Paris, 1933, p. 56.

② 见 Jesperoen, Language, Its Nature, Development and Origin, p. 370.

③ 口语即口说的语言，因为白话文接近于口说的语言，一般人就把白话文说成口语，本书所用的"口语"即指白话文或白话文所代表的口说的语言而言。

球”、“先生”、“学生”、“良心”等等都是复音缀的词，代表一个独立的意义。汉语的复音词可以分三类：

（一）纯粹的复音词。这一类的复音词，没有人可以怀疑的，因为两个音缀分开起来，一点儿意义也没有，它只能是同一个词的语音的一部分。例如：

馄饨	娃娃	龌龊	乒乓
知了（蝉）	措大	不律	喽啰

“馄饨”绝不能是单音词，因为把“馄饨”拆为两个字，或两个词，一点儿意思也没有；“馄”不能独立成为一个词，“饨”也不能独立存在。它们只是同一个复音词的音缀。“馄饨”广东人叫做“云吞”，“云吞”只是标音，并不能证明这个词的来源有“云吞”或“吞云”的意思。

（二）复合的复音词。这一类的复音词是由两个独立的词合在一起所组成的。两个词虽然是合在一起，但还存有一些本身的意义。这些复音词都可以找到意义的来源。例如：

先生	豆腐	外国	电影
远东	无线电	留声机	鱼雷
手枪	衙门	红绿灯	戏院

这些词分开来还是有意义的，而且有相互关联的。

（三）外国语的译音。这一类的复音词和第一类一样，一个一个字是没有意义的。然而这是外语来源的词。有许多词汉人已经用得烂熟，就和汉语一般。有些词的音缀很多，是纯粹汉语的词所没有的。例如：

逻辑 (logic)	么匿 (unit)	浮屠 (Buddha)	烟士披里纯 (inspiration)

摩登	沙门	菩萨
(modern)	(Sramāna)	(Boddhi sattva)

外国语的译音当然是复音词,然而和纯粹的汉语的词有所不同。纯粹的复音词也不成问题。这一类的词在方言中也是不少。福州附近的福清土语中有 *muaŋlɔ* 一词,它的意思是“舌头”,任何人也不能说它不是复音词。只有第二类还可以讨论。复合词是两个词组合而成的。既名为复合,则其本来自是两个词。这正如英语的 black-board,到底应当写成一个字或是两个字已成为语言学家的讨论点。可是西洋的复合词,因为两个组合成分的本身已经可以是复音词,所以不能引起单音词和复音词的争论。汉语则不然。作为这复合的成分的只是单音词。因此,如果复合词仍旧要算它做两个词的话,则汉语的复合词不能算是复音词。这是一般人的论调。可是我们以语言学的原则来说,复合词实在只能算是一个词,因为它只代表一个独立的意义,就算这两个组合成分的词还保留有一些本来的意思,这意思也并不是独立存在的。“黑板”是一个特殊的东西,它是指挂在教室里,写字的黑色的木板,并不指黑色的任何木板。所以“黑”字的独立的意义已经不存在。然而有的时候也不是不能和“黑黑的板”的“黑板”两个词相混。“黑板”实在有两个意思。一是平常的“黑色的木板”,果尔,“黑板”就是两个单音的词。一是“挂在教室里用为写字的黑色的木板”,只在这个意义上,“黑板”才是复音词,因为两个词只代表一个事物,不像前一个“黑板”的“黑”字只是“板”的修饰者。

然而这所谓两个合在一起而成为一个词的复音词如何能和单音词分别出来呢?陆志韦先生在他的《北京话单音词词汇》的《说

明书》中曾提过一个办法，即交替律，来解决这个问题①。因为复音词虽然是多数的词组合成的，然而却只代表一个事物，因此我们不能用别的词来和其中的一个相交替。比方说“吃馄饨”，我们可以用别的词来代替“吃”，而结果仍是有意义的句子：“做馄饨”；我们也可以用别的词来代替“馄饨”而结果仍是有意义的：“吃馒头”或“吃饭”。我们是把“馄饨”当做一个词来交替的，却不能把它当做两个词来代替。我们不能说“我吃馄头”，也不能说“我吃馒饨”，或任何这一类的句子。所以“馄饨”必是复音词。不过，正如陆先生之所言，这个办法却不容易应用到复合复音词方面。比方说“黑板”是可以代替的，我们可以说“红板”，也可以说“黑布”。如果我们说这个“黑板”不能这样的代替，因为它是拆不开的，它的意思和平常所谓的“黑板”不同，则这不能交替反而是因为其为复音词的结果，而不是因为它不能交替才决定其为复音词。这样说起来，“黑板”是不是复音词，并不是看它是不是可以交替，乃是看它是代表什么意思。如果它是把“黑”字当做“板”的修饰者，它就能交替，也就算是单音词。如果它是把“黑”字当做“黑板”这个词的语音的一分子，则这“黑板”两个音缀只是一个复音词的分子。至于如何知道其指一个词，那就只好问说话的人了。平常在具体的上下文里可以看出它所指的是哪一种意义。如果没有上下文或上下文不足以表示的话，则视说话的环境；再不然，只好请说话人解释。不过在说话人方面，他却是非常清楚的。如果他感觉到有分别这两种相混的意思的时候，他就觉得平常所谓的黑色的任何板，可以在“黑”之后加上一个“的”。“黑的板”绝不能是复音词，而“黑板”则

① 《北京话单音词词汇》，说明书第一章，页6—18。科学出版社1956年。

可是可否。现在的口语有加“的”字于一切具有形容词功能的词之后的趋向，这就是为着避免相混而起的自然的趋势。说不定将来的“黑板”只能是复音词，那时候问题就容易解决了。

不过，从大体说起来，汉语的复音词和单音词比要少些，而大多数的复音词却都是复合词。西洋语有许多词，现在看起来是一个词，然而从前却是复合词。例如英语的 lord（贵族）现在是一个单音缀的词，然而从前却是一个复合词 hláfweard，其中 hláf 是“不发酵的面包”，即现今的 loaf，weard 是“守卫”，即现今的 guard，意即“守卫面包之人”。不过，现在已看不出这个痕迹。汉语的复合词，在现在还看得出两边的成分。复合词当然是复音词，但和纯粹的复音词比，则又差了一等。因为它们都是在单音词的基础上构成的，何况构成这些复音词的单音词多半都能单独存在于汉语。所以，我们不能同意马伯乐的理论，否认汉语复音词的存在，但也不能同意那些人的说法，以为汉语是复音词的语言。我们只能说汉语基本上是单音词的语言，不过也有很多复音词，这正如西洋的语言也有许多单音词，然而尚不失其为复音词的语言，都是从大体上说。没有一个语言是绝对复音词的或绝对单音词的。

这是照现代的口语来说。其实古代汉语也有同样的情形。顾炎武曾经说过在文字之中，常常有单音的字，而事实上在口语中则是复音的。他说：“在语为双声叠韵，在字切为一字者，实恒见之事。”他举了许多例：

胡卢＞壶　　　鞠窮＞芎

丁宁＞钲　　　僻倪＞陴

这就是说文字中所见的单音字“壶”等，在口语里其实是复音缀的词。在《说文》里，我们也可以找出许多例子证明古代的语言也有复音词的存在。《说文》谓:“钤,钤𨱔,大犁也,一曰类耜。”又谓:“𨱔,钤𨱔也。”可知“钤𨱔”是一个词,只有在文字上才有“钤”和“𨱔”两字的分别。这正如现在人说“乌鸦”,从没有说“乌”,也没有说“鸦”的,然而“乌”或“鸦”却存在于文字中。这样的例子,《说文》中可以找到许多,现在只举几个例:

蝘　在壁曰蝘蜓,在草曰蜥蜴。

蜓　蝘蜓也。

蛣　蚍蝎也。

蚍　蛣蚍也。

蝼　蝼蛄也。

蝥　悉蝥也。

镆　镆铘也。

铘　镆铘也。

锟　锟锉,不平也。

锉　锟锉也。

锒　锒铛,琐也。

铛　锒铛也。

駃　駃騠,马父蠃子也。

騠　駃騠也。

騊　騊駼,北野之良马。

駼　騊駼也。

许慎时代的汉语分明是有复音词的。然而这也不能证明古代汉语的词都是复音缀的。在口语和古文的比较中,显然有一个趋向,即复音词之增多,至少在历史时期中,古语的复音词是比现代语为少。至于原始的情形本来不易确定。然而照汉藏语族的一般情形看来，我们也很难说原始的汉语比后来的汉语富于复音词。我们所能说的只是在古汉语中确有许多复音词的存在，汉语并不是绝对单音的，但尚不失其为一种单音词的语言。

第四章　汉语的特点

第一节　汉语是否孤立语

一般人之论汉语的特点者，都认为汉语是单音缀的，孤立的，前者是就语音言，后者是就语法论。

关于汉语的单音缀问题，我们已经在上面讨论过①。简单地说，汉语并不像一般老派语言学家所说的完全是纯粹的单音词的语言，然而也不是以复音词为其特点的。汉语确有一部分词是纯粹复音的，还有一部分的复合词也可以算是复音词，然而不是纯粹的复音词。不过，大体说起来，汉语基本上是单音词的语言，因为复音词的数目比较的少。

然则汉语是不是孤立语？

语言学家往往把语言按照其形态的结构分为三大类，即所谓孤立语(isolating)、黏着语(agglutinative)和屈折语(inflective)。有的时候还依照句法的结构分为综合语(synthetic)，如俄语，多式综合语(polysynthetic)，如爱斯基摩(Eskimo)语，及分析语(analytic)，如英语、法语等。这种分类是否正当我们不必讨论。在这

① 参阅本书《绪论》第三章。

种分类之中，大家都以汉语作为孤立语的代表。换言之，语言学家都以为汉语的特点是在于每一个词都是独立的，汉语并没有屈折去表达语法上的变化，也没有黏着的附加成分去表达语法的功能。也就是因为这个缘故，有的语言学家竟认为汉语没有语法。博布(Bopp)和施来格即其代表。博氏以为汉语的词都是独立的没有任何语法的表示，所以他就说汉语是无机的没有语法的语言[①]。施来格也以为汉语之表达次要概念都是用单音缀的虚词，而这些虚词又都是完全独立存在的词[②]。上面我们已经讨论过一般人所谓汉语没有语法那种观念的错误[③]，现在我们要讨论汉语是否孤立语。

第二节　汉语是否屈折语

现代的一部分语言学家和19世纪的语言学家恰恰相反。他们却认为汉语不是孤立语，因为汉语有许多附加成分，甚至于有屈折。这种论调可以改正19世纪语言学家认为汉语是完全孤立语的错误的观念，然而他们的立论又太趋于极端，而所举的例子又不甚正确。高本汉曾经在他的《原始汉语乃一屈折语》一篇文章里，认为古代汉语的代词有词尾屈折的变化去表示“格”(cases)的不同[④]。他用统计的方法来计算古书中表示第一身第二身代词，看看在何种情形之下用哪一个字，而求其语法上的变化。结果，他以

---

① Bopp, Vergleichende Grammatik, I. p. 108.

② 见 Jespersen, Language, p. 36 所引。

③ 参阅本书《绪论》第二章。

④ 高本汉，Le Proto-Chinois, langue flexionnelle，载1920年之 Journal Asiatique.

为在《论语》中，"吾""我"两字的用法是这样的分配：

吾	主格:95 次	领格:15 次	目的格: 3 次
我	主格:16 次	领格: 4 次	目的格:26 次

在《孟子》中，他发现"吾""我"两字的分配如下：

吾	主格:76 次	领格:47 次	目的格: 0 次
我	主格:68 次	领格:14 次	目的格:53 次

在《左传》中，"吾""我"两字的分配如下：

吾	主格:369 次	领格:223 次	目的格: 4 次
我	主格:231 次	领格:126 次	目的格:257 次

在这统计中，他认为"吾"用在主格和领格上，而"我"则用在役格或目的格上，又因为"吾"的中古音是 nguo，"我"的中古音是 nga，他就认为-uo 和-a 只是同一个词的屈折。

他又用同样的方法来研究第二身代词。他发现在《论语》和《孟子》两部书中"女""尔"两字的分配情形如下：

女	《论语》	主格:14 次	领格:0 次	目的格:2 次
	《孟子》	主格: 3 次	领格:2 次	目的格:0 次
尔	《论语》	主格: 9 次	领格:3 次	目的格:6 次
	《孟子》	主格: 5 次	领格:2 次	目的格:3 次

在这统计中，他认为"女"用在主格领格上，而"尔"则用在役格或目的格上，又因为"女"的中古音是ńźi̯wo，"尔"的中古音是ńźi̯a，他又以为i̯wo和i̯a只是同一个词的屈折。

高本汉这种理论显然是有毛病的。第一，即以统计的数目字来说，《论语》中的"我"字之用于目的格者虽然有 26 次，而用于主格者也有 16 次，例外不能这样多。《孟子》中的情形更不对。"我"之用于目的格者(53 次)反而不如"我"之用于主格者(68 次)多，而

"吾"之用于主格者(76次)和"我"之用于主格者相差不远。《左传》中,"我"之用为主格者(231次)和"我"之用为目的格者(257次)相差极有限,而"我"之用于领格者(126次)亦复不少。即以三部书共计论,在600主格中,"吾"字占369,"我"也占有231,在475次领格中,"吾"字占349,"我"字也占有126,只有在261次目的格中,"我"字占257,而"吾"字只占4,尚有可说。第二,"女""尔"的分别简直就没有。根据高本汉的统计,《论语》中的主格用"女"字者有14次,然而用"尔"字也有9次之多。"女"字之用为领格者连一次都没有,"尔"字却反而有3次。"尔"字用作目的格者有6次,然而"女"字也有2次。再以《孟子》论,"女"字用作主格者(3次)反而没有"尔"字(5次)多,"女""尔"两字之用于领格者各占两次,完全相等。只有"女"字不见于目的格,然而"尔"字只有三次用作目的格,同时在《论语》里却有两次用作目的格的"女"。即以整个的统计论,"女""尔"两字的数目太少,实在不能拿来作统计的根据。第三,第三身代词为什么不加以讨论更是说不出道理来的。高本汉这种意见胡适也曾提过①,不过没有那样煞有介事地拿出统计来而已。即以高本汉本人的统计来看,我们可以说高本汉认为原始汉语是一屈折语所用的证据是不够的,他的理论实在不能成立。中国的最早文献甲骨卜辞中的代词并没有任何格位的不同②,金文的语法也并没有这种分别③。如果汉语是从屈折语演化而成的非屈折语,则最古的文献应当是最富于屈折,为何反而找不到这种痕迹?我们再看古代其他的经典,就知道在《书经》中,《虞

① 《国语的进化》,《胡适文选》,第256—257页。

② 参阅陈梦家《古文字中之商周祭祀》,《燕京学报》第19期,第97页。

③ 见容庚《周金文中所见代名词释例》,《燕京学报》第6期。

书》《夏书》有6次用“我”的，其中1次用于主格，5次用于领格，这和高本汉的理论恰恰相反。《商书》45个“我”，其中10个用于主格，33个用于领格，只有2个用于目的格。“吾”字在《商书》第一次发现，然而只有一个用在领格上。《周书》有171“我”，其中78用于主格，70用于领格，23用于目的格。“吾”字只有一个用于主格上。《诗经·国风》有268个“我”字，其中54用在主格上，103用在领格上，111用在目的格上。“吾”字却连一个也没有。除了“我”“吾”两字外，《书经》还有用“予”和“朕”来表示第一身代词的，其数目远在“吾”或“我”之上，《诗经》只用“予”，数目不及“我”，但却没有“朕”字。从这种比较的研究中，我们可以说“吾”“我”的不同只是用字的不同，不是语法的不同。我们看《书经》里头最早的《虞书》《夏书》只有六个“我”，而“吾”字不见。《商书》“我”字渐多而“吾”只有一个，《周书》“我”字更多，而“吾”也只有一个，《诗经》则“我”占优势，“朕”字不存在，而“予”字次之。这明明是因为时代的关系，用字也就不同。最初是用“朕”“予”，后来忽然有了“我”，等到“我”字渐多的时候，“吾”字也来了，尤其是在《论语》《孟子》《左传》中。因为时代的不同，语言有变化，一方面受着传统的写的文字的影响而保留原用的字，一方面又用表示新的发音的新的字，所以有了不同的字用在一起。另一方面又因为方言的不同，把其他方言的字拿来用，因此就有了不同类发音的不同的词（如“朕”之与“吾”）而同用的情形。这和语法的屈折是毫无关系的。

高本汉还在另外一个地方想把汉语的词加以语法上的屈折的变化。这就是他在《汉语词群》中所标榜的理论[①]。他以为古汉语

---

① Word families in Chinese，末节。

中由于辅音清浊吐气不吐气的不同可以分别名词、动词和形容词等。关于这一点，我们将于讨论词类的时候，加以批评。现在不必多说[①]。总之，古代汉语中纵使有用清浊或吐气不吐气去分别词的，那也只是就词的意义方面来分别，而不是一种语法范畴的屈折。

话虽这样说，我们也并不是认为汉语没有屈折的情形。在福州话中，我们发现有这个现象，即近指指示词和远指指示词之间的确是以屈折来分别的。中古时代“底”和“地”的用法是不同的，“地”只用于相类于西洋语的副词的地方，“底”则用于其他表示规定关系的地方，相当于西洋语的形容词、领格等。“地”当时的发音是 di，而“底”的发音是 ti(<tiei)，这明明是用辅音的屈折来表示语法的不同。福州话的远指指示词是 xy，xui，xia；而近指指示词是 tsi(tsy)，tsui，tsia，视情形如何而定。如果指示词单用的话，就说 tsui(这)，xui(那)，如果在指示词之后加上一个词的话，则有时说 tsi(tsy)siɔk tsiek(这一只)，xy siɔk tsie(那一只)，有时说 tsia nɔ(这物)，xia nɔ(那物)。这里也明明有一套屈折，即辅音的变化，ts-对 x-的屈折。不过这种情形并不多见。在北京话里还不容易见到。

所以，我们可以说，汉语也有屈折的情形，但极有限，大体说起来，汉语是不屈折的。

第三节 汉语是否黏着语

如果我们说汉语的屈折非常有限，这并不是说汉语的黏着成

---

① 参阅本书第一编第一章。

分也是一样的缺乏。不过大体说起来，仍不足以认为汉语是黏着语。更应当注意的是，一般人所说的汉语的黏着成分却是靠不住的。

这里我们又得批评高本汉。高本汉在他的《藏文与汉语》一文里，用比较的方法，把汉语和中印交界间许多汉藏语系的语言加以比较的研究，认为古代汉语是有前加成分的(prefix)[①]。比方说，在中古汉语里有许多以 p-为声母的字，其在藏文则是这样：

汉语	藏语
pwɑt(八)	brgyad
pɑk(百)	braya
pi̯wpi(肺)	glo
puâi(贝)	ogron

西门(W. Simon)在他的《古汉语辅音收尾之拟构》一文中，认为这里汉语的 p-就等于藏语的 g-[②]。高本汉却说他发现了西门的错误，而认为 p-并不等于 g-，p-是前加成分所留下来的痕迹。请以“八”字为例，在其他汉藏语系的语言里，高本汉找到这些不同的式样：

藏　语　族	brgyad(藏文) rgyɑt, gyɑt, gyet, gye, ke, āryɑit;
喜马拉雅族	jyad, yaï-long, yech-chi, yē-cyi, yet, yet-le, krē, pre, b're, bre, re, rai, re-

① Tibetain and Chinese, T'oung Pao, Vol. XXVIII no. 1—2, 1931.

② Zur Rekonstruktion der altchinesischen Endkonsonanten, M. S. O. S.; Vol. XXX, XXXI 1928, 1929.

chi, re-kɑ-pop, rek-pu, ri, ka-ku, ge, yɑ, ye;

Man 语族　hiet, yēt, ye, yɑ, yi;

倮㑩语族　hɑ, hē, ye, hi;

Bo̊rd̊ 语族　Chet, ʒɑt, jāi;

Naga 语族　ā-chɑt tɑ-chɑt, kɑ-chɑt, sā-chɑt, chā-chet, chot, da-sāt, chi-šat, chi-sāt;

Kuchin 语族　mā-sat, m^asat;

Kukichin 语族　pa-riɑt, pa-reyet, ka-riet, ga-rit, ar-ret, ki-ret, ti-rēt, k'ret, riet, liet, šit;

缅甸语族　šit, šet, chit-ku, pyet-an, rhachi.

这其中,高本汉认为 g(ɑ)或 k(ɑ),m(ɑ)或 b(ɑ)或 p(ɑ),t(ɑ)或 ch(ɑ)或 d(ɑ),s(ɑ),r-,及 ā-都是前加成分,中古汉语 p^wat 里有其中的一个,属于 m-,b-,p-之一类的。

这种理论仿佛很新颖,但不见得可靠。第一,这些语言中有的有"前加成分"但不普遍,汉语之 p-不见得是"前加成分"。第二,这些语言中所有的"前加成分"种类太多,不能归纳为一个来源,所以不能预先假定汉藏语族"八"字都是一个样子,因而假定其必有一个"前加成分"。第三,这些语言中确有以 p 为词根的一部分的,为什么汉语之 p-就非"前加成分"不可?第四,中古汉语的唇音辅音本来就只有双唇音,只有 p 类而没有 f 类,更没有 v 类,如果 p^wāt 之 p 是前加成分,则一切之以 p 为声母者都可以视为前加成分,结果汉语的唇音辅音除了作"前加成分"外,将无存在之余地,这是我们所不敢相信的。第五,其他汉藏语言的那些前置音到底是否所谓"前加成分"已经成为问题。本来一个语音之前的另一个音可以有各种不同的作用，可以是前一个词，也可以是前一个语法成分（这前一个语法成分可以是前置词——preposition，也可以是“前加成分”——prefix，不一定非“前加成分”不可），也可以是同一个词的前一个音缀，也可以是复合辅音的前一个辅音。如果这另外的一个音是有元音的话，则除了复合辅音之外，其他的可能性都还存在。高本汉的理论如果是可靠的话，他至多也只能告诉我们在中古时代的汉语“八”之类的词前面是有一个以 p 为辅音的音缀，至于这音缀到底是一个独立的词，或是一个虚词，或是前置词或只是这个词的前一个音缀，或是他所说的“前加成分”，却无法证明，只是硬认其为“前加成分”而已。其实“前加成分”必有几个条件，并不是一切在“前”的都是“前加成分”。第一，它必得加在词根之前；第二，它必得代表一个语法意义；第三，然而它本身却不是一个独立的词，而是词的一个组成成分，换言之，它必得与词根黏着在一起。我们看西洋语言中的前加成分 co-，re-，un-等都是和词根黏着在一起，而不能独立存在的。这些前加成分有的是从前的前置词变化而来的。然而当它们是前置词的时候，它们却可以独立存在，而且都有前置词所有的语法功能（如必在名词之前等）。可是当它们是前加成分的时候，这情形就不同了。英语的 re-可以加在动词之前（repeat），也可以加在名词之前（reconstruction），也可以加在形容词之前（removable）。换言之，前加成分还是一个词的一部分，就是表示语法功能时，也是如此，也不能自己独立存在。可是汉藏语系的所谓前加成分，到底是否如此，可就很难说明了。当然像藏文之 br 这一类的东西现在看起来已是不能独立存在的，它的原始情形如何却不知道，可是现在的藏语并没有把它念出来。它到底是什么东西却不容易说得明白。即使其为前加成分，也不能以此而证明汉语的 p-是前加成分。

汉语尚有一部分词有点像前加成分，如“重来”、“重做”、“重复”之“重”。然而也不见得是。因为“重”可以自己独立存在，它在这个地方只是一种规定者。还有人以为《诗经》“凤凰于飞”之“于”是前加成分，因为“于”表“正在飞”，不过这也很难说。古文的“于”有“走到”的意思，说不定“凤凰于飞”有“凤凰走着飞”的意思，当然这样的“走”并不是用脚走，乃是表示其移动的动作而已。或者“于飞”两个字只是一个复音词，表示一种特殊的飞法，很难说它是前加成分，因为如果是前加成分，它一定也可以加在别的词之前，然而我们却没有看到“于行”“于舞”“于言”而有“正在做什么”的意义。白话文中的“正在”，或“在”，或“正”也有点像前加成分。京戏《空城计》的“我正在城楼观山景”，“正”就是表示动作的历程还在进行的意思。“正”也可以加在别的地方，如“我正吃饭”，“他正来”。“在”也是这样。“我在写文章”，“我在看花”，“他在演讲”，“在”和上面的“正”有同样的用法。有的时候，为着着重起见，还可以重复的用“正在”，如：“我正在开门。”口语中或古文里还有在称谓之前加上一个音缀，如“阿母”、“阿父”等，福州话则说 iknɛ、ik-tie。然而这些也不是纯粹的前加成分。因为我们也可以说“正”等是一种规定者。困难就在于西洋的所谓前加成分，虽是前加，却不能和词根离开。英语之 repeat，如果把 re-拿开就不成一个词，peat 并不存在。汉语的“正”等却可以和后面的词分开。汉语的这种“阿”也可以。我们也可以说“阿”是表示感情呼唤的虚词。

汉语的后加成分(suffix)仿佛不少。不过大半仍然不是十分纯粹的。比方说“科学家”、“艺术家”、“宗教家”、“政治家”的“家”字仿佛是一种后加成分。“会长”、“亭长”、“旅长”、“委员长”的

“长”字也仿佛是一种后加成分。然而严格地说，也不是纯粹的后加成分。纯粹的后加成分本身不能独立存在。英语的-ty，-ship（非船之谓），-ment，法语的-esse，-ure，-ite 都不能独立存在。然而汉语的“长”“家”等却不然。在印欧语言中也有类似汉语的这种情形，如德语 Bergmann，Dienstmann，Führmann，Kaufmann 之中的-mann，Hausfrau，Waschfrau 之中的-frau，其实不能算是真正的后加成分，只是复合词而失其后一个词的重要性。方德里叶斯称此种结构为准后加成分（quasi-suffixal）①。汉语的这种结构实在带有复合词的性质，它只是一种准后加成分，而不能算是纯粹的后加成分。

比较纯粹的后加成分则有口语的“头”“子”“儿”等。“老头”本来有“老的头”的意味，但“吃头”、“罚头”、“差头”、“事头”中的“头”实在已经没有“人首”的意思，只代表一种语法作用。“子”本来是实词，最初的意义是“儿子”，“儿子”代表小的东西，后来就拿来称一切细小的东西，如“刀子”、“筷子”等，然而现在所用的“子”就连这所谓细小格（dimunitive）的意思也不见得有。我们也可以说“一张很大的桌子”。“子”已经变成一个泛称的后加成分。另外在古代还有用“子”来称呼对方的，是从子爵的“子”字来的。这“子”和儿子的“子”并不是一回事。后来由此又引申出代表某种人的意思，如“戏子”、“妃子”等。“儿”和细小格的“子”一样，本来都是代表细小的东西的，现在则变为一般的后加成分，且有和前一词混合而成其音缀之一成分的趋向。此外，在这方面，如果把“子”、“儿”加在词后而使词变成另外一个词，如“李子”、“白面儿”等，它就是

① Le Langage 第二部分，第五章，第 199—200 页。

构词法上的后加成分了。

综上所言，我们可以说汉语有一部分前加成分和后加成分，但为数不多。因此，我们也不能说汉语是黏着语，虽然它有一部分的黏着成分。

汉语虽有一部分的屈折成分，虽有一部分的黏着成分，但终不失其为一种孤立语，只是不能说是绝对的孤立语而已。然而，我们却不能因此而说汉语是无机的，是没有语法的。苏联的语言学家库兹涅错夫在其带有总结性的[①]最近的著作《语言的形态学分类法》里，对汉语的特点曾经有过一段话，可以作为我们的参考。他说："无形语这个术语以其严格的意义来说，只能够应用在所谓孤立语上面，因为以充分的意义来说，它们缺乏词的形态，其中不但没有词的变化，也没有构词的形式，句子也是不变化的词根的排列次序，这些不变化的词根的界限和词的界限相同。在这些语言里，新的概念只能够由已有的词根的结合来加以表达。为着使词在句子里发生联系(即词序)起见，也可以应用在相应的上下文里失去基本意义而获得补助词意义的根词——前置词和连词。在这些语言里，词类是不存在的。指明事物、性质、动作等等的词，彼此在结构上没有任何的区别(要知道它们都是由不变化的词根表达出来

① 这部著作是莫斯科大学普通语言学教研室所编的教学资料的语言学问题丛书之中的一种。编者在这部书的前面有一段声明说："本丛书是集体编著，因此，当讲述语言学的个别问题时，特别是讲述在苏联语言科学界还没有得到完全一致意见的那些问题时，就不可避免地要发生这样的情形，即：编著者个人对这些问题有自己的独特的解释法，在引用材料方面有些不同，在叙述的体裁以及范围方面有些分歧，对材料的解说也各有不同。但是所有这些差异并不会造成矛盾，而且关于这些问题的解释也决不会超出苏联语言科学中所获得的解释范围之外。"可知，库兹涅错夫教授的意见是苏联一般语言学家的意见，是带有总结性的意见。

的)，而这同一个词有的时候却能够依赖上下文指出事物、性质和动作。”

“在现存的语言当中，和根据书面的遗留而为我们所知道的语言当中，和上面所指的这种类型语言的特征完全相符合的语言在世界上并没有为我们所知道。但是我们却有充分接近于这种类型的语言。属于这一类型的，比方说，有汉语(特别是古代汉语的古典文学语言，因为现代汉语后来开始脱离这种情况，虽然在它身上也能够找到接近于无形语类型的成分)，几乎是程度更高的印度—支那的越南语(安南语)，某些西非洲居民的词根语。”

“我们可以拿下面的汉语的句子来做例证，这句子是依照无形语类型的规范而构成的:‘茶我不喝’(我们没有指出每一个汉语的词所特有的声调，因为在这个场合上，这对我们是没有意义的)。这个句子是由四个词组成的，每一个词都是纯粹的词根，没有任何的附加成分。我们可以把它译成俄语的 чая я не пью，但是依照字面，应当译为 чай я не пить，因为‘茶’只指明 чай，在它身上并没有表达出任何它和其他的词的关系，‘我’指明 я，‘不’的意义不但相当于我们的否定小品词，同时也相当于独立的否定词 не，‘喝’指明 пить，这里仍然没有表示身或时的形式标志。”

“在汉语里同一个词既可以指明(依照上面所说的，这是无形语所常有的现象)动作，又可以指明事物。例如，‘磨’这个词可以依照上下文而指明‘磨墨’的‘磨’和‘磨子’的‘磨’(即由于它的帮助而能进行磨的动作的事物)。新的概念的广泛发达的表达是根词的结合的结果。例如‘水夫’是由‘水’加‘夫’结合而成的。”

“但是在汉语里，远不是一切的句子都是这样构成的，也远不是一切的词都是纯粹的词根。古来有许多独立的词失去了基本的词汇意义，而成为所谓‘虚词’（这是中国语法学家们所用的术语）。一部分被用作构词法的词尾，一部分被用作词与词之间的关系的形式标志，从意义上说，相当于我们的一部分格位接尾部，一部分指明动词的时以及其他的词尾。例如，‘的’和不同的词相结合的时候，可以指明‘领属’、‘地方’，也可以有其他的意义。请比较‘我’、‘我的’，‘工人’、‘工人的’，‘来’、‘来的’、‘来的人’、‘来的地方’。如果现在时是由纯粹的相当于动作的字眼来指明的话（在上举的例子里），那么，过去时就是由小品词‘了’来指明了。请比较，‘我说’、‘我说了’。”

“某些语言学家认为一般的情形既没有没有形式的语言，那么，拿‘无形语’这个术语应用在考察语言类型的问题上，就是不适当的。在这种情形之下，问题不在于缺乏一般的形式（因为可能在构词法和句子方面有形式的存在），而在于缺乏个别的词的形式。反对无形语这个概念的合理性的语言学家们认为没有个别的词的形式的语言不可能存在。这些语言学家认为词的形式外表上可能什么也没有表达出来，不待说，这是不能同意的。事实上，我们却的确看到许多语言，在这些语言里，词并没有任何形式（外面的）上的变化，词没有语法的形式，因此，无形语这个术语是完全合理的。”

“正如上面已经说过的，孤立而不是没有形式的语言有其存在，这种语言有构词法的形式，而没有词的变化的形式，句子里词与词之间的关系是由词序表达出来的，例如汉语，是借助于词的次序和补助词的。”①

① Кузнецов，《Классификация Морфологическая Языка》，1954，стр. 14—15.

第五章　怎样研究汉语语法

第一节　一般研究汉语语法的方法

自从马建忠的《马氏文通》出版以来，研究汉语语法的人也不算少，不过到现在为止，这种研究尚不能令人满意。虽然汉语语法的研究已由马建忠等人的努力而有了一定的成绩。一般人都异口同声地说，认为马建忠以及后来的语法学家对于汉语语法的研究都有一个共同的缺点，就是太西洋化了。换句话说，马建忠是用拉丁语的语法观点来写汉语的语法，而后来的语法学家则大半是拿英语的语法观点来写汉语的语法，实则汉语的语法应当拿汉语语法的本身来作研究的对象才对。这种批评当然是很对的，可是话还没有说完。其实用科学的眼光来说，根本就无所谓西洋化和中国化，我们所谓的太西洋化、太中国化其实就是不科学化的意思。是科学化的研究法都是对的，不是科学化的研究法都是不对的。我们试看一看马建忠学派的缺点在什么地方，就知道为什么他们太西洋化了。

我们以为他们之所以太西洋化，最大的原因就是没有明白语法的问题属于语言的问题这个道理。上面已经说过，语法当然是和逻辑相结合的，但是语法的表现是一个特殊的社会现象，所以研究语法，一方面固然应当注意语法形式所表达的语法意义，但最重要的还是看，到底哪一些意义在我们所研究的语言之中有其语法形式的表现，而看这些意义到底有多少语法形式去表达[①]。我们知道人类的思维总有其相同的地方，这是逻辑学家所研究的问题。然而这思维在不同的语言里却有其不同的表达，这才是语言学家所最关心的。就是在语言的表达里，一部分也是由词汇学去负责研究的。换句话说，有的意义是由词汇成分去表达的，不一定非由语法的形式来表达不可。研究语法的人只好就语法意义，把所有可能的形式，作一事实的描写，再推求其历史上的发展。因为各语言都有各语言的语法形式，所以用某一种语言的语法去套在另外一个语言的语法头上是怎么也弄不好的。马建忠之以拉丁语法来描写汉语的语法确是一个缺点。马建忠的缺点就是根据拉丁语法的词类来把汉语的词分为若干类，而把研究的重心安放在词类的问题上。其实汉语的语法特点显然和拉丁语的语法特点不同。西洋的语法书把语法的重心安放在词类上，是有根据的，因为词类的分别是印欧语的特点。马建忠把语法学介绍到中国来，自有他的贡献，但他漠视语言的特点，受了法兰西波尔瓦耶尔的理性主义的语法的影响，从逻辑出发去研究语法，漠视汉语语法的特点，拿拉丁语的语法来解释汉语语法，拿具有丰富的词类形态变化而缺乏造句法的拉丁语语法来套在具有丰富的造句法而缺乏词类形态变化的汉语语法的头上：则是他的缺点。

---

① 参阅本书《绪论》第二章。

第二节　研究汉语语法的新途径

马建忠学派的方法既不可全学，那么，我们到底要怎样地研究汉语的语法呢？这个问题可以分几方面来答复。

(一) 从一般的普通语言学的原则来说

(甲)研究汉语语法应当以口语为出发点，不应当专靠书本上的记载，如果用书本上的材料，则应当注重文字背后的发音，不应当斤斤于文字的表面上的现象。这里所涉及的就是语言和文字的不同。要知道语言和文字并不是完全相同的东西。语言可以包括文字，而文字却不能包括语言。文字也是一种语言，但它只是写的语言，而不是说的语言。从语言的本质来说，说的语言是语言的基本形式，而写的语言则只是代表这个基本形式的。如果说的语言是符号的话，则写的语言就是符号的符号。因为一个词是语音和语义的组合物，所以写的语言之代表说的语言可以由两方面着重，前者是拼音的文字，而后者则是表意的文字。汉字虽然不能说完全没有拼音的成分，然而我们至少可以说拼音的成分是很薄弱的。因为这个特殊的情形，汉字往往不能完全代表口语。关于这一点我们上面已经详细地解释过，现在不必多说①。总之，在研究汉语的语法时，我们应当注意口语的形式，不应当注重文字的表面上的现象。

(乙)应当注意语法形式的存在，不应当过分注视逻辑的背景。

---

① 参阅本书《绪论》第三章。

一般研究汉语语法的人都太重视汉语语法所表示的意义，而忽视了这意义的物质材料，语音形式。比方说，在西洋语法中，动词是有“时间”的分别的。过去有过去的格式，现在有现在的格式，将来有将来的格式。在汉语里，过去、现在、将来的意义也是有的，因此一般语法学家就把汉语具有动词功能的词也分成过去、现在、将来各格式。例如：

过去　我昨天到他家去。

现在　我到他家去。

将来　我明天要到他家去。

然而这是一个错误。我们已经说过语法的特点必是一种概括化了的形式而代表一种意义的①。可是同样的意义有的时候可以由词汇成分去表达。西洋语的动词的“时间”是动词形态的一个格式的变化。它所注重的只是过去、现在和将来的不同形式的表现，而这形式又是动词本身之内的变化。例如英语的-ed，德语的-te，法语的-ait 等都是存在于动词本身上面而表示过去的形式的，凡是表示过去的都必得用这种词尾，不用就不行。然而汉语就不同了，具有动词功能的词并没有词形的变化，我们在三个句子里都是用一个“到”字，并无丝毫词形上的变化。至于我们所用的“昨天”、“明天”等只是一种规定者，不用也可以，绝不能说它是“时间”的形式。有的时候我们可以用“已经”、“了”等，然而这“已经”、“了”也只是表示动作的“体”，而不是表示“时间”，因为我们也可以把它们用在将来或现在上面：“等我讲完了之后，有问题可以问我。”“明天等我把事情都已经弄好之后，才上他那儿去。”这里，只有在表示将

① 参阅本书《绪论》第二章。

来的句子中，有一个“要”字颇堪注意。如果我们要表达将来的动作，我们总得在词之前加上一个“要”，这不就是“时间”的形式吗？然而也不尽然。方德里耶斯(Vendryès)认为汉语和一些日耳曼语的词有的是以表示欲求的词来说明将来的动作的①，麦叶(A. Meillet)则干脆不承认日耳曼语有动词的将来时②。比方说，在英语里头，如果要表示将来的话，我们就用 will 或 shall 这个字在动词之前。然而我们试看一看 will 和 shall 是什么东西。will 本身就是一个动词，而且是用“现在时”的形式表示的，而在它背后的动词(I will go 的 go)也是用“现在时”的格式表示的。所以在形式上，英语有“过去”、“现在”，却没有“将来”。这并不是说英语不能表达将来的概念，这只是说它的动词没有“将来时”的语法形式。德语也是如此。德语的 Ich werde gehen 和英语一模一样。在这个地方，汉语和日耳曼语很相似。汉语的“我要走”也是这个情形。“要”本身是个具有动词功能的词，和英语的 will，德语的 werde 一样表示一种“欲求”。将来的事情并未实现，我们不过是要其如此而已。这当然也是表示将来概念的一个方法，然而并不是动词的将来时。在意义方面，我们总可以把“时间”的概念表达出来，可是从语法的角度来说，汉语具有动词功能的词却的确没有“时间”的分别。从另一方面说，汉语具有动词功能的词有许多表示体的形式，而在别的语言中就没有。比方说，法语中 chercher 和 trouver 是两个不同的动词，前者有“绵延体”(durative)的意思，就是说“找”的历程在进行中，而后者则有“结果体”(resultative)的意思，

---

① Vendryès，Le Langage，第二部分，第四章第 179—180 页。

② Meillet，Linguistique Historique et Lingustique Générale，Sur les Caractères du Verbe，pp. 181—182.

然而它们并没有形式的不同，只有词汇意义上的殊异。汉语就不同了。汉人说前一个意思时只说“找”，说后一个意思时就说“找着”。这“着”是“结果体”的虚词，表示历程或动作之有结果。它是一个概括化了的形式，可以加在任何表示有结果的动作的词之后，如打着、抓着、碰着等等。从意义方面说，法语和汉语都表达“结果体”的概念，可是从语法的形式来说，汉语有“结果体”的形式，而法语却没有。所以，从语法学的角度来说，我们不要光光问汉语表达不表达某一种概念，而应当问这种概念在汉语中有没有语法形式的表现。

（丙）应当注意语法形式发展的内部规律，不应当割断历史。当然拿词源的意义来说明现在或某一时代的语法的现实功能是不恰当的。但这不等于说可以割断历史，不顾语法的历史发展。词源学顾名思义，就知道是一种研究词的来源的学问，它研究每一个词的历史。我们知道每一个词的意义及其变化的情形在语言学中是由语义学去研究的，所以它并不是语法学的对象。但在研究一个语法成分的历史时，词源学和语法学则有密切的关系，因为它可以帮助我们了解语法发展的内部规律。研究语法可以采取两条道路：一是描写的研究（descriptive study），一是历史的研究。不过描写的研究必须在历史主义观点的指导之下才能有科学的结论，而描写的研究也只是历史研究的出发点。历史的研究使我们了解语法发展的内部规律，因此可以给我们指出一个合于发展规律的趋向，使我们知道在现有的语法现象之中，哪些是合于规律的，哪些是不合规律的，于是，语法的规范化问题也就有了凭借和根据。德·苏胥尔（F. de Saussure）曾经认为语法是静态语言学（linguistique synchronique）的对象，而不是变化语言学（linguistique diachronique)的对象①。这种理论是错误的,因为它否认了语法研究中的历史主义观点,而割断历史是不能真正的了解语法现象的。当然,我们并不否认静态分析法或描写语法学的价值,不过,因为语言学的重要任务是在研究语言发展的内部规律,离开了历史主义的观点,语法学就不成其为科学。

(丁)注意语法的系统,不要孤立地看问题。在历史主义观点的指导之下,语法系统的分析是研究语法的必要工作。语法是一个系统,要研究一个语法的系统,就应当看这语法结构的现实价值,不要以它的历史上的意义来解释它的现实功能,虽然我们必须了解它这功能是历史发展的结果。比方说,英语副词词尾-ly和德语副词词尾-lich都是古日耳曼语 līc 一词变来的。līc 本来是名词,有"物体""样子"的意思,然而我们却不能因为它是名词变来的,就说它现在不是副词的词尾。汉语语法也有这情形。汉语有一些所谓"介词",事实上是从具有动作意义的词变来的,然而它们也并不是纯粹的介词。例如"以"字在古代的文献里可以当作纯粹的实词用。《论语》里"桓公九合诸侯,不以兵车,管仲之力也"。这"以"就是纯粹的指明动作的词,《说文》所谓的"用也"。然而现在我们却很难把它当作纯粹的实词用。现在我们说"以此就彼",这"以"虽然还留有《说文》所说的"用也"的意思的痕迹,可是它已不是纯粹的实词,则是无疑的,因为在这句子里,"就"才是真正的主要的词。然而它也和西洋语的介词(前置词)不同。西洋语的介词只表示抽象的关系的概念,而汉语的"以"则多少还会使人想到

① F. de Saussure, Cours de linguistique générale,第二部分,第一章,第141—143页。

"用"的实词的意义。因此,我们只能就它的现实功用来说明它在现代汉语中的语法作用。我们也应当注意语法系统中各成分之间彼此互相联系,互相对立的情形①。

(二) 从汉语语法的特点方面来说

(甲)注重造句的研究。我们曾经提过,语法学所研究的大体可以分为两种,一是词法(包括虚词的研究),一是句法(包括句型的研究)。我们又说,一般人所谓汉语没有语法只是汉语缺乏形态的误解。汉语既然缺乏形态,那么学西洋的办法而把汉语的语法按照形态的格式来研究,当然是不妥当的。所以我们以为要研究汉语语法就应当注意汉语语法的特点,把研究的重心放在汉语的造句上。有的语言,因为形态丰富,句子里头的词的地位就不大讲究。比方说,拉丁语的词就可以在句子里随便安排。Petrus cædit Paulum,Petrus Paulum cædit,Paulum cædit Petrus,cædit Petrus Paulum,Paulum Petrus cædit,都是一样的意思(暂不论其表示感情的不同风格):"彼得打保罗。"然而在汉语中,"我打你"和"你打我"却有极大的不同,谁也不愿意说"你打我"。汉语的语法既然在句法中是这么样的丰富,我们就应当注意这一方面的研究。汉语的造句可以研究的地方很多,如在规定关系(relation of determination)之中,规定者与受定者的地位如何?在何种情形之下,规定者可以放在受定者之前,如"好人"、"西洋人"、"慢慢的走"、"我的书"?在哪一种情形之下,规定者可以放在受定者之后,如"好极了"之类?在引导关系(relation of direction)之中,引导者和受导

---

① 参阅拙著《汉语介词之真价值》导言第 31—32 页。

者的地位如何？在哪一种情形之下，引导者是放在受导者之后，如“打飞机”、“上天桥”之类？在哪一种情形之下，引导者是放在受导者之前，如“惟汝予同”，“不我欺也”之类？名句和动句的结构是怎么样的？在词和词发生关系的时候，它们的次序是怎么样的？这些都是造句所研究的问题。

（乙）表示语法范畴的虚词的研究。汉语的词法并不是没有形态，但形态并不是汉语特点的本质，汉语的特点在于运用较多的虚词去表示语法范畴，所以我们应当注意虚词的研究。西洋语言中并不是没有虚词，不过不如汉语之多而已。比方说，英语的 I did strike him，I can speak English，I go to bed 的 did，can，to 都是虚词。法语中的 je vais partir，j'ai bien de choses à faire 的 vais，de，à 等也都是虚词。梵语里的 iti，tu 等也都是虚词。然而因为形态的缺乏，汉语的虚词是特别丰富的。汉语的语法范畴多半都是用虚词来表示的。比方说，事物的复数是用“们”这个虚词来表示的。古代印欧语，如梵语的名词、代名词及动词等都有双数式（duel），而近代的西洋语却多半没有了这种格式。方德里耶斯就认为双数式是一种比较具体的概念；他又以为古代希腊语及其他语言双数式的消长正是文化消长的反映，有双数式的代表文化的不进步[①]，然而汉语却给我们一个反证。现代汉语却显然有一种形成双数式的趋向，即说两个人时，口语有说成“我俩”、“你俩”、“他俩”的趋向。这里“俩”是表示双数意义的虚词。可知，方德里耶斯的理论是错误的。汉语语法范畴之由虚词来表示者比比皆是，这不过是一个例子而已。总之，研究汉语语法，对于虚词加以系统的研究实

---

① Vendnyès，Le Langage，《结论》第 415—416 页。

在是一个好办法。

(丙)句型的研究。造句是按照句子的结构而言,却没有注意到整个的句子是哪一种型。同是一个意思,但这个意思可以是反问的,是否定的,是假设的,是命令的等等。所谓句型就是要研究这些句子的型如何地组织成功。关于句型的问题也很多。比方说,命令的句子是怎样造成的?西洋语的命令句是用动词的命令式来表示的。可是汉语却不是这个办法。汉语有的时候只用语气来表示,有的时候就加上"罢"这个虚词在句子的尾巴上,有的时候就加"请"在句子头上。这也是应当加以详细研究的。其他如否定句子、感叹句子的结构等也都是值得研究的。

(三)从比较的研究方面来说

(甲)一般的比较。凡是人文科学或社会科学多少总得用一些比较的研究。老实说,一向语法学家所以太西洋化的原因一部分也是因为没有做过比较的研究。因为只知道拉丁语的语法或英语的语法,很自然的就以为一切的语法都是和拉丁语或英语差不多,结果就用了拉丁语或英语的语法来应用在汉语的语法上。如果稍为比较一下各语言的语法结构,就知道就是西洋语的语法,也是各语言不相同的。既不相同,就没有法子找出一个标本来套汉语的语法。结果只好跑回来看一看汉语语法的本身到底是什么样子。因为有了比较的研究,才让我们知道在一般语法的结构中哪一部分是一切语言所共有的,哪一部分是各语言所不同的,而对汉语语法的研究也不会发生所谓太西洋化或太中国化的毛病了。比较的研究所比较的固然是其他语言的语法结构,可是结果是对汉语语法的特点反而越来越清楚了。

（乙）同族语言或方言的语法的比较的研究。一般谈“比较语法”的人只知道把汉语语法和英语语法或法语语法相比较，注意同族语言（即汉藏语系）的比较的研究的人就很少，而作方言的语法的比较研究者可以说是就没有。要知道西洋人所谓的 grammaire comparée（比较语法）实在有其特殊的意义，他们所谓的比较语法是指印欧语族中各语法系统的比较的研究而言，并不是指一般的比较的研究。和不同族的语言语法相比较可以看出一种语言语法和他族语言语法的不相同的地方。和同族语言的语法相比较，就可以看出一种语法的特点。要知道西洋现代的语言学家多数已经偏重语族（如日耳曼族、拉丁族）或方言的语法的比较。汉语的语法系统和印欧语的语法系统是那么样的不同，为着明了本身的特点计，除了用普通的一般的比较外，我们应当细细的对于汉藏语系的语法作一比较的研究，同时更应当对汉语的方言加以比较的研究，因为方言的语族问题比较汉藏诸语的语族问题更来得明确。比方说，在北京话里，表示受动（即被动）的意思时，往往是用一个施动形式的词去表示，例如“给”字之在“我给你打了一下”一句中是一个施动的词，表示“给予你一个打的机会”，所以这些词合在一起的意思就是“我被打”的受动的意思。用这种方法来表示受动确是汉语语法的一个特色。要证明其是否真正的特色，我们可以看一看其他方言是不是也是这样的。我们就找到在福州话里，受动的意思是由“乞”（k’øyk）来表达的，而“乞”和“给”一样，刚刚好有“给予”的施动的意思。我们又找到在四川方言里，有 la-ken 这个词，在上海方言里有 pê 这个词，它的用处和它的意义就和北京话的“给”完全一致。这就可以给我们一个证明。所以方言语法的比较的研究，实在是研究汉语语法的一个路径。

第三节 本书的大纲

在上面三个方面中，第一方面是作任何的语法研究都得注意的，然而只是原则而已。第三方面可以另外作特殊的研究，但也可以随时运用它。第二方面才是就内容方面而论。换句话说，第二方面是主干，而第一第三两者可以在研究语法的内容时同时顾到。根据这个研究法，本书就有下列的编制。

第一编 构词论

第二编 范畴论

第三编 造句论

第四编 句型论

在这四编的讨论中，随时随处注意到第一第三两方面的原理。不过因为材料缺乏，汉藏语系和方言的比较研究不能尽量地运用，这也是无可奈何的事了。

第一编　构词论

词是语言的建筑材料。只有词受语法支配的时候，我们才可能使语言成为有条理可理解的东西。词是词汇学的研究对象，但由于词的语法作用而产生的词的形态及词的分类，依照一定的规则而把词构造起来的原则，则是语法学所要讨论的问题。例如，词可以依照其所起的语法作用及其所指明的语法意义，分成词类，词可以按照其形态的变化而规定其所表达的语法意义或语法范畴，可以根据它的构造原则来分析它的构成方式。这些都是词法所要研究的问题。

词法可以分为两大类，一是构词法，一是构形法。构词法是研究如何构造新词的学问，构形法是研究表示各种语法范畴的词形变化的学问。构形法又可以分为两种，一是词的内部变化，一是词的外部变化。词的内部变化是狭义的构形法的形态变化，也就是一般人所了解的“形态”，词的外部变化是广义的构形法的形态变化。一般的说法，形态变化指的是狭义的构形法的形态变化。汉语的构形法有其特殊的特点。

本编的目的，在于说明汉语构词法上的问题，汉语的构形法问题，也就是汉语的语法范畴的问题，留待第二编讨论。

第一章　汉语的词类

第一节　分别词类的标准

一般谈语法的人都要把词分为类别，叫做词类。词类是语法学上的特殊术语，不是一切词的分类都叫做词类。我们可以把词分成单音词、复音词，拟声词、非拟声词，"江"韵的词、"东"韵的词，"见"母的词、"溪"母的词等等，但这些分类都与词类无关。词类是词的语法分类，每一类的词都有特殊的语法意义和语法作用，词有词汇意义，即基本语义，这是谁也不会否认的，但词类既是词的语法分类，它的分别就不是单纯词汇意义的分类，而是语法意义的分类。我们可以依照词的词汇意义，把"红"、"黄"、"蓝"、"紫"、"白"、"黑"等归成一类，把"纸"、"笔"、"墨"、"砚"、"铅笔"等归成一类，但这只是概念的分类，是词汇意义的分类，不是语法的词类。波斯贝洛夫认为词类不是只由语义加以区别的语义类别，而是词的基本的词汇·语法的种类，在这些分类里，实现了把最概括的词汇意义改造为对象、行为（作为过程、状态、品质、数量、状况的标志，概括的指示等）的抽象化了的语法意义。[1] 可见，词类是把词汇意义再

---

① "关于词类的讨论"，见《中国语文》第 35 期第 40 页。着重点是我加的。

行抽象化，而能在句法里实现某种语法作用的词的分类。例如俄语的 настрáивать（调音），обдéлывать（修饰）等，它们都指明动作，而且在句法上都有一定的用法，我们因此就把它们归入动词一类。词类具有把最概括的词汇意义改造为对象行为等的抽象化了的语法意义，同是词汇意义的“发展”，而英语则有不同的词，一是develop，一是development，前者是动词，后者是名词，因为人们对客观现象可以依照其所固有的特点加以不同的抽象，同是“发展”，可以把它抽象为语法上的“动作”，也可以把它抽象成语法上的“事物”，于是前者就是动词，后者就是名词。加尔基那·非多卢克说：“同样的一个现实的现象能够在我们的思维里产生不同的概括，在词里产生不同的形式，就是不同的词类。例如颜色的特性可以用名词来表现——белизна（白色），белок（眼白）；用形容词表现——белый（白的），беловатый（浅白的）；用副动词表现——белел（使变白）；用副词表现——бело（白的）。同时，抽象的能力也允许完全不同的现实现象提供、铸造、构成一个语法词类。例如：дом，поле，время，труд，любовь，государство，песня，женщина，ветер，солнце——名词等等。”[①]所以，必须在词汇意义之上再加上语法意义的归类才有词类。英语的 red，redness，redden 三个词，从词汇的意义上说，都是词汇意义的“红”，但三个词却属于三个不同的语法上的词类：red 把“红”概括成语法上的“性质”，所以是形容词；redness 把“红”概括成语法上的“事物”，所以是名词；redden 把“红”概括成语法上的“动作”，所以是动词。不同的概括表示不同

① 高名凯译《语言学中的历史主义问题》，五十年代出版社，1954年，第167—168页。

的语法意义，在句子的结构里，它们有不同的用法。

语言和思维是紧密的联系着的，但语言并不等于思维。因此，各语言可以拿不同的形式去表示同样的概括，去表示同样的逻辑意义。汉语虽然没有形动词，但它也可以拿其他的方式去表示俄语的形动词所表示的逻辑意义。然而，我们仍然说汉语没有形动词，这是什么缘故呢？原来，语法是语言的问题，不是逻辑，因此，必须是由语法形式这个“物质外壳”来作为某一词类的标志时，才有某一词类的存在。俄语有形动词的特殊标志，所以俄语有形动词，汉语没有形动词的特殊标志，因此没有形动词，但这不等于说汉语不能表达俄语形动词所表达的逻辑意义。

规定词类有三个标准，库兹涅错夫教授说：“词类是以意义、句法及形态标志彼此相区别的词的语法分类。意义和句法的标志虽然是划分词类所必要的，但总是不够的，如果没有允许划分不同词类的形态标志的话。”[①]语言表达思维[②]，思维是反映客观存在的，词的意义有其客观的根据，因此，分别词类应当注意词所表达的语法意义，脱离了语法意义，词就不成其为语法的单位，所以，某一类的词都有其所指明的语法意义，例如，名词指明“事物”，动词指明“动作”或“历程”，形容词指明“性质”。但是，正如上面所说的，同样的一个现实现象可以由人们加以不同的抽象或概括，指明“事物”、“动作”或“性质”等要看它是否有语法上的抽象或概括而定。“中国”、“山”等词的词汇意义当然指明的是“中国”或“山”的词汇意义上的“事物”，但“中国”或“山”之是否名词或形容词要看是否在语

① П. С. Кузнецов，Историческая Грамматика Русского Языка，1953 莫斯科版，第 30 页。

② 语言是通过表达思想，作为交际工具用的。

法上再把它抽象成事物或性质，同是一个“中国”，在俄语里就有两种不同的语法意义，一是 Китай，一是 Китайский，前者指的是语法上的“事物”，后者指的是语法上的“性质”，同是一个“山”，在英语里就有两种不同的语法意义，一是 mountain，一是 mountainous，前者指的是语法上的“事物”，后者指的是语法上的“性质”。

词只是语言的建筑材料，必须拿词来造句，词才能完全发挥它的功用，才能使语言成了可理解的东西，因此，词的词类应当看它在句子里的功能如何而定。例如，在句子里能够用作主语和宾语的词，它就具有名词的功能，在句子里能够用作修饰语的词，它就具有形容词的功能，我们可以根据词在句子里发挥其功能的一定的可能性，把它归成类，换言之，即根据词在句子里和其他的词的结合性来规定它的词类。例如，英语的 man（人）可以在句子里和冠词 the 或 a 相结合，可以在句子里和数词 one 相结合，所以是名词。但是，词之所以有这种功能显然因为它具有反映客观现象的意义，而词在句子里的作用也显然是因为拿它去造句之后可以表达反映客观存在的一个完整的思想。man 之所以能和 the 或 a 或 one 相结合，因为 man 的意义所反映的客观存在“人”可以说成“这个人”或“某一个人”。脱离了客观的物质基础，脱离了反映客观存在的意义，它就不能发挥句法功能。

无论是语法意义也好，或句子功能也好，都需要一种语言的物质外壳来作为词类的标志。词类是语法问题，不是逻辑概念的分类（虽然它是以逻辑概念的分类为基础的），脱离了词的语言物质外壳，语法意义而且也就不存在了，因为没有语言物质外壳的赤裸裸的思想是不存在的。语言的物质外壳有很多种类，有的逻辑概念或范畴就可能不是由语法形式表达出来的，而是由词汇形式表达出来的。例如汉语的阴阳概念不是由语法形式表达出来的，而是由词汇形式表达出来的，而俄语则由语法形式来表达阴阳性和中性。词类既是词的语法分类，我们就必须拿词的语法形式来作为词的分类标准。词的语法形式就是词的形态变化。如果一个词有一种特殊的形态标志，指明这个词指的是语法上的"事物"、"动作"或"性质"的话，我们就可以确定这个词是名词或动词或形容词。库兹涅错夫教授说："词类应了解为词的分类：各种词类的特征是具有一定的形态学的标志，即每一种类的词（词类）所特有的而不同于其他种类的词（词类）的一定的语法范畴，而这些语法范畴是由词的变化表现出来的。"①西洋的语言，因为名词、动词或形容词有其一套特殊的形态变化，作为词类的特征或"物质外壳"，所以，这些语言的词类划分可以一目了然。

词类的分别必须有个"物质的外壳"，这是不可动摇的原则，因为脱离了"物质的外壳"，脱离了"物质标志"来讲词类，就是唯心论的主张，而且事实上是不可能划分词类的。但是这"物质的外壳"是些什么，则有不同的意见。有的人认为词在句子中的结合性就是词类的"物质外壳"，有的人认为必须有词的形态才是词类的"物质外壳"，或"物质标志"。苏联的语言学家们曾在 1954 年 6 月讨论过这个问题。在大会上，大多数的人主张必须依据词的形态来分别词类，一部分人主张只有词的结合性也可以划分词类，没有得到结论②。但是经过这一个讨论之后，大家都明确了一个道理，即

---

① 《语法、语言的语法构造》，人民出版社，第 11 页。

② 讨论会的记录"关于词类的讨论"发表于《语言学问题》（Вопросы Языкознания），1955 年第 1 期及《外语教学》（Иностранные языки в школе），1955 年第 1 期。译文载《中国语文》，第 35 期。

这三个标准其实是三位一体的，其中而且是以形态为主要标准的。词汇意义当然是划分词类所必须注意到的，但只有词汇意义，正如上面所说的，不可能分别词类，因为同一个“红”的词汇意义就可能指的是语法上的“事物”，或动作，或性质，而且词类的语法意义的词类脱离了语言的“物质外壳”也就不存在了。词的句法功能当然是划分词类所要注意到的，但这功能显然是与词的语法意义有关，而且同一个词可能在不同的场合下有不同的句法功能，如汉语的“吃”既可以作为主语用，又可以作为动句的谓语用。所以，只注意词的句法功能也是不能分类的，因此，还必须注意词的形态。要知道词的形态其实就是语法上的词类意义和词的句法功能的标志。词的形态就是把词的语法类别，词的句法功能拿“物质的外壳”、“物质的材料”把它固定在词的上面的。词类的意义和词的句法功能其实就是词的形态变化所指明的东西。因此，由形态来讲词类事实上就已经注意到词的词类意义和词的句法功能。俄语名词的变格其实就是名词的句法功能的表现，作为主语的应当是主格，作为宾语的应当是宾格，都由词形变化表现出来了。正因为这个缘故，我们同意拿词的形态作为分别词类的主要标准。这并不是说我们不注意词的语法意义，不注意词的句法功能，而是说在这三位一体的分别词类的标准当中，我们认为形态是最主要的。这意见是和苏联科学院于去年(1954)所召开的关于词类讨论会的精神相符合的。巴尔胡达洛夫(Бархударов)在给讨论会做出总结的时候指出，作为词类的词的必要标志应该是具有外部的、物质的标记……大部分发言人倾向于不承认词在句子中的功能为区分词类的主要标准。同时，显然地，在表征出词类的若干标志之中，必须包括它们跟其他词的结合能力。[1]

第二节　汉语有没有词类的分别

关于汉语有没有词类分别的问题，一向有种种不同的看法。西洋的汉学家在研究汉语语法时，一般的情形，都拿西洋语的一套词类来把汉语的词分为几类，如法国汉学家戴遂良（Wieger）[2]、加斯皮尔曼（Gasperment）[3]、儒莲（Stanislas Julien）[4]等就是这样做的。另外一些人，如德国汉学家葛柏莲（Gabelentz）则在其所著的《汉文典》里认为汉语的词应当分为两种词类，一是词的基本类或自然类，一是功能类[5]。而法国的汉学家马伯乐（Maspero）则认为汉语的词没有词类的分别[6]。在苏联方面，一般汉学家多半认为汉语的词可以分类[7]，而一般语言学家，如契科巴瓦（Чикобава）[8]和库兹涅错夫[9]等人则认为汉语的词没有词类的分别。我国的情形，马建忠在《马氏文通》里把汉语的词根据词汇意义加以分类，而黎锦熙则曾经有过汉语“词无定类”的主张，王力则曾经依照叶斯

---

① “关于词类的讨论”，见《中国语文》第 35 期第 42 页。

② 见其所著 Rudiments de parler et de style Chinois。

③ 见其所著 Etudes de Chinois。

④ 见其所著 Syntaxe Nouvelle de la langue Chinoise。

⑤ Chinesische Grammatik。

⑥ Les langues d' Extrême-Orient, Encyclopedia Française, tome I Larousse, Paris.

⑦ 如鄂山荫在《苏联大百科全书》汉语条里的主张，龙果夫在其《现代汉语研究》里的意见。

⑧ 见其所著《语言学概论》下册，1955 年，高等教育出版社，第 172 页。

⑨ 见本书《绪论》第四章所引库氏文。

柏森(Jespersen)的理论,认为汉语的词可以依照词义分为词类,依照词在句中的功能分为词品。在这样复杂的意见当中,我们应当用科学的方法来把汉语的词类问题作个彻底的解决。

汉语有没有词类的分别呢?这问题的解决,首先要看什么是词类?分别词类要拿什么作标准?上面已经说过,词类是词的语法分类,划分词类是拿意义(而且是语法意义,不是词汇意义)、句法功能和词的形态三位一体的标准来规定的,其中又以词的形态为主。可见,只根据词的词汇意义而加以分类的,是错误的办法,马建忠的错误就在于他完全依照词汇意义来分类。可见,把意义的分类和功能的分类作为两个截然不同的类别,也是错误的办法,因为它割断了意义和词在句中的功能的关系。葛柏莲的错误也就在于他把这两者的关系分割开来,同时又在于只照词义来分类,显然是脱离了词类的"物质外壳"来进行的。其实,要看汉语有没有词类的分别,就要拿上面所说的词类分别标准来衡量。根据这标准,我们认为汉语的词可以分为实词和虚词两大类,而汉语的虚词又可以分为许多类。

关于汉语的虚词可以分成许多类,没有人提出异议,但是,汉语的实词是否可以再行分类,大家的意见就不一致。我们认为汉语的实词不能再行分类,这意见是许多人所反对的,反对的理由不外下面几种,让我们一一加以说明。

(一)有的人认为说汉语的实词没有词类的分别,就等于说汉语是低级的语言,因此认为不能说汉语的实词没有词类的分别。持这种论调的人用心是良好的,但是他们是站在一个极端错误的理论上来看问题的。19 世纪的比较语法学家们和马尔(Mapp)都曾说过汉语没有词类,没有形态变化,因此汉语是低级的语言。持这种论调的人不愿意把汉语说成低级的语言，然而却不知道拿什么论证来证明。他们全盘接受了这个错误的理论，认为语言有高级和低级的分别，认为没有印欧语所有的那种词类分别和形态变化的语言就是低级的语言，因此，如果说汉语没有实词的词类分别，根据这个理论，自然就只能得出一个结论：汉语是低级的语言。其实语言并没有高级和低级的分别，任何语言，除了不再为人们所应用或变成了“社会方言”之外，都能够很好地为说话人社会服务，都能够表达说话人社会所要表达的思想，都能够很好的作为说话人社会的交际工具用，都能够随着社会的发展而发展着。上面已经说过，各语言尽管有不同的语法结构，但各语言却都能够表达同样的思想。各语言的不同的语法结构只说明各语言的特点，不说明各语言的高低。何况，汉语尽管在词的形态变化上没有印欧语那样的丰富，词类的分别不是印欧语的一套，但汉语之应用虚词和词序却远非印欧语之所能及。我们既不能拿汉语作为高级语言的标准，来断定没有汉语这样富于虚词和词序规则的印欧语是低级的语言，也不能够拿印欧语作为高级语言的标准，来断定缺乏实词的词类分别和词形变化的汉语是低级的语言。兹维金采夫在最近的一部著作里说：“因此，只有使语言与社会脱离，剥夺它的全民性，或者社会死亡，才会引起语言的退化和死亡。……上述的各种条件可以使语言停止发展，或者使其趋于死亡。在所有其他的情况下，语言都是可以发展的。换句话说，只要语言作为社会组成员的交际工具而为社会的需要服务，同时是为整个社会服务，并不站在偏爱某一阶级或某一社会集团的立场，那么，语言就是处在发展的过程中。如果遵守上述各种使语言本身能够存在的条件，语言就只能是处于发展的状态；由此可知，语言（活的语言，而不是死的语言)的存在形式本身就是它的发展。在谈到语言发展的时候,不能只一味拘泥于语言形式方面的变化,拘泥于词尾变化和其他形式变化的增加或减少。我们不应该忘记,语言是与思维具有密切关系的……因此,语言发展的必要的先决条件不仅是它的形式完善,而且还要有丰富的内容。从本质上来说,二者是密切不可分的。在这样理解语言的情况下,语言发展的具体表现不仅在于它日益增加新的规则和新的形式,同时还在于它的不断完善、改进和修正已有的规律。……因此,使语言更加完善的过程的形式,会依语言的构造和在语言中现在起作用的语言内部发展规律而有所不同。"[①]他又说:"各种语言发展速度的急缓,并不能作为说明某种语言比另一种语言发达程度大或小的根据。例如:下列事实即特别明显:英语在同一历史时期的范围内,其语法方面的变化比德语大得多,这绝不是说英语现在要比德语发达得多。如果根据语言在比较少数的时间内的发展来判断语言发展程度的大小,那是不合逻辑的和不适当的,但在语言科学的现阶段中还没有任何尺度可以用来比较和评定它们的'综合'状态。显而易见,这样的尺度也是不能有的,因为各种语言是依照自己的特殊的内部规律、以自己的特殊方式来发展的,它们的发展过程具有各种不同的形式,因此,实际上,在这种情况下就成为不能比拟的现象。"[②]可见,语言尽管可以发展或因其不为社会服务而不发展,但各语言之间却并没有高低的区别,因为各语言都有其不能比较的特殊的内部发展规律,而仅仅某种语法形式之有无更不能作为评定语言高低的标

---

① 兹维金采夫:《语言的内部发展规律》,时代出版社中译本,第14—16页。着重点是我加的。

② 同上,第23页。着重点是我加的。

准。要知道资产阶级的语言学家也曾拿与马尔相反的根据来说明语言有高低的分别的。叶斯柏森就是这一学说的创始人。他认为英语在其存在的历史时期中，逐渐改变它的语法结构，由综合结构变成分析结构。他又认为只有在历史途程上依照分析方向前进的那些语言，于其发展中才会有进步存在①。根据这种理论，形态少的语言反而是进步的语言，形态多的语言反而是退步的语言。这也同样是错误的。总之，我们不能在各不同语言之间评定其高低，虽然为各全民社会所运用的语言都随着社会的发展而发展着。

如果有人认为语言有高低之分，而高低的标准又在于有没有词类，有没有形态的话，那么，他的结论就会和他的愿望恰恰相反，他就不可避免地要认定汉语是低级的语言。语言既有高低之别，高级语言既以有无词类和形态为标准，那么，汉语就只能被认为是低级的语言，因为尽管他说汉语的实词有词类的分别，汉语的词有形态，他却没有能够否认汉语的词类分别没有印欧语那样的清楚，俄语有形动词，汉语没有形动词，汉语的形态总没有印欧语那样的多，这不就等于说，汉语无论如何也赶不上印欧语，也没有印欧语那样的“高级”吗？何况世界上有许多语言，如果汉语不是低级的语言，难道根据这种理论，别的语言就可以不分个高低吗？所以，这种论调是极端错误的。汉语实词有没有词类的分别应当只是汉语语法的特点问题，不应当和高级或低级的语言连在一起谈，汉语有没有词类都不会影响汉语是高度发展了的语言。

（二）有的人认为汉语的实词可以分类，因为世界的事物都可以分类，词的分类是客观存在的，我们的意识一听到“吃”、“喝”之

---

①　兹维金采夫：《语言的内部发展规律》，时代出版社中译本，第12—13页。

类的词，就知道它指的是动作，它是动词。这种论点实在是很不容易成立的。上面已经说过，词当然可以分类，而且可以分出许许多多的类，但这不是语法上的词类。词可以分类并不足以说明语法上有词类的存在，正如人可以分类并不足以说明人可以分为三头六臂和无头有尾的人。词类是客观存在的，只是一句断语，这断语需要论证加以证明，只说词类是客观存在的，而没有加以证明，是任何科学家也不能满意的。“吃”、“喝”等一听就知道它指的是动作，也许是事实。“从词汇意义上说，确是如此”，但语法科学的知识并不是就能够这样得到的，何况没有人一听到人家说“他有三好：吃、喝、穿”，就会知道它指的是语法上的动作，相反地，却会知道它指的是“吃”、“喝”、“穿”这些事，在语法上是把“吃”、“喝”、“穿”当做事物来了解的。所以，这种论调是和科学相去太远的。

（三）有的人知道形态是规定词类的主要标准，于是他们就设法证明汉语的实词有形态。他们所说的形态有下面几种：

A. 声调的变化或“读破”是分别词类的形态。这种理论是有所本的，它的来源是高本汉的《汉语词群》（Wordfamilies in Chinese），高本汉在这部书里以为在汉语古代文献中常常有一字两读而表示词类不同的情形。例如：“从”字有名词和动词的分别，作为“从者”解的“名词”念为tsi̯ung，而作为“随从”解的“动词”则念为d’i̯ung；“长”字有“动词”和“形容词”的分别，作为“生长”解的“动词”念为ti̯ang，而作为“长短”之“长”解的形容词则念为d’i̯ang；“朝”字有“名词”与“动词”的分别，作为“早晨”解的“名词”念为ti̯og；而作为“朝见”解的“动词”则念为d’i̯og。这是以同样写法的字来说。高本汉又以为就是不同写法的字，因为发音相类，意义相若，也可以表示词类的分别。例如：“碇”是“名词”，念为 tieng，而

“定”则为“动词”，念为 d’ieng；“子”是“名词”，念为tsi̯eg，而“孳”则为“动词”，念为dz’i̯eg；“中”是“名词”，念为ti̯ông，而“仲”则为“形容词”，念为 d’iông。[①] 我们暂且不讨论高本汉的古音拟构是否正确。即认其为正确，这种情形也不能证明这些词有词类的分别。按上所述，高本汉所谓汉语之有词类分别者，实有两个根据：一是我们所谓的“读破”，即一字两读的情形。一是形声字中读音略有不同而表示词类之不同者。但虽为两点，而合在一起讲，实只是一个原则，即：高本汉以为汉语中读音略有不同的表示词类的分别。高本汉只注意到清浊和吐气不吐气的不同，实则汉语的“读破”还有声调的问题。例如：“生长”之“长”与“长短”之“长”不但有吐气不吐气，清声或浊声的分别，实在还有声调的不同(生长之“长”属上声，而长短之“长”则属下平声)。我们知道语法成分的成立不仅依赖词尾的“屈折”，声调的不同，以及辅元音的变化都可以表示。高本汉就是根据这个原则，以为古汉语是有词类的分别的。然而我们试就高本汉所举的例而研究之。第一，高本汉清浊吐气而分词类的原则并不是应用在某两种词类的分野，例如：“名词”与“动词”，而是表示一种空泛的普通的不同。例如：“碇”、“定”的分别是“名动”，而“中”“仲”的分别却是“名词”与“形容词”；两个“从”的分别是“名动”，而两个“长”的分别却是“动词”与“形容词”。不但如此，高本汉还以同样的原则去解释语法范畴的不同。例如：念为 kian 的“见”是“主动”，而念为 g‘ian 的“见”(或现)则为“被动”。这更是说不通。语法的结构有逻辑根据，哪能用同一的原则去应用在一切不同范畴的分别之上？第二，高本汉并没有告诉我们除

---

① 见高本汉：Word Families in Chinese，末节。

了这些例子之外，其他有同样分别的词是不是也应当有语音上的分别。他也没有告诉我们有同样的发音分别而没有所谓词类的分别到底是什么理由。例如：他认为“螽”念为tịang而“虫”念为dịông，然而“螽”和“虫”都是他所说的“名词”，而意义上却有相关。原来高本汉的错误就在于他误把词义学的问题当做词类的问题[①]。要知道这种“读破”确有存在，而形声的引申也确可以创出许多音相似而义亦相近的词。然而这只是每一个新词的创作问题，并不是语法上的词类的分别。例如：高本汉以为念为tịang的“长”字是“动词”，而念为 diang 的“长”字是形容词；然而“长者”的“长”不是所谓“形容词”而与“生长”的“长”字同样念法吗？这是由于基础的词汇意义引申出新的词汇意义，再由语音的变化去分别两者的不同。这种变化的方法很多，高本汉所云不过是其中的一种。这新的词汇意义可以带“名词”的功能，也可以带“动词”的功能，也可以带其他词类的功能，而这功能也并不是固定的，要看它在句子里的地位如何而定。所以在这个地方，所谓音变实在是代表两个词，并不是代表一个词所起的两个语法上的变化，而每一个词也都可以具有各种不同的词类功能。例如：“和”字，《说文》谓“相应也”。《易经》有“鸣鹤在阴，其子和之”一句，《战国策》有“与荆人和”一句。前者是“相和”的意思，即《说文》所谓的“相应也”。后者有“讲和”的义训。《尔雅》训“和”认为是“笙之小者”。“和”的最初意思当是“笙之小者”。因为“笙之小者”是乐器，用以调和乐调的，所以可以引申为“相应”、“和诗”、“调和”、“和平”、“温和”、

① 刘复也不重视“读破”的作用(见其所著《中国文法通论》第二讲第一节《附篇》，第48—52页)。但其立论是在于“读破”方法之不普遍；我这里则以意义学的立场来说明不同声调的读法是代表不同意义的词，不是语法变化。

“讲和”等意义。这些又可以归纳为两大类：一是“相应”，一是“调和”。这两个不同意义的“和”，按段玉裁所说：古时是念为同一声音的。然而《广韵》却列训为“笙之小者”，“和顺也，谐也”，“不坚不柔也”的“和”字入下平声戈韵而列训为“声相应”的“和”字入去声过韵。现在的口语，这两个不同的读音还存在。可是这并非语法的不同。因为下平声的“和”可以具有各种词类功能，如“我和解他们的争论”（“动词”），“天气很温和”（“形容词”），“世界的和平”（“名词”），而去声的“和”也可以具有各种不同的词类功能。如：“我和他一首诗”（“动词”），“我给他寄了一首和诗”（“形容词”），“调高和寡”（“名词”），声调的变化实在是代表从同一来源所引申出的不同词汇意义的词，不是代表词类的不同。我国古代学人常常用“假借”去解释同一方块字所表示的不同的词；他们知道文字不过是代表语言的，只要能够代表音就行，并无所谓“别字”的问题[①]。现在去古太远，人们反而被文字所迷而看不出文字背后所代表的词。实则“读破”乃是用同样的方块字去表示不同词汇意义的词。

其实不只是高本汉，远在18世纪，法国马若瑟神父（Prémare）即谓汉语有名词和动词之形态的分别，声调之变化可使“名词”变为“动词”，“动词”变成“名词”[②]。19世纪末叶德国康拉迪（Conrady）也认为汉语的“动词”有及物与不及物（外动与内动）两种动词的形态分别。这分别是由于声母的清浊。清者为“及物动词”，是

① 章炳麟在《国故论衡》中说“古人为之，谓之通借，今人为之，谓之别字”，可作参考。

② 见马伯乐文 La Langue Chinoise, Conférences de L'Institut de L'Université de Paris, 1933, p. 64.

前加成分所留下的痕迹。浊者为“不及物动词”，本来没有前加成分[①]。康拉迪后来又以声调的变化为根据，认为古汉语的询问虚词都是上声字[②]。这些理论的困难都是在于语义问题和语法问题的相混。

B. 汉语有拿重叠作为形态的。汉语事实上有拿重叠来表示语法作用的地方的，但这重叠既不是词的形态，也与词类的分别无关。词的形态是词内的音缀的重叠，而汉语的重叠则是词的重叠，与词的内部形态无关，“日日”、“人人”的重叠，只像英语的“very very good，”“merrily merrily I say unto you”之类，不等于梵语的 ghurghurah，没有人认为英语的“very very good”是词形变化。何况重叠之后表示些什么呢？我们既可以说“天天是星期天”，也可以说“他天天来看我”，也可以说“天天的事，天天了”，这重叠到底说明了“天天”是什么词类的词呢？再何况重叠并不能使一类的词不同于其他种类的词呢。“我慢慢说”，“树上结了一个红红的大苹果”，“我到外边去跑跑”，“人人都喜欢他”，重叠说明了什么词类的分别呢？

C. 词头词尾作为词的形态的，汉语的确有一部分词头和词尾，但这些词头和词尾都只是构词法上的形态，不是词类分别的形态。库兹涅错夫说：“对于任何语言，划分构词的形式和词形变化的形式之间的界限是很重要的。构词的形式指的是从同一个词根构造成不同的词，……词形变化的形式指的是同一个词的各种不同的变化。”[③]许多人没有了解这种区别，他们把构词法上的形态

---

① Conrady，Eine Indochinesische Kausativ-Denominativ-Bildung und ihr Zusammenhang mit den Tonakzenten，Leip zig. 1896.

② Der Altchinesische Fragesaz und der steigende Ton，M. S. O. S. Berlin. 1915，Ostasiat. Aft. ，pp. 261—297.

③ 《语法·语言的语法构造》，第 18 页。

看成了一般的词形变化，因此就认为汉语中的“子”、“儿”、“者”等是“名词”的词形变化，是词的形态。其实，像“子”、“儿”、“者”之类确是词尾，但这词尾和一般的词形变化的词尾无关，只是拿它来构造另外一个词罢了。比方说：“者”是词尾，加在“工作”之后，成为“工作者”，“工作者”已是另外一个词，与“工作”不同，因为“者”已是“工作者”这个词的一个不可缺少的部分，去掉了它，“工作者”这个新词就不存在。但是“工作者”就不一定是名词，因为它可以和“身份”结合在一起，组成“我以工作者身份来说这句话”，于是，以句法的功能来说，它就具有形容词的功能。“子”和“儿”也是同样的情形。有的时候，“子”和“儿”只是词的一个音缀，如“桌”加“子”，成为“桌子”，意义并没有不同，但并不因为加了“子”，“桌子”就一定是“名词”，“桌子”可以和“面”相结合成为“桌子面”或“桌子的面”，于是，根据句法功能，它就具有形容词的功能。至于“李”加上“子”，成为“李子”，就构成了另外一个词，“李子”指的是李树的果实，不是李树，但这“李子”也并不一定是“名词”，“李子核儿”之中的“李子”，根据句法功能，就具有形容词的功能。“儿”有的时候，只表示感情作用，说话随便些，许多词都可以加上“儿”，没有什么分别词类的作用，“慢慢儿”、“好好儿”、“脸盆儿”、“玩儿”的“儿”都不能把这些词规定成某一特定的词类。有的时候，“儿”是构词法的形态，加上“儿”，就成为另外一个词，如“白面”和“白面儿”，加了“儿”并不使这两个词成为不同词类的词，例如这“白面儿”就不一定是“名词”；在“白面儿粉儿”这个结合里，“白面儿”却具有形容词的功能。可知这些形态都只是构词法上的问题，与词类的词形变化无关。有的人为着说明这些词是名词，就说加在另外一个词前面作为修饰者用的仍然是“名词”，如“中国风俗”中的“中国”，

“桌子面儿”之中的“桌子”,“李子核儿”之中的“李子”仍然是“名词”。这种说法是不正确的,一来根据词的句法功能,这种场合之下的这些词分明是修饰语,而修饰语正是形容词的特征之一,如果否认这些词具有形容词的功能,就必须否认句法功能在分别词类中所起的作用,二来这种场合下的这些词,在有形态变化的语言里,多半都带有形容词的词尾,如果我们认为它们不是形容词,那么我们就必得否认说汉语的人有把这些词汇意义抽象成“性质”的能力,换言之,就得承认说汉语的人不可能把“桌子”、“李子”等抽象成“性质”;因为我们并没有其他的语言形式可以表示这种抽象的,这就是一个非常危险的结论。其实说汉语的人显然也能够把“桌子”、“李子”等抽象成“性质”,只是主张加“子”的词必得是名词的人硬要否认这种抽象能力罢了。

D. 认为“了”、“着”、“的”等为形态的。大多数研究汉语的人都认为“了”、“着”、“的”之类的语言成分是虚词,不是形态,但是也有一部分人认为它们是形态,有的原先认为它们不是形态的,也为着要“证明”汉语的实词有词类的分别,而又把它们说成形态的。其实,词的形态和补助词或虚词是有区别的。词的形态是词的变化,它是词的构成成分,不能脱离词,而词也不能脱离它们。汉语的词并不是非得和这些成分结合在一起不可,只是在必要的时候,拿它们来补助说明而已。我们不一定要说“吃了”,说“吃过”也行。“了”而且可以放在很远的地方,如“我吃三碗饭了”,更值得注意的,补助词或虚词是个词,我可以在词典里找到它们,就是用作语法工具的时候,它们也还保存有一些实词的意义,“了”是“完了”的意义,它本来是个实词,现在虚化了,也还是拿“完了”的意义来表示动作的完成的。这不是词的形态变化所有的情形。所以,我们同意龙果夫教授的意见，认为汉语的实词没有形态的变化。[①]汉语里还有一种特殊的情形，如果说“了”是动词的形态，那么，它就只能够和一般人所说的“动词”——“走”、“吃”、“喝”之类的词连在一起，作为它们的词尾，可是，事实上并不如此，我们还可以说“红了”、“好了”、“剪了”、“怎样了”、“奈何了”，可知“了”并不是某一类词的词尾，而其自身本来就是一种词，不能把它看做是词的形态。就是有人把它看成词的形态，它也只是广义的形态变化或词的外部形态，它也不能帮助我们解决词的分类问题，因为和它相结合的词还可以和其他不同类的所谓外部形态相结合，如“好”既可以和“了”相结合，也可以和“三”相结合（三好），又可以和“的”相结合（好的），于是“好”到底是什么类的词，就没有能够由“了”来规定了。

（四）有的人认为汉语虽然没有分别词类的形态，但可以根据词和词的结合性来规定汉语的词类。比方说，可以和数词（一、二、三……）、指示词（这、那）、数位词（个……）相结合，而能够在前面加修饰语的是“名词”，可以和否定词“不”相结合，而后面可以加“了”、“着”等虚词的是“动词”，可以和“很”、“非常”、“极”等相结合，而后面可以加“的”，加被修饰语的是“形容词”。这种说法在一般的理论上应当认为是正确的，但不能解决汉语实词的词类问题。要知道绝大多数的汉语的词都不只有一种结合性，汉语绝大多数的词都可以跟许多种类的词相结合。例如“火”、“言语”等既可以和数位词相结合（一团火、一段言语），又可以和指示词相结合（这团火、这种言语），又可以和“的”相结合（火的热度、言语的内容），甚至于可以和“了”类相结合（火了、言语了），和“不”相结合（不火

---

① 龙果夫：《现代汉语语法研究》，译文见《中国语文》，第31期，第5页。

了、不言语了)，又可以前面加修饰语(红火、热烈的言语)，又可以后面加被修饰语(火红、言语的热烈)。像“中国的伟大”和“伟大的中国”这两种不同的结构，在汉语里是普遍存在的。根据这种理论，我们就无从规定“中国”是什么词，“伟大”是什么词。如果说“中国的伟大”中的“中国”具有形容词的功能，而“伟大的中国”中的“中国”具有名词的功能，那么，结论就是“中国”没有固定的词类。主张汉语实词有词类分别的人当然不愿意这样说。于是，他们认为两个“中国”都是“名词”，两个“伟大”都是“形容词”。然而这种说法的结论是什么呢？就是在“中国的伟大”中，“中国”是“名词”，“伟大”是“形容词”，“名词”限定“形容词”，这是我们所不能了解的。又如“好”、“坏”等既可以和“很”相结合(很好、很坏)，又可以和“不”相结合(不好、不坏)，又可以和“了”类相结合(好了、坏了)，又可以和数词、指示词、数位词相结合(三好、一坏；这种好、这种坏)，又可以和“的”相结合(好的、坏的)，又可以前面加修饰语(大好、大坏)，又可以后面加被修饰语(好事、坏事)。如果根据词与词的结合性来规定词类的理论是正确的话，我们也就非被迫承认汉语的实词没有固定的词类分别不可。又如“团结”、“运动”等既可以和“了”类相结合(团结了、运动了)，又可以和“不”相结合(不团结、不运动)，又可以和数词、指示词、数位词之类相结合(这种团结，一个运动)，又可以和“的”相结合(团结的精神、运动的进行)，又可以前面加修饰语(紧密的团结、剧烈的运动)，又可以后面加被修饰语(团结的力量、运动的方法)。如果根据词和词的结合性可以规定词类的理论是正确的话，这情况也就只有强迫我们承认汉语的实词没有词类的分别。要知道主张可以拿汉语的词和其他的词的结合性来划分汉语实词词类的人，他们的理论根据就是坡斯贝洛夫教授等人的主张，然而他们却没有了解坡斯贝洛夫教授的意见。坡斯贝洛夫教授说的是："词类的语法形式表现在词的词形变化的一定性质上（或者相当于这个的不变化性的变化）和它们跟其他种类的词的结合性的一定限制上，以及构词法的一定的形态学类型上。"[①]而主张汉语的实词有词类分别的人却只拿和"了"、"着"等相结合的情形来规定某一个词是"动词"，而没有注意到这种结合性是不是有一定的限制，没有注意到和"了"等相结合的是否只限于某些词，而这些词是否也只限于和"了"等相结合。

上面已经说过，划分词的标准是词的语法意义、句法功能和形态三者，这三者而且是三位一体的。拿这标准来衡量汉语的实词，就很难使我们承认汉语的实词有词类的分别。

最值得注意的就是，1954 年苏联科学院所召开的大会上，尽管在划分词类的标准上有不同的意见，但对汉语的词类问题，却只听到沙皮罗教授否认汉语有词类的发言，他说："词类不是世界上一切语言所必须有的。世界上有许多语言（例如汉语），在这些语言里，词并不依照以特殊的形态标志的特征的一定类别进行归类，——应用到这些语言里去的时候，没有任何理由可以谈到词类"[②]。一般主张汉语的实词可以分类的人们，在他们的研究实践当中，事实上已经承认汉语的实词没有词类的分别，因为他们总要在讲完某一词类之后，加上一句话；这种词在别的场合下又可以作

---

① 见《关于词类的讨论》，《中国语文》，第 35 期，第 40 页。

② 《关于词类的讨论》，见 иностранные языка в школе，1955 年，第 1 期，第 127 页。讨论记录分别在该刊及《语言学问题》上发表，《语言学问题》的记录有许多删略的地方，《中国语文》的译文是根据《语言学问题》所发表的记录翻译过来的，因此，没有这一段话。

为别的词类用。汉语的词并不是没有形态，但这形态只表现在构词法和一些虚词的语法作用上，并不表现在实词的分别上，即使我们承认“了”、“着”、“的”之类的虚词是形态，也不能证明汉语的实词有词类分别，因为可以和“了”、“着”、“的”之类的虚词相结合的词还可以和其他极不相同的一类虚词相结合。即使我们承认不必用形态，只要用词和词的结合性来规定词类，汉语的实词，正如上面所说的，也不能分别词类。即使我们承认只凭语法意义可以规定词类，汉语的实词，正如上面所说的，也不能够划分词类。如果我们认为分别词类必须以词的语法意义、句法功能和形态三位一体的标准来进行，那就更不能把汉语的实词来加以分类了。一般主张汉语的实词有词类分别的人并不是从汉语的实际情形出发，而是希望把汉语的实词说成有词类的分别。这其中两个原因：(一)他们认为说汉语没有词类，就等于说汉语是低级的语言。这种想法，正如上面所说的，根本上是从一个错误的观点出发的。(二)他们认为不讲词类就不能讲语法。这种观点也是同样错误的。语法的范围很广，词类只是其中的一部分，汉语虽然没有实词的分类，这也并不等于说汉语的任何词类都不存在，这也并不等于说汉语就没有语法，汉语的语法就没有方法讲。何况我们虽然认为汉语的实词没有词类的分别，汉语的实词没有足以分别词类的形态，我们却强调的指出汉语的语法在虚词和词序方面远非印欧语之所能及呢！何况我们虽然否认汉语实词的词类分别，却并没有否认汉语的实词在句子中的词类功能呢。要知道以为不讲实词词类就不能讲语法也是站在一个错误的观点来看问题的。他们认为只有印欧语所有的语法结构才算是语法，别的语言所有的语法结构就不算是语法。并且汉语语法的研究所以陷入困难，其中的主要原因之一，就是硬把汉语的词归入一个固定的词类。我们现在甚至于连什么是名句、动句、形容句，什么是主语、宾语等都没有能够说个明白。因为一定要把“红”固定为“形容词”，结果“花红了”就只能是“形容句”，然而到底什么是形容句就说不清了。因为一定要把“吃”说成“动词”，结果“吃是人人都想到的一桩事”的“吃”就只能是“动词”，然而动词怎样会是主语，主语到底是什么就说不清了。“我不好吃”的“吃”，如果是动词，那么，动宾结构是什么？宾语是什么就说不清了。一连串的问题都发生了。这样的情形只有使汉语的语法研究成为不可理解的东西。汉语有其独具的特点，我们为什么一定要拿印欧语的语法格局来硬套在汉语的头上，而不愿意依据汉语的具体特点来研究汉语语法的内部规律呢？

第三节　汉语实词的词类功能

汉语的实词虽然不能分词类，但这不等于说汉语的实词在具体的句子结构里没有词类的功能。

语言是抽象思维的担负者，而抽象思维则是客观存在在人脑中的反映。既是反映，它就必定要受到客观世界的决定，所以，语言是有客观世界做根据的。语言既通过它所表达的思想而反映客观的存在，那么，我们所说的话总是要说明客观世界的某一现象是什么东西，客观世界的某一现象是什么样子，客观世界里发生了什么事情。因此，句子总可以分为名句、动句和形容句，而作为反映客观世界的句子之中的每一个词也总要反映客观世界各事物之间的关系。因此，词在句子中总要指明客观世界的某一事物，描写客观世界某一现象的性质，叙述客观世界某一现象的发生。如果我们说某一个词有词类的分别或没有词类的分别，这只是说，某一个词是否有一定的范围在句子里只能指明事物，或性质，或动作。如果这样的话，我们就说这个词是名词，或是形容词，或是动词。如果一个词可以由于不同的场合而指明事物，或性质，或动作的话，它就没有固定的词类。然而这个词总要加入句子作为句子的成分，而在加入句子的时候，它也总要在这特殊的场合下指明事物、性质或动作，也总要在这种场合下具有名词（指明事物的词）、形容词（指明性质的词）、动词（指明动作或历程的词）的功能。我们说汉语的实词不能分词类。这句话只说明汉语的实词并没有一个固定的功能，它可以在不同的场合里具有不同的词类功能。正因为它可以具备不同的词类功能，我们才不能说它是某一个固定的词类。词类功能和词类是两个不同的概念。要规定词类必须说它是哪一种词，我们显然不能够把同时可能具有不同词类功能的词说成某一固定词类的词，正如我们不能说某人又姓张，又姓黄，又姓李，又姓赵，而让人家知道他是姓什么的。但这没有固定词类的词却可以在不同的场合下由于不同的句法作用具有不同的词类功能。有形态变化的词，已由形态把它固定在某一种词类之上，因此，这种词在句子里只能担任某一固定的词类功能。汉语的词既可以由于不同的结合而指明“事物”、“性质”或“动作”，它就能够在不同的场合下具有不同的词类功能。这是根据汉语的实际情况而得出的结论。有的人认为发挥不同词类功能的词就是不同的词，例如“红”既是名词，又是形容词，又是动词，而且这三种“红”就是三个不同的词。这种说法在实践上和我们的说法是一样的，他们也同样地注意“红”的三种不同的词类功能，但在理论上却和我们的说法不一样，他们否认了同一个词的统一性，如果因为有不同的功能就说成不同的词，那么，汉语的每一个“词”，如“红”就不只可以分为三个词，甚至可以分为几十个词，词不但在语法上有不同的功能，就是在词汇系统里也可以发挥不同的功能，如果根据这个理论来处理问题，首先就要先依照“红”的中心意义和附带意义分成许多词，再把这许多词分成词类。这样看，连一个词是什么都成问题了。有的人不愿意面对汉语的这个事实，要把汉语的每一个词规定成一定的词类，他们以为这样一来，汉语就不会被认为是低级的语言，汉语的语法才有办法讲。其实，脱离了实际来下这种断语，结果只有把汉语说成低级语言，只有使汉语的语法无从讲起。上面已经说过，把语言看成有高级和低级的分别，把印欧语所有的词类分别和形态变化来作为高级语言的标准的理论只能够迫使我们承认汉语是低级的语言。所以，要把汉语说成高级语言的人们，结果却只能得出汉语是低级语言的错误的结论。把汉语的词勉强分为固定的词类，对汉语语法的讲解有所帮助吗？在我们看来，不但没有帮助，而且反而造成极大的混乱，比方说，一定把“红”说成形容词，把“火”说成名词，把“好”说成形容词，把“运动”、“团结”、“吃”、“喝”等说成动词，结果如何呢？首先，我们就不能够对任何人（甚至于自己）解释“红了”的“红”，“火了”的“火”，“三好”的“好”，“一个运动”的“运动”，“吃和喝都是他所喜欢的”之中的“吃”和“喝”到底是什么词。其次，依照这样的理论，我们就只有闭嘴不说话，因为我们的每一句话几乎都要成了问题，不合这种“规律”。我们既不能说“毛主席提倡三好”（因为依照这种说法，“好”一定是形容词，然而这里却不指明性质，而指明事物），也不能说“批判资产阶级唯心论思想是一个运动”（因为依照这种说法，“运动”一定是动词，然而这里却不指明动作，而指明事物），也不能说“我们需要世界人民大团结”(因为依照这种说法,“团结”一定是动词,然而这里却不指明动作,而指明事物),诸如此类的情形还多着咧。再其次,就是必得承认说汉语的人缺乏各种抽象的能力。正如,加尔基那·非多卢克教授所说,人类对同一个现实的现象有各种不同的抽象,各语言的表现也都证明了这一点。有词类分别的语言把各种不同抽象的“好”说成各不同种类的词,我们却用同一个词在句法的形式下去表达这各种不同的抽象。语法形式尽管不同,所表达的抽象思维却是一样的。我们显然也可以把“好”抽象成语法上的事物、性质或动作,因此“好”可以具有不同的词类功能,代表不同的抽象,然而硬把“好”说成形容词之后,这“好”就只能把这现实现象在语法上抽象成性质,不能把它抽象成事物和动作。这种理论的结果就是否认说汉语的人能够把“好”抽象成语法上的事物或动作。主张汉语实词有词类分别的人希望能够把汉语语法讲好,然而,因为不从实际出发,结果是适得其反。我们根据汉语的实际情形,认为汉语的实词没有固定的词类分别,而在不同的场合下可以具有不同的词类功能,这就使得汉语语法讲得通,没有困难。

汉语的实词不只有一种词类功能,这是铁一般的事实。在这种情形之下,主张有词类的人就只能走两条路:或是认为在不同的词类功能之中有一个基本的功能,作为规定词类的根据,或是认为不同功能的同一个词是不同的词。如果走第一条路,结果就是叶斯柏森的信徒。哪一个是基本的功能呢?只能依照词的词汇意义来决定,而以词的句法功能来规定其次要的功能,这正是“以词汇意义来规定词类,以句法关系来规定词品”的叶斯柏森的错误的理论。如果走第二条路,把同一个“红”说成三个词,一个名词,一个动词,一个形容词,这就取消了一个词的统一性。

总之，汉语的实词尽管没有词类的分别，汉语的实词却具有不同的词类功能，研究汉语语法的人正应当重视汉语语法的这一特点，注意词在句子里所发挥的词类功能和作用，不要忽视这种特点。硬把汉语的实词加以固定的分类，使我们的语法脱离汉语实际，造成极大的损失。

第四节　汉语的实词和虚词

虽然汉语的实词没有固定的词类分别，但实词和虚词的分别则是显然的。实词属于词汇的范围，虚词虽然也是词，可能具有一些实词的意义，但却用来作为语法工具。依照分别词类的三个标准，实词和虚词的分别都是明显的。虚词所代表的语法意义和实词所代表的词汇意义不同。虚词本身的作用就是代表语法意义，因此，它的语音形式就是这语法意义的物质外壳，不像实词那样，除了代表词汇意义的语音形式之外，如果要把它固定成某一语法词类，还需要其他的语音形式或形态作为词类分别的标志或物质外壳。虚词在句子中都有它的一定的作用，发挥一定的句法功能，离开了句子，它就没有着落。当然，有的时候，因为虚词是实词的虚化结果，还具有一些词汇意义，可以作为虚词用的词也还可以当作实词用，如“我在家”的“在”是实词，而“我住在北京城里”的“在”则是虚词，又如“我跟你，咱们都是中国人”的“跟”是虚词，而“我跟了他五年”的“跟”则是实词。但这种情形并不妨碍我们把虚词和实词分开，因为实词和虚词在语言的结构上是极不相同的两类词。

上面已经说过，实词虽然没有固定的词类，但在句子里却具有词类的功能，而这词类的功能是和语言通过表达思想达成反映客观存在的作用有关的。因此，汉语的实词虽然不能分为词类，我们却可以把它们分成具有名词功能的词，具有形容词功能的词，具有动词功能的词。当然，这要看词在句子中的作用如何而定。凡在句子中由于句法的支配而在语法上指明事物的，就是具有名词功能的词。凡在句子中由于句法的支配而在语法上指明动作的，就是具有动词功能的词。凡在句子中由于句法的支配而在语法上指明性质的，就是具有形容词功能的词。词类指的是个别词的分类，词类功能指的是词在具体的句法中所具有的相当于具有固定的词类分别的某一固定的词类在这一场合下所具有的功能。我们所说的具有某种词类功能的词都是指词在句法中所具有的这种功能而言。

虚词是语法工具，它表达关系语义。虚词有语音形式作其所代表的语法意义或关系语义的物质标志。虚词在句法中都有其一定的功能，因为它们都要表达某种固定的关系语义，来补助说明实词和实词之间或句子成分与句子成分之间等关系。因此，我们可以根据虚词所表达的不同语法意义的类别，虚词所表达的不同种类的句法关系，把它们再分成类别。因为虚词的物质标志、句法功能和语法意义是三位一体的，我们可以根据虚词所表达的不同语法意义（这语法意义也就是虚词在句子中所发挥的句法功能的根据，也就是和虚词的语音形式相结合的意义），把它们分成下面几类。

1. 代表虚词 我们说话的时候，往往拿一个比较简便的词去代表实词。比方说，语言的环境（包括上下文和客观世界）让我们明白谈话内容所指的对象的时候，我们就不拿指明这对象的实词来说话，而拿一个代词或指示词去代表它。上面说了“斯大林”之后，底下就只说“他”。眼睛看得见“近处”或“远处”的山岭，就只说“这个”或“那个”。这种虚词叫做代表虚词，因为它本身的意义是无定的，需要依据它在语言环境里的地位来确定。

2. 范畴虚词 给实词的意义指明一个范畴的叫做范畴虚词。比方说，“笔”是具有名词功能的词的时候，这“笔”是多数的呢，还是单数的呢？它在客观世界里是属于细长一类的东西呢，还是属于平铺一类的东西呢？这些都可以拿一种虚词去指明。规范是一种关系，因为它指明实词所代表的意义是在哪一种状态之下，是属于哪一个范畴。这里所指的语法范畴就是确定实词的意义属于哪一种意义范畴的意义范围。比方说，“走”是实词，但是我所说的“走”是属于已经完成了的状态呢，还是属于正在进行的状态？如果是前者的话，我就说“走了”；如果是后者的话，我就说“走着”。“了”表达“完成”，“着”表达“进行”。这种虚词叫做范畴虚词。

3. 结构虚词 词和词排列在一起去结成一个构造的时候，两者之间就发生了规定关系，或引导关系，或并列关系。这些关系除了词的次序以外，还可以运用虚词去表示。这种虚词可以叫做结构虚词。例如：“红的花”、“好看的衣裳”。“红”和“花”，“好看”和“衣裳”之间有规定的结构关系，因此“的”是一种结构虚词。又如：“我住在北京城里”“往东走”。“在”和“北京城里”，“往”和“东”有引导的结构关系，因此“在”和“往”都是一种结构虚词。又如：“我跟你”“张三和李四”。“我”和“你”，“张三”和“李四”之间有并列的结构关系，因此，“跟”和“和”都是一种结构虚词。表示词和词之间或句子和句子之间的呼应关系的“承接词”也是一种结构虚词，因为它在语言结构里有承上接下的作用。例如：“虽然他可恶，你也不正经”的“虽然”和“也”。“我是老师”中的“是”也是结构虚词，因为它是在句子的结构里当作联系主语和谓语的语法成分用的。

4. 口气虚词　同样一个词或一句话可以拿不同的口气去说它。“你来”可以拿否定的口气、询问的口气、怀疑的口气、命令的口气、感情的口气去说它，把它说成：“你不来。”“你来吗？”“你来吧？”“你来！”“你来呀！”口气的表达是一种关系，因为它说明这句话是在说话人的哪一种态度的关系之下说出来的。一般地说，口气是广义的感情。这种关系有的时候就拿虚词去表达它，于是，这种虚词就是口气虚词。汉语有一种用在句子尾巴上的口气句终虚词。如“吗”、“呢”、“吧”等都是用在句子尾巴上的。这说明我们是拿另一种口气去说一句话，把整个的句子改了一个型。型的种类很多，但是大体说来，可以分为两种：一是表达知识的句子，一是表达感情的句子（包括意志的表达在内，因为意志是特殊的感情）。

虚词是语法成分，但是语法成分并不一定都是虚词。词序的安排，声调的变化等等都是语法成分。虚词是以词的形式去表达语法作用的语法成分。为什么它是“词”呢？因为词是语言建筑材料的单位，汉语的虚词可以脱离实词而自成单位，可以跟实词分开。为什么它是“虚”的词呢？因为它虽然可以跟实词分开，但可只有半独立的状态，多半的情形，它都必须和实词合用。忽然说一声“着”，谁也不明白是什么意思，必须说“走着”，这“着”才有明确的作用。我们可以在语言的环境允许之下单说一个实词，但可不容易单说一个虚词，只有一部分的叹词、指示词和代词是例外。既然有例外，可知能够不能够单独存在并不是分别实词和虚词的基本标准。从本质上来说，分别实词和虚词要看它所表达的意义到底是基本的意义，还是关系的意义。虚词所表达的都是关系的意义。就是单独的叹词，如“嗨”、“噢”等也表示说话人是在哪一种感情关系之下的。当然，这些关系意义还可以分为更小的种类，我们也就可以看一个虚词所表达的是哪一种关系而叫它做什么虚词。如表达规定关系的“的”叫做“规定词”或“规定虚词”，表达复数的“们”叫做“复数词”或“复数虚词”，属于数词范畴之内。

语法学家往往要把词分为几类，叫它做词类。但是一般人对汉语的词的分类都是抄袭西洋通俗语法书的格套，不足为训。我们应当依据汉语的特点给它做出一个合理的分类。

分类的原则有两条：

（一）表知的词应和表情的词分开，因为同一个词可以拿两种不同的态度去表达它。

（二）实词应和虚词分开，因为这两种词有本质上的区别。

于是，我们可以根据上面所谈的，给汉语的词的分类制出一个表。表里所用的专门术语，下面自有机会解释。

- 词
  - 表知的词
    - 实词
      - 具有名词功能的词 如:“昨天来的人。”
      - 具有动词功能的词 如:“杀敌。”
      - 具有形容词功能的词如:“高楼。”
    - 虚词
      - 代表虚词
        - 指示词 如:“这好。”
        - 代 词 如:“我来。”
      - 范畴虚词
        - 数 词 如:“我们。”
        - 数位词 如:“六块砖。”
        - 次数词 如:“踢一脚。”
        - 体 词 如:“吃了饭。”
        - 态 词 如:“给打破了。”
        - 欲 词（愿词） 如:“我要走了……。”
        - 能 词 如:“我能办。”
        - 量 词 如:“大家都说。”
      - 结构虚词
        - 系 词 如:“我是中国人。”
        - 规定词 如:“红的纸。”
        - 受导词 如:“向南流。”
        - 连 词 如:“我跟你。”
        - 承接词 如:“与其……不如。”
  - 表情的词
    - 实 词
      - 具有名词功能的词 如:“对敌人的仇恨。”
      - 具有动词功能的词 如:“我讨厌伪君子。”
      - 具有形容词功能的词如:“丑恶的现象。”
    - 虚词（口气虚词）
      - 否定词 如:“我不喜欢它。”
      - 确定词 如:“我实在不知道。”
      - 询问词 如:“你要去吗?”
      - 疑惑词 如:“他不知道吧?”
      - 命令词 如:“去罢!”
      - 叹 词 如:“嗨!”

第二章　汉语的词形变化

第一节　什么是词形变化？

一般地说，词形变化就是词的形态。库兹涅错夫说："形态学的范畴有特殊的意义，它应该了解为上面说过的，由个别词的变化表达出来的意义。"[①]词形变化都表达某种语法意义，但这语法意义必须是由词形态变化表达出来的，才有词的形态。换言之，词的变化或词的形态是词本身之内的变形，而表达某种语法意义的。不表达语法意义的词的形式变化，只是纯粹的语音变化，并不是形态，也不是语法学上所说的词的变化。比方说，汉语的叹词"啊"(a)，只要前面的词是以 u 音收尾的，这"啊"(a)就可以变成"哇"(wa)："咱们走哇！"但这只是纯粹的语音变化，不是词形变化或形态变化，因为这种变化并不代表语法意义的变动。词形变化既是词本身之内的形态变化，那么，应用词外的另一语言成分来表示同一语法意义的，就并不是词形变化。例如俄语的名词有六种格的变化，表达六种不同的语法意义。然而"法兰西语言就没有格位，因为在俄罗斯语言里用不同的格位表示的那些关系，在法兰西语

① 《语法·语言的语法构造》，第 5 页。

言里就一部分由特殊的不独立的词(补助词)——前置词——表示出来,另一部分由词在句子里的次序表示出来……在俄罗斯语言里,直接宾语用宾格,主语用主格表示,因之,主语和宾语之间的分别能够由词的形式来表示,词的次序就可以不同,就是说,宾语可以放在动词谓语的前面(同样,主语也可以放在动词的后面)。"[①] 同样的语法意义,在俄语以词形变化来表示的,在法语则是以补助词或词序来表示的。汉语也有表示领属关系的语法意义,但汉语并不是由词形变化来表示这种关系,而是有的时候用词序(例如"我母亲"),有的时候用补助词(例如"我的母亲")来表示的。补助词并不是词形变化,虽然它可以表达词形变化所表达的同样的语法意义,因为它是另外一个词,不是前一个词本身之内的一部分成分。有的人把汉语的"了""着"等看成形态,他们说汉语的形态和印欧语不同,在词之外而能表示语法意义的语法成分也可以说是词形变化,也可以说是形态,不过是不同于一般所了解的形态罢了。这种说法并没有什么不对,这里我们先就一般所了解的形态来谈汉语的问题,至于不同于一般所了解的形态义的形态则留待讨论"范畴论"时加以说明。从一般所了解的形态来说,"了"、"着"等当然也表达某种语法意义,但它不是词形变化,因为它不是和它配合在一起的另外一个词本身之内的一部分,而是加在外面的另外一个词。像"吃"、"喝"之类的词固然可以加上"了"、"着",但不加"了"、"着"也可以,我们可以说:"我已经吃过",也可以说:"吃实在是他所喜欢的",我们可以说:"我写着信",也可以说:"我正在写信",我们甚至于可以说:"我吃三碗饭了",这"了"显然不是"吃"本

---

① 《语法·语言的语法构造》,第6页。

身之内的一部分成分。何况同一个词既可以加“了”,又可以加“的”,如果“了”是动词的词形变化,“的”就是形容词的词形变化,同一个“红”既可以加“了”,又可以加“的”。可知,汉语的这一类东西(“了”、“着”……)并不是词形变化,而是有必要的时候拿它来补助指明某种语法意义的补助词。

语言学家又认为各语言中,例如英语和法语,有一种在形态学上统一的分析的形式,即拿一个获得补助词性质的词来和另外一个词配合在一起,由两个词来共同表达某一语法意义的。例如英语的动词 go 可以和表示时间的 will,shall 等配合在一起,成为 will go,shall go。但印欧语的这种分析形式也有一个特殊的情形:即两个词本来都有自己的词形变化,现在不过是由两个词的词形变化来担负一个语法意义罢了。will 和 shall 就是同一个词的词形变化,go 也有其一套词形变化,如果和 am,are,is 相配合的话,它就必须起着词形变化,说成 going。并且,will,shall 也必须和有动词形态变化的词(例如 develop)配合在一起,不可能和有名词词形变化的词(例如 development)相配合。我们无妨把汉语的“了”、“着”等也看做分析形式或词的外部形态,但这种外部的形态却和印欧语的分析形式不一样,因为印欧语用补助词作为外部形态的词本身还有它的内部形态,而这些补助词本身也还可能有内部形态,然而汉语的“了”、“着”本身却无形态变化,“吃”、“喝”本身也没有形态变化,何况和“了”、“着”相配合的词又可以和“的”、“一个”、“这个”等相配合呢(例如“运动”既可以和“了”相配合,又可以和“的”——“运动的发展”,“一个”——“一个运动”,“这个”——“这个运动”相配合)。

一般的词形变化有几种方式。库兹涅错夫认为主要的有下面几种：

(一)附加成分的增添(从“附加成分”这个词来的；词根之外，词的任何有意义部分叫做附加成分：词头或前加成分，词尾或后加成分，词嵌或中加成分即插在词根中部的附加成分，接尾部)。

(二)元音和辅音的替换，又称内部的屈折变化。

(三)重音(它在词里的地位，以及它在某些语言里的质量——后者在具有所谓音乐的重音——即声调——的语言里可以看到)。

(四)词根的重叠(完全的或部分的)[①]。

这些都是词本身之内的变化。所以，一般所了解的词形变化指的是词本身之内的变化。

第二节 汉语的声调变化

上面说过，汉语并没有足以分别词类的词形变化，又说过汉语的“了”、“着”之类并不是一般所了解的形态，而是虚词或补助词。有的人或许以为我们否认汉语任何词的内部形态变化的存在。其实，我们并不否认汉语的词的内部形态变化的存在。根据上面所引库兹涅错夫所举的形态诸形式，我们可以明确地指出，汉语的词有附加成分的存在，有元音和辅音替换的存在，有声调变化的存在。但汉语并没有词根重叠的存在。有的人以为“日日”、“人人”之类是形态，其实是看错了的，因为“日日”、“人人”固然是重叠，但只是词的重叠，不是词本身之内的词根的重叠。

汉语有一些内部的词形变化，是无可否认的事实，但这种词形

① 《语法·语言的语法构造》，第7—10页。

变化并不表现在实词词类的分别上，而表现在构词法和一部分虚词的语法作用上。库兹涅错夫说："在语法学和词汇学（即研究语言词汇的学问）的分界线上有构词法这一部门——研究如何从一个词根构成不同的词的学问（从一个词根可以构成一系列的词……）。因为这里所指的是不同的词的构成，所以这一部门的研究是和词汇学相关联的。但是因为构造新词也应用表示语法范畴的那些附加成分的增添……音的替换……之类，所以构词法也属于语法学，即属于形态学。"[①]可知构词法也用内部形态变化。但尽管也应用形态变化，构词法却不等于构形法，因为"对于任何语言，划分构词的形式和词形变化的形式之间的界限是很重要的。构词的形式指的是从一个词根构造成不同的词……，词形变化的形式指的是从同一个词的各种不同的变化（例如名词的格位变化）"。[②]英语的 re-是前加成分，加在 construction 之前，构成一个新词，re-construction，这后者已不是前一个词，然而两者却都是名词，它们的名词词类并不是 re-表现出来的，而是由名词的一套词形变化表现出来的。任何的语言成分都是语音形式和意义的结合，构词法所用的语音形式虽然是形态，但和这形态相结合的却是新词的意义，不是同一个词的不同的语法意义。

汉语的声调变化就是构词法上的一个内部的形态。由于声调的变化，许多新词就构造出来了。例如：

好（上声）　　好（去声）

风（阴平）　　风（去声）

---

① 《语法·语言的语法构造》，第 17—18 页。

② 《语法·语言的语法构造》，第 18 页。

衣(阴平)	衣(去声)
和(阳平)	和(去声)
往(上声)	往(去声)
古(上声)	古(去声)
量(去声)	量(阳平)
种(去声)	种(上声)
荷(阳平)	荷(去声)

有的时候,写起文字来,是不同的字,但事实上是声调的变化而构成的两个不同的词。例如:

子(上声)	孳(阴平)
知(阴平)	智(去声)
王(阳平)	旺(去声)
中(阴平)	仲(去声)
来(阳平)	徕(去声)
张(阴平)	涨(去声)

有的时候,不只声调起了变化,辅音也起了屈折,除声调不同外,还有吐气辅音与不吐气辅音的区别。例如:

朝(阴平不吐气)	朝(阳平吐气)
藏(去声不吐气)	藏(阳平吐气)
长(上声不吐气)	长(阳平吐气)
从(去声不吐气)	从(阳平吐气)
调(去声不吐气)	调(阳平吐气)
重(去声不吐气)	重(阳平吐气)
蕉(阴平不吐气)	蕉(阳平吐气)

这些由于声调不同而引起的新词的构造都是构词法上的

问题。

第三节　附加成分的增添与元辅音的替换

除了声调的形态变化之外，汉语也有应用附加成分的增添和元辅音的替换的地方。附加成分的增添既表现在构词法上，又表现在实词的某些语法作用的变化上。元辅音的替换则表现在构词法上，又表现在同一个虚词的语法作用的变化上。

先说附加成分的增添。前加成分和后加成分的增添都是汉语构词法上所应用的形态。

举几个汉语构词法上所用的前加成分或词头的例：

(一)用“阿”为词头的。

阿三　　阿姨　　阿妈

(二)用“老”为词头的。

老王　　老高　　老爷　　老龙

这里需要加上一个注解：“阿姨”、“阿妈”中的“阿”所以是前加成分，因为加了“阿”之后，这些词和“姨”、“妈”的意义已不相同，“阿姨”指的是看顾儿童的“保姆”，不是家属关系中的“姨母”，“阿妈”指的是家庭女助理员，不是家属关系中的“妈妈”，离开了“阿”，这些新词就不存在。但是“阿父”、“阿母”的“阿”就不是纯粹的词头，因为它并没有使得汉语构造具有新的意义的词，它不是词的不可缺少的部分，不说“阿”，“父”和“母”也能同样的存在；这些只能说是接近于词头而表示某种感情的语法成分。

举几个汉语构词法上所应用的后加成分或词尾的例：

(一)用“头”为词尾的。

吃头　　玩头　　说头　　差头　　罚头　　事头

（二）用“子”为词尾的。

李子　　桃子　　杏子　　瓜子　　疯子　　麻子　　小子

（三）用“儿”为词尾的。

白面儿　　劲儿　　小人儿　　明儿　　头儿　　信儿

（四）用“者”为词尾的。

作者　　说者　　听者　　来者　　买者　　卖者　　行者

侍者　　尊者

这里也需要加上一个注解：“吃头”、“李子”、“白面儿”之中的“头”、“子”和“儿”所以是后加成分，因为加了之后，这些词和“吃”、“李”、“白面”的意义已不相同，离开了“头”、“子”、“儿”，这些词的意义就不存在，这些词也就不存在了。但是“儿子”、“鞋子”、“筷子”等的“子”，“轻轻儿”、“玩儿”、“脸盆儿”等的“儿”就不是构词法上的形态，因为它们并没有构造新的词。它们只是表现同一个词的某种语法作用。

汉语也有用元辅音的替换来表示构词法和虚词的语法作用的。上面所说的吐气不吐气的辅音屈折（例如阳平吐气的“长”和上声不吐气的“长”）就是拿辅音的屈折来构造另一个词的。此外，还有不引起声调变化，而只用辅音的屈折来构造另一个词的，有的时候，写起字来虽然不同，事实上仍然是由吐气不吐气的辅音屈折而构成的两个词。例如：

戛（不吐气）　　　　戛（吐气）[①]

① 一个是武器的名称，一个是严法的意思，前者见张衡赋：“立戈迤戛”，后者见《书·康诰》“不率大戛”。

苦(吐气)　　　　苦(不吐气)[1]

蛞(吐气)　　　　蛞(不吐气)[2]

弟(不吐气)　　　悌(吐气)

虚词是个词,因此也可以有词形变化,英语的指示词有 this 和 that 的屈折,法语的冠词有 le,la,les 的屈折,德语的反身代词有 mich,dich,sich 的屈折。汉语的虚词也有以屈折表示语法意义的变动的,例如中古汉语的“地”(di)和“的”(ti)分用,以辅音的屈折来表示语法作用的不同,现代汉语方言中,福州话以 tsui,xui;tsia,xia;tsia-tsui,xia-xui 等屈折来表示“这个”和“那个”。只是北京话里,这种情形还不容易找到。这种屈折并不是构词法上的形态,而是同一个词的词形变化,但只表现在虚词上。

---

① 一个是菜名及痛苦的意思,一个是“不良”的意思,见《周礼·考工记》:“办其苦良”。

② 一个是蛞蝓,一个是蛞蝼。

第三章　汉语的复合词

第一节　什么是复合词?

词是最小的语言建筑材料的单位,又是语法的单位。每一个词都代表一个基本意义。在语言结构中,词总和其他的词结合在一起,于是,各个词所代表的意义之间就发生了关系。语法就是研究这种关系的。没有发生这种关系的时候,词只是语言的建筑材料,还不成其为语言;语言就是由这些建筑材料组织而成的,所以词是语言建筑材料的单位。词和词发生了关系之后,词受到语法支配之后,就有重大的意义,就使语言成为可理解的东西。如果没有词,词与词之间的关系,基本语义彼此之间的关系,语法学所研究的关系语义就不存在,所以词又是语法的单位。例如"中国好"是一句话,这是一个语言的结构,没有"中国"和"好",这结构就建筑不起来,如果没有"中国"和"好",语法的主谓关系就不存在。

词又是语义成分的单位,它在语言中是不可再加分解的语义成分。例如,"中国好"是由两个语言建筑材料的单位组织成的:"中国"和"好"。我们可以把"中国好"分解为"中国"和"好",但不能再把"中国"分解成"中"和"国",因为分解的结果,"中"和"国"指的就不是"中国","中"和"国"就不是这个句子的组成成分。

词可以分为单纯词和复合词两者。单纯词是一个词根或根词的词，虽然它也可以有附加成分，但却只有一个词根。“好”就是一个例。复合词是两个或两个以上的词根或根词结合在一起所构成的一个词。“中国”就是一个例，它是“中”和“国”所组成的一个词。复合词和词根-附加成分的结合不同，因为它的构造成分必得都是独立的词，不是词头词尾之类的附加成分。英语的 unstable 是前加成分 un-和词根 stable 结合在一起而构成的另外一个词。但英语的 blue-bird（青鸟）则是一个复合词，因为它的构成成分 blue 和 bird 是两个独立的词。复合词和两个词在句子里的配合也不相同。两个词在句子里相配合的时候，它们仍然是两个词。例如英语的 blue color（蓝色）就是两个词在句子里的配合，不是复合词。复合词虽然是两个词的结合，但结合之后却成为了一个词，产生了一个新的第三个意义。复合词只代表这新的第三个意义，只代表一个意义的单位，所以是一个词，不是两个词，虽然它是两个词结合而成的。无论复合词有多少独立的词为其构造成分，它总只是一个词。像汉语的“图书馆”虽是三个独立的词构成的，但却仍然只是一个词，代表一个意义。复合词和复音词也不相同。复音词可能有很多音缀，词虽长，却不一定都是复合词，因为复音词可能只是一个单纯的词，不是由两个或两个以上的词组合而成的另外一个词。“馄饨”就是一个复音词，但却不是复合词，因为“馄”和“饨”都没有独立的存在，“馄饨”并不是“馄”和“饨”两个词组合而成的词。复合词的构造有一定的规则，因此，它就成为了构词法的研究对象，就成为了语法学家要研究的问题。

第二节　汉语的复合词构词法

汉语有许多词都是两个或两个以上的单纯词结合而成的。复合词是汉语构词法中的一个重要部分，因为汉语绝大多数的新词都是拿复合词构词法的方法来构造的。这种构词法和形态的构词法不同，它是拿句法的原则来构词的。

汉语复合词的构造方法有下面几种。

（一）并列结构的复合词构词法。两个或两个以上的单纯词发生并列关系，因而组成复合词的，叫做并列结构的复合词构词法。例如，“大”和“小”是两个对立的词，两者处在同等地位，可以并列起来，于是，由“大”和“小”的并列所产生的新词“大小”就是另外一个词，并且是个复合词了。所谓并列不一定是对立的词，只要在结构里占有同等的语法功能的，就可并列起来，构成复合词。这种复合词的例：

大小　左右　森林　多少　运动　行为　品质
快乐　奇怪　领导　意义　保存　门户　开辟
人物　伟大　灿烂　言语　高明　范畴　联络

（二）规定结构的复合词构词法。两个或两个以上的词发生规定关系，因而构成复合词的，叫做规定结构的复合词构词法。例如：“红”和“花”都是独立的词，但是在“红花”的结合里，“红”规定“花”，给“花”一个限制，于是这就不是别的花，而是“红花”。“红”和“花”之间发生了规定关系，这两个词所组成的是规定结构的复合词“红花”（西藏出产的一种植物）。这种复合词的例：

红花　外套　白药　地图　草帽　文具　毛衣

手杖　朱砂　书桌　台灯　气球　长虫　广场
黑板　纸烟　花轿　火车　礼堂　新年　蓝图

（三）引导结构的复合词构词法。两个或两个以上的词发生了引导关系（或支配关系），因而构成复合词的，叫做引导结构（或支配结构）的复合词构词法。例如："扶"和"手"发生了引导关系（或支配关系），"扶"的动作被"手"所引导（或支配），"手"把"扶"的动作引向自己身上来；"扶"和"手"本来是两个独立的词，但是在"扶手"这一个结构里，它们却发生了引导关系（或支配关系），而且构成了一个复合词（椅子的扶手）。这种复合词的例：

扶手　拖鞋　喷气　领港　司令　包手　管家
吸角　取耳　骑墙　修辞　切口　司机　刑天
切音　抱厦　拍花　枕头

（四）复综式的复合词构词法。由以上三种方式之中的任何两种或三种方式的结合而构成的一个词，叫做复综式的复合词构词法。例如：

红绿灯　向日葵　起重机　司令台　解放军　图书馆
音乐堂　计算机　少年宫　育幼院　办公室　真空管
蒸馏器　播音机　夹竹桃　变压器　撑竿跳　探照灯
高射炮　潜水艇　仙人掌

（五）成语式的复合词构词法。成语有浓厚的复合词的性质，因为一个整套的结构只代表一个词的意义。但是成语毕竟还能够分析它的构造成分，而且这些成分也各自保存其独立性，因为它是从前的平常的词语结构。不过，有些时候，成语式的说法不能分解其独立的构造成分的，只当作一个词用，于是它就是一种复合词了。例如"风花雪月"不能加以分解而当作一个词用的时候，就是一种复合词。这种复合词的例：

风花雪月	瓜田李下	莫名其妙	寻根问底
惺惺作态	相敬如宾	鲜车怒马	先斩后奏
羞手羞脚	小题大做	晴天霹雳	临渴掘井
望梅止渴	见仁见智	借刀杀人	

（六）句子形式的复合词构词法。有时候，已经成为句子的语言结构只等于一个词，只指明一个意义，这种情形就是句子形式结构的复合词构词法。这种复合词构词法包括两种情形，一是纯粹的句子形式的复合词构词法。如“龙虎斗”（一种食品），“龙虎”是并列关系的主语，“斗”是谓语，已经是一个句子，但却当作一个词用。一是句子形式的成语。如“心心相印”，“心心”是主语，“相印”是谓语，已经是一个句子，有的时候却当作一个词用，如“心心相印是我所最希望的”。这种复合词的例：

龙虎斗	鬼见愁	青出于蓝	青黄不接	火烧
心心相印	心血来潮	青梅煮酒	群龙无首	金不换

当然，在成语式的复合词构词法里，无论其是一般的成语结构，或句子形式的成语结构，只有在它当作一个词用的时候，才是一个复合词。成语是一种特殊的结构，有的时候，它可以照原样把它的构成成分当作句子里的独立的句子成分用，例如：“谁也不能先斩后奏。”

第三节 复合词与词的组合

复合词是两个或两个以上的词构造而成的一个词，词的组合则是两个词在句法里的配合。两者不可混为一谈。因为汉语的词的组合，有的时候不用虚词加在中间去表示其中的关系，只用词序来表示，结果，有的词的组合看来仿佛是复合词。例如“大小”可能是词的组合，“大”和“小”两个词的并列，指明“大”和“小”，是英语 great and small 的意义，不是英语 size 的意义。“红花”可能是词的组合，“红的花”也可以说成“红花”。但这只是“红”和“花”的组合，拿“红”当作一般的形容词来规定“花”，不是西藏出产的一种植物的名称。“管家”可能只是词的组合，“管”和“家”的组合，表示管理家务的行为，不是担任管理家庭事务的人员的职位名称。但这两种不同的情形，可以由上下文的环境来加以区别。同时，在语法的结构上，也可以有所不同。如果“大小”是词的组合的话，“大”和“小”之间可以加上连词“和”或“或”，而复合词的“大小”就不能这样。如果“红花”是词的组合的话，“红”和“花”之间就可以加上一个“的”，复合词的“红花”就不可能这样。如果“管家”是词的组合的话，“管”和“家”之间就可以加上“了”、“着”等虚词，如“管了家”、“管着家”、“管不得家”，而复合词的“管家”就不能这样。这两种不同的情形，应当加以密切注意。

第二编　范畴论

语言是表达思想的，但语言之表达思想，却有两个方式。一是由词汇成员的实词来表达思想上的某一个概念；一是由语法的结构来表达。实词所表达的乃是特殊的概念，而语法结构所表达的乃是一般化了的某一种关系概念的典型。不过，一般化了的某种关系概念也可以成为一个独立的特殊概念；因此也可以由词汇成员的意义成分来表达，不一定都得有语法的成分去表示。语法的成分必定是一个概括化了的符号；换言之，它必是拿一个一般的形式去代表一个关系概念，而这个概念却也另有它的特殊的词来表达。比方说，规定的关系是一个概念，我们有“规定关系”这个术语或词去代表它；但在说话的时候，我们却并不重复地说“规定关系”，我们只用一个概括化了的符号“的”或“*tə*”去代表这个关系概念，或只用词的前后排列的次序去表示这个关系概念；我们并不说“好‘规定’花”，“聪明‘规定’人”；我们只说“好的花”，“聪明的人”，或“好花”，“聪明人”。所以凡是一个语法形式必有思想上的概念为根据，然而每一个思想上的概念却并不一定都得有一个语法意义或语法范畴。语法意义或语法范畴是表达思想概念的语法典型。

不过，同一个思想概念或范畴，就是有语法的范畴的话，这语法的范畴也可以有许多不同的表达形式。比方说，因果概念是思想上的一个范畴，在汉语中，却刚好有表达因果关系的语法成分。所以汉语有表达因果的语法意义，然而其表达的方式则不止一个。我们可以加一个“因”字在表示“原因”的命题之前，如“因雨延期”；也可以用“所以”两个字插在前后命题之中，以表因果关系：“下雨，所以延期。”把许多语法意义归成类，就叫做语法范畴。研究语法的人就是要细细地分析在其所研究的语言中到底有多少语法形式去表达多少的语法意义或语法范畴。

语法范畴可以分广义狭义两者来说。以广义来说，凡是语法形式或语法成分所表达的语法意义而可归纳为一个范畴的都是语法范畴，包括词类在内。以这个标准来说则一切的语法形式所表达的语法意义都可以属于某一个语法范畴。但是，以狭义的意思来说，语法范畴则指一般语法学家在词类下所讨论的名、动、形容等词所有的形态变化所表示的那些语法意义的概括。不过，正如上面所说的，汉语并没有充分的词形变化可以让我们把汉语的词分为名、动、形容等词，汉语的词只在其与表明其他语言各词类所固有的语法范畴的虚词相结合的时候，才有词类的功能，因此，我们也不能说这些虚词所表示的语法意义的概括是一般所了解的狭义的语法范畴，但汉语的特点既在于应用虚词来表示其他语言应用词的内部变化所表示的语法范畴，我们也应当把这些虚词所表达的语法意义的概括称为语法范畴，因为语法范畴属于语法意义的问题，形式尽管是虚词，其所表达的语法意义却与其他的语言用词的内部形态所表达的一样。不过这种语法范畴是隔乎广义和狭义的语法范畴之间的语法范畴罢了。汉语的词的词类功能既有赖于其与这些虚词或词的外部形态在句子中的结合，我们就需要把这些虚词所表示的与词类功能有关的语法范畴加以详细的研究。

本篇的目的就在于研究汉语的虚词所表示的这些与词类功能有关的语法范畴。

第一章　指示词

第一节　略论指示词

指示词是表达指示范畴的那些语法成分。指示就是要指示其为“此”为“彼”的意思。所以没有指示其为彼或为此的词，我们就不能称之曰指示词。这里我们可以看出马建忠分别“指示代字”所以错误的来由。

马建忠分指示代字为四种：“一以逐指者，一以特指者，一以约指者，一以互指者。”[①]他以为“每”“各”两字是逐指代字，因为它指各个人，每一个人。然而这只是泛称，它并没有指出彼此的不同；反之，它却说明彼此的相同。“各”“每”并没有指出每一个人的特殊的动作或事情，而是说明大家共同的事。《史记·冯唐传》所载的“今吾每饭，意未尝不在巨鹿也”，其中的“每”字马氏以为是指示代词；殊不知“每”字并没有告诉我们这饭是哪一顿饭，是这一顿饭或是那一顿饭，实在不是指示词；因为指示词负有指示其彼此，指示其到底为哪一个的责任。马建忠又以为约指代字可以分为两种：“一，后乎名代诸字而以之重指者，则与所指名代之字同次。”例

① 《马氏文通》卷二指示代字二之六，页66—79。

如:“人皆可以为尧舜,有诸?”的“皆”字。“二,后乎名代诸字而为其分子者,则常在正次。”例如:“诸侯多谋伐寡人者”的“多”字。“皆”字、“多”字实在并不是指示词;它们只是规定量的词,并没有指出其为哪一个人,并没有指出诸侯的哪一个。马建忠又以为“互指代字必合动字以明其互为宾主也”。例如:《庄子·人间世》的“山木自寇也,膏火自煎也”。马氏以为“自者,山木寇己,膏火煎己也,以明寇者煎者,与所寇所煎者,皆山木也,皆膏火也”。然而,“自”字并没有指出是哪一个山木,是哪一个膏火,怎么能算是指示词?在马建忠的四类中,实在只有第二类“特指”才算是真正的指示词。原来指示词必须是特指,不特指就失去指示的作用。

一般语法学家把指示词从两个观点分为两种:第一,依其为独立特用或与名词(代词亦在内)合用而分为指示代名词(demonstrative pronoun)和指示形容词(demonstrative adjective)两者。第二,依其为指远物或是指近物而分为远指指示词(away-demonstrative——法文 démonstratif anaphorique)和近指指示词(near-demonstrative——法文 démonstrative anticipatif)。

从汉语的结构来说,指示代名词和指示形容词的分别是无谓的。汉语的词类分野本来就没有。所谓“名词”(代名词)和“形容词”只有句法功能上的分别,而没有特殊的形态的不同结构。西洋的语言,指示代名词和指示形容词用的时候是有形态的不同的。比方说,德语的指示代名词和指示形容词就不同;指示代名词的词尾变化是和名词的词尾变化一样的,而指示形容词的词尾变化就和形容词的词尾变化相同。可是,汉语的指示词无论其存在于什么地方都只有一个同样的形式,只有用词的不同而已。所以我们就通称之曰“指示词”,不必追究其为指示代名词或指示形容词。

这里我们也可以看出刘复对马建忠的批评是不恰当的。刘氏和我们一样，也认为马建忠之分指示代词为四种是不妥当的，然而他所提出的理由却不大正确。刘氏以为马建忠所认为"逐指、特指、约指、互指"的代字都是静词或副词，并不是代词。比方说，若用白话解释"夫州吁"就等于"那州吁"，"夫人"就等于"那人"，"是三者"就等于"这三样"，"此母"就等于"这样的母亲"，"此子"就等于"这样的儿子"，"若人"就等于"这样的人"，"彼四人"就等于"那四个人"，都应当认为静词，不是代词①。我们姑且不批评刘氏把"此子"译成白话文的"这样的儿子"之类是不是得体，然而刘氏显然只注重于静词(形容词)、副词和代名词的分别，而对马建忠加以批评的。实则静词不静词，代词不代词，并不是重要的论点。因为以汉语的结构来说，指示词本来就可以兼具指示代词和指示形容词的功能，而且是没有形态的分别的。只要在同样的指示词之下加上一个指明事物的词，它就作为静词用，而不损失其本来的意义。所以，马氏所谓的指示代词本来是可以兼具指示代词及指示静词的功能的。不过，话说回来，马建忠也确曾被他自己所定的"指示代词"这个术语害了，不然也不会把"自"这一类的词当做指示词，而刘复批评他把"副词"、"名词"等都拉进指示词的范围，则是一针见血的。

汉语的指示词实在只能从远指或近指这方面来解说。

第二节　近指指示词

在现在的口语中最普通的近指指示词是"这"，最普通的远指

---

① 《中国文法讲话》(北新)第162—173页。

指示词是“那”。兹请先从“这”说起。

用“这”作指示词的例子很多，例如：

> 我这一社，开的又不巧了。（《红楼梦》第七十回）
>
> 后面这个走卒模样跟着，也来坐下。（《水浒传》第九回）
>
> 这秃和尚贼眉贼眼的只看我。（《金瓶梅》第八十八回）
>
> 这是没理的事。（《京本通俗小说·拗相公》）
>
> 这个孩子真个作怪。（《五代史平话·梁史》）
>
> 这个却须由我，不由他了。（《朱子语录》）
>
> 这个是事上道底语。（《云门匡真禅师广录》）

在近代的白话文中，“这”有时候却由“只”来代替；这只是发音相同互相假借而已。例如：

> 只话倒是；他只里淘气的可厌。（《红楼梦》第五十九回）
>
> 只事等我慢谋。（《红楼梦》第五十七回）

凌霄汉阁主还以为现代北京话，“这么”是念为“正么”①。这是因为受了“么”的鼻音辅音的同化作用，其实是同样的词。

在宋元的俗文学中，还有“者”字作为指示词“此”用的。如晏几道《少年游》词：“细想从来，断肠多处，不与者番同。”《说文》称：“者，别事词也。”“者”确有指示词的意味。古书中所称的“某者”就有一点“某这个人”或“某这个东西”的意思。《孟子·告子篇》云：“为此诗者其知道乎？”可以解为“写这首诗的这个人，他也懂得道理吗？”不过用“者”字加在具有名词功能的词之上，作成“者个”“者番”“者回”等用法则是口语及俗文学中所特有的。《增韵》说：“凡称此个为者个。”毛晃《韵略》也说：“凡称此个为者个，俗多改用

---

① 三十一年(1942)十月《实报畅观》。

'这'字。"而段玉裁也认为"此个"应当是"者个",不知什么时候才用"迎这"的"这"去代替①。用"者"作指示词的,现在的福州话还是这样用。福州话说"此日"为"者日子",说"此人"为"者仏"。这样的用法在唐代就已存在。我们在第9世纪初叶裴休所录的《黄蘗断际禅师苑陵录》(黄蘗卒于大中四年,即公历850年)中,看到这一句:"似者个见解有什么用处?"②五代蜀主王衍《醉妆词》有"者边走,那边走"句。"者边"就是"这边"。五代的禅家语录,如《云门匡真禅师广录》③也有用"者"为指示词的。例如:

> 者里也须是个人始得。
>
> 须到者个田地始得。

最奇怪的,在《匡真广录》里也有用"遮"字作指示词用的。例如:"遮个公案。"总之,"者、这、遮"三个字都是中古时候俗文学中用作指示词"此"的。马伯乐以为"者、遮"应当是较早的形式④,大约是可靠的。现在的俗文学中,只有"这"的用法,"者"、"遮"都不存在;然而福州话的通俗读物还用"者"。"这"的最初出现,据刘淇的《助字辨略》说,是起于唐人;刘氏谓:"韦谷《才调集》载无名氏诗,云:'三十六峰犹不见,况伊如燕这身材;'唐人用'这'字始此。"⑤

其实"者"、"遮"、"这"、"只"都是同一个词,不过是用不同的写法写出来而已。因为这几个字在其同时通用的时候都是同样的读

① 段玉裁《说文解字注》(国学基本丛书)卷四上,页31。

② 载《大正新修大藏经》第四十八卷。

③ 载《大正新修大藏经》第四十七卷。

④ H. Maspero, Sur Quelques Textes Anciens de Chinois Parlé, BEFEO; Tome XIV, pp. 15—16.

⑤ 《助字辨略》卷三页四十四上—下。

音。现在的问题是：这“者”、“遮”、“这”、“只”等到底是从哪儿来的？

这些字现在的读音在各方言中大体都是一种颚化音，如：*ts*，*tɕ*。“者”在《广韵》时代的反切是“之也”，属于照三等，即高本汉所标的 *fʂ̜*（国际音标 *tɕ*）。根据《说文》形声字的研究，我们相信照三等在上古时代也应当是颚音 *ɕ*-，“者”的古音应当是 *ɕia*，它和“之”的古音 *ɕiəg* 很相近。“之”字在古代也有用作指示词的。《尔雅》说：“之子，是子也。”这就是指示词。古书中用“之”为近指指示词的很多，这里是几个例：

之子于归，宜其家室。（《诗·国风·周南·桃夭》）

乃如之人兮。（《诗·国风·邶风·日月》）

之二虫。（《庄子·逍遥游》）

“者”和“之”不论是在古代或是在中古都是同样声母的字，它们的关系是很密切的，实在是一类的字。“者”，《广韵》“之也切”；“之”，《广韵》“止而切”；都是属于照三等字。我们知道《广韵》时代的照三等字在古代不但是和知母相通，即和其他的齿音，如端、透、定、彻、澄、禅、审三、穿三等也相通，而许多齿音声母的字在上古也是互相通转的①。我们可以说：这些互相通转的声母都是属于一类的，或是同一的来源，或是方言的出入。在上古语言中，除了“之”外，还有许多齿音的字用作近指指示词的。根据古书的记载，至少有下列几个字：

A. 斯

不忧不惧，斯谓之君子已乎！（《论语·颜渊》）

---

① 关于古音声纽的通转情形，我们是根据陆志韦的《说文广韵中间声类转变的大势》一文中所载的表格。陆文载《燕京学报》第二十八期。

子在齐闻韶，三月不知肉味。曰：不图为乐之至于斯也。（《论语·述而》）

动容貌，斯远暴慢矣。正颜色，斯近信矣。出辞气，斯远鄙倍矣。（《论语·泰伯》）

子在川上曰："逝者如斯夫，不舍昼夜。"（《论语·子罕》）

曾子以斯言告于子游。（《礼记·檀弓上》）

寡人闻之。亡国恒如斯，得国恒如斯。（《礼记·檀弓下》）

斯言之玷。（《左传·僖公九年》）

其斯之谓与？（《穀梁传·昭公四年》）

B. 兹

于兹迄今，情伪万方。（《后汉书·文苑传》）

念兹在兹。（《书·大禹谟》）

文王既没，文王在兹乎？（《论语·子罕》）

夏德若兹，今朕必往。（《书·汤誓》）

失兹三者。（《左传·成公十七年》）

士不及兹四者。（《公羊传·桓公八年》）

C. 咨

咨可谓命世大圣千载之师表者已。（《魏修孔子庙碑》）

D. 时

禹曰："惟德动天。满招损谦受益。时乃天道。"（《书·大禹谟》）

于时言言，于时语语。（《诗·大雅·公刘》）

奉时辰牡。（《诗·秦风·驷铁》）

惟时懋哉！（《书·舜典》）

禹曰："吁咸若时，惟帝其难之。"（《书·皋陶谟》）

予创若时。（《书·益稷》）

朕之愆允若时。（《书·无逸》）

E. 是

有君若是之贤也！（《汉书·刑法志》）

反是不思，亦已焉哉！（《诗·卫风·氓》）

是何足与言仁义也云尔，则不敬莫大乎是！（《孟子·公孙丑下》）

是可忍也，孰不可忍也！（《论语·八佾》）

敏而好学，不耻下问，是以谓之文也。（《论语·公冶长》）

今又倍地而不行仁政，是动天下之兵也。（《孟子·梁惠王下》）

伯夷，伊尹于孔子，若是班乎？（《孟子·公孙丑上》）

是非君子之言也。（《礼记·檀弓上》）

是月也，日夜分，雷始收声。（《礼记·月令》）

F. 寔（通"实"）

桓五年，冬，州公如曹；六年，春正月，寔来。（《春秋·桓公五年》）

寔来者何？是来也。（《公羊传·桓公五年》）

陈妫归于京师，寔惠后。（《左传·庄公十八年》）

G. 此

此则寡人之罪也。（《孟子·公孙丑下》）

如此乎，礼之急也。（《礼记·礼运》）

宣帝自在闾阎，而知其若此。（《汉书·刑法志》）

此以没世不忘也。（《礼记·大学》）

陈衰，此其昌乎？（《左传·庄公二十二年》）

贤者亦乐此乎？（《孟子·梁惠王上》）

功冠诸侯，用此得王。（《史记·鲸布传》）

此之为愆，实由于畴。（《三国志·吴书·孙皓传》注）

景帝闻之，使使尽诛此属。（《汉书·游侠传》）

《广韵》："斯，息移切"，高本汉标为 *sie̯*；"兹，之子切"，高本汉标为 *tsi*；"咨，即夷切"，高本汉标为 *tsi*；"时，市之切"，高本汉标为 *ʑi*；"是，承纸切"，高本汉标为 *ʑie̯*；"寔，常职切"，高本汉标为 *dʑ'iet*；"此，雌氏切"，高本汉标为 *tsie̯*。我们不必批评高本汉标音是否正确，也不必并力求一完全无误的标音。《说文》形声字和《广韵》的比较研究，已经告诉我们：这些字在上古都是属于齿音一类的，而且是相互通转的。章炳麟在他的《新方言》中说："《尔雅》：'时、寔，是也。'《广雅》：'是，此也。'淮西蕲州谓此曰时个，音如特。淮南扬州指物示人则呼曰时，音如待。江南松江太仓谓此曰是个，音如递；或曰寔个，音如敌。古无舌上音，齿音亦多作舌头。时读如待，是读如提，寔读如敌，今仅存矣。"[①] 他认为"时"、"寔"、"是"在上古都是念作舌头音，这我们且不加以批评，反正是一种齿音。虽然，他说蕲州读如"特"，扬州读如"待"的就是古代的"时"，松江太仓读如"递"的就是古代的"是"，读如"敌"的就是古代的"寔"则未免太机械。然而他给我们许多例子，让我们知道：尚未颚化的纯粹齿音的指示词还存在于这些方言之中。其实，不只是现存的方言，就是在古书里头，我们还可以找出现在尚念为纯粹齿音的指示词。"底"字现在念为 *ti*，在古代也是以齿音 *t*-类的辅音为声母的。

① 《章氏丛书·新方言·释词第一》，页七下。

然而，在唐人的诗中，却有以“底”作为“此”用的。例如，元微之的诗：“那知下药还沽底”，刘淇谓：“底犹云此也。”不但是唐人，就是在南北朝的著作中，我们也发现用“底”作近指指示词的。刘知几在他的《史通·北齐诸史》条下，极端赞扬王劭（或作邵）《齐志》用通俗语言的得体。在他叙述王劭《齐志》所用的俗语中，有这么一句话：“渠们底个，江左彼此之辞；乃若君卿，中朝汝我之义。”“汝我之义”似有错误；注云：“当作汝尔。”但“彼此之辞”绝不能有错误。“彼”指“渠们”。“此”指“底个”。“底个”就是“这个”的意思。可见南北朝时的近指指示词，在江南是“底个”，念为 *tiei-ka*；而在北方已经变成颚化音的 *tɕi-ka* 了。到现在为止，江南还有大部分的方言还是用纯粹的齿音字为近指指示词的。章炳麟所举的就是例子。

章炳麟还说：“故犹此也。《墨子·天志篇》：‘当若子之不事父，弟之不事兄，臣之不事君也。故天下之君子与谓之不祥者。’《庄子·齐物论》：‘有成与亏，故昭氏之鼓琴也；无成与亏，故昭氏之不鼓琴也。’故并与此同义。今湖北语犹谓此为故，音转如过；言此处则曰故里，或书作个里非也。江南运河而东至于浙江谓此为故，音如格。”[①]他也把“故”字当做近指指示词讲。这是一个错处。原来，这个地方的“故”字确有“此故”的意义，但“此”只是没有说出的词而自懂得的。其实这里的“故”字还是“缘故”的意思。不加上“此”也可以解释这个“故”字。这正如“因”字也可以有“这是因为”的意思，“今天不开会，因天下雨，”也可解释为：“今天不开会，这是因为天下雨”；然而我们却不能说“因”是近指指示词。章氏所以有这个错误的原因，是因为他发现了在湖北方言里有说“故里”或“个

---

① 《新方言·释词第一》，页六下。

里”去代表“这里”的，江南方言里有说“格”去代表“这”的，因此他就以为这些字和上古的“故”字是同一的字。其实他所说的“故里”“个里”，这“故”或“个”只是代表用牙音 *k*-类的辅音为声母的词而已，并不见得一定是古代的“故”，也不见得“个”就是错的。我们知道现在的南方方言，尤其是吴语，多数是用以牙音为声母的词来表示近指指示词的。吴语的俗文学把这个词写成“格”字，“格”其实只是代表发为牙音 *ke* 的那个词，我们也可以用“革”去代表。宁波话称“这个”为 *ke-ko*，就是一个例子。

其实这也不是现在南方方言所特有的现象。就在中国的古书中，我们也可以找出许多用牙音为声母的字当作近指指示词的。古代以牙音为声母的字作为近指指示词用的，有：

A. 厥

天有显道，厥类惟彰。（《书·泰誓》）

今失厥德，乱其纪纲，乃底灭亡。（《书·五子之歌》）

厥土黑坟，厥草惟繇，厥木惟条。（《书·禹贡》）

盘庚既迁，奠厥攸居，乃正厥位。（《书·盘庚》）

王播告之修，不匿厥指。（同上）

聿脩厥德。（《诗·大雅·文王》）

亦悔于厥心。（《左传·成公十三年》）

厥德不回。（《左传·昭公二十六年》）

B. 其

其人曰：“死乎？”（《左传·襄公二十五年》）

其岁新垣平事觉。（《史记·文帝纪》）

其日，乘舆先到辟雍礼殿。（《后汉书·礼仪志》）

其楚子之谓乎？（《左传·襄公二十八年》）

其有陶唐氏之遗民乎？（《左传·襄公二十九年》）

其曰宋灾何故也？（《穀梁传·襄公三十年》）

其可去乎？（《左传·昭公一年》）

今举大事，将非其人不可。（《史记·项羽本纪》）

C. 伊

伊年暮春，将瘞后土，礼灵祇。（《汉书·扬雄传》）

所谓伊人，在水一方。（《诗·秦风·蒹葭》）

所谓伊人，于焉逍遥？（《诗·小雅·白驹》）

不可畏也，伊可怀也。（《诗·豳风·东山》）

有皇上帝，伊谁云憎。（《诗·小雅·正月》）

伊谁云从，谁暴之云。（《诗·小雅·何人斯》）

D. 居

则居可知矣。（《易·系辞传》）

其香始升，上帝居歆。（《诗·大雅·生民》）

择有车马，以居徂向。（《诗·小雅·十月》）

"厥"之作为近指指示词用者，《书经》中连篇累牍，到处皆是。"厥、其、伊"还有用作第三身代词的，显然是从这近指指示词引申而来的。"居"即后来的"渠"，不过"渠"只用为第三身代词。这几个字是一类，都是以喉牙音为声母的。《广韵》："厥，居月切"；高本汉标音为 *kjiʷɒt*；"其，渠之切"，高本汉标音为 *g'ji*；"伊，于脂切"，高本汉标音为 ·*i*；"居，九鱼切"，高本汉标音为 *kji̯ʷo*。在这几个字之中，切上"居"属于见母，"渠"属于群母，"九"也是属于见母，只有"于"属于影母。见、群的分别只在清浊，古音（根据《说文》形声字的研究）影与见、群通转特甚，·*i* 很明显的是 *g'ji*（*g'i*）损失辅音的结果，在古代也是从喉牙音的。

这样地说起来，我们知道汉语的近指指示词的确有两类：一类是从前面齿音的，一类是从后面喉牙音的。在中国的古书里，这两类都同时存在。《书经》用“厥”最多，但也用“此”、“兹”之类。不过用得有多少而已。至于现在的北方话，则只有用齿音变来的颚化音 *tɕ-*，*tʂ-*，*ts-*的。颚化音本来有两个来源：一是从齿音变来的，一是由喉牙音变来的。不过后者的颚化乃是晚近的事，就是古代也有喉牙音变为颚化音的现象，但却不属于指示词这一类的字。然而，北方话之用 *tɕ-*，*tʂ-*，*ts-*为近指指示词者则是唐时就有的。“者”、“这”、“遮”在《切韵》时代就念为颚化音的 *tɕ-*，而北方白话文的材料并没有给我们以喉牙音为声母的近指指示词的痕迹。不过这是就唐以后的北方方言而言。南北朝时，北方还有以喉牙音为近指指示词的。《北齐书·徐之才传》云：“个人讳底？”“个”就是喉牙音 *k-*而用为近指指示词者。庾信《镜赋》：“真成个镜特相宜”，刘淇认为“个”是“此”的意思。刘淇又举皮日休诗：“桧身浑个矮浑个”为例，认为“个”有“如此”之义[①]。果尔，则唐代亦有用喉牙音为近指指示词者。不过皮系襄阳人，正是章炳麟所谓“今湖北语犹谓‘此’为‘故’”的地方。如果刘氏的解释是对的话，也只是代表唐代南方方言的情形。湖北方言到现在为止还用喉牙音呢，何况是唐代。不过唐张固《幽闲鼓吹》也有这用法：“道得个语，居即易矣。”惜张固生平，今已无从稽考，不知是哪里人。说不定在唐代，喉牙音的指示词还是很普遍的。

为什么在古代的文献里齿音喉牙音两类近指指示词都有许多不同的字，则是一个问题。顾炎武曾经说过：“《尔雅》云：‘兹、斯，

---

① 《助字辨略》卷四，页四十一。

此也。'今考《尚书》多言'兹',《论语》多言'斯',《大学》以后之书多言'此'。"又谓:"《论语》之言'斯'者七十,而不言'此';《檀弓》之言'斯'者五十有三,而言'此'者一而已;《大学》成于曾子之门人,而一卷之中言'此'者十有九。语音轻重之间,而世代之别,从可知矣。"这也不见得完全如是。语音如有变化,所写的字的读音已能代表之,除非是变得太远;用不着改用另外的字。这分明是因为古时的用字还未定局,尤其是表达一些抽象概念不是象形指事会意的办法所能胜任的,只好用发音相同的字来代表。然而发音相同的字很多,可以有不同的写法,全视一时一地的人的习惯而定。所以古时只有假借,而没有所谓"别字"。这些字大约都是同一个词的不同写法。当然其中也有因时代方言的关系而起的变化,可是难于确定;我们只能在原则上承认之。如《诗经》常用"之"为近指指示词,然而《春秋》的一切经传却找不出一个"之"这样用的。《书经》"厥"字多得不可胜计,然而《春秋经》中则一个也没有,《左传》只有八见,而《公羊传》、《穀梁传》也连一个都不见。然而这并不是说:《左传》的方言没有以喉牙音为声母的近指指示词。总之,我们只能说:这些属于齿音的近指指示词是一类,其中用字的不同也许是方言的分野,也许是时代的划分,然而后来却是混用的。属于牙音的近指指示词也是一类,其中用字的不同,大约也是方言的分野,或是时代不同的变化,后来也是混用的。

第三节 远指指示词

远指指示词在现代的通俗文学里,只有一个"那"字。先举几个例:

原来标兔李吉正在那山坡下张兔儿。(《水浒传》第一回)

那三姐儿只是淡淡相对。(《红楼梦》第六十四回)

那两个赶来的邻舍齐叫起来。(《京本通俗小说·错斩崔宁》)

那做保正的,日聚于教场中。(《京本通俗小说·拗相公》)

在那地名长垣,下了硬寨。(《五代史平话·梁史》)

写在那里,教人见得当时事是如此。(《朱子语录》)

那三翁听说话,叱喝道。(《刘知远诸宫调》)

我们知道"那"字在白话文中多数是作询问词(interrogative)用的,但也有用作远指指示词用的。"那"之作为远指指示词用者在唐、宋就很普通。张鷟的《朝野佥载》有"必是那狗"句,蜀主王衍《醉妆词》:"那边走,者边走,莫厌金杯酒";"那"就是作为远指指示词用的。可是六朝时这样的用法就没有。《世说新语》一共有十二个"那"字,但都是作为询问词用的。

在中国古书中尚有几个字用作远指指示词的:"爾"、"若"、"彼"。

"爾"字作为"汝"解的是谁都知道的,然而"爾"字有时也可以当作远指指示词用。《说文》云:"尔,词之必然也。""尔"通"爾",只有写法的不同。"必然"就是"应当那个样子"的意思。《孟子·告子篇》:"非天之降才爾殊也,""爾殊"就是"那样不同"的意思。古书中以"爾"作为远指指示词的很多,例如:

诸人以为仪当爾。(邯郸淳《笑林》)

若爾,便不相出。(陶潜《搜神后记》)

至今犹爾。(法显《佛国记》)

法显爾时亦一心念观世音。(同上)

若爾,何故周年不下,孤来即拔?(《北齐书》卷二十四)

谢仁祖年八岁,谢豫章将送客,爾时语已神悟。(《世说新语·言语》)

君不得为爾。(同上《方正》)

爾时吴兴沈充为县令。(同上《雅量》)

不爾,以往无以成也。(《三国志·周鲂传》)

许掾尝诣简文,爾夜风恬月朗。(《世说新语·赏誉》)

古书中以"若"为远指指示词的例:

君子哉,若人!尚德哉,若人!(《论语·宪问》)

君如有忧中国之心,则若时可矣。(《公羊传·定公四年》)

人苟生之为见,若者必死;苟利之为见,若者必害。(《史记·礼书》)

以若所为,求若所欲,犹缘木而求鱼也(《孟子·梁惠王》)

君无若时之急。(《三国志·高堂隆传》)

有明天子,则襄公得为若行乎?(《公羊传·庄公四年》)

不通于若计者,不可使用国。(《管子·八观篇》)

为天下之长患,至黔首之大害者,若说为深。(《吕氏春秋·振乱篇》)

这一类"爾""若"的用法,刘淇,王引之都认为是"此"的意思[①]。当然近指指示词和远指指示词的意思本来是可以相混的。"爾"和"若"有的时候未尝不可以带有近指指示词的意味,但其本

---

① 刘淇《助字辨略》,卷三,爾,卷五,若。又王引之《经传释词》,卷七,若,爾。

来的功用则是远指指示词。比方说，“爾时”明明是“那个时候”，“若时”也明明是“那个时候”。“爾”“若”和“那”的关系很深。这不但是从指示词的作用那一方面说，“爾时”就是“那时”，“若人”就是“那人”，同时也可以由“那”的另外用法来说。“那”有询问词的作用，“若”也有询问词的作用。吴镇《辋川图诗》云：“当年满朝士，若个在林泉？”唐鹿门诗：“若个伤春向路旁？”“若个”就是“那个”。不但如此，从语音学的观点来看，“那”和“爾”“若”的关系也是很深的。“那”，《广韵》作“奴卧切”，它的中古音是 *na*；“爾”，《广韵》作“儿氏切”，他的中古音是 *ȵʑiĕ*；《广韵》有三个“若”，而训为“汝也，辞也”的“若”为“而灼切”，它的中古音为 *ȵʑiak*。“奴”属于泥母，“儿、而”都属于日母。古音泥日的通转是最常的，我们可以断定的说：它们是同一的来源。“爾、若”在上古只是方音的不同。后来变了音，由代表 *na* 音的“那”字去代表，因为在读书的念音，“爾、若”念为较古的 ȵʑ- 音，而说话之中，已经说为较晚出的 *na* 音了。

古代的远指指示词还有“夫”和“彼”是属于一类的。《广韵》：“夫，防无切”，属于并母，中古音为 *pjiu*。“彼”，《广韵》：“甫委切”，属于非母，中古音为 *pi*，都是从 *p*- 的。虽然现今的“夫”念为唇齿音 *f*-，而“彼”则念为双唇音 *p*-，如果我们知道“古无轻唇重唇之别”，则这两个字在上古时是一类的词，却是毫无疑问的。古书用“夫”用“彼”为远指指示词者，有下面的例：

A. 夫

夫州吁阻兵而安忍。（《左传·隐公四年》）

夫州吁弑其君，而虐用其民。（同上）

夫二人者，鲁国社稷之臣也。（《左传·成公十六年》）

不以夫一害此一。（《荀子·解蔽篇》）

吾思夫使我至此极者而弗可得也。(《庄子·大宗师》)

B. 彼

彼人之心,于何其臻。(《诗·小雅·菀柳》)

嘒彼小星,三五在东。(《诗·召南·小星》)

汎彼柏舟,亦汎其流。(《诗·邶风·柏舟》)

如彼愚人,代他捉熊,反自被害。(《百喻经》)

此亦一是非,彼亦一是非。(《庄子·齐物论》)

总之,在古代汉语里,确有两类远指指示词:一是从鼻音 ȵʑ- 的,一从唇音 p-。前者即后来的"那"字,是现在到处都看得到的。后者则差不多就要消灭了。"彼"字只存在于文言文,而"夫"字之为远指指示词者,连近代的文言文也不用。然而,这并不是说:在现今的中国方言里,一点儿也找不出古代以 p- 为声母的远指指示词。福州话中近指指示词为 *tsia*(者),为 *tsuei*,而远指指示词为 *xy*,*xuei*,*xia*。我们知道唇音 p- 之变为 x-(h),在汉语语音的变化史上,确有其事,而在福州话中许多中古从 p- 的字现在都念为 x-,即以"夫"字论,福州话的读音就是 *xu*,所以福州话的 *xy*,*xuei*,*xia* 大约是和上古的 *pjiu*,*pi* 同类的。

第四节　方言中的指示词

赵元任曾经对吴语方言做过研究。在他的研究结果中,我们知道:在吴语方言中,有的是以牙音的 k-,k'- 字为近指指示词和远指指示词的;如:丹阳、靖江的近指为 *keʔ*,远指为 *kou*;有的是以齿音为近指而以牙音为远指的,如:宝山之近指为 *tiʔ*,而远指为 *keʔ*:武进近指为 *tsiʔ*,而远指为 *kou*;有的是以 *iʔ* 为近指,而用牙音 *kou*

为远指，如无锡；有的是以牙音 $ke^{ʔ}$ 为近指，而以 xay 为远指，如绍兴；有的是以齿音 $t'i^{ʔ}$ 为近指，而以 i 为远指，如上海；有的是以两个齿音为近指和远指的，如松江的近指为 $t'i^{ʔ}$，远指为 dzi；有的是以牙音 k- 为近指，而以 l- 为远指，如杭州之近指为 $ke^{ʔ}$，远指为 la 有的是以牙音 k- 为近指，而以吐气唇音 p-' 为远指，如衢县之近指为 $ke^{ʔ}$，远指为 $p'e^{ʔ}$；有的是以牙音 k- 为近指，而以唇鼻音 m- 为远指，如金华之近指为 $ke^{ʔ}$ 远指为 $mo^{ʔ}$；有的是以牙音 k- 为近指，而以齿音 t- 为远指，如宜兴之近指为 $ke^{ʔ}$，远指为 $to^{ʔ}$①。这里我们可以看出：多数吴语方言是以牙音为近指兼远指的，只有韵母有不同，一部分则以齿音为近指而以牙音为远指，还有一部分则以牙音为近指而以 l-，m-，p- 之类为远指。吴语的近指大半是古代牙音类所留下来的。因为习惯于用牙音，又把牙音用到远指方面去。近指和远指的互相代替是语言学的通则。英语的指定冠词 *the* 带有 *this* 的意思，却是远指 *that* 变来的，不足为奇。何况汉语的第三身代词多数是近指指示词牙音类变来，而第三身代词又极容易变为远指。用齿音为近指者，是古代用齿音类的后身，其远指本来可以是牙音。用 $to^{ʔ}$，dzi 为远指，大约是齿音的第三身代词变来的，不成问题的，是"那"类 n- 音的转变。p'- 是唇音类的远指的后身。独有 x- 类及 m- 类不易解释。x- 可以是牙音 k-，k'- 的变音，也可以是 p- 的后身。但因为 k- 类多数都保留其原形，未尝有变，而 p- 类之存在于今日者极其少数，我疑心 x- 当是 p- 的痕迹，而不是牙音的音变。m- 则是可疑的。吕叔湘以为是 p- 的后身②。当然以一般语

① 赵元任《现代吴语的研究》第 98—100 页。标音改为国际音标。

② 《汉语第三身代词说》，华西大学《中国文化研究所集刊》第一卷第二号第 252 页。

音学的法则来说，*p*-可以变为 *m*-。可是从汉语音变的历史来说，从 *p*-变 *m*-的现象并不普遍；从《说文》形声字及《广韵》的比较研究中滂母和明母的通转一个例子也找不到。这大约是和 *n*-“那”同类的。泥明两母确有通转的情形。

第二章 人称代词

第一节 略论人称代词

一切的语法成分都是一种概括化了的符号，都代表某一个语法意义，都可以说是“代词”，但一般人所谓的代词则是专指代替名词地位的所谓代词而言。普通的说法，代词可以分为两种，一是指示代词、一是人称代词。另外还有甄别代词、疑问代词、关系代词等。甄别代词本章将附带地讨论。疑问代词，将于第四编讨论之。关系代词并不存在于汉语；汉语要表示西洋语的关系代词时，是用规定词去表现的[①]。指示代词上章已经讨论过，本章则只研究汉语的人称代词。

按照普通语法学的原则，人称代词可以分为三者，即第一身人称代词、第二身人称代词、第三身人称代词。在此之外，还有依据数目的分野分别第一身、第二身、第三身各代词的数目。如单数和多数的分别。另外，则印欧语言往往在代词上也和名词一样，有性的变化，有许多“格位”的分别。汉语的代词自然也有第一身、第二身、第三身的划分，可是第三身的成立则没有其他二者那样的自

---

① 参阅本书第三编第一、二章。

然。关于数目方面，上古的文献中并没有绝对的分别，后来才有单数和多数的划分，而最近的北方话里还有构成双数及三数的趋向。性和格的分别完全不存在。至于“格位”的问题，则除了上古的第三身代词外，并不存在。一般的语法学家曾用过西洋语法的办法来把现代汉语的一切代词都和所谓“名词”一样分为几个“格位”。加斯皮尔曼氏就是一个例子[①]。这显然是张冠李戴的办法，并不是汉语的本来面目。

误认汉语的代词有格位的分别者，固不仅是一般没有语言学常识的教士们，如戴遂良及加斯皮尔曼等，就是高本汉也有这种误解。高本汉往往是从汉语的历史立论，他的说法自比一般教士高上一等，不过他的根据却往往是站不住的，因为他的分析只是初步的，没有作详细的考究。高本汉曾经在一篇文章里提出一个理论，认为古代汉语的代词是有格位的形态学区分的，他以为古书中“我”与“吾”，“汝”与“尔”的用法大不相同，大可以表现古代汉语代词的格位分别。这种理论，初视之，颇为新奇；细究之，则毫无道理。关于这一点，我们已经于《绪论》中批评过[②]，兹不赘。

汉语的代词，现在口语中大约有下列的用法：

第一身：我、俺、咱、喒……。

第二身：你、您……。

第三身：他、怹……。

古文中则有：

第一身：余、予、吾、我、朕、台、卬、身……。

---

① Casperment：Etudes de Ctinois，Tome I，Grammaire.

② 《绪论》第四章第二节。

第二身：汝、尔……。

第三身：彼、伊、渠、其、之、他……。

这些除了“你”和“您”，“他”和“怹”有客气和不客气的分别外，其他属于同一身的代词，都只是同义词，发音和来源虽有不同，意义却是一样。现在的问题是：为什么这同一的语法意义却有这些意义相同而发音不同的词？

第二节　古代汉语的人称代词

先说古代的代词。我们已经说过，第一身代词的“吾”“我”是同一个词，因时代的不同，而发生语音的变化，乃用不同的文字写出之[①]。“余”《说文》训为“语之舒也”。当是另一个词。章炳麟《新方言》谓：“《说文》：‘曾，词之舒也’；‘余，语之舒也’。从八舍省声。曾余同义，故余亦训何，通借作舍。《孟子·滕文公篇》：‘舍，皆取诸其宫中而用之。’犹言何物皆取诸其宫中而用之也。《晋书·元帝纪》：‘既至河阳，为津吏所止，从者宋典后来，以策鞭帝马而笑曰：舍，长官禁贵人？女亦被拘耶？’舍字断句，犹言何事也。亦有直作余者。《春秋左氏传》曰：‘小白余？敢贪天子之命无下拜。’犹言：小白何物也。今通言曰甚么。舍之切音也。川楚之间曰舍子。江南曰舍，俗作啥，本余字也。”“余”字的本来意思并不是第一身代词，在最古的书籍中，只有“予”字，并没有当作代词用的“余”字，除了《左传》和《国语》以外。“余”之当作第一身代词用者其实就是“予”字，后来因其音相同，就拿来代替“予”。《广韵》：

---

① 《绪论》第四章第二节。

"吾，我也，五乎切，"属于模韵；"我，己称，五可切，"属于哿韵；"予，我也，以诸切，"属于鱼韵。古音歌、戈、鱼、模、麻相转甚多，而疑母与影母通转也是平常的事。可知"予"和"吾"，"我"在古代，都是发音相近的词。再以《书经》用"予""我""吾"的统计来看，我们知道最初用的几乎全是"予"，《虞书》、《夏书》合算，只有六个"我"，而无"吾"，《商书》"我"渐多，而"吾"只一见，《周书》"我"颇多，"吾"亦只一见。可知"予"和"吾、我"的不同，也只有时代的问题。因为后来语音略为变了，就用另外一个字去代替，而最初所用的字也就渐渐地失去了势力。《诗经》里头的"予"有三十七个，而"我"却有二百六十八个，"我"的势力远超乎"予"之上。不容易解释的则是"朕"字。"朕"也是第一身代词。自从秦始皇以后，才为帝王所独用，以前是什么人都可以用的。然而在古书的探讨中，我们却发现了一个事实，即"朕"字虽然大家可以用，却只存在于公文体裁的《书经》中。《论语》中虽曾一见，然而却是："尧曰，朕躬有罪，勿以万方，万方有罪，罪在朕躬。"这分明也是公文。《孟子·万章上》也有用"朕"的一个例子："干戈朕，琴朕，弤朕，二嫂使治朕栖。"但所述的是舜与象的故事，是转述别人的说话。《左传》只有二见，也是公文式："无逆朕命"（《僖》十二），"无废朕命"（《襄》十四）。《诗经》是当时的通俗文学，"朕"字一个也没有。大约在上古，"朕"是"打官话"时才用的，平常只用"予"、"我"之类的字眼。

此外还有"台"、"卬"、"身"，都是第一身代词。《书·禹贡》："祗台德光。"伪孔《传》云："台，我也。"《汤誓》："非台小子敢行称乱。"马注："台，我也。"《书·大诰》："肆予冲人，不卬自恤。"《诗经》："人涉卬否，卬须我友"（《邶风·匏有苦叶》）；"卬烘于煁"（《小雅·白华》）；"卬盛于豆"（《大雅·生民》）。《书·释文》及《小尔雅·广言》,《后汉书·张衡传》注云:“卬,我也。”《汉书·翟方进传》:“不身自恤。”《三国志·张飞传》:“身是张翼德也,可来共决死!”“台”,《广韵》:“与之切”,和“余”“予”当是同类字。“卬”,《广韵》:“五刚切,又鱼两切”,和“吾、我”发音相近,当是同类字。章炳麟《新方言》云:“今徽州及江浙间言吾为牙,亦卬字也。俗用俺字为之。”[①]说为“牙”的,并不一定就是“卬”,“俺”字更与“卬”无关(声母韵母都不对),然而却是“卬、吾、我”一类的词。“身”字大约是“身体、自身”的意思,是不是可以算是真正的第一身代词,颇成问题。因为《尔雅》认为是“予也”,我们无妨在此一提。

古代的第二身代词,除了客气用语的“子”、“君”之类的字眼外,只有“女”(或作“汝”)和“尔”两字。“女”、“尔”的不同,高本汉以为是格位的分野,然而这是没有根据的。“女”、“尔”其实是同一个词,因为时代的不同,语言略有变迁,乃用另一字来代替。关于这一点,我们已经于批评《高本汉》时讨论过,[②]这里不必再多说。古书中尚有用“而”字来表示第二身代词者,如《国语·晋语》:“曩而言戏乎,抑有所闻之乎”,韦注:“而,汝也。”这也是所谓同声假借的例子。

古代的第三身代词却是值得特别讨论的。[③] 第一身和第二身的分别是很明显的。可是第三身代词的产生却不及前二者那样的自然。汉语的第三身代词,多半都是从别的语法成分变来的。古书中所有许多当作第三身代词用的,其本身往往是另外的东西。例如“彼”字、“伊”字、“渠”字等,都是属远近指指示词,本来并不是

---

① 《新方言·释言第二》,第 38 页下。

② 见《绪论》第四章第二节。

③ 见《绪论》第四章第二节。

人称代词，然而因为“指示”和“第三者”有相通之处，后来就拿来当作第三身代词用。我们还可以在古书中看到它们的本来面目，即作远近指指示词用的：

——彼——

在彼夏王。（《书·秦誓》中）

彼亦一是非，此亦一是非。（《庄子·齐物论》）

在彼者皆我所不为也。（《孟子·尽心》）

嘒彼小星，三五在东。（《诗·召南·小星》）

彼人之心，于何其臻。（《诗·小雅·菀柳》）

——伊——

所谓伊人。（《诗·秦风·蒹葭》）

伊谁云憎。（《诗·小雅·正月》）

自诒伊阻。（《诗·邶风·雄雉》）

伊年暮春，将瘗后土礼灵祇。（《汉书·扬雄传》）

——渠——

勿呼之，渠方宗会矣。（《玉泉子》）

渠是弓弩手，名在飞骑籍。（杜甫诗）

无奈人心复有忆，今暝将渠共不眠。（庾信诗）

在这三字之中，“渠”字之被用作指示词或第三身代词不见于先秦文献，然而却显然是喉牙音一类的指示词。章炳麟认为《易系辞传》“则居可知矣”，《庄子·齐物论》“何居”的“居”字就是后来的“渠”字，有“此”或“彼”的意思[1]。无论如何，这三个词的最初功用都是一种指示词。这些第三身代词的用法是从指示词引申而

---

① 《新方言·释词第一》，第六页下至第七页上。

来的。

"其"和"之"的用法也很特别。我们已经说过,"其"和"之"本来都是近指指示词,有时却用作第三身代词。特别让我们注意的是这两个字眼,用作第三身代词时,却有一定的格位。"其"字用在领格上,有现代口语"他的"的意思,"之"字用在役格上,不能用在其他的格位上。"其"的格位尚有疑问,"其行己也恭"的"其"字,到底是主格或是领格尚可讨论,但无论如何,"其"不能用在役格则是千真万确的事实。我们知道"其"、"之"的韵母是相同的,只有声母有不同,前者是喉牙音,后者是齿音。大约古代汉语,在第三身代词方面有格位的不同,用辅音的变化来表示格位的不同。不过这种分别在后来的口语中并不存在。古代汉语的代词未始没有格位的不同,然而这不同只在第三身,而第一身第二身却无此分别。高本汉要证明古代汉语为屈折语,不在第三身代词上找证据,反而从没有丝毫格位分别的第一身第二身代词上弄把戏,实在是走错了路。

第三身人称代词之从其他的词转变来者,最好的例子就是"他"字。我们知道"他"字不但存在于现代的口语或唐宋以后的"俗文学"中,就是中古所谓的古文,也有用"他"做第三身代词的。然而上古的"他"却一点也没有第三身代词的意味。"他"字的原来用法显然是甄别代词(pronoun of discrimination),就是英语 *another*, *other* 所表示的意思。现在我们还有"其他"的说法,就是保存其本来的面目的。我们把先秦的经书查一查,就知道"他"字就没有当做第三身代词用过。《孟子》用"他"的地方有:

他人有心。(《梁惠王上》)

此无他,不与民同乐也。(《梁惠王下》)

王顾左右而言他。(同上)

岂有他哉?(同上)

他日君出。(同上)

没有一个"他"不是甄别代词。《书·秦誓》:"无他伎,其心休休焉。"《左传·隐公元年》:"他邑惟命。"《成公二年》:"萧同叔子非他,寡君之母也。"《诗·郑风·褰裳》:"子不我思,岂无他人。"《小雅·小旻》:"人知其一,莫知其他。"《仪礼·聘礼》:"其他如遭君丧。"经书的"他"都是这样用法的。就是汉代的《史记》,"他"字也还只用于甄别:《高帝纪》:"于是沛公乃夜引兵从他道还";《周本纪》:"乃求有莘氏美女,骊戎之文马,《有熊》九驷,他奇怪物,因殷嬖臣费仲而献之纣"。这些都是例子。据吕叔湘的说法,第一次发现"他"字当做第三身代词用的,是《后汉书》的《方术传》:"还他马,赦汝罪。"[①]早期的佛教俗文学也已经用"他"为第三身代词,《百喻经》就有不少的例子:

如彼愚人,代他捉熊,反自被害。

昔边国人,不识于驴,闻他说言,驴乳甚美。

往有商人,货他半钱,久不得偿。

昔有一人,共他相瞋,愁忧不乐。

就是在六朝的笔记小说中,我们也可以找到"他"字,用为第三身代词的,如干宝的《搜神记》:"夫人食他一物,而有愧色,适来已饮他酒脯,宁无情乎。"

总之,"他"字之用为第三身代词,是汉以后的事。在先秦汉语

---

① 《汉语第三身代词说》,华西大学《中国文化研究所集刊》第一卷第二号,第240页。

的文献中，第三身代词多半是不用的，一般的情形是重复主语，或根本不用主语，如果要用第三身代词的话，则主格用远指指示词“彼”、“伊”等，领格用指示词“其”，役格用近指指示词“之”。

“他”字自从甄别代词摇身一变而为第三身人称代词后，在北方方言中占了绝对的优势。所以唐宋以来的“通俗文学”，第三身人称代词都用“他”，只有在仿古的地方，才有用“伊”、“彼”的。现在的北方方言还是用“他”的。“他”现在北京话发为 t'a 音，与以齿音为声母的指示词属于同一类，然而却不是同一个词源来的，因为“他”在上古明明和指示词不同，虽然在发音方面有类似的地方。所以我们不能说 t'a 是齿音的指示词变来的，然而在一部分的南方方言中，第三身人称代词却是用喉牙音为声母的。章炳麟云：“今吴楚皆谓彼为渠，或读如储。”[①]“渠”就是喉牙音的第三身人称代词，是古代的喉牙音指示词变来的。现在的闽粤方言，广州话“彼”为 *k'øy*，客家话“彼”为 *ki*，福州话、汕头话、厦门话“彼”皆作 *i*；吴语中除一部分受北方方言的影响，也用齿音的 *ta*，*to*，*dha*，*dho* 外，大半都是用喉牙音 *ghe*，*ghog*，*ghou*，*ghi* 等或用 *i* 的[②]。*i* 大约是失去了声母的 *ki*，*ghi* 之类的词，也是属于喉牙音的一种。这些都是从上古以喉牙音为声母的指示词变来的。吴语中另外还有颚化音的 *dji*，*zyh*，也许是“之”的后身，也许是喉牙音颚化来的都说不定。但因为吴语以喉牙音为声母的第三身代词，元音都不是 *i*，这个以 *i* 为元音的颚化音的 *dji* 大半是齿音转来的，我疑心是“之”的古音 ȶiəg 转来的。

---

① 《新方言·释词第一》，第七页上。

② 参阅赵元任《现代吴语的研究》，见第二编第一章第 121 页，注①，标音照旧。

在古代语中，第二身人称代词，尚有一种客气的说法，即称一般人为“子”，而称主人为“君”等等。这是封建社会的自然现象。“子”本来是五等爵中之一爵，是贵族的称谓。因为尊敬人，就用“子”来称人，并不是把人家当做儿子看待。“君”是国君，对国家元首而称“君”，乃是必然的称谓，不足怪，后来却变为普通的客气称呼。古时对于国君，自称曰“臣”，后来还有称“奴”的办法。然而这只是对主人而称，并不是到处都说的。可是，在有些方言之中，这“臣”和“奴”竟有变成一般的第一身代词，而失去其谦卑的意义者。越南语第一身代词为 *tôi*.。*tôi* 就是汉语的“臣”，传入越南语而渐渐变为普通的第一身人称代词的。现在福州话的第一身代词，除了 *ŋuai*(我)之外，还有 *nu*(奴)，“奴”已变成普通的代词，渐渐的失去谦卑的意味。北京话有“您”字，读为 *nin*，是客气的用语，《老残游记》中作“伫”。凌霄汉阁主认为北京话的第三身人称代词也有客气的格式，即“他”之后加有“恩”音[1]。这其实就是 *t‘an*，和“你”(*ni*)之后加-*n* 是一样的。我们无妨照“您”的办法，造出一个字——“怹”。“怹”是后起的，显然是由“您”类推而来的。这到底是从哪里来的？说到此，我们就应当讨论现在口语人称代词的来源和其语法形式的变化了。

第三节　现代汉语的人称代词及其来源

现代北方口语中，平常用的人称代词有“我”、“你”、“他”三者。“我”即上古的“我”。“你”即上古的“爾”。我们知道现在北京话，

---

① 《实报》1942 年 7 月 24 日，《畅观》栏，《“他”的转变》。

"你"的发音是 *ni*，而"爾"的发音是 ɚ，两者相去甚远。然而在中古音，《广韵》所给"爾"的反切是"兒氏"，属于日母字。《说文》形声字的研究告诉我们泥日或娘日两母的通转非常明显，而且是反在于泥娘两母的通转之上。它们在古时必是音相近的词，都是鼻音字。"爾"之变为 ɚ 是近来的事。其在中古和"汝"、"女"的发音也极相似。大约在口语里，当作第二身代词用的就是从中古"爾、汝、女"之类的鼻音字留下来的。依语言说，仍是"爾"的后身，但照读音论，则"爾"念为 ɚ，而第二身代词却仍然接近于中古音的 *ni*，而用"通俗"的"你"字写出之。不过照文字的变迁上看，我们可以断定 *ni* 是由"爾"传留下来的。《说文》有"尒"字，训为"词之必然也"。大徐认为是"儿氏切"，和《广韵》的"爾"字是同样的切法。可知这两个字古时是同样发音的。《说文》所谓的"词之必然也"，显然就是古书中"是爾"、"敢爾"一类的"爾"字。可知"爾""尒"本是相通的。就是当作第二身代词用的"爾"字后来也有用"尒"字来代替的。我们知道王邵的《齐志》是以引用"通俗语"出名的，此书虽已失传，但其中一部分的"通俗语"却存在于李百药的《北齐书》中。《北齐书》，爾我之"爾"字有时写作"尔"，例如：

闻尔病，我为尔针，亲以刀子刺之。（《四部备要》本卷三十页四下）

尔头即堕地。（同上）

尔不从，我必刺尔。（同上卷四十一页三下）

尔朱京缠将尔投我，尔中路背去，何也？（同上）

但也同时用"爾"，如：

爾不及一老妪。（卷二十八页一上）

何不安慰爾叔？（卷三十四页四下）

当杀爾。(卷三页四上)

语爾高王:元家儿拳正如此。(卷二页一上)

"尔"、"爾"并用无分别。此时期这两个字正是发音相同的。后来这"尔"字又加上了一个人旁,写成"你",这是自然的现象。"你"在唐代的文献中即已存在。敦煌发现的"通俗文"就有用"你"的。例如:

你是王法罪人,(《燕子赋》)

阿,你不闻道,(《茶酒论》)

不要你絎跪拜丈人两拜。(《齖魺新妇文》)

唐代的禅家语录,也已经用"你",如《庞居士语录》就有两个例子:

我在你眼里。

恁么称禅客,阎罗老子未放你在。

唐时"爾"、"尔"两字的发音是一样的,这"你"显然就是"尔"。只是到后来,"你"字在口语中存在,仍发为鼻音,而"爾"却变成"书语",而发为北方的 ɚ 音。在南方,如福州话,则口语称 *ny*(汝),而"尔"字念为 *i*,是失去了辅音的结果。

第四节 代词客气式与多数式的来源

第二身客气式"您"颇能引起代词的多数式问题。用多数式或第三身代词来做客气的第二身代词用是一般语言的普通现象。英语的 *you* 是第二身多数式,又用在客气式的第二身单数上。现在用惯了,竟变成一般的第二身单数式,而原有的 *thou* 却变成古董了。法语的第二身单数客气式也是用第二身多数式的。德语则用

第三身的 *Sie* 来做客气式的第二身代词。这实在是语言心理学上的一个问题。因为对于对方有所敬畏，不敢直接称呼，乃用多数式或第三身代词来称呼对方。就是在现行的北京话中，也有人用“你们”来做客套去称呼对方一个单人的。北京话的第二身客气式尚有一个“您”字。“您”字本来是第二身多数式。

“您”字的发现是在金元的“俗文学”中。当时的“您”字多半是用在第二身多数式上。例如：

若您弟兄送他，我却官中共您理会。（《刘知远诸官调》）

教您夫妻尽百年欢偶。（董解元《西厢记》）

问众官：您怎生料敌？（《全相平话三国志》）

捉将李洪信洪义两兄弟，跪于阶下，骂之曰：咱这三娘子是您同胞的兄弟……您是不顾恩义的贼。（《五代史平话·汉上》）

恩共仇您两个人，是和非俺三处分。（《古今杂剧·汗衫记》）

不过金元“俗文学”中，“您”字有时也有用在单数的地方的，例如：

指彦威听吾语，……存仁义交您归去。（《刘知远诸官调》）

相国夫人，您但去。（董解元《西厢记》）

先立您做天子，则臣民有主，却图进取。（《五代史平话·晋上》）

您年纪虽小，却有胆智，我为你改了名，唤做郭威。（《五代史平话·周上》）

据吕叔湘的统计，在金元十几种“通俗”著作中，“您”之用于单数或多数并无若何固定的标准。只有在《元秘史》中,单数式的"您"并不存在。吕叔湘乃以第二身单数之"您"与"你"相较,其所见次数的比例为"您"一而"你"六,只有《五代史平话》一书是例外,其中"您"之次数反多于"你"。如果除去《五代史平话》,则"您"与"你"之比例乃一与十之比。吕叔湘再以第二身多数之"您"与其他形式"您每"及"你每"相比较,结果则后者之总和仅当前者五分之一。由此可以得一结论,即"您"之用为多数式,是金元"俗文学"中的一般趋向[①]。

"您"字在金元时代的北方语既是第二身代词的多数式,试问这"您"字和"你"字的关系如何?是从何处来的?

要答复这个问题,先得解说"您"字的读法。"您"字不存在于《广韵》,也不存在于《龙龛手鉴》。独《中原音韵》收之,列入"寻侵"韵。可知当时是以*-m*收尾的。再以"您"字现在的读音*nin*来比较,大约当时的读音就是*nim*,北方话*-m*收尾的都变成*-n*收尾。这明明告诉我们:"您"字是你*ni*加上一个*-m*收尾。最使我们注意的,即现在的第二身多数式恰好也是"你"加上带有*m*辅音的"们"*mən*字。"您"字和"你们"的关系是显而易见的。在中国的文献中,最初出现"们"字的是刘知几《史通》所载的王邵《齐志》的用语中的一段:

> 渠们底个,江左彼此之辞;乃若君卿,中朝汝我之义。

"汝我之义"当有错误,注:"当作汝尔。"但"渠们底个"却不能有误。吕叔湘以为"渠们"或系"渠伊"之误[②],恐怕不是事实。因为"渠

① 《释您俺咱喒附论们字》,载华西大学《中国文化研究所集刊》第一卷第二号。
② 见《释您俺咱喒附论们字》,《补记》。

们”与“底个”是对立的，如果“们”是“伊”，则“个”亦得是和“底”同义的字，必得是一种指示词。“个”确有用做指示词的，如《北齐书》的《徐之才传》：“个人讳底”，“个人”即“这个人”的意思。但北方既有以“个”为“此”的说法，则江左中朝的分别也就用不着了。可知这里的“个”必不是和北方话的“个”一样，“个”不能亦是指示词，“底个”实在只是一个词，合在一起只有一个“这个”的意思。因此与它对立的“渠们”也确是“渠们”，不能说是“渠伊”；“渠伊”是两个词。何况“诸家校本，均无异文”，很难说有错误。大约在南北朝时，江南的方言中，已经用“们”字来表示多数。宋以后的“俗文学”中，这种用法的“们”或“门”字更是我们所熟见的。例如：

只看濂溪、二程、横渠们说话，无不斩截有力。（《朱子语录》）

尽他们心肠，偏有你。（《金谷遗音》）

今反谓他门亦尝谤讪。（《龟山语录》）

明道门摆脱得开，为他所过者化。（《上蔡语录》）

表多数的除“门”、“们”外，尚有“每、弭、伟、懑、满、瞒”等字。“每”是金元北方“俗文学”所特有的，“弭”、“伟”是唐代关中方言所特有的，“懑”、“瞒”、“满”是北宋著作中所见到的。例如：

也不枉了健儿每辛苦。（《五代史平话·梁上》）

他每弧恩，适来倒埋怨人。（《董西厢》）

秀才每也有两般。（《元曲选·风月瑞仙亭》）

我弭当家没处得卢皮遐来。（《因话录》）

自家伟不如今夜去。（《跋姜氏上梁文藁》）

早是两个粗卤，更怎禁妯娌懑言语。（《刘知远诸宫调》）

您懑不敢领他？（《清平山堂话本·柬帖和尚》）

失笑他满恁撩辞。(《克斋词》)

说与贤瞒,这躯壳安能久仗凭。(《沈瀛词补遗》)

“每”字,高本汉标为 *muai*,“弭”字标为 *mjwiĕ*,“伟”字不见于高本汉的书中,但依其系统,似应标为*mjwe̯i*。吕叔湘认为这三者属于一类。“懑”字《广韵》“莫困切”,“们”字见《集韵》,亦“莫困切”。楼钥在其《跋姜氏上梁文》中,解释“伟”字和“懑”字的关系,认为“伟”是关中方言,意即“懑”,而“懑,俗音门。”[1]可知“懑、门”是同一个词,当时是 *muən* 音。吕叔湘认为这些又是一类。这两类的消长很有趣。“们”在南北朝即已存在于江南方言。在北方,则唐时是“弭、伟”,宋时变为“懑、门”类,金元又是“每”(“弭”类),而明以后再来一个“们”。这是因为“们”字之用为多数式的语法形式本是来自江南,而北方本来是“弭”类,后来渐渐地侵入北方,又因为历代南北政治势力的消长,跟着也有了语言上这两类多数形式的势力的消长。不过这两类虽不完全相同,但也只是方言的差异,本来是属于同一来源的。

关于多数式的来源问题,国人也曾有过不少的解释。有人以为现在普通话的“们”字乃是以-*m* 收尾的代词(如俺 *am*)音变的结果,这收尾-*m* 却变成了另外的一个音缀“每”,又由“每”而变为“们”[2]。这显然与事实不符。因为我们知道“们”字的存在远在南北朝时,而“每”字、“您”字、“俺”字等却反而是后来才有的。吕叔湘以为-*m* 收尾是“们”、“每”之类的字眼,失去韵母,而把辅音与代词结合的结果。这说法自属可靠,但他却没有把“每”、“们”两类多数

① 《四部丛刊·玫愧集》卷七十二,页八。

② 高元《国音学》序。

式虚词的来源解释好。他在一个地方以为“每”、“们”等大约是古代的“辈”字变来的[①]。当然以一般语言学的原则来说，“辈”(*puai*>*pei*)之变成“懑”(*muən*>*mən*)与“每”(*muai*>*mei*)乃是可能的事。问题是：在汉语的语音变化历史上，“辈”是否可以变成“每”？

“辈”《广韵》“补妹切”，属于滂母字。根据《说文》形声字及《广韵》又切的研究，滂母和以 *m-* 为声母的莫母并不通转，连一个通转的例子也没有。我们不能说发音为 *muai*，*muən* 的“每”和“们”一定是“辈”字变来的。吕氏之说颇难成立。所以要追究“们”“每”等的来源，我们就应当走另一条路。我们知道现在汉语各方言中的多数式，除了北方话用“们”外，其他的方言，有：

上海语：*ngu-ni*（第一身多数），*nung-na*（第三身多数），*i-na*（第三身多数）。

嘉定语：*wu-nung*（第一身多数），*örh-nung*（第二身多数），*ku-nung*（第三身多数）。

宁波语：*ah-lah*（第一身多数），*ng-lah*（第二身多数），*gyi-lah*（第三身多数）。

福州语：*ngwai-gauk-nung*（第一身多数），*nü-gau-nung*（第二身多数），*i-gauk-nung*（第三身多数）。

厦门语：*koan*，*lan*（第一身多数），*lin*（第二身多数），*in*（第三身多数）

汕头语：*uan*（第一身多数），*uin*（第二身多数），*in*（第三身多数）。

广州语：*ni-te*（第二身多数），*k'ü-te*（第三身多数）。

---

① 见《释您俺咱喒附论们字》，页 205，注 45。

客家语：*nai-teu*（第一身多数），*ni-teu*（第二身多数），*ki-teu*（第三身多数）[①]。

在这些方言之中，广州话、客家话是以 *t-* 为声母的，这显然是古语"等"字的后身。厦门话、汕头话的收尾 *-n*，和北方的"您"一样，是后一字的声母和前一字黏合的结果。上海话、嘉定话、宁波话和福州话都是以 *n-* 或 *n-* 的同类 *l-* 为声母的。福州话的 *ngwai-gauk-nung* 写出来是"我各侬"，上海话的"人"是 *ning*，这里的 *ni* 和 *na* 显然和"人"有关系。嘉定的 *nung* 本来有"你"的意思，"你"和"人"亦有相关。宁波的 *lah* 显然是 *na* 转来的。总之，在这些方言之中，一大部分的多数式都是以带有"人"的意义的词来表示的。在文言文中，我们也可以找出"我人"之类的说法。我疑心北方话现行而南北朝时南方已有的"们"字就是从带有"人"的意义的词转来的，而这个词必是以 *m-* 为声母的。《方言》载："氓，民。"戴震《疏证》谓："氓亦作甿。《诗·卫风》：氓之蚩蚩。《毛传》：氓民也。《周礼》：遂人以下剂致甿。《郑注》：变民言甿，异外内也。甿犹懵懵无知貌也，亦借用萌。《汉书·霍去病传》：及厥众萌。颜师古注云：萌字与甿同。"[②]可知在古时有一类以 *m-* 为声母的字，它们的意思都是"人"。"民"字古书中很多，是具有集合名词意义的词，就是"人民"的意义，具有集合名词意义的词与多数式很接近。我们认为后世的"们"字就是古时的"民"之类的词转来的。这不但有语义学的根据，同时也有语音学的证明。"萌"字的发音就和"们"相类。至于"每"类的字眼也必是和"民"类的词同一的来源，只是方言的

---

① 这些是根据后藤朝太郎的《佛印·泰·支那言语の交流》第二七五至二八四页所引的。标音仍其旧。

② 《四部备要·方言疏证》卷三页七下。

差异而已。

“们”的来源清楚之后，我们就可以解释“俺”字了。“俺”字和“您”字一样，在金元时代也是用作多数的，现在则用为第一身的谦卑式。“俺”《广韵》“于验切”，中古音是ˀɒm，但宋元时大约已变成ˀam。“我”字中古音是ŋa，现在是 wɔ，大约当时正是ŋ 消失而尚未合口化的 a。果尔，则“我”加“们”、“每”之类的声母正是 am。关于这一点，吕叔湘论之至详，我们也不必多说。

“咱”字吕叔湘认为是“自家”两字合并而来的。“喒”字吕叔湘以为是“咱”加“们”、“每”之类的声母的结果。“咱”，《篇海》“子葛切”，高本汉标为 tsat，但以宋词元曲用例观之，应是平声 tsa。“喒”，《集韵》“子感切”，音为 tsam。“自”，《广韵》“疾二切”，音 dzi，“家，古牙切”，音 ka，二字合并，正为 dza，再因浊音之清化，变为 tsa。此即“咱”的来源。“咱”再加 m->-m，就是 tsam。此即“喒”的来源。吕叔湘的说法颇属可靠。

“您”也与此同例，是“他”加 m->-m 的结果，本应为 tʻam，因北方话 m 收尾的音都变成 n，故现在说起来，就是 tʻan 了。其实是用多数式来表示客气的。

上面说现代汉语的多数式是古代带有“人”的意义的词转来的，这并不是说古代的代词已经有了多数式。古人虽有“吾人”、“吾党”、“吾曹”、“吾侪”、“吾辈”、“吾等”之类的用法，但这些说法在先秦极为罕见，不能算是语法的通例。就是偶然见到一两次，也只能认为是“吾”的受定者，仍是独立的词，有点像现在所说的“我们这一班人”的意思①。在古书中，多数的意思并不是非用这些字

---

①　参阅王力《中国语文概论》页七十。

不可,故不是语法的形式。然而现在的口语,则非用“们”不可。

第五节　双数式及三数式的形成

关于数目的问题,古今语的不同,不但是在单多数方面,同时也在双数式方面。古代汉语并没有双数式。可是现在的北方话显然有造成双数式的趋向。这就是说在现在的北方口语中,要说两个人,第一身代词就说“我俩”,第二身代词就说“你俩”,第三身代词就说“他俩”。这种趋向是清朝末叶才有的。《老残游记》就有“俩”字。这“俩”显然是从“两个人”变化而来的。“两个人”又把“人”字省去,说成“两个”(我两个)。“两个”的发音是 *liaŋko*。因为 *ko* 字的 *k*-是牙音,而 *liaŋ* 的收尾-*ŋ* 也是牙音,这-*ŋ* 就同化于 *k*-之中,再因为说话说得快时,把“个”字渐渐的遗忘了,就只剩下一个 *lia*;我们听一般人说“我俩”时,这“俩”字后面有时还可以听出一个喉塞,这就是 *k*-的遗迹。

然而这“两”字是从哪里来的呢?中国的数目字中本来只有“二”字。“两”字先秦文献中并不多见,唯《左传》有之。可是汉时就渐渐多了。如《史记·礼书》:“故儒者将使人两得之者也;墨者将使人两失之者也。”东方朔《神异经》:“两脚中间相去千里。”“二”北京话为 ɚ,“两”则为 *liaŋ*。福州话除了 *nei*(二)之外,也还有一个 *laŋ*,可是福州话的“两”字却念为 *lioŋ*。可知汉语和“二”同义的“两”字并不是从“斤两”之“两”字来的。因为这两个词不但在意义上找不出可以互相引申的地方,就是在发音上,有的方言,如福州话,也是不同的。我以为“两个”的“两”字是从原始带有“双生”意义的词转来的。《方言》:“陈楚之间,凡人兽乳而双产,谓之釐孳，秦晋之间，谓之健子，自关而东赵魏之间，谓之孪生。”戴震《疏证》云：“《说文》：孪，一乳两子也。亦作孿。《广雅》：釐、孳、健，孿也。双、孿，二也，义本此。釐亦作犛；孳亦作孖。《玉篇》云：釐、孖，双生也。鸡鸭成健，又引《文字音义》云：江东呼畜双产，谓之健。”[①]这“孪、健”等字的发音与“两”字都极接近。“两”字显然就是这些字的后身。最初的意义是“双生”，由此而引申出“一双”“一对”。“一双、一对”固不必是平常的所谓“二”，然而可以由此而引申出“二”的意思。

双数式之外，尚有三数式，正在构成之中，但没有双数式那样的确定。例如：“我们仨”。“仨”是新造的字[②]，是从“三个”脱化来的，音读为 *sa*。“仨”的构成可以说是完全出于类推作用。以纯粹的语音学原则来说，*san*（三）的收尾是齿音，不容易和牙音的 *k*-同化而合并为一；而且“仨”的说法是在“俩”之后，显然是类推的结果。“仨”还没有完全成功，因为我们还觉得有说“我仨”的困难，我们只觉得可以说“我们仨”，而“俩”字则可以自由说“我俩”或“我们俩”。

第六节 “性”的问题

除了数目以外，一般受西洋语语法影响的人，还有意的给汉语

---

① 《方言疏证》卷三页一上。

② 赵元任也有一篇文章讨论“俩”和“仨”（即我们的“仨”）的来源（A Note on lia, sa etc, Harvard Journal of Asiatic Studies, Vol. I. no. 1, 1936）。他以为“俩”的来源是：liang-ko>liang gə>ilā-ə>liāa>lia，“仨”的来源是：San-ko>sang-ko>Sang-gə>sā-ə>sā a>sa，亦足参考。

的代词加以性的分别：

阳性：他

阴性：她

中性：它

这可以说是张冠李戴的办法。要知道文字是文字，语言是语言，文字上的分别并不一定可以代表语言上的分别。这三个字的读音是一样的，在说话时都是 *t'a*，绝不能分别其为阳性或阴性抑或中性。这正和图画一样，画一个女人代表女性，画一个男人代表男性，然而都不是语言，更与语法是风马牛不相及。事实上，汉语的代词并没有性的分别；欲要分别，也不是用三个同样发音的字所能胜任的。在语言上没有起变化之前，三个不同写法而音相同的字是毫无语法意义的，只有在书面语里有它的作用。

第七节　反身代词

最后我们要讨论反身代词(reflexive pronouns)。反身代词并没有第一身、第二身、第三身的分别，无论在哪一种情形下都是用同样的词。在现今的口语中，反身代词有"自己"、"自身"、"自个"等。"自个"是新的形式，"自己"和"自身"都是古时留下来的。不过在古时多半只用一个字"自"、"己"、"身"，而现在口语则用复合词"自己"、"自身"。

汉语的反身代词和西洋语的反身代词在用法上颇有不同的地方。西洋语的反身代词多不能当作主语用。汉语的反身代词则可。例如：

己所能见夫人者，有如河。(《左传·昭公三十一年》)

己频颦曰："恶用是鶂鶂者为哉？"(《孟子·滕文公下》)

吾起兵至今八岁矣，身七十余战。(《史记·项羽本纪》)

吾身亲耕，妻亲绩，所以见致民利也。(《吕氏春秋·爱类》)

自织之与？曰："否！以粟易之。"(《孟子·滕文公上》)

陛下幸而赦迁之，自疾而死。(《汉书·贾谊传》)

这和西洋的反身代词有两个不同。第一，汉语可以单独用反身代词，而不必加上一个人称代词；西洋语，如英语，则非说 myself, yourself, himself 等不可。在这种情形之下，我们可以说汉语的反身代词是中性的。当然，如要明白的说，汉语也可以把人称代词加上，如口语中的"我自己"、"你自个"、"他自身"，但在古文则是例外。第二，在反身代词位于主格时，西洋语只能把它当作主语的对注者，不能当作纯粹的主语用；汉语的反身代词却可以独用，虽然作为主语的对注者用的也是有的。

反身代词也可以作宾语用。例如：

士为知己者死。(《史记·刺客传》)

显恐天下学士姗己，病之。(《汉书·佞幸传》)

亲于其身为不善者，君子不入也。(《论语》)

公则自伤，鬼恶能伤公！(《庄子·达生》)

夫人必自侮，然后人侮之……(《孟子·离娄上》)

在这里，有应注意之一点，即在古文中，"自"、"己"、"身"三字之中，只有"自"字当作宾语用时是放在具有动词功能的词之前的，其他两字则必须放在宾语之后。这原因是因为汉语的反身代词都是中性的，换言之，其最初的作用就和中性代词无异，可以当作纯粹的主语用。在"自"的例子中，"自侮"、"自伤"中的"自"虽然有宾语的意义，但在语法的结构上，也可以承认其为主语，即“自己伤害”、“自己侮辱”的意思。这一类的用法事实上还存在于现今的口语。在口语我们可以说：“自己伤害自己”，“自己侮辱自己”；每一句中的第二个“自己”才算是真正的宾语。第一个“自己”，和古文“自伤”，“自侮”的“自”一样，严格说起来，仍是主语。但因为它的作用和它的意义是和放在具有动词功能的词之后的“身”“己”两字一样，我们也可以说它带有宾语的意味，也可以说它是位于具有动词功能的词之前的宾语。

早期的白话文，尚有“自家”，如赵彦卫《云麓漫钞》：“自家已令人两河寻访。”现今福州方言仍用“自家”，也只用“自家”。不过福州话的“自家”可以主宾并用，而早期白话文中则只能用于主语。原来“自家”虽然有反身代词的意味，但在早期白话文中还是不纯粹的。宋人诗词中尚有“他家”、“伊家”，即其明证。例如：“他家自有景监亲”（《摭言》卷十三引无名氏诗），“闻道伊家终日眉儿皱”（《山谷》词）。现在福州话的“自家”则已变成纯粹的反身代词了。此外，近代语的文献中尚有“本身”、“本人”、“个人”等，也多半只能用于主语。这些也是不纯粹的反身代词。

第三章　数词

第一节　数目系统与数目字

数目是抽象的概念，然而却是人类生活中所不能缺少的。数目本来是代表数量范畴内各概念的词，不是属于纯粹的语法问题，但关于数目的系统及其由语法成分来表示的地方则是语法学所应当讨论的。数目的系统很多。有的语言是双数系统的，就是以“二”为单位的。比方说：“三”就是二加一，“四”就是二加二，或二倍的二，“六”就是二加二加二，或三倍的二。有的语言是以四数为系统的。比方说：“七”就是四加三，“八”就是四加四或二倍的四。有的语言是以五数为系统的。比方说：“六”就是五加一，“十”就是二倍的五。有的语言是以十数为系统的。比方说：“二十”就是二倍的十。有的语言是以二十为系统的。比方说：法语“八十”称为quatrevingt（四倍二十），就是这种系统所留下的痕迹[①]。然则汉语的数目是属于哪一种系统呢？这则是我们所要讨论的。

现代汉语是以十为系统的，这是谁也知道的。汉语数目字之

① 关于数目系统，参阅 W. Schmidt, Die Sprachfamilien und Sprachenkreise der Erde. II Teil, Die Zahlsysteme, pp. 357—380。

个、十、百、千、万……都是以十的倍数来计算的。然而这是不是说汉语从来就是这一种系统呢?

我们无妨先从现在一至十的数目字说起。

"一"《说文》训为:"惟初太始,道立于一,造分天地,化成万物。凡一之属皆从一。"

"二"《说文》训为:"地之数也,从偶;凡二之属皆从二。"

"三"《说文》训为:"天地人之道也,从三数;凡三之属皆从三。"

"四"《说文》训为:"阴数也,象四分之形;凡四之属皆从四。"

"五"《说文》训为:"五行也,从二,阴阳在天地间交午也;凡五之属皆从五。"

"六"《说文》训为:"《易》之数阴变于六,正于八,从入从八;凡六之属皆从六。"

"七"《说文》训为:"阴之正也,从一,微阴从中衺出也;凡七之属皆从七。"

"八"《说文》训为:"别也,象分别相背之形;凡八之属皆从八。"

"九"《说文》训为:"阳之变也,象其屈曲究尽之形;凡九之属皆从九。"

"十"《说文》训为:"数之具也,一为东西,一为南北,则四方中央备矣;凡十之属皆从十。"

汉代充满阴阳五行学说的气味。许慎用阴阳五行的理论来解释这些数目字,可以说是离题太远了。要知道当我们的祖宗创造这些数目字的时候,他们却并没有读过《老子》"一生二,二生三,三生万物"的哲学理论,也并没有念过《易经》。他们创造文字的方法很简单,有法子用象形会意就用象形会意,没有法子就用假借。而且这些字也只表示他们日常生活所用的数目的意思而已。并不是说因为“九”字有屈曲究尽之形，它的意思就必得是“阳之变也”。我们看古代这些数目字的写法，很可以看出这些数目字的一部分，可以说是完全象形或会意的字。

“一”字《说文》认为古文作“弌”，“二”字作“弍”，“三”字作“弎”。由于金文和甲骨文的比较，我们很可以同意钱大昕的说法，认为这些只是古文的奇字；其实甲骨金文的“一”、“二”、“三”，很简单的，是一、二、三，同时“四”字也是用四画的亖。郭沫若说：“数生于手。古文一二三四字作一二三亖，此手指之象形也。手指何以横书？曰，请以手作数，于无心之间必先出右掌，倒其拇指为一，次指为二，中指为三，无名指为四，一拳为五，六则伸其拇指，轮次至小指，即以一掌为十。一二三四均倒指，故横书也。……中国以一掌为十，故金文十字作♦（甲骨文作丨，以不易作肥笔而省之），一竖而鼓其腹，亦掌之象形也。”①这种解释还有可讨论的地方。一二三四固可以指象之，但以指指物之一二三四亦可以一二三亖象之，不必非说它是手指的形状不可。且倒拇指为一，次指为二，中指为三，无名指为四，一拳为五，各指均成屈曲不直之状，如何能成为一二三亖之形？十字之象掌形更成问题。金文较甲骨文为晚出，♦字未始不是后来的变形，我们看最初的形状是丨，最后的形状是十，很可以断定♦是隔乎二者之间的形状，绝不是本来的掌形。然而一二三四数字之为象形或会意字则在原则上我们是非承认之不可。一画代表一，二画代表二，三画代表三，四画代表四，已经是会意，何必一定是用手指？其实一二三四并非问题之所在，困难的是五六七八九十。丁山云：“自五以下，非不可积画也，其事

---

① 《甲骨文字研究》上册《释五十》。

繁，其势不便。积画为亖，不若借㐅之为简易也。积画为𠄡，不若借∩之为简易也。七八九准是。故言我国数名一二三亖皆有专文，㐅∩十八九皆非本字，纵一为丨，丨之成基于十进之通术。观数名成形之迹，亦可想见史前人类之进化矣。”①丁山又以为：㐅之本义本来是收绳器，引申之为交午之午。六之本义为入，因为以音类的观点言之，入即内，内属泥母字，六属来母字，泥来双声旁纽，古本一字。七之本义为切，《说文》：“刌也”，实即“切”字；甲骨文作十卜f等形即象切物为二自中切断之形。九之本义为肘，甲骨文之𠃌九乚九乙九等形，即像臂节形，臂节可屈可伸，故有纠屈意②。因为不方便，太繁重，所以就依这些字的发音而用来代表数目。这种说法颇近事实。“万”本为虫名，而用以表数，证明同音假借的数目字并非不存在。但一定说这些字的原义是什么则不敢必，而“六”字也不见得是“入”。

第二节 十六系统的存在

丁山对于“八”字没有特别的解释。“八”《说文》训为：“别也。”我们再看《说文》从“八”的字如：“公，平分也”，“必，分极也”，“半，物中分也”，可以推想“八”的意思是“分半”。“分半”为什么是“八”呢？我疑心古代汉语的数目系统曾经有过以十六为单位的。中国古书中有“寻常”两个字，各家注释都认为寻是八尺，常是十六尺。例如《国语·周语》：“不过墨丈寻常之间，”韦昭注云：“八尺为寻，

---

① 丁山《数名古谊》。

② 见丁山《数名古谊》。九为肘之说始于马叙伦，而郭沫若亦多采丁山的说法。

倍寻为常。”《说文》：“寻，绎理也；从工，从口，从又，从寸；工，口，乱也；又，寸，分理之；彡声；此与叕同意，度人之两臂为寻，八尺也。”《考工记》：“殳长寻有四尺，酋矛常有四尺”。注云“八尺曰寻，倍寻为常。”《觐礼》：“坛十有二寻”；注云：“八尺为寻，十有二寻，则方九十六尺也”。《乡射礼》：“乡侯上个五寻”；注云：“八尺曰寻”。《诗·閟宫》：“是寻是尺”，传云：“八尺曰寻”。《左传·成公十二年》：“争寻常以尽其民”；杜谓：“八尺曰寻，倍寻曰常”。又《哀公十一年》：“人寻约”；杜云：“八尺为寻”。《吕氏春秋·悔过篇》：“穴深寻，则人之臂必不能极矣”；注云：“八尺曰寻”。《史记·贾谊传》：“彼寻常之污渎兮”。《集解》应劭曰：“八尺曰寻，倍寻曰常”。《小尔雅》云：“广度四尺谓之仞，倍仞谓之寻”。《释名》：“八尺曰寻，倍寻曰常。孔子曰：‘禹声为律，身为度，布指知尺，舒肱知寻。’”注云：“丈六曰常，半常为寻。”诸家都认寻为八尺，独《史记·张仪传》：“探前趹后蹄间三寻腾者，不胜数”；《索隐》云：“七尺曰寻，言马走之疾，前后蹄间一掷而过三寻也”。《索隐》以七尺为寻，桂馥对此已经怀疑①。朱骏声以为伸臂为八尺，曲臂则为七尺②。然度量本来有一定的标准，不能忽而伸，忽而曲。《索隐》显然是错误。从这些古书的记载和诸家的注释中，我们可以看出在中国的古代显然有以十六为单位的系统，“半常为寻”，也就是八。“寻常”两个字现在的意义是“平常”，是“寻常”引申出来的。八尺和十六尺的“寻常”必是当时很通行的。“八”是“分半”，这正是“十六”之半数。十六之数不但存在于古时，现在还可以找到它的痕迹。中国的衡

① 桂馥《说文解字义证》寻条。

② 朱骏声《说文解字通训定声》寻条。

量是以斤为单位的，斤却刚刚好是十六两。丁山又以为四字是后来“呬”字的本字[①]。《说文》：“呬，东夷谓息曰呬。”四从口像口形，或作四四者，兼口舌气象之也。然而《说文》以为四古文作𦉭。孙诒让认为𦉭不是古文，而是籀文[②]。罗振玉认为是古文别字[③]。其实这不是重要的问题。反正在篆文之先必有一个𦉭字表示数目字四字。𦉭字下面从八，上面之冂又被八分为两半，是为半之半，盖十六之四分之一，《说文》所谓像四分之形者也。四分之一为四。现在福州话的数目，自一至十，独有二、六、十称“其”（两其、六其、十其），其他皆称“只”（三只、四只……。）二至六、六至十，其中所差正是四。这也是以十六为单位之遗迹，四盖十六之四分之一也。甲骨文中一二三四皆以横画之数表之，其他不然，其实也是值得注意的。这里分明也是以四为段落。大约在古代，中国还有以十六为单位的数目系统，这系统和十进的系统或许同时存在，或许被十进系统所代替，但它的痕迹却是找得到的，“四”字、“八”字就是此痕迹的例子。

第三节　十进系统

十进系统的存在更是明显的。“十”字甲骨文作“丨”，“丨”是“一”的纵写。“十”既是单位，就和“一”相同，它是“一个单位”，但和“一”也有不同，因为十个一才等于一个十，因此就把横的“一”写

---

① 见丁山《数名古谊》。郭沫若同此说，见《甲骨文字研究·释五十》。

② 孙诒让《名原》上页一下。

③ 罗振玉《增订殷虚书契考释·殷中》页一下。

成纵的，以求有别。“十”可以用纵“一”来表示，可知“十”是单位。其实这还可以由别的方面来证明。甲骨文中尚有𠦃𠦄𠦅(二十，三十，四十)。《说文》：“廿，二十并也。”“卅，三十并也。”虽然存世《说文》并无卌，但《广韵》引《说文》用之，可知《说文》本来有此字，不过为后人所遗漏。“十”是单位，因此二倍之十，三倍之十，四倍之十都可以这样表现出来。除十之外，尚有百和千，也可以看出十进的痕迹。“百”，《说文》训曰：“十十也，从一白，数十百为一贯相章也。博陌切”。然而“一白”何以是“百”，许慎却没有说明白。我们知道《说文》认为“百”的古文𦣻是从“自”的。事实上在金文里有许多地方“百”字都是从“自”。《说文》又云：“白，此亦自也。”可知从一白的百字和“此亦自也”的“白”字是有密切的关系的。使我们注意的是甲骨金文中的“百”字多数并没有上面的横画，而二百以上的数目往往是用合文的。例如：

(一)甲骨文：

王田梌[往来乇]𢓊御。□□□□，□□，雉二。(《前》二卷卅叶四片)

丙申卜贞𢦏马左右中人□，六月。(《前》二卷卅一叶二片)

□牛□。(明义士《殷虚卜辞》一五一七片)

癸丑卜𣪊贞□□。(《前》七卷九叶二片)

八日辛亥允戈伐人二千□□六人。(《后编》末片)

□。(明义士《殷虚卜辞》八三二片)

(二)金文：

卿事实小子䣄贝□。(《小子䣄殷》)

折首五百，执訊五十。（《虢季子白盘》）

三百又五十又九夫。（《小盂鼎》）

在这些合文之中，作为百的成分者，并没有上面的一画，有二画的既然是二百，有三画的既然是三百，有四画的既然是四百……，可知有一画的“百”字其实已是合文，“白”字其实就是现在的“百”字，“白”“百”发音相近，古代借“白”为“百”是不可否认的事实。现在的“百”是一个音缀的字，但在古代必是“一百”两个字的合文，念为两个音缀。一百至九百既是可以合文，可知古代的“百”也是以十进来计算的。“千”字也是如此。《说文》：“千，十百也，从十从人。”但卜辞的“千”字却是从人从一。我们看二千以上在甲骨金文的写法，可以断定古时的“千”字已是“一千”的合文。例如：

（一）甲骨文：

千。（《后编》最末一片）

登人千乎伐（下缺）。（《前》六卷卌四叶二片）

丁酉卜㱿贞勿登人千。（《铁》二五八叶一片）

丁酉卜贞今春王□人千□□方。（《后下》一叶二片）

（二）金文：

万千八十一人。（《小盂鼎》）

造国徒千。（《齐侯鎛钟》）

大约“人”字在古代已经被借为“千”字，而加一画于“人”的“千”字已经是“一千”的合文。其余二千，三千……照加。这也可以看出十进系统的痕迹。“万”本来是虫名，音借为数名。但只见于金文，甲骨文之“万”并非数名。后来除“万”之外，还有“亿”“兆”

等也都是依照十进的系统。十进系统在殷商时代早已成为中国数目的正统系统了，虽然十六系统的痕迹尚有其存在。

第四节　十二系统

十进系统之外尚有十二系统。古代干支的十二支即其痕迹。干支在商代特别发达。商人以干支纪日，十日为一旬。商代帝王名字，除大乙（成汤）以前有几位不是以干支为名外，都是以其所生的日子的"干"来做名字的[①]。然而"干支"这个名称却是后来有的。郭沫若说："支干之称非古所有也。古人称十干为十日，十二支为十二辰。……周末有五行生胜之说出，日辰与五行相配，遂有母子之称。《淮南子·天文训》'数从甲子始，子母相求。'《史记·律书》称'十母十二子。'由母子之义变而为干枝，《白虎通》'甲乙者干也，子丑者枝也。'由干枝省而为干支。王充《论衡》'甲乙有支干。'"[②]干支这名称虽不是商代所有的，但商人之用干支则是极普通的事。现在所发现的甲骨文中，差不多没有一片没有干支的字数的。郭沫若甚至认为卜辞是以干支纪日之最古者。后人之用干支纪年分明是效法商人之以干支纪日。

十干是以十为系统的，甲、乙、丙、丁……既称为"干"，在后人看来当然是以十进系统为基本的。但十二支的数目却给我们一个十二系统的遗迹。我们可以不讨论郭沫若所谓的十干的本来意义是否对的，也不必讨论十二支的来源是否西方的十二辰，但既把日

---

① 参阅陆懋德《由甲骨文考见商代文化》，《清华学报》四卷二期页 1321。

② 郭沫若：《甲骨文字研究》下册《释支干》页一上一下。

子分为旬，既把辰列为十二，则当时必有十和十二两个系统却是无疑的。“八”字是“半”的意义，“六”字的古文也是从“八”。丁山以为“六”是“入”是靠不住的，因为在甲骨文中“六”和“入”两个字是大不相同的；入为∧，而“六”则为宀，这里上面的一直明明是把下面分为两半。而金文中“六”之从“八”者亦复不少；这证明当时人是把“六”看成系统的一半。月数十二，也是值得注意的。大约十二系统的存在是和月数大有关系，一年看到十二次月的圆缺，这是自然的现象；十二系统说不定就是较早的系统；在各语言中，十二系统的存在是很普通的情形。然而为着计算的不便，后来就为十进系统所代替了。虽然如此，它的痕迹仍有其存在。现存的欧洲语也是如此。英语是以十进为系统的，然而自十至二十之中，十三之后才是从*-teen* 的，而“一打”也成为英语数目的普通单位。法语是十进的，但其 *soisante-dix*（七十）则是六十单位，（这与十二有关），*quatre-vingt*（八十）则是二十单位的痕迹。

第五节　序数

语法学家常常要讨论基数（cardinal number）和序数（ordinal number）的用法。欧洲语言的序数都有特殊的形式，往往是词尾的变化。汉语基数和序数的分别是另外的情形。现在的口语，序数多半是在数目字加上“第”字来表示。“第”是“等第”，本来有“序”的意思。第一、第二、第三，……其实是“第之次为一”、“第之次为二”、“第之次为三”……的意思。在上古的文献中，这种用法并且是不存在的。卜辞述月数只说“某月”，而不用“第几月”，例如：

贞于宗，酒，卅小牢，九月。（罗振玉《增订殷虚书契考释殷下》页九下）

乙未，卜贞：翌日酒匚，八月。（同上）

卜辞纪年也是如此：

癸未，王卜贞：酒肜日自上甲至于多毓，衣，亾它，自畎，在四月，隹王二祀。（《增订殷虚书契考释殷下》页十上）

在□□，又二王畎，曰，大吉，隹王二祀。（同上）

癸未，卜，在上醬；贞：王旬亾畎，王廿司。（同上页三十三上）

癸未，卜，在上醬；贞：王旬亾畎，在□月，王廿司。（同上）

“祀”，“司”都是“年”的意思。这里所谓的“八月”，“廿司”并不是“八个月”或“廿年之久”，乃是“第八月”，“第廿年”的意思。然而却没有加“第”字或任何表示序数的语法成分。这种习惯一直到现在还是沿用着。我们很少说“公元第 1955 年”，只说“公元 1955 年”。到后来“第”字却加上了。最初用“第”的是“《学而》第一”之类的。这和“章句上”是同样的形式。以词在句中的关系来说，“第”是受定者，而“一”是规定者。哪一个“第”？“一的第”。现在口语里的规定者差不多都放在受定者之前，然而在古代，却有不少地方受定者反而在规定者之前。因为这种形式成了习惯，我们现在还是沿用着；又因为这本来并不是纯粹的序数语法成分，我们并不把它当做必要的用法。我们还可以说“他一，我二”去表示“他第一，我第二”，同样的情形却是欧洲语法所不允许的。

然而，这并不是说汉语并没有纯粹的序数。汉语的纯粹序数其实就是干支。干支的发明本来是用以纪日，后来又用以纪年纪月纪时。时、日、月、年都是时间的问题，而时候的特征则在于有顺序。干支是用来纪年，纪月，纪日，纪时的，并不是用来计算时日的多少。换言之，他的用处是在说明时日前后的顺序，所以它根本是个序数的性质。我们现在可以说第一、第二，然而却不能说第甲、第乙，这就是因为在甲、乙本身之内已经有了序数的性质，用不着，也不能再加上一个。也就是因为时间本质上是顺序，所以欧洲语中也有于记载时日之中把序数的词尾取消的情形。英语除每月的一，十一，二十一是用序数外，其余都已不用序数。法语则只有每月的初一用序数。然而欧洲语如果用序数的话，就在基数上加一词尾的变化，这则和汉语之另用一套数字完全不同了。

甲、乙、丙、丁……的来源是不容易明白的。郭沫若曾用考证的方法来追溯这些文字的本来意义，认为甲是鱼鳞，乙是鱼肠，丙是鱼尾，丁是鱼睛等等[①]。然而这只是字源学的探讨，还不能解决词源的问题。大约干支的创造是有意的创造，不是自然的发展。因为要纪日，就依十进系统和十二系统把别的系统或日常所用的其他文字来代表。所以，尽管依郭沫若之所云，认为十二支是起源于十二辰，是由西方输入的[②]，但十二支的作用并不是纪十二辰，乃是利用这系统而拿来纪日的。要之，十二系统在中国古代曾经存在过，不论其是否受西方的影响，而且是汉语的序数系统。

汉语的序数，除了用干支及用“第……”的形式外，近世的文言文尚用“次”去表示第二，而口语尚用“头”去表示第一。近人称“次男”“次女”，就是第二个男孩、第二个女孩的意思。明陈继儒《太平清话》：“昔在武川镇生汝兄弟，大者属鼠，次者属兔，汝身属蛇。”这

---

① 见郭沫若：《甲骨文研究》，页八上—九上。

② 郭沫若：《甲骨文研究》九《余论》。

“次者”就是第二的意思。不过，在古代，“次”字却没有这样用法的。“次”本来有“次第”的意思，是从“位次”的意思引申出来的。古代的“次”字往往是用以表示“居次”，三传一百多个的“次”中只有十个左右是表示次第的，其余完全是表示“居次”或“旅次”。例如：“遂次于泗上”（《左传·襄公十九年》），“公次于郎上以待之”（《左传·闵公一年》），“公次于阳州”（《穀梁传·昭公二十六年》）。由“居次”引申出“位次”的意思，于是有“大史祭之日执书以次位常”（《周礼·春官》）。再由此而引申为“次第”。例如：

太上有立德，其次有立功，其次有立名。（《左传·襄公二十四年》）

唯有德者能以宽服民，其次莫如猛。（《左传·昭公二十年》）

印氏其次也。（《左传·襄公二十七年》）

萧何第一，曹参次之。（《史记·萧相国世家》）

阿育王出世，欲破八塔作八万四千塔，破七塔已，次欲破此塔。（《佛国记》）

不过，这“次第”的意思，只能译成英语的 next，并没有 second 的意思。“次”字之有纯粹“第二”(second)的意思乃是晚期文言文的用法。

“头”本“人首”的意思。由此而引申“头领”的意思。“头领”是一群人中之第一个，由此再引申为“第一”之意。这是易于明白的，不用细论。口语用“头”为序数“第一”的例子，有：

我的儿子就是头一个可恶。（《少奶奶的扇子》第一幕）

头一样东西到他的眼睛里是那个“大王八”。（《二马》第258页）

第六节　基数

汉语的基数，在语音的探讨上，可以证明其为汉藏语系的本来系统。藏语的数目字和汉语极为接近。请比较之于下：

北京	上海	广州	福州	藏语①
i	iʔ	jɑt	eik	xc̀ig
ɚ	ni	i	nei	xnyis
sɑn	sɛ	sam	sɑŋ	xsum, sum
sɿ	sɿ	si	sei	bži
wu	ŋ	ŋ	ŋɔu	lṅɑ
liu	luʔ	luk	løyk	drug
tɕ'i	tsiʔ	ts'ɛt	ts'eik	bdun
pɑ	pɑʔ	pɑt	pɛik	brgyɑd
tɕiu	tɕiu	kɑu	kɑu	dgu
sɿ	zeʔ	sɛp	seik	bc̀u

这些数目字实在是同一来源的。就是在其他汉藏语中，有的数目字虽不容易找出语音学的同源的根据，但有的数目字还给我们留下一些痕迹。例如越南语，除了借用汉语的一套自一至十的系统，近于汉语的唐音外，尚有一套本地的数目字：

汉越：nhât nhi tam tu ngu lok that bat kun thâp

越语：một hai ba bôn nâm sau bây tam chiu'mnoi

这里头的"五"和"九"在声母上和汉语相类，其他如"一""三"

---

① 藏语标音依 H. A. Jäschke, A Tibetan-English Dictionary.

“七”等则在韵母上与汉语相似。泰语之“七”为 *tset*,“八”为 *pet*,“十”为 *sip*,这又与汉语相类。我们可以说在语言的立场上说,汉语的基数是从原始汉藏语遗留下来的。

不过就在汉语方言中,有的方言,除了这共同的一套外,尚有一两个特殊的说法。例如福州话除了 *eik*(一)*nei*(二)之外还有说 *siɔk*(一),*laŋ*(二)的。*siɔk* 音近于“蜀”。《方言》:“一,蜀也,南楚谓之蜀。”《广雅》:“蜀,弌也。”《尔雅·释山》:“独者,蜀。”郭璞注:“蜀亦孤独。”“獨”是从“蜀”的字,现在我们所谓的“单独”大约就是《方言》所谓的“蜀”,当初南楚方言用为“一”,是从“独一”的意义转过去的。福建古闽之地,近于南楚,古代说不定是属于同一方言领域之中。福州话之 *siɔk* 就是古代的“蜀”。至于 *laŋ* 则是北方所说的“两”。其实不但是北方,在吴语方言中亦有其存在。用“两”去代替“二”是汉语各方言的普通现象。

第七节 表数的语法成分

欧洲语往往有一种语法成分去表示名词、代词、形容词和动词的数目。于是,就有所谓单数和多数的分别。汉语在这一方面也有相同之处,但只在于代词和具有名词功能的词方面,汉语的具有形容词功能和动词功能的词并没有任何数的语法形式的分野。

上章已经说过代词的多数式及双数式的来源及其用法。其实这两种数也存在于具有名词功能的词。例如:

(一)多数式

不过干苦工的人们——(《骆驼祥子》第16页)

妇女和小孩儿们的注视他,使他大不自在了。(同上

32页）

侦探们开始忙着调查与逮捕。（同上145页）

亲戚朋友们都张罗着给他再说个家室。（《二马》第30页）

传教的人们在中国不是光吃饭拿钱不作事。（同上第33页）

（二）双数式

连你们爷俩的花销恐怕也赚不出来；……（《二马》第117页）

你们夫妻俩作弄我。（《好儿子》剧本）

他们是爷儿俩，父亲还是“基督徒”。看上帝的面子，你得——（《二马》第23页）

不过在具有名词功能的词方面，多数式和双数式并不是到处都可以用的，只能当这个词是表人的时候才可以用。我们可以说“姑娘们”，但却不能说“笔们”；我们可以说“夫妻俩”，但却不能说“表俩”（但记账式的说法可以说“表俩”，意即“表两个”，然而这并不是双数式）。“们”本是从带有“人”的意义的词变来的，所以还只限用于表示“人”的地方。“俩”是从带有“一对”、“一双”的意义的词来的，同时又受了“们”的类推影响，所以只限于表示“人”而有“一双”、“一对”的意义的地方。这又是汉语语法和印欧语语法不同的一个地方。

表具有名词功能的词的多数，尚有一种办法，即用词的重复。这在古文和口语里都是一样的。例如：

伊牧师也忙得不了，天天抱着本小字典念中国书，……（《二马》第271页）

老马始终忘不了回国，回到人人可以赏识踏雪寻梅和烟雨归舟的地方去！（《二马》第274—275页）

可是，奇怪，处处是有秩序的。（《二马》第282页）

帝为潘起神仙永寿玉殿，凿为莲花贴地上，令潘妃行，曰："步步生莲花。"（《小名录》）

同游百花林，朱朱兼白白。（韩愈诗）

不过，这只能用于单音缀的词，复音缀的词则不能用。我们不能说"蚂蚁蚂蚁"去表示多数的蚂蚁。同时也只有极小部分的词可以这样的。

关于数目字的用法，汉语尚有其特点，即数目字之后多半都加上一种范围具有名词功能的词的语法形式，这也就是下一章我们所要讨论的问题。

第四章　数位词

第一节　数位词的性质

汉语具有名词功能的词，如果加上一个数目字的话，在这词和这数目字之中就得加上一个虚词来表明这个词所代表的事物的性质。例如"一本书"、"一管笔"之类。这种虚词，有的人，如戴遂良[①]称之曰别词（spécificatifs），因为它的作用在于表示各事物的特别的性质。另外的法国人和英国人则称此种虚词为类词（classificateurs；classifiers）。陆志韦[②]曾提议称此等虚词为"助名词"（adnouns）。我们认为最好称这些虚词为数位词，因为它们的作用在于辅助说明事物的单位或单位的特点。

数位词实在是规定者的一种，它的作用，以意义的观点来说，也和西洋语的冠词相类似，然而却和冠词不同。西洋语的冠词多半都带有分别阴阳性、有生性、无生性的作用。在这一点上，冠词和数位词确有相类似的地方，因为数位词也是给具有名词功能的词一个范围，表明其特性之所属的[③]。可是，奇怪得很，汉语的数

---

① 见 L. Wieger，Chinois Parlé，Manuel 第 41 页。

② 参阅陆志韦《国语单音词词汇》序论第二章，第 47—55 页。

③ Vendryès 氏就认为非洲语中的类词（"Classe"）有表示"性"的作用，他又以为

位词却刚刚好不求于阴阳性或有生无生性的分别，而在表示每一个事物的具体的形状而加以范围的。“一条路”，具体的路是一条一条的，“条”本来也可以是一个具有名词功能的词，它是细长的东西，现在就用它做数位词，来表示一切细长的事物。路是细长的，所以是“一条路”。加上这“条”字，在我们心目中就可能呈现出一个细长的道路的具体的印象，而且是很清楚的。这和西洋语之仅言“一路”(uu chemim, one road, ein Weg)大不相同。前者可能引起具体的形象，而后者则无此作用。然而就另一方面说，则数位词却比较冠词为抽象，不像冠词之具体。因为冠词不但多半是从指示词变来的，而且事实上都含有指示词的味道。法语 le garçon 的 le 除表示其为阳性外，尚表示其为“此个男孩子”。指示其为此个，这是很具体的。然而“条”字却没有这种作用，反之，它却把一切的路都归纳在“条”的范畴之下；因为受了“条”的影响，汉人要把道路看成非常细长的。再从语法的形式来说，西洋语的冠词必得是冠于名词之前，而且不能离名词而独立，然而汉语的数位词却不然。它可以放在具有名词功能的词前面，也可以放在它后面，甚至于可以离这词而独立存在，有时则和指示词连在一起。例如[①]：

一只鸭子

鸭子一只

只儿狠大(鸭子)

欧洲语的“性”其实只是类词之一种，因为“性”的作用刚好是在于分别名词的种类。见氏所著 Le Langage，第二部第二章第 113—114 页。欧洲语的“性”多是由冠词表示的，而汉语之数位词则与非洲语之类词颇有类似之处。这样说起来，汉语之数位词岂不是和欧洲语的冠词相似吗？

① 除了最末一项外，这例子是完全借自陆志韦的，见陆著《国语单音词词汇》序论第二章第 47 页。

只数不多

论只不论斤

这只鸭子好

这种用法绝不是冠词所能胜任的。所以，我们尽管可以赞同方德里耶斯的说法[①]，认为冠词也是一种类词（即我们所谓的范词，数位词之一种）；可是，这只是照其大体的共同处来说，实则两者的分别却是很大的，而汉语也实在没有冠词。汉语只有数位词。

一部分的数位词而且是汉藏语系的特色。比方说，越南语具有名词功能的词前面就须加上一个数位词：

mộṭ cây dū（一把伞）

mộṭ con trai（一个孩子）

cây 本来是"树"的意思，因为伞的具体形状有类于树，于是就把"树"作为"伞"的数位词。西洋语却没有这种用法。然而这也并不是说西洋语中绝对没有和汉语的数位词相同的用法。我们说："一斤酒"，法国人也说：*une livre de vin*。我们说："一杯水"，德国人也说：*Ein glass Wasser*。我们说："一张纸"，英国人也说：*a sheet of paper*。然而西洋语之用这种字眼是有限制的。它们只用于（一）度量衡之单位上，及（二）指明部分之 partitive 上。可是，汉语的数位词则是普遍的，一切具有名词功能的词上面都可以加用数位词。我们说数位词是汉藏语的特色，这是指其能普遍的运用而言，又指其数位词之一种、范词的特殊的用法而论。

汉语的数位词应当从三方面来研究：（一）度量衡的单位，（二）部分词的运用，及（三）普通事物单位的规范，即范词。前二者是一

---

① 见 178 页，注③。

般语言所共有的，后者才是汉藏语族各语言所特有的。

第二节　度量衡的单位

度量衡是用以测量一切事物的大小、高低、长短、轻重等等。各族都有各族的制度。它的单位都有特殊的名称。汉族的度量衡制度大约可以分为下面几种[①]：

A. 长度：

丈　例如："有紫河万里，深十丈。"(《别国洞冥记》)

尺　例如："她母亲的衣裳都该至少剪去一尺。"(《二马》第 45 页)

寸　例如："倘不以垢累，时存寸札，则虽犬马犹松乔焉。"(《王僧孺与何炯书》)

B. 重量：

斤　例如："店家去里面切出二斤熟牛肉。"(《水浒传》第二十二回)

两　例如："王伦叫小喽啰把一个盘子托出五十两白银。"(《水浒传》第十回)

钱　例如："探囊得银三钱。"(《泾林续记》)

C. 容量：

石　例如："以一郡计之，米二十万石，当得精壮二万人。"(《青溪暇笔》)

---

① 本章在每一项上只举一个例，因为项目太多了，实在没有篇幅让我们多举例子。好在本书是注重于理论上的讨论，例子少，没有多大关系。

斗　例如:"那先生与了他三斗米,又不肯去。"(《水浒传》第十四回)

升　例如:"但饮墨汁数升,引被覆面卧。"(《识小录·山谷语》)

D. 距离:

里　例如:"行了五七里路。"(《水浒传》第二十二回)

步　例如:"古者三百步为里。"(《穀梁传·宣公十五年》)

箭　例如:"又走了一两箭远,……"(《二马》第 86 页)

E. 面积:

顷　例如:"叔度汪汪若千顷波。"(《后汉书·黄宪传》)

亩　例如:"失去了父母与几亩薄田。"(《骆驼祥子》第5 页)

F. 货币:

贯　例如:"你在那里寻几贯盘缠。"(《水浒传》第九回)

缗　例如:"谁为措金钱十万缗报成事。"(《茗斋杂记》)

文　例如:"汉世刘宠作郡,有政绩,将解任去治,此溪父老,人持百钱出送,宠各受一文。"(《水经》渐江水注)

块(元)　例如:"一块钱吧。"(《二马》第 199 页)

毛(角)　例如:"每天只进一毛多钱的车租。"(《骆驼祥子》第 232 页)

G. 时计:

年　例如:"这二三年的工夫。"(《红楼梦》第七十回)

月　例如:"两三月的工夫居然养成一部小黑胡子。"(《二马》第 29 页)

日(天)　例如:"在海上四十天的工夫。"(《二马》第

26页)

点 例如:"一天慢两点多钟。"(《二马》第297页)

刻 例如:"白费一刻钟的工夫。"(《二马》第199页)

分 例如:"站了总有两三分钟。"(《二马》第2页)

这些度量衡的制度各时各地都略有不同。古时有"寻""常",现在就没有,古时的升斗也和现在的不同。福州话十里叫做*p'uo*,此是由于地域的不同而有的方言的说法。度量衡本来不是专门属于语法的问题,自有专家去研究。这里只是提出一些表示度量衡的词而已,至于这些词间的比率如何,则非语法学家所要讨论的。语法学家对于度量衡所感到的兴趣,只是确认其为数位词的一种;它是代表某种单位,它给具有名词功能的词一个范围或限制。

第三节 部分词的运用

这一类和度量衡相似,都是以另外的东西来度量有弹性单位的物类的。比方说,以度量衡的单位来说,我们就说:"一升米",可是,我们也可以说:"一碗米"。不过,这两者也确有不同的地方。原来度量衡是有一定标准的,一定系统的。这标准或系统是社会所共定的。可是,有的时候,在日常生活中,我们固不只是用度量衡的标准来说明事物的单位。我们说:"一碗米";然而这"碗"是多大,却没有说出。"碗"和"升"一样都是盛米的,有的地方"升"的形状就和"碗"一样,然而"升"毕竟是有标准的,而"碗"则比较没有大小的限制。部分词的运用是在事物的单位有赖于别的东西来衡量的情形之下才产生的。这也有两个意思:一是单位太小,无从数起，只好说它是“一盘沙”、“一杯水”之类。一是合拢的说一堆同类的事物，而没有确定的表明其为多少，如说“一群牛”、“一串珠”之类。不过，在这两个情形之中，我们都是从其整类之中指出其一部分而已。也因其如此，我们就称此种词为部分词。

单位太小的东西是指一些有弹性而可以随便分割随便堆积的事物，它的多少，它的形状都是可以随盛它的东西的大小或形状而规定的，可以说是“随物赋形”的。因此这一类事物的单位就以盛它的器具来做标准；用杯盛，就说一杯，用桶盛，就说一桶。这也是自然的现象。于是乎杯、桶也就成为这一类事物的数位词了。汉语中以事物之盛器为数位词的，有：

锺：“吃了两锺酒。”（《红楼梦》第六十五回）

杯：“再吃了几杯酒。”（同上）

碟：“尤二姐要了两碟菜来。”（同上）

盘：“方才麝月姐姐拿了两盘子点心，给我们吃了。”（《红楼梦》第六十二回）

盆：“明是一盆火，暗是一把刀。”（《红楼梦》第六十五回）

盒：“福寿香一盒。”（《红楼梦》第七十一回）

碗：“且把一碗冷的来。”（《京本通俗小说·西山一窟鬼》）

壶：“店家切一盘熟牛肉，烫一壶熟酒，请林冲吃。”（《水浒传》第九回）

桶：“便是一桶水倾在身上。”（《京本通俗小说·碾玉观音下》）

筒：“几筒茶叶，和些个零七八碎的东西。”（《二马》第33页）

篮：“我这日又提了一篮梨儿径去茶坊里。”（《水浒传》第

二十五回）

瓶："取三四瓶好酒来。"（《水浒传》第九回）

缸："他心中早浸了一缸醋在内了。"（《红楼梦》第六十九回）

袋："从新装上一袋烟。"（《二马》第73页）

箱子："后楼上现有些没要紧的大铜锡家伙四五箱子。"（《红楼梦》第七十二回）

瓢："这客人拿半瓢酒，望松林里便走。"（《水浒传》第十五回）

锅："灶里现成烧著一锅脚汤。"（《水浒传》第二十回）

像这一类的例子，举不胜举。此外尚有一些数位词，虽然不是严格的盛器，但却相近，我们也无妨把它们归入这一类。例如：

口："才吃了一口饭，歇了中觉了。"（《红楼梦》第七十二回）

包："又用鲛帕包了一包芍药花瓣枕着。"（《红楼梦》第六十二回）

炉子："咱们今儿可要公公道道贴一炉子烧饼了。"（《红楼梦》第六十五回）

把儿："单买了一把儿菊花供在丈夫的相片前面。"（《二马》第292页）

捧："一个捧出一大捧枣子来。"（《水浒传》第十五回）

一堆同类的东西拢合在一起说，这是西洋语法学家所谓的集合名词（collective noun）。不过集合名词所包含的集合的意思却已存在于名词本身之内。如英语：nation（国家），society（社会），army（军队）等等。如果名词并不包含集合的意思，我们就可以用集合的数位词加在名词之上去表示它，如英语之 *a school of fish*，法语之 un troupeau de moutons。类似的用法也存在于汉语。例如：

群："顶头来了一群驮子。"（《红楼梦》第六十六回）

伙："遇见一伙强盗。"（同上）

班："被这一班人不时间在门前叫道……。"（《水浒传》第二十三回）

串："这串数珠却在那里？"（《京本通俗小说·志诚张主管》）

队："东伦敦的街上多派了两队巡警；……"（《二马》第439页）

派："这一派哥儿们的希望大概有两个。"（《骆驼祥子》第1页）

家："须看我一家骨肉蓦地。"（《刘香宝卷》）

府："一府里人都叫他李乐娘。"（《京本通俗小说·西山一窟鬼》）

贯："新荷宁家，饶了一千贯原钱。"（《京本通俗小说·菩萨蛮》）

床："又好人材，却有一床乐器都会。"（《京本通俗小说·西山一窟鬼》）

部："两三个月的工夫居然养成一部小黑胡子。"（《二马》第29页）

套："此一套富贵，不可错过。"（《水浒传》第十四回）

层："他不由的身上起了一层小鸡皮疙瘩。"（《二马》第8页）

排:“门外一排绿栅栏。”(《二马》第20页)

束:“生刍一束,其人如玉。”(《高士传》)

堆:“屋后有一堆柴炭,拿几块来。”(《水浒传》第九回)

行:“皓齿排两行碎玉。”(《京本通俗小说·西山一窟鬼》)

这一类的数位词和上面一类的数位词其实是很相像的。这里之所以用数位词也是在乎给具有名词功能的词一个限制,说明其为多少,但因为单位很模糊,或不注意其真确的数目,而含糊笼统地说,所以就用这一类的数位词。另外还有同类的数位词,虽然“集合”的意义因单位的不易划分,没有那么明显,但尚不失其为一种集合数位词。例如:

阵:“又说一阵风刮了去了。”(《红楼梦》第六十七回)

章:“宝玉,有一章书,你来讲讲。”(《红楼梦》第八十二回)

场:“势必有一场大闹。”(《红楼梦》第六十五回)

席:“这一席话反把鸳鸯说的心酸。”(《红楼梦》第七十二回)

片:“高低不平的绿地渐渐变成一起一落的一片绿波。”(《二马》第35页)

回:“独自生了一回闷气。”(《红楼梦》第六十七回)

篇:“如今又听了如此一篇话。”(《红楼梦》第七十一回)

团:“他是一团热血,一个英雄,武士。”(《二马》第363页)

句:“黛玉听了这一句话,越发急了。”(《红楼梦》第八十二回)

以上所述以盛器为标准的数位词及集合数位词,它们都是因为单位不易划分,只好用盛器来做标准,或笼统地用集合的说法。不过,在这两个情形之下,它们都只表示整个种类中的一部分,所以这些数位词也可以说是部分词。可是，严格说起来，这里所表示的“部分”尚不十分明显，最明显的部分词则是下面的一类数位词：

些：“我常时见了这婆娘看些曲本，颇识几个字。”（《水浒传》第二十回）

点：“过了香港就一点事没有了。”（《二马》第 27 页）

钉点儿：“刷得一钉点儿土也没有。”（《二马》第 20 页）

丝毫：“治谨于法，虽丝毫比，不肯贷。”（《唐书·辛云京传》）

分：“并不是这一带的人们特别长着一分善心。”（《二马》第 19 页）

第四节 范词

度量衡及部分词也是西洋各语言所有的。这些都是必要的说明单位的办法。独有范词是汉语及其他汉藏语系各语言的特色。因为自然的单位不好划分，所以只得按照度量衡的系统或盛器的种类来说明。所以，不欲分别单位则已，如欲分别单位，则必得用度量衡或盛器或其他的部分词。范词所表示的具有名词功能的词则是单位分明的。“一条狗”是一个单位，这是谁也明白的，所以有的语言只说“一狗”，然而汉语，则除了“一狗”之外，又有“一条狗”的说法。这里的“条”字是把“狗”归纳到“条”的范围之中，表明其为“条”类的事物。因此，我们就认此类词为范词。

范词既是用以表示事物的特性，它的构造也就有几个原则：第一是以事物的形状来表示的，如：一缕烟。烟的形状像丝缕，于是就说：一缕烟。第二是以事物的特征的部分来表示的，如：一头牛。

牛是有头的，头而且是主要的特征的部分，于是就说：一头牛。第三是以事物的特殊动作来表示的，如：一张嘴。嘴时时张开，于是就用“张”来做范词。第四是以做成事物的用具来表示的，如：“一纸军令状”。军令状是用纸写成的，于是就用“纸”来做范词。另外又有一种一般的范词，用在一般的事物之上，如“一个人”的“个”字也可以用在一切其他的事物上。吴语各方言除了“个”外，尚用“只”，但“只”的范围比较的窄。现在无妨给这几种范词举几个例：

A. 以事物的形状来表示的：

根：“将头上一根玉簪拔下来敲作两段。”（《红楼梦》第六十六回）

痕：“冷飕飕，明亮亮，如两痕秋水一般。”（同上）

架：“有十二架大的，四架小的炕屏。”（《红楼梦》第七十一回）

扇：“只见两扇门关着。”（《京本通俗小说·碾玉观音下》）

面：“一面泥金百寿图的是头等。”（《红楼梦》第七十一回）

块：“恁般一块玉，如何将来只做得一副劝杯！”（《京本通俗小说·碾玉观音上》）

条：“是打那条路去好？”（同上）

把：“教授却把一把锁锁了门。”（《京本通俗小说·西山一窟鬼》）

尊：“梦见一尊金身罗汉投胎。”（《京本通俗小说·菩萨蛮》）

颗：“朱唇缀一颗夭桃。”（《京本通俗小说·西山一窟鬼》）

碗：“皮革底钉住一碗泡灯。”（《京本通俗小说·志诚张主管》）

枝："搭上那一枝响箭。"(《水浒传》第十回)

片："揭起那片地板来。"(《水浒传》第二十一回)

B. 以事物的特征的部分来表示的：

头："俎上蒸犹一头。"(《西京杂记》)

顶："见一顶轿儿，两个人抬着。"(《京本通俗小说·碾玉观音下》)

领："朝廷赐下一领团花绣战袍。"(《京本通俗小说·碾玉观音上》)

把："把小胡子都哭得像卖密麻花的那把小糖刷子。"(《二马》第30页)

柄："钦赐玉如意一柄。"(《红楼梦》第七十一回)

口："左手使一口刀，叫做小青。"(《京本通俗小说·碾玉观音下》)

盏："对着盏孤灯，正在没可寻思处。"(《水浒传》第二十回)

管："他还可以拿一管盒子炮。"(《第二梦》第一幕)

辆："他老想着远远的一辆车。"(《骆驼祥子》第4页)

棵："他就很像一棵树，上下没有一个地方不挺脱的。"(《骆驼祥子》第6页)

尾："再买一尾鱼来。"(《儒林外史》第二十七回)

C. 以事物的特殊动作来表示的：

张："去，买三张票，两个铜子一张。"(《二马》第40页)

封："须有晁盖的那一封书，包着这金！"(《水浒传》第二十回)

座："睁眼看时，竟是一座破庙。"(《红楼梦》第六十六回)

卷："一手捧着一卷册子。"（同上）

挑："一挑水"（北京话）

扎："这素纸一扎是写《心经》的。"（《红楼梦》第八十八回）

D. 以做成事物的用具来表示的：

笔："我看古董帐，还有一笔在这帐上。"（《红楼梦》第七十二回）

纸："到明日写一纸献状，献来府中。"（《京本通俗小说·碾玉观音上》）

E. 一般的范词：

个（箇）："走不到半里路，见一个败落的山神庙。"（《水浒传》第二十二回）

"何九叔跟着西门庆，来到转角头一个小酒店里，坐下在阁儿内。"（《水浒传》第二十四回）

"这个大汉一定是蒋门神了。"（《水浒传》第二十八回）

"我徐信也是个慷慨丈夫，有话不妨尽言。"（《京本通俗小说·冯玉梅团圆》）

"打叠个包儿，交与老王背了。"（《京本通俗小说·错斩崔宁》）

"连一个影子也没有。"（《红楼梦》第六十七回）

"一日都从他一个手一个心一个嘴里调度。"（《红楼梦》第六十八回）

隻（只、支）："只有几支小划子挂着白帆。"（《二马》第13页）

"两支大眼睛，歇歇松松的安着一对小黄眼球儿。"（《二马》第17页）

“南新路口讨一只船，直到毛家埠上岸。”(《京本通俗小说·西山一窟鬼》)

“癞道人将拐杖望空一撇，变做一只仙鹤。”(同上)

“说罢，把手里拿的两只菜碗，用力向桌上一搁，进去了。”(《好儿子》剧本)

“就叫两个土兵买了个猪首，一只鹅，一只鸡，一担酒，和些果品之类，安排在家里。”(《水浒传》第二十五回)

“两只圆彪彪怪眼睁起，道……。”(同上)

枚：“故赠君扑满一枚。”(《西京杂记》)

“但床上有玉唾壶一枚，铜剑二枚。”(同上)

另外还有把两个同样的东西当做一个单位的，它的数位词则为“双”或“对”。例如：

本是一双秋水眼。(《红楼梦》第六十五回)

一双脚一似斗败公鸡。(《京本通俗小说·西山一窟鬼》)

真真一对尤物，他又姓尤。(《红楼梦》第六十六回)

撞着八个大汉，担着一对酒桶，也来堤上歇凉靠歇了。(《大宋宣和遗事元集》)

有一双鞋，抠了垫心了。(《红楼梦》第三十二回)

眼睛下搭拉着一对小眼镜。(《二马》第17页)

这是照大体来说。其实范词的数目多得不可胜举，而其构成的方法也并不止这些。纵使是从这些原则来说，也有因为时代的问题而互相变化的。比方说，“乘”古代是“车”的意思，“一乘轿”的“乘”本来可以解释为事物的形状；然而“乘”字后来却只有“乘骑”的用法。现在人说“一乘车”，到底是把它当做形状看，或是动作看就很难说清。不过依原则来说，我们可以说范词的来源一部分是具有名词功能的词，一部分是具有动词功能的词，一部分是由它们变来的规定词。“根”本来是具有名词功能的词，现在就把它当做一个普通的范畴来范围一切类似“根”的事物：一根白发，一根棍子……。“挑”本来是具有动词功能的词，现在就把它当做一个普通的范畴来范围一切由挑而成单位的事物：一挑水、一挑篮子……。“条”本来是具有名词的功能的词，然而却能当做规定词看，意即带有细长性质的，于是就用它做范词来规范一切细长的事物：一条尾巴、一条领带……。“封”本来是具有动词功能的词，然而却能当做规定词看，意即被封了的，于是就用它做范词，来规范一切被封了的事物：一封信……。有的时候，范词是由失去了重要性的同义词来表示的。例如“册”本来是编在一起而有刻字的版，说起来就是现在所谓的书，然而“册”的用法既渐失其重要性，现在就拿它来做范词：一册书。“卷”、“本”也是同样的情形。不过这是照历史的观点来看，若依现代的语法结构来说，则这些范词都带有名词的功能，当所范围的具有名词功能的词省去的时候，它们而且可以十足的代表这些词。

然而，“個”“只”这一类的范词则不是从实词变来的，而是由其他的虚词变来的。“個”《说文》作“个”，训为“枚也”。“個”当然有“枚”的意思，但这是照语义方面来说，并非词源学的解释。“個”的来源实在是指示词。我们已经说过汉语的指示词一向是有两套的，一是从齿音，一是从喉牙音[①]。“個”就是从喉牙音的一类。《北齐书·徐之才传》云“個人讳底？”这个“個”就是“这個”的意思，就是指示词。指示词和冠词的关系是很深的，西洋语的冠词多半

---

① 参阅本编第一章。

都是指示词变来的。冠词本有无定冠词及有定冠词两类，西洋的无定冠词，英语之 *a*，法语之 *un*，德语之 *ein*，刚好可以译成汉语的“一個”。所以，“個”字就是指示词“個”变来的。也就是因为这个道理，“個”是一般的范词，它并没有表示具体的性质，因为指示词的作用本来仅在于指示其为此，为彼。“隻”字，《说文》训为：“鸟一枚也。从又持隹，持一隹曰隻，二隹曰雙。”这是受了文字形状的影响而来解释的。中国古代的文字，象形会意的形迹很丰富。“一個”的“個”是个非常抽象的概念，无法表示，因此就用从隹从又的“隻”字来表示，希望从捉到一只鸟的会意字中得到“一個”的概念。这是自然的现象。然而，这只是说当中国人用文字来表示语言时，是用带有捉到一只鸟的“隻”字来表示它，这并不是说当时的说话中，发为“隻”音的范词必得有捉到一只鸟的意思。换言之，依语言的观点来说，“隻”字只是带有齿音的指示词所变来的一般的范词。它是和指示词“之”一类的词。“只”这个词实在和鸟并没有多大关系。现今的福州话可以把一切的事物用“只”来表示，三只牛、三只帽、三只锄头……。不过这所谓一般的范词者也只是在原则上承认其可以用在一切的事物上；有的时候，因为事物形状的特殊或者因为传统的习惯，有的词就不容易加上“個”或“只”“隻”。福州话尚有一个特殊的现象，即在算数的时候，从一到十之中，两、六、十都用“其”，“两其”、“六其”、“十其”，其余的则用“只”，如“三只”、“五只”、“七只”、“八只”等。我们已经说过“其”是上古喉牙音声母字的指示词，和“個”是一类的；“只”是齿音的字，大略是“之”类的指示词，“個”“只”都是指示词变来的，由此亦可得一旁证。

和古文相比较，近代口语之用范词比较古文为多。更以词的次序来说，近代口语多半是把范词放在受范的词之前（如：一本书)，而古文则多半是把范词和其数字放在受范的词之后的。例如：

吠勒国贡文犀四头，状如水兕。(《别国洞冥记》)

东方朔游结云之地，得神马一匹，高九尺。(同上)

无可有，以大豆一斛相助。(邯郸淳《笑林》)

但床上有玉唾壶一枚，铜剑一枚。(《西京杂记》)

池中有洲，洲上煔树一株，六十余围。(同上)

韩豫章遗绢百匹，不受，减五十匹，复不受。(《世说新语·德行》)

但是，古文也有把范词放在受范的词前面的情形。例如：

堂屋两壁下，深三尺，当有三个石柱。(《搜神记》)

赵固常乘一匹赤马以战征，甚所爱重。(《搜神后记》)

辄有一双白鹤，回旋其上。(《异苑》)

峰上有泉，飞流如一幅绢。(同上)

反之，现代口语，则除了开账之外，很少把范词放在受范的词之后的。大约在上古，这一类的词都是放在受范的词之后的，后来才渐渐地变动了。

第五节　三种数位词在形式上的相同

上面所讨论的数位词，除了范词之外，其他的两种也存在于其他的语言之中。然而我们还可以把它们归纳在一个名称之下，叫他做“数位词”。这是因为它们的语法作用是有相同之处的。上面所说的几个范词的用法也可以同样地用在度量衡和部分词之上。这里无妨作一个比较：

范　词	度量衡	部分词
一只鸭子	一斤肉	一杯水
鸭子一只	肉一斤	水一杯
只儿很大	斤儿很足	杯儿不满
只数不多	斤数不多	杯数不多
论只不论斤	论斤不论只	论杯不论斤
这只鸭子	这斤肉	这杯水

就是依词的次序来说，古文里的度量衡和部分词也是和范词一样，大半是放在受范的词之后，有时则放在受范的词之前，而近代口语也是除记账式的说法以外，大体都是放在受范的词之前的。例如：

日实猪肝一片。(《高士传》)

徒卒赠高祖酒二壶。(《西京杂记》)

觅取清酒一榼，鹿脯一斤。(《搜神记》)

一日锄十亩之地。(《拾遗记》)

酒家又来切了二斤熟牛肉，再筛了三碗酒。(《水浒传》第二十二回)

不过多赏他几两银子。(《红楼梦》第三十二回)

在这一点上，范词和度量衡及部分词又是同样的。

因为这些原因，我们就把它们都归纳在数位词这个术语之下，西洋人所谓的 *classificateurs* 或 *spécificatifs* 其实只能表示我们所谓的范词。然而他们却以这些名称来概括地说明一切的数位词，这是我们所不取的。

第五章　次数词

第一节　次数词的性质

除了表示事物数位的数位词之外，汉语还有一种表示动作次数的次数词。例如："打了一下"，"踢了一脚"，"来一趟"等。这种次数词的用法和西洋语的情形也有所不同。西洋语表示次数多半用副词或副词性的词组，如英语的 I come to school twice a week，法语的 Je viens à l'é'cole deux fois par semaine。汉语也有"三打祝家庄"之类的说法，"三"相当于英语的 twice，以规定者身份来修饰"打"，然而却放在具有动词功能的词之前，与英语不同。汉语也有"去两次"的说法，"两次"相当于法语的 deux fois，并且也是放在具有动词功能的词后面的。但是，西洋语表示动作次数的副词或副词性的词组为数极有限，只有几个副词，甚至于只有一两个副词，可以这样用，而汉语的说法却极其复杂，来路也极不相同，我们既可以说"来一趟"，又可以说"看一遍"，既可以说"砍一刀"，又可以说"打一阵"，这种情形则是西洋语所没有的，而是汉语的特点。

次数词的用法，古今语也不相同。古代汉语的表示法是拿数目字加在具有动词功能的词前面，来表示次数的，而现代汉语则把表示次数的词放在后面。例如：

甲、古文：

五年一朝、凡三朝，十七年薨。（《汉书·文三王传》）

季文子三思而后行。（《论语·公冶长》）

肠一日而九回。（《楚辞》）

三晋百背秦，百欺秦。（《战国策·秦策》）

三数叔鱼之罪，不为末灭。（《左传·昭公十四年》）

子重子反于是乎一岁七奔命。（《左传·成公七年》）

请壹战，壹战不克，请再。（《穀梁传·成公二年》）

八日之间，再有大变。（《穀梁传·隐公九年》）

乙、口语：

你自己说一遍。（雷雨）

爸，您歇一会吧。（同上）

就返回来想再到恒元这里把方才听到的话报告一下。（《李有才板话》）

骂了小元跟有才一顿。（同上）

又将这病无妨的话开导了一番。（《红楼梦》第十一回）

但这只是一般的情形，其实口语里也有仿古的地方，拿一个数目字加在具有动词功能的词的前面来表示次数的。比方说：《红楼梦》里就有这么一句话："宝玉和袭人都扑嗤一笑。"

这里必须说个明白，我们所说的次数词，并不是"数词"，所以"一"、"二"、"三"这一类的数目字并不是次数词，只有"遍"、"番"、"下"、"会"、"顿"之类加在数目字后面的词才是次数词，正如数位词并不是数词，而是加在数目字后面的"管"、"根"、"片"之类的词似的。根据这样的了解，我们就知道，次数词实在是现代汉语语法的一个特点，它是古代汉语所没有的，正如一部分数位词（范词）也是古代汉语所没有的一样。这是汉语发展历史上的一个创新。创新的结果，古代以数目字加在具有动词功能的词前面的情形也还有其存在，不过是它的功用已经不同了，除了上面所举的仿古的情形之外。例如："他一走，我就不知道怎么办好了。"这里的"一"已经不再是"一次"的意思，而是"刚刚有这动作，就……"的意思。我们还可以找出许多例子来证明这一点：

两礼拜过后，小元受训回来了，一到老槐树底，大家都来询问。(《李有才板话》)

广聚跟恒元一说，恒元觉着机会来了，开了个干部会，说公所没款，就把喜富这笔款移用了。(同上)

他一进公所，正遇着广聚跟小元下棋。(同上)

您这一走，我同我这丫头都得惦记着您了。(《雷雨》)

一提他你去得不快点？(《传家宝》)

五婶一进去，老汉老婆齐让座。(《登记》)

黑蛋媳妇一听见就要变脸。(《打倒汉奸》)

她一进门就说："村长！捉贼要赃，捉奸要双，当了妇救会主席就不说理了？"(《小二黑结婚》)

同时，古代汉语放在具有动词功能的词的前面来表示"两次"意思的"再"，到了现代汉语也起了功用上的变化。王力对这一点有明确的说明，他说"现代'再'字有两种意思：(一)表示事情的重复，略等于英语的'once more'或'again'，例如：'已经来了三次，打算明天再来一次'；(二)表示事情的顺序，例如：'等撤下饭桌子来再回话去'，第一种意思大约起源于宋以后；第二种大约更为晚出。"①

---

① 《中国语法理论》下册，第129页。

现代汉语所以发展出次数词来为的是更明确地说明各种不同的动作情况。因为动作固然都有次数，但这动作到底是怎么动法，它的次数有什么特点都要说个明白，因此就拿一些特殊的虚词来作次数词用，以示动作性质的不同，或次数特点的差别，如以刀来砍的动作，它的次数词就说成“一刀”，每一次的动作延续相当时间的，它的次数词就说成“一阵”“一会”等。这是语法构造在发展过程中要求改进自己的表现。

第二节　次数词的种类

次数词可以分为六种。

(一)一般的次数词　这一种次数词指一般的动作的次数。比方说，“一下”可以用来表示一般的动作次数，不论这动作是怎样动法的。属于这一种的有“下”、“次”、“趟”、“遭”等。无妨举几个例：

1.“下”

像小元那些没天没地的东西，以后要找个机会重重的治他一下。(《李有才板话》)

兴旺看见小二黑这个小孩子漂亮好玩，随便提了一下名就通过了。(《小二黑结婚》)

因此也只好叫“反对浪费”为理由，来挑一下金桂的毛病……(《传家宝》)

这里就非交代一下不行了。(《登记》)

第二天，我去地里看了一下，辣子茄子秆都还在地里直撅撅长着，我打算收拾一下就往地里送粪。(《地板》)

走电，叫他赶快收拾一下，不要电了人。(《雷雨》)

2.“次”

我想在临走以前跟父亲谈一次。(《雷雨》)

国舅带酒慢骂众官,一连三次。(《三国志平话》)

要真有那么大问题,就是在事实上整了我们一次风。(《李有才板话》)

只从那日起,便一连召见了八九次。(《儿女英雄传》第四十回)

先拿些水洗了两次。(《红楼梦》第七十七回)

大家就批评了他一次。(《李有才板话》)

3.“趟”

明天叫五婶再去一趟赶快给她把婆家说定了就算了。(《登记》)

一九里(娶亲九天以内),除了给舅舅去拜了一趟年,再也不愿意出门……(同上)

你要早是这样,不省得妈来跑一趟?(同上)

妈可是好容易才回一趟家。(《雷雨》)

4.“遭”

兄弟曾到彼处,可和杨林走一遭。(《水浒传》第四十六回)

我也同去走一遭。(《红楼梦》第一回)

那教头盘子掠了一遭。(《水浒传》第三十五回)

(二)延续次数词　这一种次数词说明每一次的动作都需要相当时间的延续。“遍”、“回”、“会”等次数词属于这一种。例如:

1.“遍”

小飞蛾在各街道上飞了一遍也回去了。(《登记》)

说这算件坏事吧，想一遍也满有味。（同上）

小芹把她娘怎样主婚，怎样装神，唱些什么，从头至尾细细向小二黑说了一遍。（《小二黑结婚》）

四凤，你听着，我再跟你说一遍。（《雷雨》）

2.“回”①

我方才跟这个人谈了一回。（《雷雨》）

爸，我想下去，歇一回。（《雷雨》）

人家姓阎的一年四季也不见走一回差。（《李有才板话》）

石秀见说，心中自忖了一回。（《水浒传》第四十六回）

3.“会”

爸，你歇一会吧。（《雷雨》）

丈量完了一块地，休息一会。（《李有才板话》）

老杨同志跟区干部们因为晚上多谈了一会话，第二天醒得迟了一点。（同上）

听见她娘哼哼得很中听，站在桌前听了一会，把做饭也忘了。（《小二黑结婚》）

农会主席给他解释了一会。（《地板》）

（三）集合次数词　这种次数词指的不是一个动作，而是许多动作的结合，成为一个单位。“阵”、“番”、“场”、“顿”等次数词属于这一种。例如：

1.“场”

没有，就是大笑了一场，把玻璃又打破了。（《雷雨》）

---

① “回”有的时候，有“次”的意思，只是一般的次数词，如：《李有才板话》里的“喜富这次当最后一回主席”。

又被宝钗抢白了一场，更加不乐。（《红楼梦》第一百一十五回）

那时，岫烟被老婆子聒噪了一场。（同上第九十回）

日后若有好处，也不枉你跟着他熬了一场。（同上第一百一十九回）

才然大战一场，是我把老龙打死，那厮们收尸挂孝去了。（《西游记》第六十三回）

2.“阵”

宁二子把连长打量了一阵。（《保卫延安》）

周大勇和王小群谈了一阵，夜深了，他反倒不瞌睡了。（同上）

就这样喘一阵哭一声喘一阵哭一声。（《登记》）

趁着这个僻静地方，悄悄哭了一大阵。（同上）

连忙用手拂落了一阵。（《儿女英雄传》第四回）

3.“番”

恒元又叫家祥叫来了广聚，把自己的计划宣布了一番。（《李有才板话》）

因此就想再来调查研究一番。（《传家宝》）

王指导员把十几面旗帜，简单地介绍了一番。（《保卫延安》）

他召集了班排干部，把他侦察到的情况分析了一番。（同上）

忙忙奔至停灵之室，痛哭一番。（《红楼梦》第十三回）

合金玉姐妹私下议计一番。（《儿女英雄传》第十四回）

4.“顿”

又出了二百斤面叫所有的阎家人大吃一顿。(《李有才板话》)

有一天发了脾气,大骂一顿。(《小二黑结婚》)

终于被他们七手八脚打了一顿捆起来了。(同上)

改得了!人是苜虫!痛痛打一顿以后就没有事了!(《登记》)

他倒骂了彩明一顿。(《红楼梦》第四十五回)

(四)工具次数词　拿动作所需要的工具来作为次数单位的,叫做工具次数词。比方说:眼睛是视觉动作所需要的工具,于是就说"看了一眼",刀是砍杀动作所需要的工具,于是就说"砍了一刀"。这种工具次数词又可以分为几类:

1. 以人身的器官为动作的工具的。例如:

马长胜在马全有脊背上捣了一拳。(《保卫延安》)

另一个战士转转身,生气地蹬了一脚。(同上)

我正要打那厮,堪恨那卖药的脑楸翻我打了顿,又踢了我一脚。(《水浒传》第三十六回)

杨克文坐起来,机敏地看了旅长一眼。(《保卫延安》)

小成什么也想治一手。(同上)

2. 以器物为动作工具的。例如:

他剁一刀,李江国就一咬牙。(《保卫延安》)

王老虎猛地扑过去,迅速地向为首的敌人胸脯虚刺一刀。(同上)

所有东村李大官人,前日已被祝彪那厮射了一箭,见今在庄上养病。(《水浒传》第四十七回)

这番等我一连搧他两三扇,教他找不着归路!(《西游记》

第五十九回）

一连砍了十数剑，随即长出十数个头。（同上第六十一回）

被八戒跑上去，着肩一钯，筑倒在地。（同上第六十三回）

待要打你一棒，可惜了你的性命。（同上）

（五）对象次数词　拿动作所对付的对象来作为次数单位的，叫做对象次数词。例如：

特地只等尊兄下来，要与足下相会一面。（《水浒传》第三十七回）

说着，就劈哩巴查把宁金山打了一个耳刮子。（《保卫延安》）

（六）短时次数词　现代汉语中表示动作时间短促的"一次"的，有个特殊的用法，即"看一看"、"走一走"之类的说法。这种用法极其普遍，绝大多数具有动词功能的单音词都可以这样地说。例如：

没奈何且借我一借，明日便送来还你。（《水浒传》第三十七回）

便是相公衙里人，也只得去别处过一过。（同上第四十九回）

李逵听了，丢了双斧，望着晁盖跪了一跪。（同上第三十九回）

说的是。再仔细搜一搜看。（同上第四十一回）

却才兄弟看不仔细，我自照一照看。（同上第四十一回）

再把枪去搠一搠。（同上第四十一回）

耐心坐一坐，我去寻水来你吃。（同上第四十二回）

水蛇跳一跳，又变做一只花鸨。（《西游记》第六回）

他就纵一纵，又渺无踪迹。（同上）

掣出那绣花针儿，幌一幌，碗来粗细。（同上）

丈夫，你往那里去，就不等我一等！我跌了一跌，被那些没道理的人围住我嚷，这是怎的说！（同上第十二回）

你先停一停，我再说一句话。（《雷雨》）

你看太太偏要请她来谈一谈。（同上）

你忍一忍喝了吧。（同上）

见了大少爷只点一点头，没说话，倒是问了二少爷学堂的事。（同上）

小孩们偶尔去老槐杵底玩一玩。（《李有才板话》）

有才笑了一笑又问道……。（同上）

咱们再请有才老叔编上个歌，多多写几张把村里贴满，吓他一吓！（同上）

多想一想，周大勇。（《保卫延安》）

第三节　次数词的语法结构

次数词是由一个数词和一个名词功能的词的结合，以补语身份成为句子成分的。“一脚”、“一下”、“一遍”、“一刀”、“一看”、“一坐”等都是如此。这里的“看”、“坐”等应该认为是具有名词功能的词，因为它们本身既无词形变化，而在句子的组织里是和规定性的词语相结合的数词组成一个词组的。这词组本身是一个规定关系的结构，数词是规定者，次数词是受定者，但却放在具有动词功能的词的后面来补充前者，所以从句子成分的角度来说，它是一个补语。

次数词的结构有三种不同的情形:(一)数词和单纯具有名词功能的词的结合;(二)数词和数位词的结合;(三)数词和重复前面具有动词功能的词有共同词汇意义而具有名词功能的词的结合。“刀”、“脚”都是单纯具有名词功能的词,后面不能再加上别的词,作为同一个词组的成分。“遍”、“次”、“回”、“会”等则是数位词(也是具有名词功能的词),它们后面往往可以再加上一个单纯的具有名词功能的词,如“说一遍话”、“整一次风”、“谈一会心”等,“看一看”、“坐一坐”等结构则作为次数词用的“看”、“坐”等都是重复前面具有动词功能的词的。前面是“看”,后面也是“看”,前面是“坐”,后面也是“坐”。

这些次数词多半还带有实词的意义。然而,因为它们也有一定的规律,不是一切的词都可以这样用的,并且用了之后,只是拿来表示次数的语法范畴的,事实上,已经是实词虚用,所以,仍然是语法成分。

次数词的作用既在于表示次数,它就应当和数词结合在一起数目字也不一定都得是“一”,其他的数目字如“两”、“三”、“四”等也可以用。但有的次数词,如“看一看”、“坐一坐”之类就不大可能用“一”以外的数目字。正因为这个道理,没有数词合用的时候,就不是次数词。我们知道,在汉语里还有由“看一看”、“坐一坐”的结构演化为“看看”、“坐坐”等形式。它的意义已经不是“次数”,而是“略为”,“稍为”。例如:

好,您歇歇吧……。(《雷雨》)

你为啥不去看看,人家保官?(《打倒汉奸》)

第六章　体词

第一节　汉语没有表时间的语法形式

动词所以表示历程，但历程必得存在于时间。所以，印欧语言，就渐渐地发展了一个表示历程所在的时间的语法范畴。不过，正如我们所说的，意思的表示并不是必得有语法的成分，所以历程必得存在于时间云云并不是说表示历程的词都必得有表示时间的语法形式。也即因其如此，有的语言就没有任何表示历程或动作所发生的时间的语法形式。汉语就是一个例子。这当然并不是说汉人并没有时间的概念。

因为受了西洋通俗语法书的影响，很有些人就把汉语语法按照英语或法语的办法，分了所谓过去、现在、将来三个形式。如后藤朝太郎在他的《佛印、泰、支那言语の交流》一书中就把北京话的具有动词功能的词这样地划分[①]：

(一)现在形

我们躺着。

---

① 《佛印、泰、支那言语の交流》(东京大东出版社出版)《本论》三，《北京官话の文法》，第177—182页。

我觉着不舒服。

他们等着。

咱们快着。

您带着这个去好。

（二）过去形

您完了么。

他们有气了。

风住了。

客走了。

您来太晚了。

您错了。

（三）未来形

他要回去。

他要上街。

明儿要下雨。

我要走。

我要穿上。

后藤朝太郎以为现在、过去、未来三形的构成是所谓“动词”时间的分别，在汉语中是以三个不同的助语“着”、“了”、“要”的分别表示之。在上面所举的例子中，我们暂且不批评它的结构是否对的，我们所要讨论的，是后藤朝太郎把汉语的所谓“动词”分为三个时间的形式到底是不是对的。

原来一谈到时间，就离不开“现在”、“过去”、“将来”（或“未来”）这三个概念。时间的分段也就是以这三个概念为基础的。所以讨论语法上的时间也总是这现在、过去和将来三者。西洋的语言，在动词方面，都有三个表示时间的不同的形式，如法文之 je chante，je chantais，je chanterai。这三个形式是很严格的，用以表示时间的不同。说现在的“唱”就得用 chante，说过去的“唱”就得用 chantais，说将来的“唱”就得用 chanterai。然而试看一看后藤朝太郎所举的例子如何。第一，说现在的动作或历程，并不一定要用“着”。我们就说“我们躺”，也未始不可以。第二，相反地，“着”不一定是用在现在；过去、将来也可以用“着”，如：“昨天我正在躺着，他就来了”；“明天等他正在睡着的时候，给他脸上画一朵花”。不但是“着”字有此两个毛病，就是“了”字也是如此。说过去的并不一定非用“了”不可。如：“昨天我来。”“了”也不见得只用于过去，现在和将来也都可以用“了”。例如：“我每天都在园子里走了一圈儿”；“明天请你先把你的款取了再说”。“要”字也是如此。“明天我来”，也说得通，而“要”字也可以用在现在和过去：“每天我要回家之前，我都到公园去走一走”；“昨天我要出门的时候，他忽然串门来了”。“要”字还引起了其他的问题，我们暂且不提。这里所说的可以用于某时某时者是就其意思而言，并不是就语法的形式而论。我们知道其为现在、过去、将来，这是由“每天”、“昨天”、“明天”等词的语义成分指出来的，并没有语法的问题。“着”、“了”、“要”等既然可以不用，这就证明汉语具有动词功能的词不论其所表的意思是现在，或是过去，或是将来，它都可以毫无改变地同样地用着；换句话说，汉语具有动词功能的词在时间方面并没有任何语法形式的变化。“着”、“了”、“要”等既然可以在三个时间的段落中同样的存在，这就证明这些虚词根本并不是表示时间的不同，它们所表示的必是另外的东西。

第二节 什么是"体"?

然则到底是什么呢?

现代语言学家关于"时间"(tense)和"体"(aspect)两个语法范畴分别得非常清楚。"时间"的概念,如上面所说的,必含有现在,过去和将来三阶段,也只包含这三阶段。"体"则着重于动作或历程在绵延的段落中是如何的状态,不论这绵延的段落是在现在,过去或将来;动作或历程的绵延是已完成抑或正在进行,方为开始抑或已有结果等等。我们知道在英语之中,往往有用现在的分词去表示动作或历程之尚在进行者,如:I am going,英语语法学家称此为"现在进行时"(present progressive tense)。实则我们最好说这是"现在时的进行体"。"现在"表示"时间",而"进行"表示"体"。这里的词尾-*ing*,表示这个走的动作或历程是正在进行之中,还没有完成的。不过这正在进行的动作或历程固不仅可以存在于现在时,也可以存在于别的时间,如过去,我们可以说 *I was going*。于是我们就可以称之曰:"过去时的进行体"(一般通俗语法学家所谓的 past progressive tense)。英语中尚有所谓 perfect tense(完成时)者,其在现在,通俗语法学家称之曰:"现在完成时"(present perfect tense);其在过去,则称之曰:"过去完成时"(past perfect tense);其在将来,则称之曰:"将来完成时"(future perfect tense)。实则应当称为"现在时完成体"、"过去时完成体"、"将来时完成体";现在、过去、将来表示时间,而完成体则表示动作或历程之已完成。总之,在英语中,除了时间的语法形式外,尚有表示"体"的动词形式。麦叶说原始印欧语言的动词多是表示"体",而不大表示时间[①]，现今的斯拉夫语，如俄语，多数动词都有完成体与未完成体两种形式。汉语语法构造，则没有时间，而有“体”。例如，后藤朝太郎所举的“着”字，这其实是表示进行体的虚词，它只指明某动作或某历程尚在继续进行之中，不论它是现在，抑或过去，抑或将来。“我们躺着”，意思是“我们的躺的动作正在进行中”，“我们还在躺着”。“了”字其实是表示完成体的虚词，它只指明某动作或某历程业已完成，不论这完成是在现在，抑或过去，抑或将来。“客走了”，意思是“客的走的动作已经完成”，并不是开始，也并不是正在进行；至于到底是在现在完成，是在过去完成，是在将来完成，则不过问。后藤朝太郎的错处就是把汉语关于“体”的问题误认为是时间的形式的区分。

不但是东洋学人有此误会，就是我国的语法学家也有同样的错处。吴瀛的《中国国文法》就把古文的所谓“动词”看作有未来、过去、当时正动、方过四个时间的分别。他以为“将”、“当”、“须”等是未来的助动字，“已”、“业”、“已经”、“过”、“矣”等是过去的助动字，“始”、“方”、“刚”、“适”等是当时正动助动字，“方”、“刚”、“适”、“甫”等是方过助动字[②]。虽然在现在时上，他分了两格，然而也还是时间的区分。这明明是把西洋的“现在进行时”和“适才过去时”(immediate past)硬搬过来。实则这些“助动字”都不是表示时间的，都只是表示“体”的。黎锦熙先生[③]和杨树达先生[④]也都认为这

① A. Meillet, Linguistique historique et linguistique générale, Sur les caracières du verbe, p. 185.

② 《中国国文法》(商务印书馆出版)第一卷第 36—39 页。

③ 《新著国语文法》第十章第 160—169 页。

④ 《高等国文法》第六章第 327—339 页。

一类的虚词是表时间的副词。虽然他们是把这些词当作副词看待,比较后藤朝太郎之硬认其即为表示时间本身的附加成分已经高出一等,但他们仍脱不了时间的概念,则是同样的错误的。

第三节 汉语表示"体"的方式

汉语所表示的"体"有下列各种:

(一)进行体(progressive)或绵延体(durative)。后藤朝太郎所认为表示"现在时"的"着"字,其实是表示进行体或绵延体的。一个动作或历程正在继续的进行着,还没有完结,不论其在什么时间。这即所谓进行体或绵延体。口语用"着""在""正在"或"正在……着"等去表示。

"着"是俗字,不见于《说文》。我们只在《说文》找到"箸"字,训为"饭攲也"。不过"箸"和"著"在古文里即已相混。段玉裁认为"箸落""箸明"的"箸"字是由"饭攲也"的"箸"字假借而来,而且在古时这个"箸"字并不是从"艸",而是从"竹"的。《广韵》,"箸""著"并见,但没有"着"。"着"在唐宋"俗文学"中是很常用的。当做虚词用的是属于入声字,它实在是从当做动词用而具有动词功能的"著落"的"著"字引申而来的。"通俗文"中用"着"表示进行体的例子有:

> 豫先说着个宣和,靖康年间谶语么!(《大宋宣和遗事》)
>
> 依然唱著山歌,自下岗子去了。(《水浒传》第十五回)
>
> 贼秃嘻嘻的笑著说道。(《水浒传》第四十四回)

"在",《说文》训为"居也";《广韵》训为"存也"。居,存,都有存在的意思,存在本来是历程绵延的体态,以"在"来表绵延体实在是很自然的。例如：

他们是椎髻，裸身，在和激涨着的潮流接仗。（见黎氏《新著国语文法》所举例，页167。）

他有时在斫伐林树，他有时在开凿山岩。（同上页168。）

（荀玫）若是还在应考，贤契留意看看。（《儒林外史》第七回）

口语中有时尚用“正在”，有时用“在着”，有时用“正在着”，有时用“正在……着”，意思是一样的，但比较的更正确。“正在”的“正”而且是古文中留下来的痕迹。口语中有时也有仿古的说法：

正在那里喧闹，只听得门外老鸦哇哇的叫。（《水浒传》第六回）

智深正使得活泛，只见墙外一个官人看见。（同上）

正在五狱楼下来，撞见个奸诈不及的……（同上）

正斗到分际，只见山高处叫道。（《水浒传》第十一回）

古文中则用“正”“方”“鼎”等。例如：

我思舜正郁陶。（《史记·五帝纪》）

长安中民趣乡之，正欢不可止。（《汉书·燕刺王旦传》）

帝方对我饮。（《后汉书·更始传》）

丞相尝夏月至石头看庾公，庾公正料事。（《世说新语》）

日之方中。（《诗·邶风·简兮》）

是时，项羽方与汉王相距荥阳。（《史记·外戚世家》）

赵方西忧秦，南忧楚，其力不能禁我。（《史记·陈涉世家》）

方生方死，方死方生。（《庄子·齐物论》）

是时，帝方乡文学。（《史记·酷吏传》）

天子春秋鼎盛。(《汉书·贾谊传》)

显鼎贵,上信用之。(《汉书·贾捐之传》)

(二)完成体(accomplished)或完全体(perfect)。这表示动作或历程的完成。后藤朝太郎所谓的"了"字其实就是表示完成体的。"了"可以用于不同的时间上,黎锦熙先生也见到这一点,他也以为"了"字是表示完全的①。

"了"本来有"知道""了解"的意义。《广韵》训为"慧也,讫也。"刘肃《大唐新语》:"尝责矩不了事,今日了公事,也好答辩。"《水浒传》:"眼见得又没个了事的人送去。"这里的"了"字就是"慧也"的意思,就是"了解"。因为知道一事,就能完了一事,"了"字又引申出"讫也"的意思,即完了一事之意。《复斋日记》:"毕力了之。"《昨非庵日纂静观》:"即有天大未了之事,只得抛去。"《京本通俗小说·西山一窟鬼》:"说犹未了。""兀自说言未了,只听得外面有人敲门。"敦煌抄本《丑女缘起》:"跪拜大王已了。"《伍子胥》:"子胥哭已了。"这里的"了"字都还带有完了的意思。由此而引申出表示完成体的虚词,则是极乎自然的。例如:

甫得官便娶了二夫人。(《京本通俗小说·错斩崔宁》)

我一个身被他骗了。(同上《菩萨蛮》)

恐官家见了笑,只得先奏。(《揮掌录·西字面》)

谓汤焊了王羲之也。(同上《张文潜》)

此说晦庵亦曾说了。(《庶斋老学丛谭》)

平常山中无田苦,苦也过了。(《遂昌杂录》)

都察院看了来说(《庚巳编·人妖公案》)

---

① 《新著国语文法》第八章第143页。

后来贬了太子，废了申后。（《大宋宣和遗事》）

小人做了几项歹事勾当，不得已而落草。（同上）

宋江读了，口中不说，心下思量。（同上）

莫说曹娥，任伊持世坚心，见了也须退败。（《维摩诘所说经变文》）

次日清早起来，和小喽啰吃了早饭，拿了衮刀，又下山来。（《水浒传》第十回）

梁中书见了大喜（《水浒传》第十二回）

在口语除了"了"之外，尚用"过"，如："我做过这事。"有时用"好"，如："我做好一首诗。"有时则用"完"，如："我说完这句话。"不过这是近来才有的，早期的白话文这种用法很少。无妨举几个例：

故小姐随机应变，俱搪塞过了。（《好逑传》第六回）

我年纪小，历过世代万千，……（《大唐三藏取经诗话》）

铁公子吃完，就叫小舟铺开行李，草草睡了一夜。（《好逑传》第一回）

"了"字是最常用的，而且有渐渐失去其表达性的趋势。"了"字本来念为 *liao*，现在有时却念为 *lə*，*lə* 已经没有 *liao* 那样的有力，所以有的时候竟说成"做了了"，第一个"了"念为 *liao*，第二个"了"念为 *lə*，因为不加念为 *liao* 的"了"，完成体的意义就太淡薄，不足以表现。"了"字有时还可以加在"过"、"好"之后，如："我说过了"，"我做好了"，这里的"了"都可以发为 *liao* 或 *lə*，在方言中，吴语的 *le*，闽语的 *lɔ*，都是"了"。"过"和"好"也一样的可以用。

古文的完成体是用句终词"矣"来表现的。王力从前以为"矣"

是表示过去时，现在已不这样说了[1]。古文用“矣”而表完成体的例子有：

史先生敩斋占毕论之详矣。(《庶斋老学丛谭》)

然福山今亦焚毁，余数年前一至，土偶零落，无复向日之可骇者矣。(《苏谈·吴都宪胆气》)

吾两人得死所矣。(《云间据目钞》)

翌旦客别，主人蹑其踪，则先生已迁居矣。(《辍耕录·隐逸》)

儿堪冠矣。(《西京杂记》)

思想的历程，仅有前提，不算完成，有结论才算是完成。所以表示思想历程上的结论时，也可以用完成体。不过，这完成体并不是具有动词功能的词的完成体，而是表示前因后果的推论的完成的。例如：

我便时常提这金玉，你只管了然无闻的，方见得是待我重，无毫发私心了。(《红楼梦》第二十九回)

我再试一回，她再拒绝我，我就死心了。(《二马》第416页)

至于口语或文言中所用的“已经”、“业已”、“既”等，那只是规定者，不能混为一谈；但也不是表示时间的。

(三)结果体(resultative)。表示动作或历程之有结果者，谓之结果体。正在进行的动作或历程是还没有得到结果的，而完成了的动作或历程也只表示历程之终了，然而不见得有结果。反之，结果体则表示动作或历程之有所获得。比方说，“寻找”就是没有得

① 《中国语文概论》第3页。

到结果的动作，而“找着”就是有结果的。在汉语中，表示结果体的语法成分很多。口语用“着”(或著)、“住”、“得”、“到”、“中”等，而古文则多半用“得”。

上面谓“着”字可以用为进行体。但这是近代才盛行的，前期的白话文，“着”字多半是用以表示结果体的。“着”字有“得到”的意思，由此极易引申出结果体的意义。不过，为着避免意义的相混起见，在现代北京话里却起了语音的变化。即作为进行体用的“着”字是念为 *tʂe*，而表示结果体的有时却念为 *tʂao*。“着”之用为结果体者，比比皆是，下面是几个例：

> 太子年登拾玖，恋着五欲。(《八相成道变文》)
>
> 青提夫人一个手托着狱门。(《目莲救母变文》)
>
> 鸡猪鱼蒜，逢著则吃；生老病死，时至则行。(《因话录》)
>
> 且收着，待我去后遵行。(《彭文宪公笔记》)
>
> 将随身带着鸡子一个去精……。(《庚巳编・人妖公案》)
>
> 智深先居中坐了，指着众人说。(《水浒传》第六回)
>
> 正撞着卖药的张先生。(同上)
>
> 下面青白间道行缠，抓著裤子口。(《水浒传》第十一回)
>
> 今遇着你们。(《京本通俗小说・碾玉观音》)
>
> 想着受区劳育我痊身。(《小孙屠戏文》)

因为有结果的动作或历程往往是完成了的动作或历程，所以结果体常常是和完成体合用的；换言之，在“着”之下，常常还有一个“了”字。如“碰着了”、“想着了”、“看着了”。在这个情形之下，“着”字是念为 *tʂao* 的。

用“住”来表示结果体的也是常见的例。住，《广韵》训为“止也，停也”，即有所停留于某一点的意思。由此引申出动作之于某点得一结果之意。例如：

用手扯住师师之衣。(《大宋宣和遗事》)

用手扭住天子衣。(同上)

当下被内前等子拿住这妇人，到端门下。(同上)

却把左手拔住上截。(《水浒传》第六回)

智深听得，收住了手看时，只见……。(同上)

把娘子拦住了。(同上)

晁盖留住公孙胜，刘唐在庄上，吴学究常来议事。(同上，第十五回)

那汉看见，抢来劈手夺住，望桶里一倾……(同上)

那筛酒的后生，赶将出来，揪住杨志，被杨志一拳打翻了。(同上，第十六回)

同那刘文政在半路截住，捉了张占。(《五代史平话·梁史上》)

便塞住了嘴，做声不得(《好逑传》)

"得"，《说文》作"㝵"，训为"取也"。《广韵》另有"得"字，训为"得失"。敦煌五代刊本《切韵》认为"㝵"是"古本得"，而训"得"为"取"。清故宫唐写本王仁昫《刊谬补缺切韵》训"得"为"获"。作为结果体虚词用的"得"字显然是从"获得"、"取得"的意思转过来的。有结果的动作或历程就是已经获得、已经得到的动作或历程。"得"字之表示结果体者古文口语都有存在。例如：

心要养得虚静。(《昨非庵日纂·颐真》)

臣等看得桑冲所犯，死有余辜。(《庚巳编·人妖公案》)

只听得芦苇中间，有人嘲歌。(《水浒传》第十八回)

宋江见活捉得天目将彭玘，心中甚喜。(同上第五十

四回)

争奈机事不密,被阎婆惜知得来历。(《大宋宣和遗事》)

偶留得一大汉,姓索名超的,在彼饮酒。(同上)

自小学得一身好武艺。(《京本通俗小说·冯玉梅团圆》)

昨日员外分付的三件事,老媳寻得一头亲,难得恁般凑巧!(《京本通俗小说·志诚张主管》)

又听得李克用大军将到,遂引兵向东北遁去。(《五代史平话·唐史上》)

"到",《广韵》训为"至也"。作为结果体虚词用的就是从这意思转来的,动作或历程得到一个结束,即所以表示结果。例如:

朕能任衣冠念不到此。(《史记·律书》)

一笔不能写到,不过是喧阗热闹而已。(《红楼梦》第十六回)

我想到他这病上,我心里如同针戳一般。(《红楼梦》第十回)

这是必然达到的一个志愿与目的,绝不是梦想。(《骆驼祥子》第5页)

此外还有"中"字,也是表示结果体的。例如:

因奋拳殴击王仙芝,伤中其首。(《五代史平话·梁史上》)

朱温靠树放虎过,放一箭射中虎肩膊。(同上)

被黄巢放一箭,先射中程宗楚额角,坠马而死。(同上)

郝思文赶去,被他打中一石子,跌下马来。(《水浒传》第六十九回)

却得燕青一弩箭射中张清战马。(同上)

（四）起动体（momentary）。表示在某一时刻动作或历程之开始者，谓之起动体。口语用“刚”、“才”、“恰”等，文言用“方”、“才”等。有时则“刚才”、“恰才”、“方才”合用，甚至有用“却才”的。例如：

那十四个人直到二更方才得醒。（《水浒传》第十六回）

却才见你们窥望，惟恐是歹人，因此赶来看一看。（同上第十五回）

恰才与拙荆一同来间壁岳庙里还香愿。（同上第六回）

恰待下拳打时，认的是本管高太尉螟蛉之子高衙内。（同上）

刚刚登门，歇上。（《好逑传》第四回）

刚刚装束完，外面已三星在天。（同上第三回）

方走入房中看一看，只见灯烛远照着，……（同上）

延大怒，才仪未发率所领径先南归。（《三国志·蜀志·魏延传》）

东海君有罪，吾前系于葛陂，今方出之，使作雨也。（《后汉书·方术传》）

诸君方见不久也。（《三国志·魏志·太祖纪》）

良时为此别，日月方向除。（颜延年《秋胡诗》）

天下方才通行，忽又改易。（《大宋宣和遗事》）

其人方苏，再三询问，竟不知向所言者。（同上）

才出宫门，数万人拦路伏阙陈言。（同上）

陛下方定天下，奈何仇死者？（《昨非庵日纂·种德》）

盖是时北鄙方议寝兵，……（同上《宦泽》）

起动体有时兼有进行体，因为刚开始的动作或历程，有时是在进行继续着，但这两者的分别则是很明显的。刚开始而未完成的动作有时是一显即灭的，有时是尚要继续的，因此，有的时候，它的意思是刚完毕；有的时候，它的意思是刚要继续。也正因其如此，“刚”、“才”、“方”、“恰”等也常常和“待”、“欲”、“要”等合用，而成“刚要”、“方欲”、“恰待”等。法语中之 *tout à l'heure*，有时是指刚已完毕，有时则指刚要到来，也就是这个道理。

（五）叠动体(iterative)。动作或历程，可以一起一落，重复进行。此则谓之叠动体。汉语的叠动体是用词的重复来表示的。例如：

不是热他人，看看又到我。（《昨非庵日纂·悔过》）

知冈人不妨过来走走。（《耳新》）

晚生为什么说要查查呢！（《红楼梦》第一百十四回）

只要贾二爷时常到他那里去去就是了。（《红楼梦》第一百十七回）

我倒要问问因果来去的事了。（《红楼梦》第一百十六回）

只见那一双蝴蝶，忽起忽落，来来往往，欲将过河去了。（《红楼梦》第二十七回）

（六）加强体(intensive)。重复同样的词是表示动作或历程的重叠，连用意义相似的两个词，则表动作或历程的加强。例如：

你们这和尚好没道理！由洒家叫唤，没一个应！（《水浒传》第五回）

观看之间，只见树影里一个人探头探脑，望了一望，吐了一口唾，闪入去了。（同上）

若还与了他，必然翻变。（《水浒传》第六十七回）

还没有走到跟前，他倒看见我了。（《红楼梦》第二十

七回）

这些体，除了叠动和加强是重复或连用词外，其他的则由补助词表现之。进行体和起动体的虚词加在具有动词功能的词之前，这些虚词多半还带有规定者的意味。完成体和结果体的虚词则是加在具有动词功能的词的后面的，这些虚词都是实词变来的，其本身本来可以具有动词的作用。叠动体和加强体是一类，不但用法相类，在意义上也有接近的地方。进行体和起动体是一类，用法和意思也是有关联的。完成体和结果体又是一类，同样的用法，相近的意义。但虽是一类，毕竟是不相同的。麦叶[①]以印欧语的原始语言富于"体"，而现代的语言则富于"时间"，认为后者是比较前者为进化，然而，依据汉语的历史来看，固然古代与现代的汉语都只有"体"而无"时"，但即在表"体"方面言，现代语反而是比古代语为丰富，许多"体"的用法都是现代口语中才有的。这却和麦氏的理论相反。原来麦氏虽然口口声声反对以语法的构造来说明民族思想的问题，在这个地方，他却自己堕在自己的陷阱中了。

---

① 见 A. Meillet, Linguistique historique et Linguistique génèrale, Sur; les caractéres du verbe，第 198 页。

第七章 态词

第一节 什么是“态”？

由于句中主语、动词或具有动词功能的词及宾语所生之关系，可以把动词或具有动词功能的词分为几个“态”(voice)。平常所习见的是施动态(active)与受动态(passive)的对立，及物态(transitive)与不及物态(intransitve)的对立。另外如使动态(causative)等亦是动词或具有动词功能的词的一种“态”。所谓施动就是表示动作或历程是主语所指明的主体之所施者；所谓受动，就是表示主体受了其他物体的动作或历程的影响。由主体所施的动作或历程是否能直接影响到其他的客物方面来看，动词或具有动词功能的词又可以分为及物的与不及物的二者。能直接影响其他客物的，谓之及物动词或具有及物动词功能的词，不能直接影响其他客物的，谓之不及物动词或具有不及物动词功能的词。使动态则表示主体能使其他的客物发生动作或历程。这是一般语法的情形，但不是每一语言都是如此。即以施动和受动来说，原始的印欧语言就和现代的欧洲语不同。希腊语除了施动和受动以外，还有一种自动(middlevoice)，其他的原始印欧语言则只有施动与自动，而没有受动，梵语就是一个例子。然则汉语具有动词功能的词到底有没有施动和受动的分别呢？

第二节　“受动”

第一应当记住的是：这些“态”的分别是语法上的问题，并不是逻辑上的问题。以逻辑来说，梵语也未始没有受动这种概念，不过梵语的受动意义并没有一个特殊的动词形式去表示，乃是由其他拐弯的方法把它表示出来。然而，在施动和自动方面，梵语的动词却都有其特殊的形式。所以要问汉语具有动词功能的词有没有施动式和受动式的分别，我们应当看看汉语具有动词功能的词是不是有一个特殊的词形来表示受动的意义。

自从马建忠以后，中国的语法学家大半都把汉语的所谓“动词”分为施动（或称“主动”）和受动（或称“被动”）两个形式。不过，实在说起来，马建忠的说法虽然不大正确，但后来的语法学家却愈解说愈不妙了。马建忠以为汉语的“受动字”约有六式[①]：

（一）以为所两字先乎外动者。如：卫太子为江充所败。（《汉书·霍光传》）

（二）惟以为字先于外动者。如：不为酒困。（《论语·子罕》）

（三）外动字后，以于字为介者。如：以勇气闻于诸侯。（《史记·廉颇列传》）

（四）以见被等字加于外动之前者。如：乃今日见教。（《汉书·司马相如传》）错卒以被戮。（《史记·酷吏列传》）

---

① 《马氏文通》实字卷之四，受动字四之二。

(五)可足两字后,动字概有受动之意。如:晋楚之富不可及也。(《孟子》)余不足畏也。(《史记·黥布列传》)

(六)外动字单用,先后无加,亦可转为受动。如:迫,斯可以见矣。(《孟子·滕文公下》)

这六式的分法,以表示受动的意思论,本来没有什么可批评的。但马建忠之认为汉语有"受动字"的"式",则不是我们所敢赞同的。不过马建忠有的时候也在不知不觉之中对于他自己所说的受动字加以怀疑,例如在他解释"为、所"二字之后,他说"虽施受如常,已若转为受动之意"[①],这则比较吴瀛之抄袭马建忠,而无条件的把所谓"外动字"分为"主动式""被动式"二者[②],高明得多了。

其实,只要详细地研究汉语,我们就可以看得出,汉语具有动词功能的词,实在并没有施动和受动的分别。汉语具有动词功能的词是中性的,因为汉语具有动词功能的词可以没有主语。在这种情形之下,因为主语不存在,施动或受动就很难决定,即因为其很难决定,它可以是施动,也可以是受动,完全视观点如何而定。比方说《孟子》的"迫,斯可以见矣"。"迫"的主语不存在。施动或受动,本来是以动词与主语的关系而言,这里既没有主语,就不生施动或受动的问题。如果一定要说明它的"态"的话,我们就可以说可以是施动,也可以是受动。这有点像拉丁语的非人称受动式(impersonal passive),虽是受动的形式,却也可以解释为施动。拉丁语非人称受动式之 curritur 译成法语则为施动式之 on court,然

---

① 《马氏文通》24 页。

② 《中国国文法》第四章等十节,第 49—65 页。

而这后者也未尝不可以解释为受动。话虽如此，拉丁语之curritur，以形式言，却是千真万确的受动式，而法语之 on court 则是千真万确的施动式。这是因为这两个语言的动词本来有施动和受动两个形式的分野，因此这两可的例子就可以依其习惯，照其形式，列入一"态"。汉语的"迫"字，施动也好，受动也好，都是一样的，并没有其他任何语法成分的增减，它是两可的。如果我们认为有一个人在迫人，它就有施动的意思；如果认为有人被他人所迫，它就有受动的意思了。因此马建忠解释它为受动也未尝不可以。如果有主语的话，主语和"动词"就发生了关系，它必得是施动或是受动。然而汉语具有动词功能的词并无其他任何形式的不同，而且都表示主语的动作或历程，所以都是施动的形式，不过这施动的形式有时却可以表示受动的意思。简言之，汉语是用施动的形式来表示受动的意义的，如果有此必要的话。

这句话说起来，似乎很奇怪，其实是极乎平常的道理。现在让我们把汉语表示受动意思的办法先为一述，然后再加以分析，看看这句话到底是怎样的说法。

在古文里，用为表示受动的意思者有"为"、"为……所"、"见"、"被"、"蒙"、"受"、"遭"等字。例如：

(一)为

不为酒困。(《论语·子罕》)

且君尝为晋君赐矣。(《左传·僖公三十年》)

止将为三军获，不止将取其衷。(《左传·襄公十九年》)

父母宗族，皆为戮没。(《史记·刺客列传》)

则必为天下戮笑。(《公羊传·庄公三十二年》)

妻子为戮。(《左传·文公十三年》)

管蔡为戮。(《左传·襄公二十一年》)

为齐诛也。(《公羊传·昭公四年》)

(二)为……所

赵王武臣为其将所杀。(《汉书·高帝纪》)

吾悔不用蒯通之计,乃为儿女子所诈。(《史记·淮阴侯列传》)

始皇东游,至阳武博浪沙中,为盗所惊。(《史记·秦始皇本纪》)

蓬莱药可得,然常为大鲛所苦。(同上)

微赵君几为丞相所卖。(《史记·李斯列传》)

终为之所禽矣!(《史记·淮阴侯列传》)

为汉使月氏而为匈奴所闭道。(《汉书·张骞传》)

车骑大将军邓骘为种羌所败于冀西。(《后汉书·安帝纪》)

食于道旁,乃为乌所盗肉。(《汉书·黄霸传》)

卫太子为江充所败。(《汉书·霍光传》)

(三)见

何故怀瑾握瑜而自令见放为?(《楚辞·渔父》)

百姓之不见保,为不用恩焉。(《孟子·梁惠王上》)

甚见亲信。(《汉书·霍光传》)

且夫臣人与见臣于人,制人与见制于人,岂可同日道哉?(《史记·李斯列传》)

盆成括见杀。(《孟子·尽心下》)

其见敬礼如此。(《汉书·汲郑列传》)

蔡侯其见获乎?(《穀梁传·庄公十年》)

随之见伐。(《左传·僖公二十年》)

公见弃也而视之尤。(《左传·襄公二十六年》)

然而甚者为戮,薄者见疑。(《韩非子·说难》)

(四)被

错卒被戮。(《汉书·酷吏传》)

被污恶言而死。(同上)

身被重劾。(《汉书·张敞传》)

汉淮南王谋反被诛,亦云得道轻举。(张华《博物志》)

钩弋夫人被杀于云阳而言尸解柩空。(同上)

皮袋被贼盗去。(《朝野佥载》)

后其家被焚,遂付煨烬。(《庚巳编·古铜鸭盆》)

童子项芳屡被赏识。(《茗斋杂记·彭氏旧闻录》)

常被老元偷格律。(白香山诗)

弟子名中被点留。(王仲初诗)

(五)蒙

数蒙恩贷。(《汉书·张敞传》)

昔日深蒙救命,聊以奉贶。(干宝《搜神记》)

昨蒙宴赐,不觉果然,革条为之迸绝,故有声耳。(《癸辛杂志》前集《赵温叔》)

(六)受

受械于陈。(《汉书·张禹传》)

受命以来,夙夜忧叹。(诸葛亮《出师表》)

受知固不易,知士诚尤难。(欧阳修诗)

臣不任受怨。(《左传·成公三年》)

武受赐矣。(《左传·昭公一年》)

是重受吊也。(《左传·昭公十年》)

父受诛。(《公羊传·定公四年》)

(七)遭

使求遭丧之礼以行。(《左传·文公六年》)

寡君少遭闵凶。(《左传·宣公十二年》)

又有朝聘而遭丧之礼。(《左传·哀公十五年》)

是遭丧而还也。(同上)

(八)遇

达尔兰遇刺殒命。(三十一年十二月廿六日《实报》)

这些字和另一个具有动词功能的词合用,就表现出受动的意思。然而,我们试研究看它们本身到底是不是受动式。《左传·昭公十六年》云:"宗周既灭。"这里"灭"的意思明明是"被灭",然而却没有任何表示受动的字眼。这证明在古代语中,没有用其他的词,如"为"字等,也可以表示施动与受动的意思。换言之,同样的词,在古代汉语中都是两可的,其为施动或受动全视说话的环境来表示所说的话的意义。以独立的词来说,并无施动受动的形式的分别。至于加"为"字之所以能表示受动的意思者,乃是一种转弯的说法,并不是受动式的词形变化。"为"字,我们已经说过,是一个系词,其作用虽类于英语的 verb to be,但两者并不相等①。上面所举的"妻子为戮",以语法的结构来说,其实就和"妻子为奴"是同样的。不过"奴"字是具有名词功能的词,而"戮"字的意思则是"受戮之人",有点类似英语之 He is the beheaded。原来就是按照欧洲现在的语言说,一般语言学家已经不承认有施动和受动的动词

① 参阅第三编第九章第三节(三)。

形式的分别[1]。古旧的印欧语,如拉丁,其动词有施动和受动的分别,因为受动的动词是有特殊语法形式的。如拉丁之 amo(我爱)是施动式,amor(我被爱)是受动式。然而现在的欧洲语,如法语、英语都没有这种形式,都是用另外的转弯来表示,法语之 Il est trompé(他被骗)是用系词 est 和 tromper 之过去分词 trompé 的结合来表示的。trompé 其实有形容词或形容词而用为名词的性质,因为如果主语是阴性的话,我们得用阴性的词尾加在其上:elle est trompée。这过去分词有时是表示过去时的,完成体的,不见得是动词的受动式。汉语的"为"字在这个地方,恰好是一样的情形。它是系词。不过汉语具有动词功能的词在这个地方却没有任何的变化;虽然没有任何的变化,它却表示受动的意义。这种用法是先秦所特有的,后来的文献里就在具有动词功能的词之前加上一个"所"字,形成了"为……所……"的形式。这形式在先秦不多见,不过《礼记·檀弓》却有一个例:"世子申生为骊姬所谮。"在汉朝则兴盛起来。《史记》用这形式多得不可胜举。后来所以有这形式也就是因为只有"为"字不够明显的缘故。"所"《说文》训为"伐木声",这当然是另外一个词。"所"有"场所"的意思是大家所知道的。这"场所"可以是动作或历程所发生的地方。《史记·秦始皇本纪》的"自是后莫知行之所在",这"所"字就是表示动作或历程所发生的地方。由"场所"则引申比较更泛的意思,即指一切动作或历程所发生的对象,不仅是空间上的场所。这是"所"字所以有表示对象意思的由来。例如:

---

① 方德里耶斯说:"施动动词与受动动词之分别,在大部分之印欧语中,乃是虚幻乌有的,因为受动差不多都不是施动之反面。"这是代表。语见 Vendryès, Le langage,第二部,第二章第 122 页。

陛下神灵明圣，平定海内，放逐蛮夷，日月所照，莫不宾服。……事不师古而能长久者，非所闻也。……饰虚言以乱实，人善其所私学，以非上之所建立。……臣请史官非秦纪皆烧之，非博士官所职，天下敢有藏诗书百家语者……所不去者，医药卜筮种树之书……。(《史记·秦始皇本纪》)

这里的"所"字都是表示动作或历程的对象。由此而引申出受动的意思是很自然的。不过，这里只是有此意思而已，却并非动词身上有受动的形式。"卫太子为江充所败"(《汉书·霍光传》)，这里的"所败"，正如马建忠之所言"犹云为江充所败之人"[①]。"为"仍是系词。这种表示方法已较古时之仅用"为"字，清晰得多。然而却并不是什么动词的受动式。其他的字更容易明白。"见"字本身就是一个具有动词功能的词，而且是施动式的。"其见敬礼如此"，"见"字其实是具有施动动词功能的词，意为"他见到人家的敬礼，到这个田地"，"见"字明明是具有动词功能的词，而且是施动的。"被"字也是如此。"被"在古代多半是用作具有动词功能的词的，有"披被"的意思。《左传》中一共有十个"被"字，没有一个不是这样用而表示"披被"的意思者。例如："被发及地。"(《成公十年》)《公羊传》和《穀梁传》的"被"字也没有一个不是这样用的。"被"字之用为表示受动者也是后起的，但却没有损失其具有纯粹动词功能的词的意义。《复斋日记》的："君被命出使"，《舌华录》的："及玄被桎梏"，这里的"被"字就难说明到底是具有纯粹动词功能的词或是用以表示受动的具有动词功能的词。其实"汉淮南王谋反被诛"的"被"字也就是一个具有施动动词功能的词，这句话的解释是：

① 《马氏文通》实字卷之四，第 23 页。

"汉淮南王谋反,他披被了(或背负了)诛的责罚(或他人的诛杀)。"是施动的形式却表示着受动的意思。"受"字、"蒙"字、"遭"字更是明显。"受"本来是具有施动动词功能的词,它有"接受"的意思。"父受诛",当然有"父亲让人家杀了"的受动的意思,但这个句子的构造却是施动的,这句话的意思是:"父亲接受了人家的杀"。这正如法语之 Il a reçu la punition 一样,是施动的形式,却表示受动的意思。"蒙"字、"遭"字也是如此,我们也用不着来解释了。

马建忠还以为加介词"於"字于"外动字"之后者,亦是受动字之一式。这原因也甚容易明白。"於"是表示"空间"、"时间"或其他关系的虚词,在具有动词功能的词之后加上一个"於"字,如《孟子》之"治於人",这正表明这个动作是和这"於"字所介绍的具有名词功能的词有关系的。"於"字本来只表示动作或历程所发生的一个地点,而且是泛指的。它只表示动作或历程与其所介绍的具有名词功能的词有关联,但没有说得明白是哪一个方向的关联。比方说,"出於水"和"入於水",这两个"於"字译成法语,前者是 de,而后者是 dans,两者方向正相反,然而汉语却可以用同样的"於"字表示之。原因是因为"於"字是泛指动作或历程是发生在某个点上,并没有说明白其和这个点是怎样地关联。de 也好,dans 也好,这动作都是发生于水。"破于陈涉"的"於"字也是这样的用法。这个"破"的动作来自陈涉,发生于"陈涉"。由此而表示受动的意思,却是很自然的转弯。不过,"破"字却并不是什么受动式。"兵破于陈涉"实在应当解释为"军队,有破的动作自陈涉而来"。把这两个事实排在一起,就表示出前者是受动的主体。然而,以语法的形式来说,"破秦"和"破于陈涉"的两个"破"字都是一样的,两者都是施动,并没有受动的形式。不过这种说法已不存在于口语。

马建忠又以为可足两字后，“动字”概有受动之意。这又是一个可以怀疑的例子。原来“秦晋之富不可及也”的“及”字本来无所谓受动式，因为施动的“及”字也还是这个“及”字，何况这个句子也可以解释为“秦晋之富，吾人不可及也”。古汉语具有动词功能的词往往是没有主语的，“吾人不可及也”又是可以通的句子，而“及”字到处都只有一个形式，我们很难说它是受动。要知道这一类的句子如果要译成法文，则宁可用施动式：on ne peut pas arriver aux mêmes richesses que celles des Ts’in et des Tsin。不过，这一类的说法在现在的口语中也是不存在的。

现代口语或白话文之用以表示受动的意思者，有“被”、“给”“让”、“教”、“著”等。例如：

(一)被

那后生被杨志挥刀一斫，只见头随刀落。(《大宋宣和遗事》)

笼内金珠，宝贝，缎匹等物尽被那八个大汉劫去了。(同上)

你若求佛，即被佛魔摄；你若求祖，即被祖魔摄。(《黄蘗断际法师苑陵录》)

他的度牒也被追了。(《京本通俗小说·菩萨蛮》)

我一个身子被他骗了。(同上)

看那草房被风一煽，刮刮杂杂烧起来。(《水浒传》第四十五回)

祝彪抵当不住，急勒回马便走，早被杨雄一朴刀，戳在马后股上。(《水浒传》第四十六回)

你的妾被别人拐去，是我看见。(《好逑传》第八回)

这两天都被我赶出去了。(《红楼梦》第九十回)

被李克用赶杀。(《五代史平话·唐史上》)

不敢过去推门,恐怕又被人捉住。(《骆驼祥子》第138页)

(二)给

好人给坏人挤得没有路走啦!(《少奶奶的扇子》第一幕)

看看到底儿子叫人家给打坏了没有。(《二马》第438页)

不然,自己的脑袋早晚是叫人家用砖头给打下来。(同上)

妈的,铺子叫人家给砸了,还有希望?(《二马》第445页)

出名的闯祸精忽然会给她迷住了。(《少奶奶的扇子》第一幕)

给你一打岔,我算错了。(《好儿子》剧本)

今天可给我候着了!(同上)

回来给他们说:"嫁了丈夫,还弄得穷鬼似的!"(同上)

你赚了钱,总应交给自己的媳妇,瞒住妈妈,不要给妈妈看见,妈妈养儿子娶媳妇,是专为替媳妇当老鸦头的!(同上)

万一把那件事情给他们晓得了,不知怎样惊叹咧!(《月下》剧本)

(三)让

我们的心还是别让人家修,还是我们自己修修罢。(《回家以后》剧本)

就让冯畏走过听见,也不至于生气。(《第二梦》剧本)

别让人家说你一回家就使大家不安。(《回家以后》剧本)

(四)教(叫)

脸教他给丢净！(《骆驼祥子》第 177 页)

六十九岁的人了，反倒聪明一世，胡涂一时，教一群猴儿王八蛋给吃了！(《骆驼祥子》第 170 页)

好容易运来个中国教徒，好容易！叫亚力山大给弄成醉猫似的！(《二马》第 190 页)

(五)著

不著佛求，不著法求，不著众求，当何所求？(《黄蘗断际法师苑陵录》)

(六)吃

吃我把话来侵他的底子，那猪狗便打我一顿栗暴。(《水浒传》第二十五回)

猫儿也不吃你打了。(《水浒传》第二十七回)

小弟不肯让他，吃那厮一顿拳脚打了。(《水浒传》第二十八回)

二年前有个头陀打从这里过，吃我放翻了。(《水浒传》第三十回)

这些字眼之中，“被”是宋元的白话文中最常用的，可以说是古文所留下来的痕迹。就是在表示受动的情形下，“被”也还是一个具有施动动词功能的词。这更可以由口语中看得明白。“我被他骗了”这句话，在口语中可以说成“我被了他骗了”，或“我被了他的骗了”。“被”下的“了”字是完成体的虚词，表示“被”具有动词的功能。“给”字本来是带有“给予”意思的词。就在现在的口语中，我们还把它当做“动词”用。如：“我给他一本书。”当它表示受动的意思时，它仍不失其为施动的形式。我们说“我给他打了”，这句话实在是：“我给了他来打我的机会”。受动的意思是从“给予”的意思转过来的。这可以由其他的方言来证明。福州话，要表示受动的意思时，就说“乞”(k‘øyk)，如：ŋuai k‘øyk i pieŋ lɔ(我乞伊骗啰——我给他骗了)。然而这“乞”字却同时有“给予”的意思：ŋuai k‘øyk i siɔk tsiek p‘ui siɔŋ(我乞伊蜀只皮箱——我给他一个皮箱)。上海话也是如此。ŋu pɛ² nuŋ ke-kə pi pao(我给你这个皮包)，其中 pɛ² 表示“给予”的意思，然而表示受动的意思的也是这个 pɛ²，例如：ŋu pɛ² i taŋ lɔ(我给他打了)。四川语也有这种情形。la-ken 可以表示“给予”，也可以表示受动。可知以“给予”的意思转过来来表示受动的意思是汉语的一般现象。不过，这是就意义而言，实则这些带有“给予”意义的词都是施动的。“让”和“给”的意思本来就很接近。“让予”和“给予”都具有动词的功能，而且都是施动的。“著”和“被”又是一类，两者意思相接近。总之，在口语中，受动的意思也都是由施动的形式来表出之。我们实在可以说一句：汉语具有动词功能的词并没有受动的形式。

第三节　“内动”和“外动”

及物动词马建忠谓之“外动字”，不及物动词，马建忠谓之“内动字”。马建忠给“内动字”的定义是：“其动而仍止乎内也，曰内动字。”①他给“外动字”的定义是：“其动而直接乎外也，曰外动字。”②这种定义未免太空泛。内外的分别实在不能说明 transitive 和 intransitive 两个术语，因为前者的动作或历程固然是达于外，而后

① 《马氏文通》实字卷之四，第一页。
② 同上。

者的动作或历程却不见得非"仍止乎内"不可。英语 I speak to him 的 speak 却明明是对 him 而动的。其实西洋人之分别 transitive 和 intransitive 乃视动词的宾语的格位如何而定。宾语之为直接役格(accusative)者,其动词则称之曰 transitive,表示动作或历程之影响直接达及事物;宾语之为间接役格(darive)者,其动词则称之曰 intransitive,表示动作或历程之影响不能直接达及事物。不过,直接役格和间接役格的分别,却在乎词尾的变化。古代印欧语的动词,它的宾语是一定的,不是直接役格,便是间接役格,而且不能混用。所以,一个动词不是及物动词就是不及物动词。然而这词尾的变化在大部分的现代欧洲语中已不存在。一般语言学家正在争论英语之 accusative 和 darive 是否还有分别的必要。不过,在现代的欧洲语中,如果直接役格和间接役格已无词尾的变化,后者和动词合用时却非加上介词不可。汉语在这一点上却又不同。汉语本来就没有纯粹的介词①。"我进城"和"我进到城里"都是用"进"字,我们绝不能说前一个"进"字是"及物动词"而后一个"进"字是"不及物动词"②。

也许我们可以依照方德里耶斯的办法,认为有宾语的动词就都叫做及物动词,没有宾语的动词的就叫做不及物动词,不管后面是否有介词③。不过,就是如此,汉语的词也很难说是有及物和不及物的分别。首先,汉语就没有具有形态变化的动词,其次,汉语具有动词功能的词既可以当作及物用,也可以当作不及物用,不若

① 关于汉语的介词问题,参阅第三编第四章。

② 关于及物与不及物动词的问题,我们在第一编第二章也曾提过一些意见,读者可以互为参考。

③ 见氏所作 Le langage,第二部第二章第 126 页。

西洋语之及物动词绝不能没有宾语。我们可以说:“我说了”,也可以说:“我说一句话”,不若英语之在前一情形必得用 speak, spoke, spoken,而在后一情形必得用 say, said 加宾语。当然,我们也可以说在前一情形之中,“说”字是当做不及物动词用的,而在后一情形之中,它是当做及物动词用的。然而这不能证明“说”字本来有及物或不及物的特性,也不能证明它到底本来是及物或是不及物。这里我们可以看出:为什么王力把汉语的词分为本性、变性,而认为汉语的动词本有内外之分,这内外又可以因情形之不同互相变用的说法,是有困难的。比方说,他认为“内动词”(即不及物动词)后加宾词者,变为“外动词”(即及物动词)。例如:“小子鸣鼓而攻之可也”,“今我逃楚,楚必骄”[①]。他以为“鸣”和“逃”本来是“内动词”,因为后面加了宾语,就变成“外动词”。这其实是倒果为因的说法。原来我们所以知道一个词之为“内动”或“外动”,完全是看它后面可以不可以加宾语。“鸣”“逃”既可以有宾语,又可以没有宾语,可知其本身本无内外之分。即因其本无内外之分,它才可以既可以有宾语又可以没有宾语。此理至明,无奈国人受了西洋通俗语法书的影响,成见在胸,乃预先假定汉语具有动词功能的词必得有内外之本性,所以便将张冠李戴。此乃一般人的共同看法,不只是王力一人,而王力却在别人之前放弃了这一主张,这是他的一种认真态度的表现。

要之,汉语具有动词功能的词本无及物和不及物之分别。当它存在于具体的命题或句子里头的时候,它既可以是及物的,又可以是不及物的,完全视实际的情形如何而定。同样的词在汉语中

---

① 《中国语文概论》第 52 页。

往往可以两用。例如：

宰予昼寝。(《论语·公冶长》)

寝其女于帐中。(《北史》)

坐中皆大笑。(《舌华录·谐语》)

以五十步笑百步。(《孟子·梁惠王上》)

帝发视之,大恸而止。(《剪胜野闻》)

以鸲鹏为膳,可以止妒。(《山海经》)

既生既育。(《诗·邶风·谷风》)

生财有大道。(《礼记·大学》)

若爱重伤,则如勿伤。(《左传·僖公二十二年》)

人伤尧以不慈之名。(《吕氏春秋·举难》)

我们实在可以说:汉语的具有动词功能的词在这一方面都是中性的。

第四节　"使动"

如果汉语具有动词功能的词没有及物和不及物的分别,这并不是说汉语也没有"使动"这个语法形式。不过不是用词形变化,而是用虚词来表示罢了。"使动"在原始印欧语有其特殊的动词词尾的变化。这词尾变化虽不存在于现今大部分的欧洲语,但现今大部分的欧洲语却有新的形式来表示"使动"的意思。在英语是用虚词 let,在德语是用虚词 lassen,而在法语则用虚词 faire(I let him go,ich lasse ihn gehen,je le fais partir)。这些新形式已不是动词的使动式,但却是表示使动的语法成分的一种。在汉语中,也是用虚词的。古文中,用"令"、"使"等,而在口语中则用"叫"、

"让"、"教"等。例如：

欲令众山皆鸣。(《舌华录·清语》)

山川自相映发，使人应接不暇。(同上)

竢熟睡，吾针之，勿令患者知。(《蓬窗类记》)

以使相判江宁府。(《京本通俗小说·拗相公》)

粘罕使张邦昌受伪命即位僭号楚。(《大宋宣和遗事》)

庆既令居。(《诗·大雅·韩奕》)

二乃不叫你失了晓。(《水浒传》第四十四回)

原来这贼秃日常时只是教师哥不时送些午斋与胡道。(同上)

好教教授得知……。(《京本通俗小说·西山一窟鬼》)

来日教陛下入京城安抚上皇。(《大宋宣和遗事》)

又要保佑人家病痛，都叫他速好。(《红楼梦》第二十五回)

又要管人家的婚姻，叫他成就。(同上)

使信以为真，让宝钗去远，便拉坠儿道。(《红楼梦》第二十七回)

令吾身常自在云泉之内。(《舌华录清语》)

我看他一喜欢，就弄点酒什么的，让他喝个痛快。(《骆驼祥子》第104页)

事情的确是不好办，但是总有个缝子使他钻过去。(同上109页)

古文里还有一个表示使动的方法，就是在具有动词功能的词不能表示主体的动作时，把它加在宾语(其实是兼主语兼宾语的)上，去表示主体使宾语所指明的物体实行这词所指示的动作。例如："吾欲饮君。"这里"饮"不能是"吾"的"饮"，因为我不能喝你，不能把你当作酒来喝；这里的意思是我使你饮酒，我叫你饮酒。这一类的例子，在古文中很多，无妨举其一二：

主孟啖我。（《国语·晋语》八）

吾来里克，一日而已。（同上）

走白羊楼烦王。（《史记·卫青传》）

有的时候，具有动词功能的词和宾语的结合是有意义的，但也可以表示"使动"。在这种情形之下，常常有被混的危险，只好从上下文的意思来分别它。例如：

今尊立其子，将疑众心。（《后汉书·张步传》）

吴王反，欲从闽越，闽越未肯行。（《史记·东越传》）

不过，这只是按照其意义来说。我们可以说在这个地方，汉语具有动词功能的词，带有"使动"的意思，却没有"使动"的语法形式。而且，这种现象在现代口语中已不存在。

汉语中还有一种分合使动式。

分合使动式，即可以分开或合用的两个成分所结成的具有动词功能的词，当其合用时，表示使动的范畴，而当其分开时，则表示主体有某种动作或历程，这动作或历程的结果能使客体发生其他的动作或历程。第一个成分表示主体的动作或历程，第二个成分则表示客体因主体的动作而生的结果。比方说："我打死他。"在这句话中，"打死"是两个合用的成分，然而实际上只能看做一个词，一个具有动词功能的词。它带有使动的性质，因为它表示一个能使"他"死的动作。如果我们说："我打他死"，这里的两个成分是分开用的，意思是"我打，他死"，"打"的动作是"我"所发的，这个动作的结果，是"他死"。不过，依语法的结构来说，"他"字似乎仍是

“打”的宾语，“死”表示结果，意即这种“打”是可以致死的打，所以实在说起来，仍是一种结构。不过因为两个成分可以分用，又可以合用，我们就称之曰：分合使动式。

戴遂良称这种词为 verbes modificateurs，他又把“说完了”、“看中了”等归入这一类[1]。其实“打死”可以分用，而“说完”却不容易分用，即从意义的立场来说，“打死”的死是客物的“死”，而“说完”的“完”仍是主体的动作，如果把它看做动作的话，所以这是两回事，不能混为一谈。“完”和“中”等都是表示“体”的虚词，不属于分合使动式的一类。我们已经在讨论“体”的一章中提及[2]，现在不必再多说了。

分合使动词在口语中，常常可以看到。下面是几个例子：

一时见财起意，杀死丈夫，劫了钱。（《京本通俗小说·错斩崔宁》）

不知因甚缘故，将女婿斧劈死了？（同上）

喝一声“不是我，便是你，”两斧劈倒。（同上）

那两间草厅已被雪压倒了。（《水浒传》第九回）

若不是倒了草厅，我准定被这厮们烧伤了。（同上）

肐察的一枪，先搠倒差拨。（同上）

原来这婆娘自从药死了武大，那里肯带孝？（《水浒传》第二十五回）

武松奔上前去，望那一个走的后心上只一拳打翻。（《水浒传》第二十九回）

---

① Chinois Parlé, Manuel, pp. 75—78。

② 参阅第二编第六章。

我一头碰死了，也不出这门儿。(《红楼梦》第三十一回)

他没撕折了手，叫他自己搬去。(同上)

两拳打翻两个小喽啰。(《水浒传》第四回)

我赶走他。(《第二梦》第二幕)

第五节　“将”与“把”

在这里还有一个附带的问题可以讨论的。即：一般西洋人往往以为汉语有一两个虚词，如“把”、“将”等，是专门表示“及物动词”的宾语是 accusative，而这宾语是放在“动词”之前的。例如：“我把他打了。”其实不然。我们知道“将”和“把”都是“拿”、“握”的意思。《太平广记·杜子春传》：“将军者后来，引牛头狱卒奇鬼神，将大镬汤，而置子春前。”这里的“将”字就是“拿”的意思的。《战国策·秦策》：“无把铫推耨之劳，而有积粟之实。”这里的“把”字也是具有动词功能的而有“握”的意思的。其实“将他丢在河里”的“将”和“把他打得半死”的“把”都还具有动词的功能，这两句话的意思是“拿着他，丢他在河里”，“拿着他，打得他半死”。只是把第二个宾语省略了。一个旁证是福州话的说法。表示这一类的句子，福州话则用 niek li(拿来)，例如：køyŋ i niek li p‘a puaŋ si(共伊拿来拍半死——把他打得半死)。这其实并不是什么表示 accusative 的虚词，乃是具有动词功能的词，因为用惯了，意义淡了下来，就当做普通着重的说法，和英语 I do strike him 之 do 是一样的用法，我们却不能说英语之 do 是表示 accusative 的虚词。

第八章 欲词与愿词

第一节 “将来时”问题

上面曾经说过，汉语具有动词功能的词并没有时间的分别。我们又说一般人所谓的过去、现在和将来，都是一种误会。我们又把一般人所谓的表示过去和现在的虚词加以分析，认为实在只是表示完成体或进行体。然而我们却撇下一般人所谓的表示将来的虚词，没有说明。现在却非加以解释不可了。

汉语具有动词功能的词，无论是表明过去，或是现在，都没有任何必得加上去的形式，所以并没有过去和现在的语法形式。然而在表示类似将来的意思时则多半要加上“将”、“要”等类的字眼，如孟子之“今人乍见孺子将入于井”，《水浒传》之“杨志却要辰时动身，申时便歇”。这是不是说汉语具有动词功能的词虽然没有过去和现在的语法形式，却有将来的语法形式？

其实在这个地方，“将”或“要”的运用当然表示某种语法意义。但却不是“将来”。我们知道动词之有时间范畴，在近代欧洲语才特别的发展；原始印欧语却富于“体”，而缺乏“时间”。然而就是在近代欧洲语中，时间的范畴虽是有的，却不见得有将来时和过去时、现在时的绝对的对立。换言之，在近代欧洲语中，过去和现在的对立,是很清楚的,各有各的形式。但将来时的形式却不清楚。比方说,现代的法语,过去时和现在时的对立是很清楚的,然而一般通俗语法学家所谓的将来时却是很可怀疑的[①]。法语动词的过去和现在都是由拉丁语直接继承下来的,可是拉丁语的将来时却不存在于法语。在这一方面,法语是用动词原式(infintive)和verb to have(avoir)的结合来表示的,而这 avoir 在各人称之中却都是用现在时的。Je chanterai 的 chanterai,其中 chanter 是动词原式,-ai 是第一身之"有"。严格说起来,这只是用现在时的形式去表示将来的意义,而并没有实在的将来时。日耳曼的语言更是明显。德语动词的过去时和现在时明明白白的对立着,然而德语表示将来的意思时,则用动词 werden 加所要表示的动词的 infinitive,如 ich werde gehen。werden 是以现在时的形式出现于各不同的人称之间。这实在也是用现在的形式去表示将来的意义的。英语更是有趣。一般人所谓将来时,在英语是用动词 will,shall 加所要表示的动词的 infinitive,如 I shall go,he will come。shall 和 will 都是用现在时的形式,然而英语的过去时,则有其特殊的语法形式。最令我们奇怪的,即这些字眼都有"欲求"的意思,英语的 will 本来就训为"欲求"。这是何故?

原来将来时之所以模糊不清者是因为将来这个概念在思想上本来就是不大清楚的,不若过去和现在那样的来得明晰。将来是还没有实现的,如果说将来有某某事情发生,这可能只是我们的预见,只是我们的希望,只是我们欲其如此,换言之,只是我们的欲

① 参阅 Meillet, Linguistique historique et linguistique générale, Sur les caractéres du verbe pp. 181—182。

求，并不是实在的事实已是如此，因此，有的语言就用带有“欲求”意义的字眼去表示将来。严格地说起来，这到底是不是表示将来的意义都已成为问题，因为既和过去与现在没有一个对立的形式的分别，而和表示“欲求”又有相通之处，实在就可以认之为一种表示未定事素(eventuality)的语法形式[1]。

这种意见可以用普通语言学的原则来支持。多数的语言表示愿望、欲求的语法形式往往是和表示将来的语法形式相同的。比方说，泰语相当于西洋语的将来时，西洋语的虚拟式(subjunctive)，西洋语的条件式(conditional)的都用จะ(tcha)这个虚词。虚拟式，条件式都是表示未定的事素，事情还没有实现，只是想象其如此而已。

一般人所谓的汉语具有动词功能的词的将来时也刚好是同样的情形。“将”、“要”等都是表示未定的想象的事素，是我们所欲求的，并不是事实已是如此。这些虚词可以作为表示所谓“将来时”之用，也可以用以表示条件式、虚拟式，我们实在可以不必称之曰“将来时”。

第二节 欲词

要明白这个道理，先从口语或白话所用的“要”字说起。

“要”，《说文》训为“身中也”。这很明显的就是后来写作“腰”

---

① Vendryès 认为 Eventualité 包括将来时。其实汉语的所谓将来时又和西洋语的将来时不同。西洋语的将来时，虽是表示未定事素之一种，但却总有其特殊的形式，不过这形式和现在时及过去时的结构不同而已。汉语则根本没有将来时的形式，只有将来的意义而已。参阅：Vendryès 氏 Le langage p. 179。

的本字。就是在后世的文献里也还有用“要”表示“身中”的，如明郑瑄的《昨非庵日纂》就有：“后廷尉验治，乃貌似太子，冀得富贵者，要斩之。”不过，这乃是学古的办法，实则后来的“要”字已不用在表示“身中”的地方。表示“身中”的“要”字是另外一个词，和我们所讨论的虚词“要”只是同文，不是同语。《广韵》有两个“要”：一入宥韵，训为“俗言要勒。《说文》曰身中也，像人要自由（段玉裁改为臼）之形，今作腰”。一入笑韵，训为“约也”。前者“于霄切”，后者“于笑切，又于招切”。我们知道“约”字《广韵》也是“于笑切”。这两个字不但意义相同，发音也是一样的。大约这两个字当初是同一个词。“要”字古文里尚有“必要”的意思，大约“要”的原始意义是“契约”的“约”，契约是必得履行的，因而又有“必要”的义训；按契约而追索，于是乃有“俗言要勒”的意思。要勒的“要”，《广韵》虽列入下平声，但口语“要账”之“要”却是去声。“欲求”的“要”也正是由此而来。无论如何，“要”之有“欲求”的意思是世人所共知的事实。六朝时即有此用法。例如干宝的《搜神记》，即有下面的句子：

太子莫不要却生否？

扁鹊出门语臣云，莫要太子生否。

后来的文献里，用“要”去表示“欲求”的更多，例如：

文官不要钱。（《宋史·岳飞传》）

还要《菩萨蛮》。（《京本通俗小说·菩萨蛮》）

教授既是要这头亲事，却问干娘觅一个帖子。（《京本通俗小说·西山一窟鬼》）

将军不可如此迫佗，北国皇帝要四人活的朝见，公事不小。（《大宋宣和遗事》）

新同知到来，要你文字。（同上）

不讨价，实要五两银子。（《水浒传》第三回）

贤弟但要银子使用，只顾来问我讨。（《水浒传》第三十七回）

忽然心里想要鱼辣汤吃。（同上）

因为我娘要水吃，我去岭下取水，被那大虫把我娘拖去吃了。（《水浒传》第四十二回）

要紧要慢，都随着戴宗行。（《水浒传》第四十三回）

宝玉听了，便挨向凤姐身上，立刻要牌。（《红楼梦》第十四回）

婶娘要什么东西，分付了，开个帐儿，给我兄弟带去。（《红楼梦》第十六回）

一定就是龄官要什么，他去变弄去了。（《红楼梦》第三十六回）

在哪个僻静的地方也能要祥子的命。（《骆驼祥子》第108页）

祥子要了四两白干。（《骆驼祥子》第109页）

拉座儿，给他卖多大的力气，临完多要一个子儿都怪难的。（《骆驼祥子》第119页）

寿桃上要一分儿八仙人。（《骆驼祥子》第158页）

这些“要”字都是表示“欲求”，而当作具有动词功能的词用的，后面都有个具有名词功能的词，作为宾语。如果把这“要”字放在其他具有动词功能的词之前，“要”字就变成一个语法成分，代表一个语法意义，但这当作语法成分用的“要”字也显然是从具有纯粹动词的功能的词“要”字来的，而且意思是一样的，不过前者所要的对象是事物，而后者所要的对象是动作或历程罢了。这样用法的“要”字，例子很多：

有陈州通判宋邦杰，见在门首，要见都巡。（《大宋宣和遗事》）

天府狱囚画押在幕次断决，要使狱空。（同上）

小官娶得肃王小女为妻，要见皇后。（同上）

你当初要杀我，我今日如何放得你？（同上）

那时刘鄩伏兵，要陷晋王，又不能成功。（《五代史平话·唐史上》）

怎知道赵德钧自有反叛的心，要乘乱图取中原。（《五代史平话·晋史上》）

我从前要寻这个人……明日要这个人入府中来。（《京本通俗小说·碾玉观音上》）

待要赏新荷，争知疾愈么？（《京本通俗小说·菩萨蛮》）

我只要嫁个读书官人，更又兼没有爹娘。（《京本通俗小说·西山一窟鬼》）

口口声声只要嫁个读书官人，却又没这般巧。（同上）

学生子都来得早，要拜孔夫子。（同上）

要往江宁。（《京本通俗小说·拗相公》）

要往褚家堂那边去的。（《京本通俗小说·错斩崔宁》）

范汝为几遍要夺门而出，都被官军杀回。（《京本通俗小说·冯玉梅团圆》）

却才那个要出家的人，形容丑恶，相貌凶顽，不可剃度他。（《水浒传》第三回）

你两个要打洒家，俺便和你厮打！（同上）

三个人都急要走时，惊得呆了，正走不动。（《水浒传》第九回）

却待正要来请先生到敝庄商议几句话。（《水浒传》第十三回）

他两个那里要吃甚东西！（《红楼梦》第十五回）

谁知李公子执意要娶他女儿。（同上）

赌气偏要退定礼（同上）

我说要行就行。（同上）

待要问他，又不好问的。（《红楼梦》第二十六回）

我何尝不要送信儿！（同上）

他不由得要哭起来。（《骆驼祥子》第106页）

他要看看那辆车。（《骆驼祥子》第121页）

他要静静的独自想一想。（《骆驼祥子》第122页）

祥子又要去按电铃。（《骆驼祥子》第130页）

这些“要”都可以译成文言文的“欲”。事实上，这种情形在文言文中，都是用“欲”的。例如：

太原人夜失火，出物，欲出铜枪，误出熨斗。（邯郸淳《笑林·太原人》）

耆子员亡，将奔吴；至江上，欲渡无舟。（《高士传·江上》）

欲采仙药。（张华《博物志》）

惠帝常与赵王同寝处，吕后欲杀之而未得。（《西京杂记》）

时有州人姓玄名石好饮酒，欲饮于希家。（《搜神记》）

奴与妇欲谋杀然。（《搜神后记》）

鰌鱼自欲生者，亦更相撞触。(《异苑》)

“要”和“欲”韵母虽异，声母却相同，是同一类的。这里的“要”、“欲”显然是用以表示欲求的，我们无妨称之曰：“欲词”(desirative)。“要”之表示欲求者，有时也可以用以表示将来。例如：

只怕要来村里缉捕恩人。(《水浒传》第三回)

明日是一定要走的了。(《红楼梦》第十五回)

小风吹过，似一种悲叹，轻轻的在楼台殿阁之间穿过，像要道出一点历史的消息。(《骆驼祥子》第105页)

红得像要落下来的果子。(《骆驼祥子》第116页)

东伦敦的工人要来拆你们的铺子？(《二马》第432页)

你要把我急死，马威！(《二马》第433页)

然而这只是因为将来也是未定的事素，也可能是我们所欲求的事素，因此，表示欲求也就附带地表示了将来。其实像这一类的句子，我们也就很难决定它们是否带有将来的意味。至多我们只能说，这将来的意思是次要的，而且是附属于欲求的意思之内的。更当注意的，即欲光光叙述将来的事情，汉语却不见得是非用“要”字不可，反之，多数的情形是不用任何特殊的语法成分的：

过两天，你就先去一趟。(《骆驼祥子》第187页)

咱们一搬回去，管保挺起胸脯，谁也不敢斜眼看咱们。(同上)

就是他明日有人来要我，寻到我家，也须有个下落。(《京本通俗小说·错斩崔宁》)

贾赦过来问道，明日二老爷去不去？(《红楼梦》第九十三回)

不知日后谁家的女孩儿嫁他？(《红楼梦》第九十三回)

请教授权在我家宿一宵，明日却再计较。（《水浒传》第十四回）

比及今日寻个死处，不如日后等他拿得著时，却再理会。（《水浒传》第十六回）

此妖星既出，不可禳谢，远则三载，近则今岁，主有刀兵出于东北坎方旺壬癸之地。（《大宋宣和遗事》）

我们所以知道其为将来，乃是照上下文及其他规定者的意义上看出来的。这些句子里并不用“要”字，可知“要”和将来时的表示只有偶然的关系，而没有必然的关联。“要”表示欲求，欲求未定事素之实现，将来亦是未定之事素，因此，“要”也就和将来有相通之处。然而欲求也可以是发生于已往，如是，就和将来不相及，而将来的事素有时也不是在欲求的范畴之内，因此，将来有时不必用“要”。不过，在这个情形之下，汉语则并没有任何的语法形式去表示，有时虽然有“以后”、“日后”、“明日”、“将来”等，但这些只是规定者。它们都是实词，都有其特殊的语义。如果将来的意思是由它们表示出来的话，这也只是语义学的问题，而不是语法学的问题。总之，从语法的角度来看，汉语的具有动词功能的词并没有“将来”的形式，而一般人所谓的表示将来的虚词“要”，其实是表示欲求的“欲词”。

第三节 愿词

“要”字不但是表示欲求，同时也表示愿望。印欧语系，闪、哈语系的语言，它们的动词往往都有虚拟式和条件式的特殊形态。虚拟式其实是表示没有实现而愿其如此的事情。条件式则表示动作实现与否之条件。两者的意思亦有相通之处。但前者偏于心理的，而后者则偏于逻辑的。换言之，前者是表示一种心愿，而后者则是道理上的必要条件。在汉语方面情形就不然了。汉语第一没有形态来表示这些意思，只是用特殊的语法成分来转弯的表明；第二就是以特殊的语法成分来看，汉语也只有"愿词"(concessive)的存在，而没有什么虚拟式和条件式的分别[①]。换言之，欧洲语中所谓的虚拟式和条件式二者在汉语中只有一个语法意义："愿望"。表示这愿望的愿词在口语中又是"要"字。有时则用"要是"。下面是一些例子：

你要不依我，我就喊起来，叫里头太太听见了，我看你怎么样？(《红楼梦》第七十七回)

你要是托个媒人去说，老头子一定不答应。(《骆驼祥子》第103页)

要是他老跟着，到家门口别停住。(《骆驼祥子》第126页)

要不把你垫了背才怪。(《骆驼祥子》第132页)

曹先生要是没看出点危险来，何至于弃家逃走？(《骆驼祥子》第140页)

真要是在这一夜里丢了东西，自己跳到黄河里也洗不清！(《骆驼祥子》第147页)

我要有你这么个儿子，少教我活几岁也是好的！(《骆驼祥子》第158页)

你要是不帮助我，简直的——(《二马》第370页)

---

① 参阅拙著《汉语介词之真价值》第128页。

你要是愿意帮助我，我也得给你干点什么。(同上)

有时只用“要”，有时则用“要是”，“是”不过是为加强语气而已。这一类的句子，如果要译成英语，则当译成 if，然而 if 是表示整个命题的，并不是动词的所谓条件式。法语除用 si 之外，动词的条件式是得另加形态的。这样的“要”或“要是”明明不是动词的条件式。然而它是不是表示条件的意思呢？也不尽然。表示条件是逻辑上的一个问题。这里的“要”字实在是表示一种心理的愿望。“我要有你这么个儿子，少教我活几岁也是好的！”这句话就有“我愿有你这么个儿子，如果这样的话，我就少活几岁也是好的”的意思。这个地方的“要”字显然是和表示欲求的“要”字出自一源的。欲求所求者虽为未定的事素，却还有实现的可能，因此，有时可以含有将来的意思，而愿望所想象的则是未实现而未必可能的事情，不过是空想而已，因此有类于欧洲语动词的虚拟式。然而，愿望虽是难于实现，却也还不失其为一种欲求。所以在有的情形之下，“要”字所表示的意思到底是纯粹的欲求或是愿望就很不容易分别清楚。例如：

你要在这里逛，少不得越发辛苦了。(《红楼梦》第十五回)

你要爱他，不值什么，我拿平儿去换了他来如何？(《红楼梦》第十六回)

你要拒捕的话，我开枪！(《骆驼祥子》第 133 页)

这里的“要”字就有两可的意思。这是因为欲求和愿望都是心理的活动，本来是很接近的。也即因其如此，口语就用同样的“要”字来表示这两者。

这种现象在方言中也有其存在，福州话表示欲求的具有纯粹动词功能的词有 puɔk-tik 这个词，有时只用 tik。例如：

ŋuai puɔk-tik siɔk puɔŋ tsy(我要一本书。)

ny tik tie siɔk tsiek?（你要哪一个?）

这个 puɔk 也可以用作欲词，表示欲要实行一动作或历程。例如：

ŋuai puɔk tsɔ siɔk tsiek iŋ xyŋ(我要做一个英雄。)

ŋuai miŋ-taŋ puɔk k'ɔ t'ieŋ-tsiŋ（我明天要去天津。）

要表示愿望时，puɔk 也可以用。例如：

puɔk tsioŋ-waŋ ki wa，ŋuai ja mɔ nɔ kɔuŋ（要是这样的话，我也没得说。）

puɔk køyŋ ŋuai tɔ-luaŋ，ŋuai tsiu k'øyk ny si！（要是跟我捣乱，我就给你死！）

这可以证明用带有欲求意义的词去表示未定的事素，乃是汉语的特色。

口语的"要"可以同时表示愿望，但古文的"欲"字在这一方面就不能够。在这个地方，古文是用"若"、"果"、"苟"、"如"等。这几个字的声母韵母和"欲"都不同，显然是另一些词。这些字眼所表示的乃是上下命题的条件关系，不仅是表示动作的条件而已。前者可以包括后者，因此在古文里，表示愿望所用的字眼就归入表示条件关系那一类。口语的情形就不同了。愿词和欲词归入一类，都由"要"来表示，而"要"字又可以表示条件关系。本章仅讨论欲词和愿词，条件关系的表示则将于第三编讨论联络关系时提到，兹不赘。

第四节　“将”与未定事素的表达

古文里有个“将”字，一般语法学家认为是表示将来时的。

“将”字，《说文》训为“帅也，从寸墙省声，即谅切”。这就是“将帅”的“将”字。《广韵》有两个“将”：一入阳韵，训为“送也，行也，大也，助也，辞也”；一入漾韵，训为“将帅”。敦煌写本《刊缪补缺切韵》尚有养韵一个“将”字，训为“劝”，另外又给阳韵的“将”字训为“欲通”。这里只有《刊缪补缺切韵》所训为“欲通”的“将”字是我们所注意的。“将”之训为“欲”，《广雅》就有这说法。我们在古书中也可以找出带有“欲”的意义的“将”字。例如：

惟汉十世，将郊上元。（扬雄《甘泉赋》）

吾将问之。（《论语·述而》）

故儒者将使人两得之者也；墨者将使人两失之者也。（《史记·礼书》）

君将何以教我？（《楚辞·卜居》）

这些“将”字，刘淇都认为是将欲之辞。他又说：“《广韵》云：‘将，行也。’行亦欲辞，故训将为行。行得为欲者，凡有所行皆是欲如此也。方欲如此而犹未如此曰将。故将又通为几及之辞。”[①]这都解释得好。刘淇虽然没有受过现代语言学的洗礼，但也没有受过西洋通俗语法学家的恶影响，所以尽管有幼稚的地方，有时却比后来受西洋恶影响的语法学家更能知道汉语的特点。

这欲词的“将”字，正如“要”字一样，有时也附带地表示将来的

① 刘淇《助字辨略》卷二，页二八上。

意思。例如：

其为人也，发愤忘食，乐以忘忧，不知老之将至云尔。(《论语·学而》)

范阳人蒯通说范阳令曰："窃闻公之将死，故吊。"(《史记·张耳传》)

阖庐病将死，谓太子夫差曰："尔忘勾践杀尔父乎？"(《史记·伍子胥传》)

仇液将行，其客宋公谓液曰："秦不听公，楼缓必怨公。"(《史记·穰侯传》)

楚子将讨蔡。(《左传·昭公二十一年》)

将如蒲圃。(《左传·定公八年》)

吴将亡矣。(《左传·哀公七年》)

言将自是为君也。(《公羊传·昭公十三年》)

将废正而立不正。(《公羊传·哀公六年》)

这些"将"字固然都带有一些表示将来的意味，然而却大半和欲求的意思接近。实在很难找出有什么意义上的不同。这一类的句子也可以用"欲"字。例如：

高雅得幸于胡亥，欲立之。(《史记·蒙恬传》)

我与隗嚣事欲不谐。(《后汉书·隗嚣传》)

欲堕不堕逢王颗。(《古铭》)

若此不果，后期欲难冀。(王右军帖)

晚来天欲雪，能饮一杯无？(白居易诗)

禊事修初毕，游人到欲齐。(白居易诗)

将要下雪可以说成"天欲雪"，可知"欲"和"将"两个字的关系是多么的紧密。这里也可以给我们一个解释带有纯粹将来意思的句子的道理。“吴将亡矣”,“他要死了”,这里头的“将”和“要”很难说是“吴”或“他”的欲求,没有一个国家自己要灭亡,没有一个人自己要死。所以这里的“将”和“要”实在是表示纯粹的将来的意思。可是,这也并不是说这里的将来的意思和欲求是毫无关系的。原来我们说话,往往用比喻。“晚来天欲雪”的天,并不是人,是否有欲求,都成问题。但我们过去一向是把天看作人格的。汉朝人天人合一的理论就是用类比的方法,认为天人的结构是一样的。我们过去又往往相信一切人事的转变都是天意的实现。所以下雪是天要其下雪,吴亡是天要其亡,他死是天要其死。其实,“吴将亡矣”是“吴,天欲其亡矣”的意思,“他要死了”是“他,天要他死了”的意思。因为习惯了,大家就不说这个“天”,后来因为“他要死了”的“要”不容易解释为“他的欲求”,又因为“欲”、“要”本来就和将来的概念有相通之处,这一类的句子,就更显得有将来的意味。其实细细地分析起来,“要”和“将”都还有“欲求”的味道,它们仍是“欲词”。

第五节　其他表示将来意义的方法

然而欲词的“要”字和“欲”字固不是唯一含有表示将来意思的字眼。以欲词表示将来意义的,固不仅是英语的 will,法语也有类似的用法:Je veux faire,译成中文,刚刚好是“我要做”,现今的法语确有用 vouloir 去表示将来意思的趋向。然而法语尚有其他表示将来意思的方法,而不用动词的将来时,这就是法语所用的动词 aller。如:Je vais faire 这句话译成中文是“我去做”。中文的“去”字也可以表示将来的意思。例如:

我没身份，我去求她！（《二马》第407页）

不管他罢，也不去跳舞；……（《二马》第426页）

好吧，去磕头认干爹，而后等着娶那个臭妖怪。（《骆驼祥子》第108页）

祥子又要去按电铃。（《骆驼祥子》第130页）

你且休阻我，遮莫怎地，要去走一遭。（《水浒传》第五十九回）

其实不但是汉语、法语，就是英语也有这用法：I am going to do something。不论是法语或英语，一般语法学家都称这种用法为“立刻将来”(immediate future)。然而在一般的谈话之中，这种情形实在已经失去了“立刻”的意味，它只表示将要实行而尚未实现的动作或历程。将来的事情是渺茫的，立刻和不立刻实在很难决定。即使承认其有立刻的意思，按照语义学的原则来说，和一般的将来也是可以互相引申的。汉语的“去”字就像这一类，也是表示将来的意思，而不是动词的将来时①。

同样的意思有时也可以用“来”字来表示。例如：

我不愿意这样的来苦你。（《月下》剧本）

使我们感到兴趣的，即古文中也有以和“去”意思相同的字眼来表示将来的意思者：即“行”字。例如：

十亩之间兮，桑者闲闲兮，行与子还兮。（《诗·魏风·十

---

① “去”有时可以译成英语动词原式的to-，因此有人就以为“去”是表示动词原式的虚词。要知道英语to speak的to其实是介词，英语是用介词to和动词的结合去表示动词原式的，严格说起来，英语并没有真正的动词原式。英语的I want to speak虽然可以译成汉语的“我要去说”，但这个地方的“去”，实在不等于英语的to，何况英语的to本身本来就不是严格的动词原式的语法形式。

亩之间》)

汉兴兵诛郢，亦行以惊动南越。(《史记·南越传》)

閒者历览诸子之文，对之抆泪。既痛逝者，行自念也。(《魏文帝与吴质书》)

吾生行归休。(陶渊明诗)

总之，汉语并没有具有动词的功能的词的将来时、虚拟式或条件式。汉语只有表示未定事素的特别的语法成分。这未定事素在汉语中有三种，一是纯粹的欲词，一是愿词，一是表示将来意思的。在口语，欲词的"要"字可以兼用在这三个地方，另外还有"去、来"表示将来的意思。在古文，则只有欲词和表示将来的词。"欲"、"将"都是欲词，表示欲求，兼表将来的意思。另外表示将来的意思的还有"行"字。

第九章 "能"词

第一节 什么是"能"词?

动词或具有动词功能的词是表示一种历程或动作的,但光光一个动词或具有动词功能的词并不能表现这历程或动作属于哪一种"能"。

所谓"能"就是说明历程或动作到底是属于可能或是属于应然,或是属于允许的等等。比方说:"来"在"我来"这个句子里是一个具有动词功能的词,表示一种动作,但是,如果我们要说明这个动作是可能的,或是许可的,或是应当的,我们就得在"来"之上加上一个语法成分来表示它。例如:"我能来。""我可以来吧?""我应当来。"

这些语法成分有类于西欧语的所谓助动词(helping verb, auxiliary verb)。但细细地研究起来,却是两回事。马露槽曾经对"助动词"下过一个定义说:

> 助动词和纯粹的动词连用,其目的在于形成一种动词的语言表达,而使动词能表现其在变化表中所占之地位。例如法语之 il est venu,il a vaincu,venir 及 vaincre 两动词之无定过去时得以显著。

> 尚有半助动词者，即平常位于动词原式或动词分式之前而与之合表一动词成语之动词：faire，savoir，entendre dire……。[1]

这里我们可以看出西洋语所谓的助动词，第一，是为表明动词的各种变化而有的，第二，其本身本来就是一个动词，具有动词的词形变化，不过是加在其他的动词之上而已。这却和汉语的情形不同。我们知道汉语的具有动词功能的词并没有人称及时间的变化。即使有“体”和“态”的表达，也是用不生变化的虚词来表示的。这些虚词虽然是由实词演化而来的，但有的如表体的虚词却位于实词之后，和这里所说的助动词并不是属于同一的形式。也就是因为这个道理，我们并不赞同马建忠、黎锦熙和杨树达的办法，把它们叫做助动词[2]。我们只就它们的作用，而称之曰“能词”。

汉语表示动作的各种不同的“能”的虚词很多。兹分述如次。

第二节 可能

汉语中表示动作或历程的可能(possibility)的，无论在古文或是在口语，都可以分为两种来说明。一种是用前加的虚词，一种是用后加的虚词。

(甲)前加的

---

① J. Marouzeau，Lexique de la Terminologie Linguistique，pp. 38—39.

② 马建忠只认“可”、“足”二字为助动(见《马氏文通》卷四同动助动四之四，第53—59页)。黎锦熙先生所谓的助动词，则范围较广，他把表示被动，表示完了，表示持续的词也都放在助动词的范围之内(见《新著国语文法》第八章第134—146页)。杨树达所谓的助动词更为空泛，差不多一切用以介绍其他动词的都在助动词的范围之内(见《高等国文法》等四章第191—216页)。

古文用“可”、“能”、“而”、“得”等。例如：

A. 可

天下国家可均也，爵禄可辞也，白刃可蹈也，中庸不可能也。(《礼记·中庸》)

天之高也，星辰之远也，苟求其故，千岁之日至可坐而致也。(《孟子·离娄下》)

事不可知，何早自杀为？(《史记·陆贾传》)

冒顿杀父代立，妻群母，以力为威，未可以仁义说也。(《史记·刘敬传》)

《诗》《书》虽缺，然虞夏之文可知也。(《史记·伯夷传》)

求人可使报秦者，未得。(《史记·蔺相如传》)

秦王以十五城请易寡人之璧，可予不？(同上)

司马夜引袁盎起曰：“君可以去矣。”(《史记·袁盎传》)

但可使敕会取艾，不足自任。(《三国志·魏志·锺会传》)

独可省问邴原耳。(《三国志·魏志·邴原传》)

B. 能

今之事君者皆曰：“我能为君辟土地，充府库。”(《孟子·告子下》)

持方柄欲内圜凿，其能入乎？(《史记·孟子荀卿传》)

非此母不能生此子。(《史记·酷吏传》)

且帝宁能为石人邪？(《史记·魏其侯传》)

寡人已知将军能用兵矣。(《史记·孙子吴起传》)

夫习与正人居之，不能毋正，犹生长于齐，不能不齐言也。(《汉书·贾谊传》)

疫病灾死者将能起之。(《海内十洲记》)

目中瞳子色皆清光,能见幽隐之物。(《别国洞冥记》)

C. 而

故古者圣王唯而审以尚闻以为正长,是故上下情通。(《墨子·尚同》)

天下之所以治者何也?唯而以尚同一义为政故也。(同上)

不而矫其耳目之欲。(《墨子·非命》)

君以此思哀,则哀将焉而不至矣!(《荀子·哀公》)

不逢汤武与桓缪兮,世孰云而知之?(《楚辞·九章》)

管燕谓其左右曰:“子孰而与我赴诸侯乎?”(《战国策·齐策》)

D. 得

先为之极,又焉得立?(《左传·闵公二年》)

圣自以子必死,武平心决之,卒得不死。(《汉书·何武传》)

得见君子者,斯可矣。(《论语·述而》)

虽有粟,吾得而食诸?(《论语·颜渊》)

是焉得为大丈夫乎?(《孟子·滕文公下》)

服此五芝,亦得长生不死。(《海内十洲记》)

见藏瓮中,何由得知?(刘敬叔《异苑》)

口语则用“可以”、“能够”、“能”、“会”等。这里除“会”以外,都是从古文传下来的,不过,有的已经变成复音词,如“可以”、“能够”等。“可以”而且是联结不开的,我们不能用“可”,只能用“可以”;“可”是文言文所特有的。例如:

A. 可以

这段冤枉，仔细可以推详出来。(《京本通俗小说·错斩崔宁》)

此颇幽寂，可以息劳。(《京本通俗小说·拗相公》)

这官舍宽敞，可以止宿。(同上)

此地去燕京稍远，可以保护。(《大宋宣和遗事》)

山寨粮食虽少，近村远镇可以去借。(《水浒传》第十回)

他无疑的可以成为最出色的车夫。(《骆驼祥子》第6页)

一辆，两辆……他也可以开车厂子了。(《骆驼祥子》第12页)

B. 能够(能勾)

要三个也不能够。(《京本通俗小说·拗相公》)

究竟那些人能彀回家不能，未知著落，亦难虚拟。(《红楼梦》第九十四回)

我能彀和姊妹们过一日，是一日；死了就完了，什么后事不后事？(《红楼梦》第七十一回)

不想染患疟疾，不能彀动身回去。(《水浒传》第二十二回)

只恨贱役无闲，不能彀相会。(《水浒传》第二十一回)

C. 能

今日断不能来了。(《红楼梦》第十一回)

那些不得志的奴仆，专能造言诽谤主人。(《红楼梦》第九回)

你寺中有何人能作得好诗？(《京本通俗小说·菩萨蛮》)

缘阿哥能写文字，虏主时时要申发文字，故必须此来。

(《大宋宣和遗事》)

爱情和事业是有时候不能兼顾的。(《二马》第 355 页)

D. 会

原来这女儿会绣作。(《京本通俗小说·碾玉观音上》)

府中有一亲吏姓江名居，甚会答应。(《京本通俗小说·拗相公》)

只说这句，就再不会说话了。(《红楼梦》第十二回)

你会拿这柳条子编东西不会?(《红楼梦》第五十九回)

哥哥生平最会断决，量这些小事，有何难哉?(《水浒传》第六十一回)

卢俊义是财主出身，这般事却不会做。(同上)

(乙)后加的。无论是古文或是口语，加在具有动词功能的词后面而表示可能的动作或历程的，都是用“得”字。不过这种用法并不存在于先秦，只见于后来的笔记小说之类的书籍中，说不定已是当时的口语。唐宋以后的白话文则是常用的。例如：

A. 古文

范曰:“如何除得?”(干宝《搜神记》)

须具衫服于道侧伺候求见，即须致敬恳求，再三留宿，此必救得君母之患。(同上)

B. 口语

虽然不杀得人，这一担财帛，可以抵当。(《水浒传》第十回)

拜复恩王，小僧心病发了，去不得。(《京本通俗小说·菩萨蛮》)

近日新荷眉低眼慢，乳大腹高，出来不得。(同上)

又写得算得，又是哞嘈大官府第出身。(《京本通俗小说·西山一窟鬼》)

世上之物，少则有壮，壮则有老，古之常理，人人都免不得的。(《京本通俗小说·志诚张主管》)

什么编不得，顽的使的都可！(《红楼梦》第五十九回)

这“得”字是紧加在具有动词功能的词后面的，只有在否定的句子里，才可以在具有动词功能的词和“得”之间加上一个“不”字。

第三节　许可

表示允许(permition)的，其所用的虚词和表可能所用的字眼差不多，但意思则是不同的。另外则有特别表示允许的虚词。表可能是表示能力所及的动或作历程，此则表示环境所允许而可行的动作或历程。和前类一样，也可以分为前加虚词和后加虚词二者；用在后加时，也只有“得”字。

(甲)前加的

A. 古文

1. 可

元帅在燕京，可先往见之。(《大宋宣和遗事》)

胡女不可为群，竞相排毁。(《拾遗记》)

二人思归，潜去归路，二女追还。已知。乃谓曰：“自可去。”(《搜神后记》)

有一人欲依附，歆辄难之。朗曰：“幸尚宽，何为不可。”(《世说新语·德行》)

令乌头白，马生角，乃可。(《博物志》)

小儿之物，讵可受之。（干宝《搜神记》）

可更删截浮疑，分为十卷。（《拾遗记》）

可入通道，吾能活此马，则必见我。（《搜神后记》）

2.容

先王之乐，所以节百事也；故有五节，迟速本末以相及，中声以降，五降之后，不容弹矣。（《左传·昭公元年》）

然则建巳之月为纯阳，不容都无复阴也。（董生《雨雹对》）

固狂夫下愚，不达大体，窃感古人一饭之报，况受顾遇而容不尽乎？（《后汉书·李固传》）

至此，容可大寒邪？（《三国志·魏志·太祖纪注》）

父在无容称庙，父殁何容辄呼？（《颜氏家训》）

3.得

王之所大欲可得闻与？（《孟子·梁惠王上》）

乃劳之曰：“得无罢乎？”（《西京杂记》）

且方便求请，未知得否？（《搜神记》）

散满以庭，谓之庭宝，而外人不得窥。（《拾遗记·蜀》）

他时如案县，不得慢陶潜！（杜甫诗）

独王嫱不肯，遂不得见。（《西京杂记》）

B.口语

1.可以

中官自内望见，谕旨云：“可以下来了！”（《大宋宣和遗事》）

但求恩王平日错爱之情，可以饶恕一二。（《京本通俗小说·菩萨蛮》）

一块钱就可以立摺子,你怎么不立一个呢?(《骆驼祥子》第90页)

这里,在伦敦,除非妓女,没有人看得起中国人,到可以少受一点试探。(《二马》第114页)

行了,可以念书了。(《二马》第115页)

2.能(能够)

还能不来,先生!(《骆驼祥子》第71页)

反正是那么一回事,我还能疑心你不诚实吗?(《二马》第95页)

原来是吃酒,不能推辞。(《红楼梦》第三十一回)

娶媳妇那能要鼻子上有"长三"的呢!(《二马》第31页)

(乙)后加的。此种用法不存在于古文,惟带有口语成分之文言及纯粹的口语有之。例如:

行不得也,哥哥!

这事不好,断乎做不得。(《红楼梦》第六十六回)

吃不得这酒成。(《京本通俗小说·碾玉观音上》)

这个断乎使不得。(《红楼梦》第六十六回)

这两种用法,是相承而又相反的。可能的意思和允许本是同一的来源,然而也确有分别。可能是表示自己力量能够做到的,允许则表示环境的允许。前者是自动的,后者是被动的。然而,被动的动作或历程虽有赖于环境的许可,却仍得由动作者施行之。因此,在许多语言中,请求允许的口气往往是用表示可能的字眼表达之。英语之 Can I go? 法语之 Je peux? 及其答语 You can go, Vous pouvez 都是用表示可能的字眼 can, pouvoir 来表示得到允许的动作或历程的。这两者既是这样接近,有时就很容易相混。

这也只好看上下文的意思来决定了。

第四节 意欲

表示意欲(volition)者,我们已于讨论欲词时略为提及,古文里的“将”、“欲”,口语的“要”即属于这一类①。不过上面只就其与一般所谓的“将来时”有关的方面解说,我们只举了这几个词,实则用以表示意欲的,不只是“将”、“欲”、“要”等。古文里还有“愿”、“望”、“敢”、“肯”等,口语则有“愿意”、“希望”、“敢”,“肯”、“想”、“打算”等。

(甲)古文

A. 愿

愿君王出武关。(《汉书·高帝纪》)

愿言思子,中心养养。(《诗·鄘风·二子乘舟》)

愿将军详大义,参以蓍龟。(《汉书·丙吉传》)

愿得主人书遍读之。(《西京杂记》)

愿与子虑之。(《公羊传·僖公二年》)

B. 敢

岂敢定居,一月三捷。(《诗·小雅·采薇》)

岂敢惮行,畏不能趋。(《诗·小雅·绵蛮》)

王非若主耶?何自敢言若主?(《史记·田叔传》)

赵有敢随赵王,罪三族。(同上)

于是董仲舒竟不敢复言灾异。(《史记·儒林传》)

① 参阅本书第二编第八章。

郡国为人请求事，事可出，出之；不可者，各厌其意，然后乃敢尝酒食。（《史记·游侠传》）

书到，明以谊晓王！敢复怀诈，罪过益深。（《汉书·文三王传》）

C. 肯

终风且霾，惠然肯来。（《诗·邶风·终风》）

三岁贯女，莫我肯顾。（《诗·魏风·硕鼠》）

楚虽大，非吾族也，其肯字我乎？（《左传·成公四年》）

其佐先縠，刚愎不仁，未肯用命。（《左传·宣公十二年》）

公子欲见两人，两人自匿，不肯见公子。（《史记·信陵君传》）

君欲使越，汉肯听我乎？（《史记·大宛传》）

燕王韩广，亦不肯徙辽东。（《汉书·高帝纪》）

（乙）口语

A. 愿意（情愿）

不但不愿意理他们，有时还隔着大眼镜瞪他们一眼。（《二马》第 344 页）

姓茅的恨不得就马上打老曹一顿，而姓曹的决没带出愿意挨打的神气，于是老茅也就没敢动手。（《二马》第 347 页）

车铺愿意少要一点。（《骆驼祥子》第 11 页）

他情愿剃了头当姑子去。（《红楼梦》第六十六回）

B. 希望（盼望）

希望能从清晨转到午后三四点钟，拉出“车份儿”和自己的嚼谷。（《骆驼祥子》第 2 页）

我希望成个财主，拿出多少万来，办图书馆，办好报纸，办

博物院，办美术馆，办新戏园，多了！多了！（《二马》第413页）

只盼望换个百儿八十的，恰好够买一辆车的。（《骆驼祥子》第29页）

偷偷的花了一个先令押了个马，希望能赢点钱，……（《二马》第272页）

C. 敢

卢俊义并不敢讨吃。（《水浒传》第六十一回）

卢某是何等人，敢为山寨之主？（《水浒传》第六十五回）

谁敢与我先去下书？（《水浒传》第六十八回）

城中闭户，不敢出入。（《大宋宣和遗事》）

真个气也不敢喘，屁也不敢放。（《京本通俗小说·西山一窟鬼》）

又不敢造次去回贾母。（《红楼梦》第五十七回）

D. 肯

我不自去，谁肯向前？（《水浒传》第五十九回）

员外既然不肯，难道逼勒！（《水浒传》第六十一回）

哥哥偏不直性！前日肯坐坐了，今日又让别人！（《水浒传》第六十六回）

却见小娘子和那一个后生同走，苦死不肯回来。（《京本通俗小说·错斩崔宁》）

好姑娘那肯和中国人打交待。（《二马》第342页）

留学的老爷们谁肯一礼拜挣两镑钱作碎催。（《二马》第115页）

E. 想

吃了几杯，忽然心里想要鱼辣汤吃。（《水浒传》第三十七

回)

他们要是结婚,温都太太就永远不用想再和亲友来往了。(《二马》第 338 页)

没中国人,咱们不会想起喝茶。(《二马》第 345 页)

要想叫黛玉不用瞎操心呢,又恐怕他烦恼。(《红楼梦》第九十四回)

他不想看什么,也真的没看见什么。(《二马》第 1 页)

然后想收拾收拾书桌上的东西。(《二马》第 14 页)

第五节 应然

所谓应然(duty)是道德上应当进行的动作。表应然的,古文里有“宜”、“合”、“应”、“当”等,口语则用“应当”、“应该”、“要”等。例如:

(甲)古文

A. 宜

是宜为君,有恤民之心。(《左传·庄公十一年》)

臣宜从,病甚。(《史记·留侯世家》)

上曰:“公,长者也;宜知之。”(《史记·田叔传》)

使者及左将军疑其为变,谓太子:“已降服,宜命人毋持兵。”(《史记·朝鲜传》)

将军至尊,不宜入间巷。(《汉书·楼护传》)

岂宜惟思所以清原正本之论,删定律令?(《汉书·刑法志》)

岂宜褒显,先使入侍,令天下昭然知之。(《汉书·丙吉

传》)

汝宜速去,帝今已大,岂念汝乳哺时恩耶?(《西京杂记》)

他日如有如此子即我子也,宜话吾之由。(《搜神记》)

B. 合

然则受命之符,合在于此矣。(《史记·司马相如传》)

皇后非正嫡,不合称后。(《后汉书·献帝纪》)

臣愚以为宜如旧制,不合翻移。(《后汉书·杜林传》)

此妇甚无状,而教充离间母兄,罪合遗斥。(《后汉书·独行李充传》)

案之《礼典》,便合传家。(《后汉书·郑玄传》)

君今日来,合遇其人。(《搜神记》)

君财宝可支一世,合遭火厄。(《拾遗记·蜀》)

褊性合幽栖。(杜甫诗)

C. 应

陛下不应忧峤,而应忧戎。(《世说新语》)

蓬莱足云气,应合总从龙。(杜甫诗)

我应受之。(《诗·周颂·赉》)

此别应须各努力。(杜甫诗)

而应受多福。(《左传·襄公十三年》)

伍举问应为后之辞焉。(《左传·昭公一年》)

D. 当[①]

---

① “当”字有时也有“将来有……之可能”的意思。例如:《史记黥布传》:“黥布秦时为布衣,少年,有客相之,曰:‘当刑而王。’”又《搜神记》:“但取,后当自知。”但这可能的意义是引申来的。“当”是应当,将来是没有实现的事,故有应当不应当之可言也,就是“有……之可能”的意思。汉语没有将来时的语法成分,但当句子的意义是说将来的事体时,其中训为“应当”的“当”字自然而然的就带有表示可能的意思。

仲父不当尽语我昔者有道之君乎?(《管子》)

良夜半往,有顷,父亦来,喜曰:"当如是。"(《史记·留侯世家》)

今政治和平,世无兵革,上下相安,何因当有大水一日暴至!(《汉书·王商传》)

晓人不当如此邪?(《汉书·薛广德传》)

谓盆子曰:"自知当死不?"对曰:"罪当应死。"(《后汉书·刘盆子传》)

(乙)口语

A. 应当

玛力,你不应当那么顶撞人家!(《二马》第124页)

第一步,他应当,他想好了,去拉包车。(《骆驼祥子》第9页)

拉到了,他应当在最好的饭摊上吃顿饭。(《骆驼祥子》第12页)

可是他以为还应当再长高一些。(《骆驼祥子》第13页)

从他的面貌和年纪看起来,他似乎不应当这样愁苦。(《二马》第5页)

圣诞是快乐享受的节气,似乎不应当自找恐怖与危险。(《二马》第300页)

B. 该(应该)

咱们该把事情说明白了,你还用我不用?(《二马》第98页)

你说该叫他什么?(《二马》第101页)

也该学着点儿啦!(《二马》第129页)

后悔不该留下这剑作定。(《红楼梦》第六十六回)

也该请一请,酬谢酬谢才是。(《红楼梦》第六十七回)

他几乎算不过来这该有多么远。(《骆驼祥子》第 9 页)

比不得我们,没这清福,应该混闹的。(《红楼梦》第七十一回)

第六节 必然

所谓必然(neccssity)是指不得不行的动作而言。古文用“必”、“须”等。口语用“必须”、“须要”、“要”等。例如:

(甲)古文

A. 必[①]

必速祠而归福!(《国语·晋语》)

君必速出!(《左传·襄公九年》)

君冠必以裸享之。(《左传·襄公九年》)

若入君必失国。(《左传·襄公十八年》)

余必自取之。(《左传·昭公十三年》)

秦公子必归。(《左传·昭公一年》)

国无道,必弃疾于人。(《左传·哀公十三年》)

子必速战。(《左传·定公四年》)

---

① “必”字也可以分为两种意义来说。一是必得遵行的动作,一是必定实现的历程。前者往往用在命令式的命题中。如:“必速祠而归福!”后者往往用于誓愿式的命题中。如:“余必自取之。”不过,这两者其实是必然概念的两方面,前者是必得遵行的,后者是必得实现的。既然都是必得,我们也必得把它们归纳在表示“必得”的所谓必然性的这个范围之中。

B. 须

奉世上言:"愿得其众,不须复烦大将。"(《汉书·冯奉世传》)

臣莽国邑足以共朝贡,不须复加邑地之宠。(《汉书·王莽传》)

适有事务,须自经营。(《应璩与满公琰书》)

正未时有一人持弓箭来,须具衫服于道侧伺候求见。(《搜神记》)

须得七岁女子尿之可开也。(同上)

若前有浮声,则后须切响。(《宋书·谢灵运传》)

此龟有精,须多载老桑为薪,煮之立烂。(《述异记》)

(乙)口语

A. 要

如今把门堵了,要打前头过去。(《红楼梦》第九十一回)

你不要自己打错了主意。(同上)

都要叫跟来的丫头脱了衣服,大家搜一搜。(《红楼梦》第九十四回)

哥只把银子收了去,不要将来赚我,只要常情便了。(《水浒传》第十六回)

碰坏了车自然要赔钱。(《骆驼祥子》第10页)

为什么要娶老婆?(《二马》第72页)

教军政司告示大小众将人员,来日都要出东郭门教场中去演武试艺。(《水浒传》第十一回)

B. 须要(须)

限十日内,须要捕获各贼正身,完备解京。(《水浒传》第

十六回）

但凡开商店的，须要置立交簿，上用勘合印信，每夜有客商来歇息，须要问他“哪里来？何处去？姓甚名谁？做甚买卖？”都要抄写在簿子上。（《水浒传》第十七回）

须请保正哥哥正面而坐。（《水浒传》第十五回）

他两人须连夜逃走他方，怎的又去邻人家借宿一宵？（《京本通俗小说·错斩崔宁》）

此诗大抵说人品有真有伪，须要恶而知其美，好而知其恶。（《京本通俗小说·拗相公》）

C. 必须

此事上头可托，底下难托，必须打点才好。（《红楼梦》第九十一回）

不幸，他必须拉洋车。（《骆驼祥子》第5页）

这是拉车必须经过的一关。（《骆驼祥子》第7页）

头一个买卖必须拉个穿得体面的人，绝对不能是个女的。（《骆驼祥子》第12页）

D. 得

咱们得想法子。（《二马》第230页）

买卖赔钱，得想主意。（《二马》第231页）

得赶紧扫，今天搭棚的就来。（《骆驼祥子》第156页）

应然与必然，两个意思是互相渗透的。应当做的事情有的时候就是必得做的。我们可以说应然是道德上的必然，必然是环境支配下的应然。但两者在意义上的分别则是显然的。不过有时有相混的地方而已。

第十章　量词

第一节　什么是量词？

在西洋语语法的影响之下，一般语法学家都把副词特别提出来讨论。副词即马建忠所谓的"状字"。马建忠的界说谓："事物不齐之情，有静字以形之，而事物之行，亦至不一也。一人之语默行止，有疾徐轻重久暂之别，故学欲博，问欲审，思欲慎，辨欲明，行欲笃，皆以貌动字之容也。天子穆穆，诸侯皇皇，君子谦谦，王臣蹇蹇，大人谔谔，重言之以状其容。《孟》'何为纷纷然与百工交易'，纷纷然状交易之容也。……凡记事物所动之时，与所动之处，亦状字也。……《论》：'子谓韶尽美矣，又尽善也，谓武尽美矣，未尽善也。'善美两静字，尽状字，以状善美之进境，而未又两状字，则又兼状状字与静字矣。凡状字，必先于其所状。"[1]根据这个界说，他就把状字（即副词）所表示的意义分为六种[2]：

（一）以指事成之处者。例如：

及寡人之身，东败于齐，西丧地于秦七百里，南辱于楚，寡

---

① 《马氏文通》正名卷之一，界说六，页5—6。

② 《马氏文通》实字卷之六，状字别义六之三，页10—28。

人耻之。(《孟子·梁惠王上》)

(二)以记事成之时者。例如：

今乘舆已驾矣，有司未知所之。(《孟子·梁惠王下》)

(三)以言事之如何成者。例如：

景公说，大戒于国，出舍于郊。(《孟子·梁惠王下》)

(四)以度事成之有如许者。例如：

徐子曰："仲尼亟称于水曰。"(《孟子·离娄下》)

(五)以决事之然与不然者。例如：

故君子有不战，战必胜矣。(《孟子·公孙丑下》)

(六)以传疑难不定之状者。例如：

是何治宫室过度也。(《史记·高帝纪》)

杨树达则把马建忠说的"传疑难不定之状者"分为两种，一是询问副词，一是传疑副词。另外又加上应对副词、命令副词、敬让副词三种[①]。马杨的分法都是受了西洋通俗语法学的影响。其实，正如我们所说的，副词和形容词的分别是很勉强的。我们就看不出为什么马建忠一定说"天子穆穆"的"穆穆"，"诸侯皇皇"的"皇皇"是副词，而不说它是形容词。我们知道上面所举的许多副词，表时表地的，依词在句子中的功能来说，实在是具有名词功能的词；这里的东、西、南、北不是具有名词功能的词是什么？这里的今天、明天不是具有名词功能的词又是什么？不过因为它们是"指事成之处者"，是"记事成之时者"，所以西洋通俗语法学家就认其为

① 马氏之"以指事成之处者"，杨氏谓之"表地副词"；马氏之"以记事成之时者"，杨氏谓之"表时副词"；马氏之"以言事之如何成者"，杨氏谓之"表态副词"；马氏之"以度事之有如许者"，杨氏谓之"表数副词"，马氏之"以决事之然与不然者"，杨氏谓之"否定副词"。见杨氏《高等国文法》第六章《副词》，页266—267。

副词。这些含有副词作用的词依其在句子中的功能来说，实在只是具有名词功能的词，不过，因为它是用来规定动作的，因此可以说是修饰语。西洋语法学家之分别词为几个词类，都是根据形态的，然而他们却以词所表示的意义来说明副词，这是不正确的。我们知道西洋语的所谓副词，除了英语 greatly，slowly 之类有副词词尾-ly，法语 évidemment，lentement 之类有副词词尾-ment 之外，其他的所谓副词不是借用名词，就是一些表示某个特殊语法意义的虚词。这些虚词既是按照其所表示的意思来决定其词性，则和以形态为根据而分类的副词实在不能混为一谈。最合理的办法，是把有副词词尾的除外，再依照这些虚词所表示的意思而把它们归纳为几个范畴，不必称之为副词。汉语这一类的词本来就没有形态，副词的词尾本来并不存在。所以我们最好是根据它们所表示的意义，而称它们为某词。如果要笼统地给它一个名称的话，我们宁可把它和具有形容词功能的词合在一起，称为约词，因为如果它们的词尾并不存在的话，它们的作用总是在于约束，何况汉语具有形容词功能的词又常常是和所谓“副词”合用呢？比方说，“甚”字一般人称为“副词”，然而它实在也可以是具有形容词的功能。我们可以说：“今秘祝之官，移过于下，以彰吾之不德，朕甚不取”(《史记·文帝纪》)，但也可以说：“罪又甚焉”(《左传·僖公二十四年》)。具有副词功能的词和具有形容词功能的词的分别，在汉语是很不自然的。

然而根据这些虚词所表示的语法意义来说，马杨的分类是否可取呢？表空间和表时间的词，多半具有名词的功能，有时是用词组来表示的，有时则用特殊的词来说明。然而这些都是由词的意义来表现的，并不是语法成分的作用①。传疑询问其实是整个句型的问题，与约词并没有关系，它表明整个句子是询问的句子，并不表明对于句子中所提及的那个动作有所询问。命令也是如此，它是整个句子的问题，不属于所谓“皆以貌动字之容”的所谓副词范围之内。应对根本是另一个问题，它表示客方对于主方所说的话的反应，并不“貌”任何“动字之容”。我们只能把它归入句型的问题中。所谓敬让副词，根本不是副词。像杨树达所举“伏惟圣主之恩，不可胜量”例中的“伏”字。其实是弱化了的实词，“帝其念哉”例中的“其”字，其实是指代词而用作命令词者，和副词毫不相干。这样的清算之后，只剩下马建忠所谓的“言事之如何成者”和“度事成之有如许者”。前者相当于杨树达所谓的“表态副词”，后者相当于杨树达所谓的“表数副词”。其实这“副词”两字大可以一笔勾销，我们可以把它们归纳在一个名称之下，谓之“量词”。

量词表示量的范畴，可以译成英语的 quantitative。它并不一定是“貌动字之容”的，有时也和“以形事物不齐之情”的静字有同样的作用，因为“行”(即我们所谓的历程或动作)有时也可以当作事物看。我们所能说的，即：量词是表示量的意义的语法成分。它所表示的是量的分野，它却是一个语法成分。

量词可以分为几种，因为“量的分野”可以由几个角度来看。第一，率词，即说明百分率的数目的，如“皆”、“各”、“尽”等。这些词有的人把它列为“形容词”。然而，我们已经说过，“形容词”(更

---

① 表时表地的所谓“副词”既是由词汇成分来表示，我们就不必特别来讨论它们。依照其在句中的地位来说，表时的词语往往是位于动词之前，是规定关系中之规定者(参阅第三编第一章)，表地的词语则是放在动词之后，以西洋的术语来说，是所谓宾语，就是我们所谓的引导者(参阅第三编第三章)。

正确地说，具有形容词功能的词）和“副词”（具有副词功能的词）在我们的系统中本来只是一物，而这些词又确是用以表示量度的，即在全部百分之中，到底占了多少百分率的量。第二，比词，即比较程度的，如“最”、“更”等。第三，渐词，即说明量度在变化历程中之深浅，如“渐”、“颇”等。兹分述如次。

第二节　率词

率词是表示全体和部分的。但细细地分析起来，又可以分为几种：（一）全体，（二）部分，隔于两者之间的（三）仅数，（四）繁数，及含糊而言的（五）约数。

甲　全体。表示全体者，在古文，有“皆”、“尽”、“悉”、“举”、“遍”、“并”、“普”、“俱”、“都”、“咸”、“佥”、“毕”、“共”、“通”等虚词，在口语则用“都”、“一总”、“通”、“一齐”、“全”、“总”等。例如：

A. 古文

(1)皆

故言富者皆称陶朱公。（《史记·货殖传》）

盎调为陇西都尉，仁爱士卒，士卒皆争为死。（《史记·袁盎传》）

上因废明堂事，尽下赵绾王臧吏，后皆自杀。（《史记·儒林传》）

天下熙熙，皆为利来；天下穰穰，皆为利往。（《史记·货殖传》）

故春搜夏苗秋猕冬狩，皆于农隙以讲事也。（《左传·隐公五年》）

(2)尽

沛公欲王关中，使子婴为相，珍宝尽有之。(《史记·项羽本纪》)

相如不得已，强往，一坐尽倾。(《史记·司马相如传》)

岸崩，尽压杀卧者，少君独得脱，不死。(《史记·外戚传》)

周礼尽在鲁矣。(《左传·昭公元年》)

妨功害能之臣，尽为万户侯。(《李陵答苏武书》)

(3)悉

飞鸟悉翔舞城中，下食。(《史记·田单传》)

乃悉取其禁方书，尽与扁鹊。(《史记·扁鹊传》)

萧何亦发关中老弱未传悉诣荥阳。(《史记·项羽本纪》)

乃悉封徐卢等为列侯。(《史记·周勃世家》)

韩破，良家僮三百人，弟死，不葬，悉以家财求客刺秦王，为韩报仇。(《史记·留侯世家》)

(4)举

举言群臣不信，诸侯皆有贰志，齐君恐不得礼，故不出而使四子来。(《左传·宣公十七年》)

君举不信群臣乎？(《左传·哀公六年》)

百姓闻王钟鼓之声，管籥之音，举欣欣然有喜色而相告曰……。(《孟子·梁惠王》下)

主之所极然，帅群臣而首乡之者，则举义志也。(《荀子·王霸》)

(5)遍

群黎百姓，遍为尔德。(《诗·小雅·天保》)

范蠡遍游天下。(《汉书·李陵传》)

彼自丞尉以上,遍置私人。(《汉书·贾谊传》)

若其它背理而伤道者难遍以疏举。(同上)

不崇朝而遍雨乎天下者唯泰山尔。(《公羊传·僖公三十一年》)

乃遍以璧见于群望曰……。(《左传·昭公十三年》)

(6)并(竝)

诸侯竝起。(《汉书·高帝纪》)

少以父任兄弟竝为郎。(《汉书·苏武传》)

不可以并立乎天下。(《公羊传·庄公四年》)

贿赂并行。(《左传·昭公六年》)

是以并建圣哲。(《左传·文公六年》)

(7)普

谓民力之普存也。(《左传·桓公六年》)

尝劝上于征战地修寺及普度僧尼。(《宋史·孔承恭传》)

(8)俱

蜚廉善走,父子俱以才力事殷纣。(《史记·秦本纪》)

俱著名字,为后世冠。(《汉书·陈遵传》)

籍丘子钼击之,与一人俱毙。(《左传·定公八年》)

(9)都

西极大杨川望黄沙,犹若人委干糒于地,都不生草木。(《水经注》)

于时,天月明净,都无纤翳。(《世说新语》)

(10)咸

俾万姓咸曰:"大哉王言!"(《书·咸有一德》)

故天下咸知陛下之廉。(《汉书·贾谊传》)

诸侯咸率其众西乡。(《史记·始皇本纪》)

(11)佥

佥曰:"伯禹作司空!"(《书·舜典》)

数年间,民养子者千数,佥曰"贾父所长。"(《后汉书·党锢贾彪传》)

(12)毕

群后以师毕会。(《书·泰誓》)

自四境之内执法以下至于长挽者故毕曰:"与嫪氏乎?与吕氏乎?"(《战国策·秦策》)

列侯毕已受封。(《史记·萧相国世家》)

(13)共

父老乃帅子弟共杀沛令。(《汉书·高帝纪》)

大郡二千石,死官赋敛送葬皆千万以上,妻子通共受之。(《汉书·原涉传》)

(14)通

是以富商大贾,周流天下;交易之物,莫不通得其所欲。(《史记·货殖传》)

属通谏何言?而今复背之!(《后汉书·来历传》)

故吏皆通令伐棘上林。(《史记·平准书》)

臣今通计所在,百姓贫多富少。(韩愈《论变盐法事宜状》)

B.口语

(1)都

又唤过何九叔,郓哥,都取了明白供状。(《水浒传》第二

十六回）

有那上户之家，都资助武松银两。（同上）

今年老爷衙门里头班，二班，西班，快班，家家都兴龙灯。（《儒林外史》第二回）

现有好几位太医老爷瞧着呢，都不能说得这样真切。（《红楼梦》第十回）

(2)一总

弄了一身臭汗，才一总捧起来，朝外跑。（《儒林外史》第十六回）

预先把一匣子金珠首饰一总倒在马桶里。（《儒林外史》第二十六回）

你要为我的情，就一总送我二三千银子。（《儒林外史》第二十八回）

(3)通

卷着水花的海风把脸吹得通红。（《二马》第27页）

温都太太的小鼻子叫火烤得通红，……（《二马》第225页）

(4)统统

统统坏！个个坏！（《少奶奶的扇子》第一幕）

(5)一齐

丫鬟和媳妇一齐都说道……（《儒林外史》第三回）

忽然听得门外一声响亮，有几十人声，一齐吆喝起来。（《儒林外史》第十六回）

顷刻几百人声，一齐喊起。（同上）

一家人一齐跑出来说道："不好了！快些搬！"（同上）

(6)全

剩下的全搬过来。(《二马》第36页)

马威努着力随着伊牧师把箱子全搬到行李房去。(《二马》第37页)

给了钱,今天晚上,箱子什么的就全给你们送了去。(同上)

把她全身的淘气,和天真烂漫,都……(《二马》第47页)

他都要回太太,全放出去。(《红楼梦》第六十回)

(7)总

这位又说怕冬至前后,总没有个真著话儿。(《红楼梦》第十回)

咱们总得受点屈,成全成全他们爷儿两个。(《二马》第25页)

可是作父母的威严和身分总得拿出来。(《二马》第29页)

隔个三五月总给兄弟寄点钱来,……(《二马》第32页)

可是事事总要有个结束,……(《二马》第66页)

乙　部分。表示部分的,在古文有"各"、"每"等,在口语则用"各"、"每"。例如:

A.古文

(1)各(各各)

盍各言尔志。(《论语·公冶长》)

长老皆各往往称尧舜之处。(《史记·五帝纪》)

各各屯聚。(《后汉书·刘盆子传》)

时诸英豪各各起兵。(《三国志·吴志·甘宁传注》)

人臣各守其职而已矣。(《史记·李斯传》)

上曰"知之矣!"迺各以千金购黄臣等。(《史记·陈豨传》)

赐闻:歌声各有宜也。如赐者,宜何歌也?(《史记·乐书》)

(2)每

诸将咸欲攻阐,抗每不许。(《三国志·吴志·陆抗传》)

每一念至,何时可忘!(《魏文帝与吴质书》)

丰为中书二岁,帝比每独召与语,不知所说。(《三国志·魏志·夏侯玄传注》)

初,伯宗每朝,其妻必戒之。(《左传·成公十五年》)

(3)独

高祖乃心独喜自负。(《史记·高祖本纪》)

大夫不均,我从事独贤。(《诗·小雅·北山》)

得之为有财,古之人皆用之,吾何为独不然?(《孟子·公孙丑下》)

B.口语

(1)各

胡屠户忙躲进女儿房里,不敢出来;邻居各自散了。(《儒林外史》第三回)

说罢各自散了。(《儒林外史》第十六回)

(2)每

每到酒酣耳热,更要发这一种议论。(《儒林外史》第八回)

丙 仅数。表示仅数的,在古文,有"仅"、"徒"、"惟"、"但"、

"止"等，口语则用"只"。例如：

A. 古文

(1)仅(廑，堇，劚)

夫自上圣黄帝作为礼乐法度，身以先之，仅以小治。(《史记·秦本纪》)

齐王遁而走莒，仅以身免。(《史记·乐毅传》)

好学不倦，好礼不变，旄期称道不乱者，不在此位也。盖劚有存者。(《礼记·射礼》)

诸公幸者乃为中涓，其次廑得舍人。(《汉书·贾谊传》)

豫章出黄金，然堇堇物之所有，取之不足以更费。(《汉书·地理志》)

(2)徒

徒善不足以为政，徒法不足以自行。(《孟子·离娄上》)

孔子曰："异哉！徒使我不诚于伯高。"(《礼记·檀弓》)

徒持文墨议论。(《史记·萧相国世家》)

前日所以不许仲子者，徒以亲在。(《史记·刺客传》)

王徒好其言，不能用其实。(《史记·孙子吴起传》)

(3)惟(唯)

用之则行，舍之则藏，唯我与尔有是夫！(《论语·学而》)

唯虫能虫，唯虫能天。(《庄子·庚桑楚》)

不惟许国之为，亦聊以固吾圉也。(《左传·隐公十一年》)

(4)但(亶)

民欲祭祀丧纪而无用者，钱府以所入工商之贡但赊之。(《汉书·食货志》)

上大惊曰："非但廷尉问邪？"(《汉书·萧望之传》)

但闻悲风萧条之声。(《李陵答苏武书》)

非亶倒县而已。(《汉书·贾谊传》)

亶费精神于此。(《汉书·扬雄传》)

(5)止(祇、禔)

今谓此序止是《关雎》之序。(《诗·关雎序笺》)

止立行宫，裁舒帐殿。(庾信《华林园马射赋》)

臣以三万人众不敌，禔取辱耳。(《史记·韩长孺传》)

只结怨而不见德，(《汉书·邹阳传》)

B. 口语[①]

只顾得他一副上集的担子。(《儒林外史》第十六回)

凤姐应了，也不遣人去寻，只将些渣末凑了几钱，命人送去，只说太太送来的，再也没有了。(《红楼梦》第十二回)

向反面一照，只见一个骷髅立在里面。(同上)

刚至后面房中，只见智能独在那里洗茶碗。(《红楼梦》第十五回)

我以为祇有一个人够得上。(《回家以后》剧本)

太太起来止怕还有一回儿呢？(《好儿子》剧本)

他只给温都夫人留下一处小房子和些个股票。(《二马》第41页)

战后她只在公司缺人的时候去帮十天半个月的忙。(《二马》第42页)

---

① 口语中之"只"，有时用"止、祇"代替，其实是同一个词，都是古文"止、祇、禔"一类传下来的。

这样的英雄美人，只能在月下花前没人的地方说些知心话，小树林里偷偷的要个嘴儿。(《二马》第44页)

李应听罢，只叫得苦。(《水浒传》第四十九回)

丁 繁数。表示繁数的，在古文，有“屡”、“数”、“频”、“历”、“连”等，在口语，则有“继续”、“一连”、“常常”等。例如：

A.古文

(1)屡(娄)

屡顾尔仆。(《诗·小雅·正月》)

屡蒙嘉瑞。(《汉书·宣帝纪》)

娄敕公卿，日望有效。(《汉书·元帝纪》)

(2)数

臣市井鼓刀屠者，公子亲数存之。(《史记·信陵君传》)

立数过宝饮食。(《汉书·文三王传》)

数问其家：“金余尚有几所?”(《汉书·疏广传》)

数乞期不反。(《三国志·魏志·华佗传》)

(3)历

虞舜侧微，尧闻之聪明，历试诸艰。(《书序》)

故太尉段颎，武勇冠世，习于边事……，历事二主，勋烈独昭。(《后汉书·吕强传》)

(4)连

既论难，连拄五鹿君。(《汉书·朱云传》)

王背策戒，涬暴妄行，连犯大辟。(《汉书·文三王传》)

羽因留，连战未能下。(《汉书·项籍传》)

B.口语

(1)继续

打完了,手连颤也不颤,又去继续刮脸……。(《二马》第59页)

亚力山大嗽了两声,继续说他的笑话,……。(《二马》第154页)

马老先生点了点头,继续着擦眼镜。(《二马》第230页)

(2)一连(连连)

于是写立药方,一连吃四五剂。(《儒林外史》第十一回)

蘧公孙一连陪伴了十多日,并不得闲。(同上)

出了小胡同口儿,马先生还连连的摇头,抱怨风水不好。(《二马》第101页)

牛布衣病倒了,请医生来,一连吃了几十帖药,总不见效。(《儒林外史》第二十回)

(3)常常(常)

不如意事常有。(《红楼梦》第十回)

我也常常劝着,伊倔强得不肯听。(《月下》剧本)

你怎样由他常宿在外面?(《好儿子》剧本)

戊 约数。表示约数的,在古文,有"约""率""可""几""且""将"等,在口语则用"大约""差不多""头"等。

A.古文

(1)约

疾者前入坐,见佗北壁悬此蛇辈约有十数。(《三国志·魏志·华佗传》)

上命李龟年宣李白进《清平调》三章,梨园子弟约略调抚丝竹,遂促龟年以歌。(《摭异记》)

(2)率

古之献丝者，其率用此欤？（《礼记·祭义》）

府掾吏率皆羸车小马，不上鲜明。（《汉书·陈遵传》）

转输北河，率三十锺而致一石。（《史记·平津侯传》）

(3)可

五残星，其状类辰，去地可六丈。（《汉书·天文志》）

章小女年可十二。（《汉书·王章传》）

其属邑大小七十余城，众可数十万。（《史记·大宛传》）

(4)几

楚不几十年，未能恤诸侯也。（《左传·襄公二十八年》）

蒙雾露沐霜雪，行几十年。（《汉书·韩安国传》）

月几望。（《易·小畜》）

(5)且

复三国之军，兼二周之地，举韩氏，取其地，且天下之半。（《战国策·秦策》）

钦子及昆弟友属至二千石者且十人。（《汉书·杜钦传》）

(6)将

今滕绝长补短，将五十里也。（《孟子·滕文公上》）

B.口语

(1)大约(大概，约摸)

忽然咧了咧嘴，大概是说梦话呢。（《二马》第35页）

大概有七点半钟了，……（《二马》第58页）

大约有十分钟，进来一个……（《二马》第236页）

两人见他说得如此大约没得辩他。（《儒林外史》第二十回）

只约摸恁地说，两只脚也得，三只脚也得，到坐时只是坐

不得。(《朱子全书学》)

(2)差不多

差不多只剩我这一处,宁可少赚钱,不租外国人。(《二马》第24页)

心里差不多和海水一样开畅。(《二马》第27页)

差不多要弯到眼睛下面来。(《二马》第59页)

她虽然已经差不多有三十七八岁了,可是脸上还不显着老。(《二马》第77页)

(3)头

头二十年工夫,世界竟改了许多,就是瑜贞也长大了。(《少奶奶的扇子》第二幕)

头两千块,——不过头两千块钱!(《第二梦》第二幕)

第三节 比词

比较量度的语法范畴,我们叫做比词。西洋语言表示比较的方法大半是用词尾的变化。如英语形容词的差级(comparative)用词尾-er去表示,形容词的极级(superlative)用词尾-est去表示,但有的时候,则加虚词 more 或 most 于形容词之前,分别去表示差级或极级,而副词量级之表示则非用此后一方法不可。德语和英语一样,多半用词尾去表示。法语则完全用虚词,plus... que 表示差级,le plus... 表示极级。汉语的量级表示则取另外的方法。在古文中,表示差级的方法有下面这些方法:

(一)加上虚字"更"。例如:

更觉良工心独苦。(杜甫诗)

离恨恰如春草，更行更远还生。（李后主《清平乐词》）

王谓刘曰："卿更长进。"（《世说新语》）

（二）加上虚字"益"。例如：

如水益深，如火益热。（《孟子·梁惠王下》）

诛罚良善，日以益甚。（《史记·吴王濞传》）

去曰："善司之。"以故益不爱望卿。（《汉书·景十三王传》）

（三）加上虚字"愈"。例如：

大将军闻，愈贤黯。（《史记·汲黯传》）

清之而愈浊者，口也，豢之而愈瘠者，交也。（《荀子·荣辱》）

遵既免，归长安，宾客愈盛。（《汉书·陈遵传》）

（四）加上虚字"尤"。例如：

余并论次，择其言尤雅者，故著为本纪，书首。（《史记·五帝纪》）

秦既得意，烧天下《诗》《书》，诸侯尤甚。（《史记·六国表》）

苍本好书，无所不观，无所不通，而尤善律历。（《史记·张丞相传》）

（五）加"于"于所比之后。例如：

民之于仁也甚于水火。（《论语·卫灵公》）

民之憔悴于虐政未有甚于此时也。（《孟子·公孙丑上》）

自生民以来，未有盛于孔子也。（同上）

是求有益于得也。（《孟子·尽心上》）

（六）"较（比，比较）……为……"之形式。例如：

矽化炭,较钢玉石为坚。(《韦氏大学字典》第225页)

然分类以求,亦尚易尽,较之泛滥无归者则为少矣。(张之洞《书目答问略例》)

加虚词于所比之前的,这和英语之加 more 是一样的。可是加"于"于所比之后的,则是汉语语法的特色。"于"是受导词,即一般人所谓的"介词"。"于"的用法和口语的"在"本来是一样的,意思是存在于某一点上,不论这点是什么。上面所举的"甚于水火",以语法的结构来说,"甚"是规定者,"于水火"是一个词组,其中"于"是具有半动词功能的词,"水火"是"于"的引导者或宾语。这句话的意思是:在于水火这个东西的比较上,这个东西是"甚"的。和水火相比较,就显出它是"甚",所以它是"比水火更甚"。差级的意思是由这种拐弯的说法表现出来的。这于最后的一个形式中更可以看得出来。"较……为(更)美",意即和某某相比较,它是美的。

古文表示极级的方法也和表示差级的方法相似,一部分是加虚词,有时虚词之后再加"为",一部分则用"以……为最……"的形式,但加"于"的办法却不行了,因为加"于"只能表示差级。下面是例子:

(一)加上虚词"最"或"最为"。例如:

诸侯咸来宾从,而蚩尤最为暴。(《史记·五帝纪》)

七十子之徒,赐最为饶益。(《史记·货殖传》)

当此之时,髡心最欢,能饮一石。(《史记·滑稽传》)

王有孽子不害最长,王弗爱。(《史记·淮南王传》)

(二)加上虚词"至"。例如:

女至不材,我不忍杀,不分一钱也。(《史记·司马相如传》)

高祖至暴抗也，然籍孺以佞幸。（《史记·佞幸传》）

陛下承宗庙，当传子孙于无穷，统业至重。（《汉书·董贤传》）

（三）加上虚词“极”。例如：

李广军极简易。（《史记·李将军传》）

夫子之极言礼也，可得而闻与？（《礼记·礼运》）

自是之后，为侠者极众。（《史记·游侠传》）

（四）加上虚词“绝”。例如：

嫪毐遂得侍太后，太后私与通，绝爱之。（《史记·吕不韦传》）

宛小国不能下，则大夏之属渐轻汉，而宛善马绝不来。（《汉书·李广利传》）

谢太傅绝重褚公。（《世说新语》）

（五）加上虚词“殊”。例如：

良殊大惊。（《史记·留侯世家》）

又自以远汉，殊无报胡之心。（《史记·大宛传》）

（六）用“……为……最”的形式。例如：

政成为天下守之最。（《太原王公神道碑》）

独司马相如、太史公、刘向、扬雄为之最。（《答刘正夫书》）

近世文言文中尚有“以诚为最”之类的用法，和“……为……最”的形式是属于一类的。

在这些用法之中，（一）和（六）是比较的极级（relative superlative）可以用在由比较而得到的最高级，其他则是绝对的极级（absolute superlative），表示量级的绝对极点，不是比较来的。

口语的比词有的是沿用古文的，但大部分则是新创的形式。在差级方面，口语仍用古文的“更”，但加“于”的办法已不存在，而“比（较）……为……”的形式也被“比（较）……（更）……”或“比（较）……（还）……”的形式所代替了。在极级方面，口语沿用了古文的“最”，但“以……为最……”的形式已不存在，而在绝对极级的表示方面，多不用原来的虚词，而用“太”、“挺”、“特别”、“非常”，有时则用词的重复“顶顶”等去表示。例如：

（一）差级的表示。

况在书坊操选是有踪迹可寻的人，他更可以放心。（《儒林外史》第十五回）

太公却因着了这一吓，病更添得重了。（《儒林外史》第十六回）

这回复试更要用心。（同上）

小马先生比他父亲强多了。（《二马》第 27 页）

他的身量比他的儿子还矮着一点……。（同上）

（二）比较极级的表示。

提起最大的那支箱子就往外走。（《二马》第 36 页）

再嫁最大的难处是经济问题……（《二马》第 44 页）

把最心爱的那件有狐皮领子的青绉子袄穿上。（《二马》第 49 页）

伊太太最爱喝中国茶。（《二马》第 55 页）

两公子道：“最好。”（《儒林外史》第十回）

（三）绝对极级的表示。

当下极丰盛的酒馔点心，马二先生用了一饱。（《儒林外史》第十五回）

见他穿着极厚的棉袄方才放下。(《儒林外史》第十六回)

但聪明太[1]过,则不如意事常有;不如意事常有,则思虑太过。(《红楼梦》第十回)

小两口儿一心一气的把分小日子过得挺火炽。(《二马》第28页)

马则仁伤心极了[2]。(《二马》第30页)

遇见女子,他们的话是特别的多。(《二马》第33页)

还是非常的疲倦。(《二马》第57页)

快乐到最快乐,顶快乐,顶顶快乐的时候,同愁烦差不多。(《第二梦》第二幕)

第四节　渐词

渐词是表示量的渐次的差别。比词是依照各事物的比较而来的(绝对极级是无比的,其实也是属于比较的范畴之内的),渐词则依照一个事物本身的量的程度而言。大别之,有二种:(一)表示程

---

① 白话文中尚有"忒"字,如《京本通俗小说·志诚张主管》:"只怕年纪忒小些",《红楼梦》一百十四回:"在大太太那边忒苦"。"忒"其实就是"太"。

② 这里的"极"字放在"伤心"之后,可以说是口语的特色。"极"本是规定者,以句子的结构来说,一般的情形是规定者在被规定者之前,这则是例外。口语还有"好得很"的说法,也是把"很"字放在后面。但这两者的语法结构是不同的。"好得很"之中有"得"字,无此就不能把"很"放在后面,我们不能说"好很"。这句话的意思是"好到很的程度",所以并不是把规定者放在被规定者之后。可是以来源说,这两种用法却是有关系的。古文中有"伤心之至""伤心之极"的说法,这里的"至"和"极"并不是虚词。然而后来虚化了,"之"字损失了,就变成"伤心极"或"伤心极了"的形式。另一方面"之"有"到"的意思,"伤心之极"就是"伤心到极点",后来因为"得"有"得到"的意思,就代替了"之",而由类推作用又把"很"用上了。

度的深浅的，又可分为颇词与稍词；（二）表示程度的急慢的，又可分为速词与缓词。

甲 表示程度的深浅的

I 古文

A. 稍词

（一）稍

上怒稍解，因上书请朝。（《史记·梁孝王世家》）

项羽乃疑范增与汉有私，稍夺之权。（《史记·项羽本纪》）

上以德施，实分其国，不削而稍弱矣。（《史记·主父偃传》）

（二）差

车师后王国有新道，出五船北通玉门关，往来差近。（《汉书·西域传》）

今军士屯田，粮储差积。（《后汉书·光武纪》）

不能胜人，差可献酬群心。（《世说新语》）

（三）寖（浸）

府亦使其不言，故盗贼寖多。（《史记·酷吏传》）

质朴日消，恩爱寖薄。（《汉书·礼乐志》）

政由王氏出，灾异浸甚。（《汉书·刘向传》）

B. 颇词

（一）颇

廷颇能未善也。（《史记·儒林传》）

绛侯颇有力。（《史记·袁盎传》）

臣愿颇采古礼与秦仪杂就之。（《史记·叔孙通传》）

(二)孔

九江孔殷。(《书·禹贡》)

虽则如毁,父母孔迩。(《诗·周南·汝坟》)

岂不日戒,猃狁孔棘。(《诗·小雅·采薇》)

(三)太(泰)

不泰多事乎?(《庄子·渔父》)

昊天泰怃。(《诗·小雅》)

世言荆轲,其称太子丹之命,天雨粟,马生角也,太过。(《史记·荆轲传》)

(四)甚

意气扬扬,甚自得也。(《史记·晏平仲传》)

今秘祝之官移过于下,以彰吾之不德,朕甚不取。(《史记·文帝纪》)

(五)大

客有过相我子母皆大贵。(《史记·高祖本纪》)

秦益章邯兵,夜衔枚击项梁,大破之定陶。(同上)

小儿辈大破贼。(《世说新语·雅量》)

II 口语

A. 稍词

(一)略

我家父病在床上近来也略觉好些。(《儒林外史》第十六回)

你再略杀一杀气儿。(《红楼梦》第五十九回)

两公子将此书略翻了几页……(《儒林外史》第十回)

卜易谈星看相算命内科外科……晚生都略知道。(同上)

小弟自已也略知一二。(《儒林外史》第二十八回)

(二)稍(稍微)

想起哥哥的好处，心中稍有一点发愧……(《二马》第 81 页)

嘴唇稍微有点颤，……(《二马》第 235 页)

宽宽的肩膀，因为上了年纪，稍微往下溜着一点。(《二马》第 237 页)

B. 颇词

(一)很①

柜房很小，……。(《二马》第 92 页)

我还有块凉牛肉，很好，你吃不吃？(《二马》第 107 页)

父亲不是个作买卖的人，很难说话！(《二马》第 118 页)

(二)得很(的狠)

原来老爷是学校中人，我大胆的狠了。(《儒林外史》第二十五回)

这里可有选文章的名士么？季恬逸道："多的狠！"(《儒林

① 就是因为"很"字在早期的白话文中，常常写作"狠"，罗逸民(Erwin Reifler)认为"很"就是"狠恶"的"狠"字。罗氏是个唯意主义者，他以为一切《说文》中所谓的形声字其实是会意字，他以为每一个汉字都可以用会意的办法来解释，例如"哥"是从"可"，意为可以维持家庭的人，"何"也是从"可"，意即"可能为那一个"，有类于英语 Whether，who，其中之词根 wh(q^u)即有"可能"或"相似"的意义(A Comparative Philological Dictionary of the Chinese Language《导言》)。这种理论未免太附会了，可以说是不懂一般语言学的最基本的原则。他以为"很"是"狠"引申来的，有类于英语 awfully 之有 very 的意义。殊不知近世白话文中虽有"狠"字(《儒林外史》即用"狠"而不用"很")，但这只是俗字。《广韵》"很"下云："俗作狠。"其实本来的写法是"很"。"很"《说文》训为"不听从也，一曰行难也。"《国语·吴语》："今王将很天而伐齐。"注云："很，违也。""违"有"太过""过甚"的意思，俗语"很好"之"很"本来有"甚好""过好"之意，可知"很"是"很"，和犬之一种之"狠"或由此而引申之"狠恶"之"狠"并无关系。

外史》第二十八回)

想一想更疼的狠了。(《儒林外史》第三回)

好得很呢,你是真孝顺,真贤惠,……。(《泼妇》剧本)

(三)满

可是笑的意思满有了,而且非常好看。(《二马》第193页)

他满不顾面子!(《二马》第234页)

好在我现在得了一笔奖金,五十镑钱,满够我活好几个月的呢!(《二马》第47—48页)

乙 表示程度的急缓的

I 古文

A. 速词

(一)速

其去之必速。(《礼·学记》)

可以速则速。(《孟子·公孙丑上》)

必速祠而归福。(《国语·晋语》)

(二)急

急击,勿失!(《史记·项羽本纪》)

冒顿既质而头曼急击月氏,月氏欲杀冒顿。(《汉书·匈奴传》)

汉使有骒马,急求取以祠我!(《后汉书·班超传》)

(三)亟

秦之所以亟绝者,其辙迹可见也。(《汉书·贾谊传》)

我死,乃亟去之。(《左传·隐公十一年》)

(四)疾

庄生曰："可疾去矣，慎毋留！"（《史记·越世家》）

吾闻秦军围赵王巨鹿，疾引兵渡河！（《史记·项羽本纪》）

高位实疾偾。（《国语·周语》）

（五）立

剑坚故不可立拔。（《史记·荆轲传》）

譬若锥之处囊中，其末立见。（《史记·平原君传》）

故我有善，则立誉我，我有过，则立毁我。（《管子·小称》）

B. 缓词

（一）缓

民事不可缓也。（《孟子·滕文公上》）

三曰缓刑。（《周礼·地官·大司徒》）

（二）徐徐（徐）

清风徐来，水波不兴。（苏轼《赤壁赋》）

来徐徐，困于金车。（《易·困卦》）

子谓之姑徐徐云尔。（《孟子·尽心上》）

（三）渐

俗渐敝而不悟，政寖衰而不改。（《后汉书·崔寔传》）

此虽小失，而渐坏旧章。（《后汉书·李固传》）

日渐染而不自知兮。（《楚辞·七谏·沈江》）

II 口语

A. 速词

（一）快快（快，赶快）

快快不必提起这种女子。（《少奶奶的扇子》第一幕）

走！快走！（《好儿子》剧本）

你赶快回家，我会对付他们！（《二马》第432页）

快快多谢徐奶奶给你好茶喝。（《少奶奶的扇子》第一幕）

（二）马上

看这个，祥子！我马上就可以拿你，……。（《骆驼祥子》第133页）

我要马上把你带走，不要说钱呀，连你这身衣裳都一进狱门就得剥下来。（同上）

（三）立刻

然而在家里也不能立刻就走得出来。（《月下》剧本）

我立刻就来咧！（同上）

恨不得立刻就逐他出去。（同上）

B. 缓词

（一）慢慢

太阳一出来，都慢慢化成股白气。（《二马》第56页）

马威没言语，煞白的脸慢慢红起来。（《二马》第352页）

天已慢慢长起来……。（《骆驼祥子》第196页）

（二）渐渐

舞了半天，渐渐喘息过来。（《儒林外史》第三回）

太公的病渐渐好了许多。（同上第十六回）

足足烧了半夜，方才渐渐熄了。（同上）

第五节　“得”与程度的表示

口语中表示程度的还有一个特殊的用法，即“得”字的用法。

“得”字除了表示结果体、可能、应然外，还有用以表示程度的。例如：

况且人家的首饰，比你戴的阔得多，……。（《好儿子》剧本）

我是简直是恐怖，好像怕得很似的！（《泼妇》剧本）

看了他一眼，脸沉得要滴下水来。（《骆驼祥子》第196页）

春风先把院中那块冰吹得起了些小麻子坑儿……。（《骆驼祥子》第205页）

一国里要有这么四万万出窝老，这个老国便越来越老，直到老得爬也爬不动，便一声不出的呜呼哀哉了！（《二马》第71页）

连他妹妹都笑得脑后的乱头发直颤动。（《二马》第164页）

这“得”字在旧时的白话文中往往是用“的”的。

见他吃的酩酊醉，也不敢问他。（《金瓶梅》第八十回）

比林妹妹死的更奇。（《红楼梦》第一百十三回）

宝玉在外，知他伤心哭了。便急的跺脚道，……。（同上）

他便加鞭赶上，手执弹弓，好像暴雨打荷叶的一般，打的那些贼人一个个抱头鼠窜丢了银鞘，如飞的逃命走了。（《儒林外史》第三十四回）

原来“得”和“的”在这个地方的发音是相同的。赵元任甚至认为“好看的衣裳”的“的”字也应当写作“得”①。不过从语言作用的

① 赵元任《苏州常州语助词的研究》，《清华学报》第三卷第二期第871页。

角度来说，这个地方应当是"得"字，它的意思是"得到某某程度"。这些小说所以用"的"是因为两者发音相同，拿来代用。其实，在早期的白话文中，就有用"得"的。如：《京本通俗小说·菩萨蛮》的"左右将可常拖倒，打得皮开肉绽，鲜血迸流"。又《西山一窟鬼》的"吃得大醉"。即以用"的"的那些小说论，也有用"得"的时候。

隔壁谁家屋里失了火，烧得红腾腾的。（《金瓶梅》第八十回）

我在地里打豆子，听了这话，吓得连豆子都拿不起来了。（《红楼梦》第一百十三回）

恰好与那一丸弹子相遇，在半空里打得粉碎。（《儒林外史》第三十四回）

最初所用的明明是"得"字，后来混用"的"，但尚留有"得"的痕迹。现代的白话文又恢复了"得"。"得"是正当的，它表明动作或某种性质所得到的程度。

第三编　造句论

一般语法学家研究汉语语法往往只从实词的词类入手，然后才附带地谈到句法。有的索性就把句法丢在一边，不加讨论。其实汉语的特点是在于实词的语法作用和虚词的补助表明句法，并不在于实词的词类，因为同一个实词在不同的地方有不同的词类功能。单独的实词只有词汇意义是明确的。在实际的语言之中，每一个实词和其他的实词都是有关联的，完全视其在句子中的地位如何而定，它的语法作用也由此关联而被确定。所以，研究汉语语法应当注重句法。

句法可以分为两方面来研究，一方面是造句法，一方面是句型结构法。所谓造句法是指实词在句子中存在时和其他的实词所生的关系而言，同时又指最基本的句子的结构而论。

本编所讨论的就是造句法的这一些问题，下编再讨论句型结构法。

第一章　规定关系

第一节　什么是规定关系?

句子是由句子要素组织而成的,句子要素的单位可能是词,可能是词与词的组合,或词组,可能是更小的句子之间的组合,现在让我们从词语与词语之间的关系来说明汉语的语法结构。造句法的着重点是词语与词语在句子中所生的关系,而不是每一个词独立存在时所特有的性质。这词语与词语的关系也表示关系语义,换句话说,也是看一个词语在其前后中的地位所代表的意义如何而说明其与前后邻所生的关系如何,这里所说的词指的是实词。

一个句子是一群有关系的词语的结合。我这里所谓的"句子"和英语所谓的 sentence 并不一样,和拉丁语的 sentencia 也有不同。英语拉丁语所谓的 sentence,sentencia,按照一般语法学家的说法,必是表达一个完整的思想,而其句子必得有主语和谓语。但这种说法显然是受了亚里士多德哲学的影响,与一般语言所有的现象并不一致。原来就思想的背景来说,一个完整的"意念"(complete idea)并不一定非有所谓"完整的句子"(即有主语和谓语的句子)去表达不可。一个词未始不可以表达一个完整的意念。比方说,当我们看见一朵花时,我们说"花!"这虽然只是一个词,但是我们的意思已经整个地表达出来。一般硬要做成所谓“完整的句子”的语法学家也许要故意地把这句话写成“这是花”;以为这样一来,这个句子之中就有了主语和谓语。然而这显然是人工的做作,事实上这一类的句子,到底是“这”为主语或是“花”为主语都成了问题。所以我们不必认为必有主语和谓语的组合才算是句子。凡是能够代表一个判断或完整的意思的,不论其用哪一种方式表达出来,我们都可以叫它做句子。当然当“花”字只代表一个单独的概念时,它就只是一个词,而不是句子。印欧语系中的梵语、俄语、希腊语平常都不用 copula,光光把名词放在主语名词旁边也就成为名句。我们不能说在这些语言中这一类的句子是有毛病的。汉语的系词常常是不用的,而光光一个名词又往往可以形成一个语言的单位。

在语流里头从其最小的单位说,是一个词;从其最大的单位说,是整段的话;从其在语流中的停顿而代表一个完整的意思说,是所谓句子。一个句子虽然不是整段的话,然而大半是许多词的组合则是毫无疑问的。这许多存在于句子中的词因为其同是句子的单位,彼此间必有关系。研究这些关系的情形实在是造句法的一个重要的工作。

词语和词语的关系,大体说来,可以分为两种:一是内在的关系,一是外在的关系。内在的关系就是两个词或语,在其所表达的意义上,发生了直接的关系,其中的一个词语范围了另一个词语的意义或给另一个词语一个归宿的地方。外在的关系就是两者所生的关系并不是直接的,不过是把两个词语很轻松的连在一起而已。比方说,在“红的花”这句话里头,“红”“花”这两个词的关系,则是内在的,因为“红”给了“花”一个范围,说它只是红的花,而不是别的花。但在“你我”这个结构里，“你”“我”的关系就是外在的，因为“你”既不能影响“我”，“我”也不能影响“你”，两者互不侵犯。这两种关系包括了一切词语所能有的关系。外在的关系以后再述，兹先谈内在关系。

汉语句中词语与词语的关系，其能生直接的影响者，可以说是只有两种关系；这两种内在的关系就是规定关系（relation of determination）和引导关系（relation of direction）。规定关系就是两个词语之中，有一个是受定者（determiné）或被范围的（qualified），而另一个则是规定（determinant）其他，或范围（qualifying）其他的[①]。比方说，上面所举的“红的花”就是一个例子。“红”规定“花”，“花”被“红”所规定。这种规定关系的范围很广，凡是西洋语法中所谓某某范围某某者，这前一某某就是规定者，而后一某某就是受定者。比方说，西洋的语法认为副词是范围动词或范围形容词或范围其他副词的，然而在汉语中，副词既没有特殊的结构，就其“范围”其他词语这一点上说，它也可以说是规定者。例如：

A. 古文

天油然作云，沛然下雨，则苗浡然兴之矣。（《孟子·梁惠王上》）

若朋友交游，久不相见，卒然相睹、欢然道故。（《史记·滑稽列传》）

非不呺然大也。（《庄子·逍遥游》）

仁者浑然与万物同体。（《识仁篇》——《明道学案》）

B. 口语

---

① 参阅《汉语介词之真价值导言》第16—23页。

这一问，大家全笑了。（《二马》第164页）

他真急了。（《骆驼祥子》第202页）

谁知道莲蓬都快老了。（《回家以后》剧本）

混帐极了！（《第二梦》第一幕）

我这里用手忙扶策，紧揝住头梢。（《元曲选·黄粱梦》第三折）

我这里款款的把衣襟解放，只见悠悠的魄散魂消。（同上）

义合遣我速去。（《敦煌掇琐》）

规定者不但是有形容词功能的词和具有副词功能的词，就是具有名词功能的词和代词也都可以当做规定者，只要它在句子之中是用为规定句子中的其他词语的。比方说："我这里用手忙扶策"一句中，"忙"固然是规定者，规定"扶"，"我"也未始不是，因为有了"我"，这"扶"的范围就规定了，意思是"我扶"，而不是"别人扶"。西洋语法中所谓的领格代词更是属于此类。例如"我的椅子"，"我"是"椅子"的规定者。具有名词功能的词如"天油然作云"中的"天"，及以具有形容词功能的词如"人种"中的"人"，也都是规定者。

第二节 规定关系诸形式

综上所述，我们可以把汉语词语之间的规定关系分为下列数种[①]。

① 这里的分类是暂时的，是就其相当于西洋语法格局而言。"相当"云云并不是"相等"的意思，切勿误会。

（一）动句中的主语是规定者（加·的是规定者），而具有动词功能的词是受定者。例如：

A. 古文

公遣夏侯惇救之。（《三国志·魏志·武帝传》）

田城子有乎盗贼之名而身处尧舜之安。（《庄子·胠箧》）

民不畏威，大威至矣。（《老子》第六十章）

汝知之矣。（《列子·天瑞》）

B. 口语

儿只愁亲老。（《琵琶记》第四出）

老汉已知叔叔的意了。（《水浒传》第四十四回）

宝玉也点了点头儿不敢说。（《红楼梦》第二十二回）

（二）形容句的主语是受定者，而谓语是规定者。例如：

A. 古文

德厚性矼。（《庄子·人间世》）

德行者本也，文章者末也。（《抱朴子·尚博》）

君相贵不可言。（《前汉书·高帝纪》）

魏国狭小，乏于圣贤。（《孔丛子·陈士义》）

寒烟细，古寺清。（马致远《寿阳曲·烟寺晚钟》）

B. 口语

管不得谁是有脸的，谁是没脸的，一例清白处治。（《红楼梦》第十四回）

温都太太的脸太那么红了。（《二马》第205页）

今年的年是万过不去的了。（《老残游记》第十四回）

（三）具有形容词功能的词（即相当于西洋语的形容词者）是规定者，而被其所约束的词是受定者。例如：

A. 古文

吾有老父，身死莫之养也。(《韩非子·五蠹》)

虽陨于深渊，则天命也。(《左传·哀公十五年》)

诸公要人争欲令出我门下，交口荐誉之。(韩愈《柳子厚墓志铭》)

则可谓至人矣。(《荀子·天论》)

良马非独麒骥，利剑非惟干将。(陆贾《新语·术事》)

B. 口语

许多名臣先夸佳说好的到此也自悔失言。(《京本通俗小说·拗相公》)

贤臣良将保銮舆。(《元曲选·赵礼让肥》第四折)

我还有一块凉牛肉，很好，你吃不吃？(《二马》第107页)

见是一个醉汉，便不理会过去了。(《红楼梦》第一〇七回)

这些真钞票是那里来的？(《好儿子》剧本)

(四)表示占有关系的词(即相当于西洋语的领格者)是规定者，而被其所约束的词是受定者。例如：

A. 古文

山公大儿著短帢。(《世说新语·方正》)

汝南桓景。(《续齐谐记》)

汉太上皇微时，佩一刀，长三尺，上有铭。(《拾遗记》)

时孔融为北海相。(《三国志·魏志·邴原传》)

东阳郡永康县。(《述异记》)

B. 口语

常听我妹妹说道你们。(《二马》第145页)

现在的府尹，前任的兵部，是他们的一家。（《红楼梦》第一〇七回）

凌振人马已到，便来抢船。（《水浒传》第五十四回）

思想的压迫倒还好，只怕是外面的引诱。（《回家以后》剧本）

（五）约束具有动词功能的词的词（即相当于西洋语的副词者）是规定者，而被其所约束的词是受定者。例如：

A. 古文

豕人立而啼。（《左传·庄公八年》）

方生方死。（《庄子·齐物论》）

嫂蛇行匍伏。（《战国策·秦策》）

柴立其中央。（《庄子·达生》）

夏五月丁巳朔，日有蚀之，大赦天下。（《前汉书·平帝纪》）

朕甚痛之。（《前汉书·景帝纪》）

B. 口语

治好了，他就乱吃。（《老残游记》第十回）

只是今日儿有一件很要紧的事，回去还要见家父面回，实不敢领。（《红楼梦》第二十六回）

人家牵肠挂肚的等着，你且高乐去。（《红楼梦》第二十六回）

戴宗却把宋江吟反诗的事一一说了。（《水浒传》第三十八回）

我们约莫记得客长到被它打。（《张协状元戏文》）

（六）约束具有名词功能的词的词群（即相当于西洋语的关系

代名词及其所领导的句子)是规定者,而被其所约束的词是受定者。例如:

A. 古文

旧居之庙毁而不修,褒成之后绝而不继。(《三国志·魏志·文帝纪》)

其议民欲徙寨大地者听之。(《前汉书·景帝纪》)

亲于其身为不善者,君子不入也。(《论语·阳货》)

以道佐人主者不以兵强天下。(《老子》第二十六章)

B. 口语

武松原在衙里出入的人。(《水浒传》第三十回)

只见一个未留头的小丫头走进来。(《红楼梦》第二十六回)

我是热闹世界中一个畸零孤独的人。(《第二梦》第一幕)

(七)数目字是规定者而被数目字所约束的是受定者。例如:

A. 古文

地之东西二万八千里,南北二万六千里。(《管子·地数》)

三王以义亲,五伯以法正。(《商子·修权》)

闰月遣故廷尉王平等五人,持节行郡国。(《前汉书·昭帝纪》)

B. 口语

那一个官司敢把勾头押?(《元曲选·鲁斋郎·楔子》)

有三个贼望东小路去了。(《水浒传》第十七回)

他手下又有二三十匹马,都带着洋枪,还怕甚么呢?(《老

残游记》第四回）

少时，点了四出戏：第一出，《豪宴》；第二出，《乞巧》；第三出，《仙缘》；第四出，《离魂》。（《红楼梦》第十八回）

这只是方便的分法。这里所谓的“相当”并不是“相等”，只是就其可以译成西洋语的语法功能而言。其实这种分法也是不健全的。因为翻译的语法功能，并不是真正的汉语语法。比方说，第五项所谓的相当于西洋的关系代词，就不大恰当。第一，汉语就没有关系代词，“武松原在衙里出入的人”固然可以译成 Wou-Sun est l'homme qui travaille dans le bureau, Wu Sun is a man who works in the bureau，但在我们看来，这里的“的”应当是“红的花”一样，不是一个关系代词。第二，这一句话也可以同样的译成 Wou-Sun est l'homme travaillant dans le bureau，这里的 travaillant 却相当于法语的现在分词了。因为有这些困难，而汉语又没有任何形态去表示语法成分的不同，这些用法又可以归纳在一个范围之下，而就词语与词语的关系而言，它们又是相同的，我们实在不必学西洋的办法，就统称这种词语的关系为规定关系，其中有一个规定者和一个受定者。在西洋语法中，一切用来 modify 另外任何一个词语的，就是我们这里所谓的规定者，而一切被另外一个词语所 modify 的，就是我们所谓的受定者。

第三节　规定关系与词语的地位

规定关系的词语地位，不同的语言各有不同的排布法。印欧语言中，英语的规定者多在受定者的前面：He is a good student,

但一部分的副词(规定者之一种)却在动词之后:go quickly①。法语的规定者则多半排在后面,如:C'est une chanson française,但排在前面也不是没有。如:Il est un bon garçon,而法语作为主语的名词或代名词(亦是规定者之一种)则大体是在受定的词语的前面,除了是问句以外。在东方的语言中,泰语和越语的规定者大体在受定的词语之后,而汉语的规定者则多半是在受定的词语之前。不过论到这个地方,我们应当从形容句和动句两方面来说。拿形容句来说,汉语的规定者在古文里头有两种形式,普通的形式,规定者要在受定的词语之前,然而也有在被规定的语词之后的。如:"王道平平"(《书·洪范》)"车甚泽"(《左·襄二十八》)"高楼七八座"之类。古文中规定者在受定者之后的,除偶然的用法,如"王道平平"之类以外,可以归纳为原则的,大体有两种,一是带有"数位词"的数目字或没有数位词的数目字,前者大体无例外,后者有时在受定者之前。例如:

吠勒国贡文犀四头。(《别国洞冥记》)

觅取清酒一榼,鹿脯一斤。(《搜神记》)

各取骨一片。(《酉阳杂俎》)

中言欠柴一千七百束。(同上)

有游子十二环之。(同上)

小儿露一金锥子击石。(《支诺皋记》)

求一职事。(《幽闲鼓吹》)

普通语法学往往把数目字分为基数(cardinal)与序数(ordi-

---

① 在英语中,形容词和副词不但有形态的分别,同时也有词语地位的不同。然而汉语具有形容词功能的词和所谓"副词",除了特殊的用处外既无形态之殊,亦无地位之异,副词与形容词之不必分别,这也是一个理由。

nal)二者。这两者和名词或具有名词功能的词用在一起，都是一种约束者，所以都是我们所谓的规定者。在初期的古文里，两者在形态上没有什么分别。“其一、其二”就是“第一、第二”的意思。但“其”字还有“他的”的意义，而“一”、“二”则和基数的“一”、“二”没有不同。后来的“第一、第二”大约是从“第”(次第)和数目字合用来的。换言之，在这个地方“一”字还是一个平常的数目字，“第一”和“人马三千”一样，只是说明在次第之中，它是“一”的意思。后来成了习惯，就有序数的特殊意义，而“第”字也就成了序数的语法成分了。总之，在古文里，带有数位词和大部分不带数位词的数目字往往是在受定者之后的。

第二种是一些相当于西洋语用来约束形容词或其他副词的所谓“副词”。例如：

楚王汏侈已甚。(《左传·昭公五年》)

由光义至高。(《史记·伯夷传》)

名声出广下远甚(《前汉书·李广传》)

丞相言灌夫家在颍川横甚。(《史记·灌夫传》)

不通姓字粗豪甚。(杜甫《少年行》)

舟子喜甚无氛埃。(同上)

这种情形在现代的口语多不存在。我们现在不说“人马三千”，而说“三千人马”；我们不说“高楼七八座”，而说“七八座高楼”；我们不说“章第一”，而说“第一章”。我们不说“好甚”，而说“很好”。然而，这并不是说这种情形完全不存在。我们现在还说“拿破仑第一”，不说“第一拿破仑”，这是因为这两句话的意思不同，只好保留古代的形式，以求有别。我们现在还说“好极了”，“慢极了”[1]。大约在口语中只有“极”字可以放在被它所规定的词语之后[2]。这大约是因为“极”字是直接翻译古文的“甚”字，就学古文的办法，放在后面。汉语不但有古音之存于口语，同时也有古代语法之存于口语中，此即一例。

此外，无论是古文或是口语，用规定者做谓语的形容句，这个规定者的地位总是在受定者之后的。这是因为这个规定者不但规定词语，而且是一个完整的判断中的谓语，它的功用有特殊的地方，所以地位也和平常的规定者不同。

拿动句来说，无论是古文或是现代的口语，都有两个方式。动句中规定者之在受定者之前的，有：

A. 古文

君是以不果来也。（《孟子·梁惠王下》）

大器晚成。（《老子》）

故我有善，则立誉我；我有过，则立毁我。（《管子·小称》）

童子隅坐而执烛。（《礼记·檀弓》）

且子亦太早计。（《庄子·齐物论》）

B. 口语

紧对着锺离。（《岳阳楼》第三折）

喽啰里走出行者武松，轮两口戒刀，直奔将来。（《水浒传》第六十回）

---

① 有的时候，我们也可以说“极好”，但这不是一般的说法。

② 口语中还有“很”字可以放在后面的，但其情形与此不同。“很”只能在加“得”（或作“的”）的情形下放在后面。如：“好得很。”但我们却不能说“好很”。“得很”是另外的问题，我们已在第二编讨论过，这里就不再详细地说明了。

张顺见不是头，扑通的先跳下水去。（同上第六十三回）

咱们悄悄进去，吓他们一跳。（《红楼梦》第五十四回）

我也不敢妄想了。（同上）

我不是私来，早间与你物事的教我来。（《京本通俗小说·志诚张主管》）

希周慌忙抱住，夺去其刀。（《京本通俗小说·冯玉梅团圆》）

把十年灯窗下勤苦的工夫尽力一战。（《五代史平话·梁史上》）

动句中规定者之在受定者之后的，有：

A. 古文

王之好乐甚。（《孟子·梁惠王下》）

名声出广下远甚。（《汉书·李广传》）

从塞以南，径深山谷，往来差难。（《汉书·匈奴传》）

陈胜王凡六月。（《史记·陈涉世家》）

孔子循道弥久。（《史记·孔子世家》）

B. 口语

祥子跑得更快了。（《骆驼祥子》第13页）

他把这四个字说得那么诚恳，自然。（《二马》第61页）

跟着微微一笑，笑得和天上的仙女一样纯洁和善。（同上第337页）

话已说得不少了，酒也喝得够了，最好吃饭罢。（《回家以后》剧本）

家有贤妻，见得极明。（《水浒传》第二十五回）

此位胡正卿极写得好。（同上）

贾母听他说得伤心。(《红楼梦》第一百七回)

众儿郎都把那麻衣搭紧。(《昊天塔》第三折)

另外按动句的主语与谓语的关系，规定者(主语)总是在受定者之前。这是平常的道理，也用不着举例说明。

第四节　传递式规定关系

规定的关系可以传递的。这就是说可以甲规定乙，乙规定丙，丙规定丁……而至于无穷。例如：《墨子·非命篇》云："不识昔也三代之圣善人与，意亡昔三代之暴不肖人与？""三代之圣"与"三代之暴"都是有两个传递的规定关系："三"规定"代"，而"三代"又规定"圣"；"三"规定"代"，而"三代"又规定"暴"。传递的规定关系大别之，有下面几种：

(一)三个或三个以上的词，每一个词都是表示独立的事物。例如："他的儿子的先生的儿子。"

(二)三个或三个以上的词，其中和最后受定者最接近的规定者是表示性质的。例如："他的好看的衣裳。"

(三)三个或三个以上的词，最初的规定者或与最后的受定者离得较远的规定者是表示性质的，而与最后的受定者最接近的词却表示一个事物。例如："我的最好看的衣裳的颜色。"

(四)四个或四个以上的词，其中的前一部有规定者规定受定者的性质，其中的后一部亦有规定者规定受定者的性质，而合在一起，前部又是后部的规定者。例如："那个最有学问的女人的最难看的脸孔。"

(五)三个或三个以上的词其与最后受定的词最接近的规定者

是表示性质的，但又被另外的规定者规定此性质之程度或样子等等。例如：“浅红的被单。”

上面已经说过在现代口语中，动句的规定者有的时候是放在具有动词功能的词之后的。这放在后面的也有三式：

（一）具有动词功能的词之后加一“的”字。例如：“走的慢。”

（二）具有动词功能的词之后加一“的”字而规定者之后也加一个“的”字。例如：“走的慢慢的。”

（三）规定者之后又加上规定者时，则句末的“的”字不见。例如：“走的慢极了。”

在这里又引起了一个问题：即“走的慢”的“的”字到底是不是规定虚词？有人以为这里的“的”字也是规定虚词，以为这里的“慢”字应当作为具有名词功能的词解。“走”规定“慢”。怎么样的“慢”？这是“走”的“慢”，不是别种的“慢”。这种解释未尝不可以通，但是按照我们的了解，“走”明明是具有动词功能的词，而这个句子也明明是动句。所以我们应当把“慢”字看做“走”字的规定者。“慢”字既然是规定者，“走”字既然是具有动词功能的词，则“的”字到底是什么呢？我们以为这地方的“的”表示可能的程度，意思是“走到慢的程度”。“走的慢慢的”也是“走到慢慢的程度”的意思，“走的慢极了”也就是“走到非常慢的程度”的意思。这虽然和规定虚词的“的”字是同样的字，而实际上是两个不同的词。这种“的”字在现代口语中往往写成“得”。我以为“得”字是更合理的。在这种场合下，福州方言并且还用 kau（到），例如 kiaŋ kau ja mεiŋ。

第二章　汉语的规定词

第一节　规定关系与规定词

规定关系有两个形式：一是仅由词语的次序来表现的，一是另外再加上一个规定虚词或规定词(determinative particle)的。

我们已经说过，按照翻译的办法，规定关系可以相当于西洋语的形容词、副词、领格、关系代名词等等，然而按照汉语语法的特点来说，这些不同的用法，实在可以归纳在一个原则之下，都称之曰规定关系。因为汉语并没有特别的形态去分别这些不同的用法，而这些不同的用法所表达的意义也都可以包括在规定关系这个原则之下。这也可以由汉语所用的规定虚词或规定词来证明。汉语无论是具有形容词功能的词或是具有所谓“副词”功能的词，或是在西洋语应用关系代名词的地方，如果要用一个虚词去表示的话，在古文里都是用“之”、“其”之类的字，而在口语则用“的”、“格”之类的字。字纵使有不同，但同样的字可以用在这些不同的地方，则是绝对真确的情形。

关于白话文中“的”字的用法，学者们也有过不少的讨论，不过大半都脱不了西洋的影响，而把“的”字所能翻译的西洋语的语法格局来解释①。然而，汉语并不是西洋语，张冠李戴的办法绝不是科学家所应有的。白话文的"的"字，实在只是一种规定词。它可以用在许多表示规定关系的地方。例如：

我就是个多愁多病的身，你就是那倾城倾国的貌。(《红楼梦》第二十三回)

咱们谋到了，靠菩萨的保佑，有些机会，也未可知。(《红楼梦》第六回)

你不知道这小油嘴，他好不辣达的性儿。(《金瓶梅》第八十回)

若迟了一步，回事的人多了，就难说了。(《红楼梦》第六回)

将那些银子与那岳喜的伴当，交他好好的传示着。(《五代史平话·梁史上》)

害瞎的去寻羊。(《宦门弟子错立身戏文》)

在这里，有一个问题，非加讨论不可。即用规定词"的"和不用规定词"的"，在语法上有没有什么不同？一般地说，"我父亲"和"我的父亲"实在没有什么分别。但是有的时候，情形就不然了。比方说，"短裤"和"短的裤"这两句话的意思就不同。我们可以说"长的短裤"，然而却不能说"长的短的裤"。在前一个例子里，"短裤"是当做一个特殊的词看，事实上两个字只代表一个词，所以还可以加上一个规定它的词，说它是长的或是短的。意思是在平常所谓的"短裤"中还可以有长短之分。下一个例子就不然了。"短

① 我有一篇《汉语规定词"的"》(载中法汉学研究所印行之《汉学》第一辑)，里头曾讨论到一般人对于"的"的语法价值的解释，和我自己的意见，读者可参阅该文第29—40页。

的裤”,这其中的“短”字已经是一个规定“裤”的词,这里只有“裤”才是具有名词功能的词,我们不能说这个“裤”是短的,又是长的。这可以给我们一个例子,证明汉语复合词和单纯词的分别。在古代的文献里,“短裤”实在可以有两个不同的意义。这两个不同的意义并没有语法的成分去分别。现在的口语,渐渐有分别这两个不同意义的语法成分的趋向。那就是说,在现今的口语中,如果我们认为一个规定者和一个受定者的结合代表一个词的话,我们就觉得在这种情形之下,规定词“的”是没有法子加上去的。如果我们认为这规定者是一种独立的规定者,并不是和受定者拆不开的话,我们就觉得有加上规定词“的”的可能。现在的口语只觉得有这种可能,还没有普遍的觉得有其绝对的必要。这正足以证明语法的变化还没有到完全成功的阶段。大约在不久的将来,可以完全走上这一条路。

然而这里也有个情形,就是一部分“的”字的去取完全是音节的关系,而不是意义的问题。比方说,我们可以说“他的父亲的父亲的父亲”,然而这总不如说“他父亲父亲的父亲”来得轻松。不过我们只能在词与词之间(不管其为单音词抑复音词)自由去取,却不能在复合词前后两段中加上一个“的”字。我们不能说“他的父的亲的父的亲的父的亲”也不能说“他父的亲他父的亲他父的亲”。因为“父亲”是一个复合词,不能拆开。总之,在词与词之间,规定词是可以加上去的,就是在古文之中也是如此。凡能加上“之”的,前后的词必是独立而用在一起的;凡不能加上“之”的,多半是复合词。不过在口语中,不是复合词而生规定关系的词,却有渐渐都加上一个规定词(“的”或其他的)去分别单纯词与复合词的趋向。

另外还有一个情形,即带有取譬(metaphor)性质的成语,其中的规定关系，不能随便去取规定词。例如："高帽子"本来有"高的帽子"的意思，然而"高帽子"已经成为成语，我们说"戴高帽子"，实在并没有"高的帽子"的意思，而是用作取譬而表示"捧场"的。在这种情形之下，我们绝不能加上一个"的"字，一加上"的"，成语的性质就消灭了。这成语和复合词不同，因为它是以它的比喻意义而被应用的，而复合词还不外是普通的词。可是也有其相通之点，即成语也是拆不开的，我们可以说成语是复合词的一种，而复合词则不见得都是成语。

当然这些复合词(普通的也好，成语也好)的来源，是由普通的规定关系来的。例如："短裤"的原始意义当然是"短的裤"，不过这种"短"是一种特殊的"短"，有其一定的范围，后来，这"短裤"就成了特殊的词，和一般的"裤"既不相同，和一般的"短"也不一类。然而，以语法的现实价值言，这里的"短"仅是复合词"短裤"的一个成分。

第二节 传递式规定关系的规定词

现在汉语的结构，遇有一个词或词群规定另外一个词或词群时，这两者之间往往可以加上一个"的"。如"我的父亲"、"慢慢的走"、"红的花"、"打钟的人"等。因为规定关系可以传递(如："我的父亲的代笔的人")，每一关系都加上一个"的"，结果就连篇累牍的只见是"的"，于是，有的时候，我们就把其中的一部分"的"取消。不过，这去取也有个规则，不是可以随便的。我们可以把去取"的"的规则归纳为下面几条：

1. 只有一个规定关系的时候，如果规定者和受定者都是单音词的话，其中的“的”可去可留，没有一定的规矩，说“红花”或说“红的花”都无所谓，如果规定者是复音词的话，那么，“的”就去不了。例如“高高的山”，“绿绿的水”，不能说成“高高山”，“绿绿水”。受定者是复音词的时候，也是一样的情形。例如：“洁白的皮肤”，“兴奋的心情”。

2.除了是“规定者——受定者”式的复合词之外，在一连串同一性质的规定者之中，只有最后一个规定者之后的“的”是去不掉的。例如：“福建省闽侯县螺江村南面的溪流”。这里的“溪流”是个“规定者——受定者”式的复合词，因为“溪”本来是规定“流”的，不过在这里已成为一个复合词罢了。所谓同一性质就是说同是具有名词功能的词，同是具有形容词功能的词等。比方说：“洁白、干净、轻松的被窝”，或“慢慢儿、轻轻儿、静静儿的走来”。

3.如果一大串的规定者并不是同一性质的，那么，关系比较更密切的词之间的“的”可以去掉，而关系比较不密切的词之间的“的”就去不掉。例如：“著名学者的奇怪脾气”。这句话本来是“著名的学者的奇怪的脾气”，因为“著名”和“学者”关系密切，“奇怪”和“脾气”关系也密切，所以其中的“的”就去掉了，但是“著名学者”和“奇怪脾气”之间的“的”却去不掉。

4.拿句子形式的词群来当规定者的时候，这句子形式后面的“的”是去不掉的。例如：“昨天我父亲带他来看我的人”，因为如果不加上“的”，句子有被误解的危险，“昨天我父亲带他来看我人”可能被认为“昨天我父亲带他来看我们”。

5.具有名词功能的词作为受定者而被省略的时候，“的”是不能去掉的。例如：“他买的”，“我要一个红的”，“他是一个不要脸的”。这些句子的后面都有一个被省略的词，“东西”或“人”等。

6. 具有动词功能的词作为受定者而被省略的时候，“的”不能去掉。例如：“哪能随随便便的”，“他就这样又急又快的”。这里当然是省略了“做”或“来”等。有的时候，我们也说“哪能随随便便”，那么，它就没有被省略的词，也就不受这一条规律的限制了。

7. 数位词独用时（即数目字加数位词时）“的”不能用。我们不能说“一杯的水”而必须说“一杯水”。当然有的时候我们也说“一杯的水”或“一地的水”，不过，这样的话，它就不是数位词，而是另一种结构，“洒了一地的水”，这“一地”是“满地”的意思，“倒了一杯的水”也是倒了一“满杯”的意思。不过，古文倒可以用“一杯之水”，“一顷之田”之类。特别要注意的是这数位词上面如有数目字以外的规定者时，“的”就可以加上去。例如“一小杯的水”，“一大碗的汤”，“一长片的白云”。

第三节 规定词的种类及其来源

“的”之作为规定词用者，是白话文中最普通的现象，但这不是说白话文中只有一个“的”字可以这样用的，也不是说白话文这样用，口语也只好这样用。实则在白话文和口语中还有其他的词可以作为规定词用的。《水浒传》中就有以“价”字作为规定词用的[1]。例如：

只听得街上锣鼓喧天价来。（六十一回）

石秀在厅前千奴才万奴才价骂。（六十二回）

只见宋江军马，泼风也似价来。（同上）

---

① 陆志韦谓《水浒传》有“震天价响”句。

《老残游记》也有这样的用法。例如：

那阁子旁边风声呼呼价响。(第一回)

那荷叶初枯，擦得嗤嗤价响。那水鸟被人惊起，格格价飞。(第二回)

这里的人，又是冷，又是怕，止不住格格价乱抖，还用眼睛看那老虎。(第八回)

那舌根左右，精液汩汩价翻上来，又香，又甜。(第九回)

那窗纸微觉飒飒价动，屋尘簌簌价落。(同上)

仿佛山倒下来价响，脚下震震摇动。(同上)

话说子平听得天崩地塌价一声。(第十回)

只听外面唔唔价七八声。(同上)

你听，外面唔唔价叫的。(同上)

不似巡街兵吹的海螺只是呜呜价乱叫。(同上)

只见扈姑角声一阕将终，胜姑便将两手七铃取起，商商价乱摇。(同上)

“价”现在念为 tɕia，但《水浒传》时代却念为 ka。因为元音-a 变为复元音-ia，又因为-*i*-和声母 *k* 的接触，这 *k* 就渐渐变成喻化音，再由喻化音变成颚化音 tɕ-。然而有的地方因为中古的规定词不是以-a 为元音，并没有发生复元音-ia 的现象，k 并没有变成喻化音或颚化音，它还保留着本来的牙音。所以津浦路一带，自天津一直到山东境内，还有用牙音的字作规定词的。天津话有“好个的”，“满庭个乱跑”的说法。就是北京话也有“你看你个”(《二马》350 页)的说法。这“个”不过是代表一个音，这个规定词大约是 ko 或 kə。章炳麟在他的《新方言》里认为江南运河而东，以至浙江广东是用“革”或“格”去代表我们所谓的规定词的[①]。这“革”、“格”也是代表一种牙音的，和齿音的“的”(tə)是两回事。再以现代的吴语来说，宁波上海都是说“好格”，用牙音“格”来作规定词。福州话也是用牙音的，“好的”福州话是“好其”。不过，在北方，用牙音是例外，平常用齿音，在南方正相反，平常用牙音，而齿音则不多见。这告诉我们在现代的方言中，齿牙两音而用作规定词的都有存在[②]。

在中古的文献里，我们也可以找到用牙音为声母的规定词。韩愈诗“老翁真个似儿童”，这“个”字就是一种规定词而以牙音为声母的。《五代史平话》也有这一类的句子，例如：

这个孩儿真个作怪。(《梁史平话》)

与刘文政，牛存节，霍存，白守信四人相失了，真个是。(同上)

叔叔，好交。(同上)

“交”中古时是牙音，这里和现今白话的“的”是一样的用法。《五代史平话》同时还用“价”字。例如：

则见一阵价起的是秋风，一阵价下的是秋雨。(《梁史平话》)

朱温镇日价只是去四散走马，趯球使枪射箭。(同上)

那李克用正在醉中鼻鼾钩钩价睡。(《唐史平话》)

诸将一力价劝进。(同上)

慕容三郎见他浑家终日价恓惶。(《汉史平话》)

---

① 《章氏丛书》本《新方言·释词》第一，第7页下。

② 我在《汉语规定词“的”》里对此问题曾有详细的讨论，读者可参阅该文。

　　思量与他厮争不出，呕了一肚价怒气。（《周史平话》）

《京本通俗小说》也有这用法。例如：

　　想教授每日价费多少心神。（《西山一窟鬼》）

《大宋宣和遗事》也有同样的用法：

　　终日价无人商量。（《元集》）

我们再看一看上古的情形。在中国上古的文献中，我们也可以发现两个字作为规定词用的。一是“其”，一是“之”。《周书·康诰》：“孟侯，朕其弟。”“其”就是口语“的”的意思，也就是我们所谓的规定词。《公羊传·成公十年》“卫侯之弟黑背率师侵郑”，“之”也就是这里所谓的规定词。

“其”、“之”是上古文献中的规定词。按高本汉的标音，“其”是中古的 gjʻi 而“之”是中古的 tɕi。这两者在中古是不同类的。我们知道牙音而加-i-在现代的北方口语中，都变成颚化音 tɕʻ-，而“之”字在现代的北方口语中也是一种颚化音，tʂʅ，然则这两者是不是同一来源的？按照《说文》形声字的研究，我们知道《切韵》时代以“之”为切上的照三等和知母的通转很利害。知母在《切韵》时代是 ȶ，大约是不成问题的，照三既与知母相通转，则上古的照三和知当是同类的，换句话说，必都是齿音的一种。不过，《说文》形声字也告诉我们一部分照三等字和喉牙音也有通转，就以从“之”得声的字来说，也有一个“欪”字是“许其切”。可知在上古音中，也有一部分的喉牙音曾经变成《切韵》时代的颚化音。这样说起来，《切韵》时代念为 tɕi 的“之”字是不是从喉牙音变来的？如果是从喉牙音变来的，则“之”字其实就是“其”字，如果不是从喉牙音变来，则“之”字当是现代的“的”的前身。这两个可能性都有存在。不过，我们总觉得“之”不能是“其”的变音。我们的理由是：

（一）照三与齿音的通转远在其与喉牙音的通转之上。我们宁可说《切韵》时代以“之”为切上的字在上古作为一种齿音是常态，而认为此等字在上古作为喉牙音是例外，或是方言的现象[①]。

（二）即使上古音中有从喉牙音变为颚化音的，这些字并不包括“其”类的字。因为我们明明知道“其”类的字在《切韵》时代还是念作喉牙音的。

（三）如果认为 tɕi（之）gj'i（其）是同一字的不同的音，则这所以有不同的原因却不易找出。如果认为是方言的不同，则这不同本来和由喉牙音变成颚化音的趋向并无关系，而古书中亦必可以看出这两种方言的分野。然而在古书中，用“之”的书中也有用“其”的，“之”、“其”在同一的方言中存在，所以不能是方言的不同。如果认为其中有一个是古音的保留，则怎么样的保留又成了问题。所谓保留只能有两种，一是保留于方言中，然而我们找不出证据。无论在哪一种书中，“其”、“之”都是同时存在的。一是保留于口语中，然而“之”、“其”却明明是同时存在于书面语言的读音。所以这两者不能是同一字的不同音。

（四）“之”、“其”在现代的口语中虽同系颚化音，但并不是同一的颚化音。“之”北京话念为 tʂʅ，而“其”则念为 tɕ'i，在其他方言更是不对，因为南方的“其”字，以闽粤方言来说，居然还没有颚化。可知这两个颚化音并不是同时所起的变化，也并不是同一的来源。如果喉牙音的“其”在《切韵》时代已经变为颚化音，这“其”必与“之”完全同音，如果说当“其”变“之”的时候，“其”仍以喉牙音性质

① 关于这些声类的通转情形，陆志韦作有《说文广韵中间声类转变的大势》一文（《燕京学报》第二十八期），用统计的方法做了许多表格，详详细细的说明。我所说的《说文》形声字的通转，都是根据这篇文章的。

同时存在，到后来才变另外的一种颚化音，则我们的第三个问题，即这不同音的两个“其”到底是怎么样的存在，又不能答复了。

如果“之”字不能是“其”字的变音，则“之”的古音必是一种齿音。《说文》形声字的研究既然告诉我们照三等和其他齿音有密切的通转，我们很可以大胆的认为上古的“之”字是一种齿音。这不但可以解释为什么上古文献中有“之”、“其”两套规定词的同时存在，解释为什么现代口语中也有这两套(齿牙两音)的存在，同时也可以解释白话文的“的”字到底是哪里来的[①]。

认为“的”是“之”的后身的人很多。但大半都没有说明白这“后身”是指哪一方面而言。“的”在用法上大体是和文言文中的“之”相等，这是大家所知道的。但这只是就两字的意义在古今文献中相继续而已。章炳麟曾说“今凡言之者，音变如丁兹切，俗作的[②]。”他以为《切韵》时代“止而切”念为 tɕi 的“之”字后来变了音，念作丁兹切的 ti。然而这是不可能的，因为在汉语语音的历史上并没有由颚化音 tɕ-变 t-的现象。王力和吕叔湘都提过“的”是“之”的后身[③]。但他们是就哪一个意义言，是不是同意章炳麟的说法，也没有说明白，我们只好就自己的意见来解释了。

我们也以为“的”是“之”的后身，但我们的意思是认为“的”是“之”的古音保留在口语中的。汉语的方言，读书说话的念音往往是不同的，而说话的念音又往往比读书音为近古，这原因是汉字并

① 我在《汉语规定词“的”》里对于“的”是“之”的后身这个理论说得很清楚。这里不过是概括的叙述而已。读者可参阅该文。

② 见《章氏丛书本》，《新方言·释词》第一，第7页下。

③ 王力《中国文法学初探》第43页；吕叔湘《汉语第三身代词说》，《华西协合大学中国文化研究所集刊》第一卷第二号第253页。

非拼音字，因此各地方人民所知道的只是那些方块字。这些字的认识往往是文化中心、政治中心的人物所特长的，而文化中心，政治中心又往往因政局的变动而影响语音的变化。换句话说，这些地方的语音变化是特别快的。然而这些地方的读书人又往往是文化的传播者，所以一般人民在读书方面要学这班“京城人”或“文化人”的标准，虽然在说话时，他们还是莫名其妙地保存着古时的说法。这种情形在隋唐时代已经发生。所以那时代读书说话的发音也有不同的情形，《隋书》载有“书语”，既称“书语”自然也有颜师古《匡谬正俗》所要更正的“俗语”。“之”的古音是一种齿音，按高本汉的注音是 ȶiəg，收尾的-g 变成 i 是音理之常，所以 ȶiəg 就变成 ȶiei 而 ȶiei 再经过异化同化两作用就变成后来的 ti：ȶiəg＞tiei＞ti。

然而，这是就口语而言，在读书上，“之”字在隋唐时代已经念为颚化的 tɕi 了。口语中的 tiei 不见于文言文，只在白话的语录和民间文学中存在。最初用来代表这个口语中的古音是“底”字①。我们可以在敦煌所发现的变文中看到这个“底”字。在第 9 世纪的唐代禅家语录里，我们也可以看到这个“底”字。例如：

不是省力底事。(《筠州黄檗断际禅师传心法要》)

这个是黄檗底。(《临济录》)

粥饭底僧。(《庞居士语录》)

教儞知那得树上自生底木杓。(《黄檗断际禅师苑陵录》)

在第 10 世纪的五代禅家语录里，我们也看得到这个“底”字，不过在“底”之外，我们又看到一个“地”字，是完全用在相当于西洋

① 关于“底”“地”“的”的演变历史，参阅拙作《汉语规定词“的”》第 40—71 页。这里所引书籍的著作时代及出处，该文有详细的讨论。

语的副词的地方的。例如：

如何是不睡底眼。(《匡真语录》)

道得底出来。(同上)

喃喃地便道。(同上)

隐隐地似有个物相似。(同上)

这种“副词”和其他规定词的分用，一直到宋朝末年都存在。我们可以在宋朝的禅家语录和理学家语录里同样的看到“底”和“地”的分用。例如：

作么生是三玄底旨趣。(《汾阳无德禅师语录》)

如何是辨衲僧底句？(同上)

只恁么哄哄侗侗地烂。(同上)

然圣人有个存亡继绝底道理。(《朱子语录》)

到唐尚有坐说话底意思。(同上)

道则平铺地散在里。(同上)

才为物欲所蔽，便阴阴地黑暗了。(同上)

但在宋末的戏文、话本及平话里，我们却看出两个现象，即(一)“的”字最初代替了“底”，(二)“底”“地”或“的”“地”的分别渐渐地消失了。例如：

当日的令史过来。(《小孙屠戏文》)

这睡的是谁？(同上)

休得要恁地。(同上)

看见员外须眉皓白，暗暗的叫好。(《京本通俗小说.志诚张主管》)

从下至上看过，暗暗地喝采。(同上)

泪珠似雨滴滴地流满粉腮。(《五代史平话》)

只见那妻子张妇泪簌簌的下。(《五代史平话》)

将些银子交岳喜的伴当。(同上)

到了元明以后,除了少数民间文学和语录还有混用的情形外,大体都只用"的"去代表一切的规定词。

这三个字互相消长的历史实在只是语音变化的结果。我们知道 tiei 本来是"之"的古音保留在口语中的。这个音可以随便拿一个字去代表。《切韵》时代"底"是念为 tiei 的,则刚好可以代替。然而那时候的"的"字是入声锡韵字,敦煌所发现的汉藏对音标为 tig,而高本汉则标为 tiek。这个入声字不能代表 tiei,所以只好让"底"去享它的特权。唐宋时"地"和"底"的发音是不同的。"地"是浊音,而"底"是清音。所以两者的分别非常清楚。这时候的语法,可以说有所谓"副词"和其他规定词的明晰的分野。然而到了后来,这存在于口语中的 tiei 经过同化作用自己变成了 ti,而"底"字也同样的变成 ti。这时候的"的"字也损失了它的入声收尾。(元代《中原音韵》列"的"入去声),也是发为 ti 的,所以两者都可以用。后来"的"字居然完全取"底"而代之。《中原音韵》不但告诉我们"的"字损失了入声收尾,它也告诉我们那时候的中原音并没有清浊的分别。于是,我们又懂得"地"和"的"或"底"相混的原因了。原来这时候的"地"和"的"、"底"都是同音。既是同音,语法的分别也就消失了。所以现代汉语只有一个规定词 ti＞tə,它可以用在一般表示规定关系的地方。

现代口语中的"的"或其他以齿音为声母的规定词就是古代"之"类的后身,现代口语中的"价"(由牙音来源的颚化音)、"革""格",及其他以牙音为声母的规定词是古代"其"、"厥"类的后身,这是我们所相信的。现在要问这规定词从词源学的角度上说是从哪里来的。原来“之”、“其”两字在古代都有许多不同的用法。以词的观点来看，这两个字至少都有三个不同的用法：（一）等于指示词“此”，（二）第三身代词（“之”常用在役格上而“其”常用在主格上），（三）我们所谓的规定词。例如：

（一）指示词

之子于归，远送于野。（《诗·燕燕》）

卢令令，其人美且仁。（《诗·卢令》）

（二）第三身代词

其行已也恭。（《论语·公冶长》）

有女怀春，吉士诱之。（《诗·野有死麕》）

（三）规定词

平王之孙，齐侯之子。（《诗·何彼秾矣》）

朕其弟，小子封。（《周书·康诰》）

在这三者之中，第三身代词不成问题是指示词引申出来的。至于规定词，就没有那么清楚。大约规定词的来源是“之”的实义“出也”引申出来的，属于某者是由某所从出。但也可能也是指示词引申出来的。“麟之趾”也许竟是“麟这趾”引申出来的“麟的趾”的意思。现在口语还有说“你这管笔真好”去代替“你的笔真好”。但这两说都是猜想，我们没有法子说哪一说对。

“之”和“的”的用法在今古文中有两个不同的地方。第一，“的”可以用在语末，如“好的”、“说话的”，而“之”不能。这是因为古代还有一个“者”字，它也是一种指示词，也可以用作规定词，但只能用在语末，如“卖花者”、“余欲一红者”。“者”占据了“之”在语末的地位，习惯成自然，“之”也就不能再这样用了。第二，我们曾经说过，动句中主语和谓语的关系也是规定关系，这可以用古代

“之”的用法来证明。在现在的口语中，我们很难在主语和谓语之中加上一个规定词，而还保留其谓语的性质。我们不能用“我的走”去代替“我走”，因为在前者，“走”具有名词的功能，而“我的走”也不是一个句子。可是“我走”却是完完全全的动句。然而这种情形在古文里却是存在的。《诗经》的“手之舞之，足之蹈之”，“神之听之，介尔景福”，这第一个“之”是加在主语和谓语之间的规定词，然而却不变更“舞”、“蹈”、“听”等的性质。换言之，“手之舞之”不能译成白话文的“手的舞”，而应当译成简简单单的“手舞”。这“之”字不过是表示主语和谓语所生的规定关系而已。不过这种规定关系和口语中的规定关系“我的走”是不同的，因为后者相当于西洋语的领格，而前者只代表动句中主语和谓语的关系。只是在语法的角度来说，我们还得承认它们都是规定关系。我们所能说的只是：在古文中，这种规定关系可以加规定词，而在口语中，这种规定关系不能加规定词，口语中这种规定关系是一种特殊的规定关系。

第三章　引导关系

第一节　什么是引导关系？

当两个有关系的词语放在一起时，如果其中的一个表示一个事物，而这事物是历程所归止的方向，这种关系就是引导关系（relation of direction）。引导的意思就是把历程引导到一个归止的方向上。例如，我们说"进城"，这"城"就是一个方向，而"进"就是被"城"所引导而归止于"城"的历程。在引导关系中，作为方向而引导历程的词语，我们称它为引导者（directing term），而表示被引导的历程的词语，我们称它为受导者（directed term）。引导者必得是一个具有名词功能的词语，相当于一般语法学家所谓的宾语，而与马建忠所谓的"止词"也颇相类。马建忠解释"动词"，认为"动词"是记"行"的。他又在"动词"之中分为"外动"与"内动"，（按：即我们所称的及物动词与不及物动词。参阅第二编第七章。）认为外动是"其动而直接乎外也"，而"凡受其行之所施者曰止词"[1]。马建忠这里所谓的"止词"显然是西洋语法中"直接宾语"的意思。他另外又在解释"内动"的地方，说："凡行之留于施者之

① 《马氏文通》第四卷第1页。

内者曰内动字，内动之行不及乎外，故无止词以受其所施，内动之不得转为受动者此也，而施者因内动之行，或变其处焉，或著其效焉，要不能无词以明之，是即所谓转词也。”①这里所谓的“转词”显然就是西洋语法中的间接宾语。在这里，我们姑且先把外动内动的问题留于后面讨论，先谈一谈所谓“止词”和“转词”的分别到底是怎么一回事。马建忠所谓的“转词”是直接译自西洋语法中之所谓 indirect object 或 indirect complement 的，其意义最少有两个，一是其所谓“内动字”的宾语，一是其所谓“外动字”的直接宾语之外的第二个宾语。我们再按汉语语法来看，觉得这种分法并不妥当。西洋人所说的直接宾语和间接宾语的分别，就在乎前者没有介词为介，而后者则非有介词不可。比方说 I tell him 之 him 是直接宾语而 I speak to him 之 him 则为间接宾语。然而，如果在英语中，人家说 I speak him，那就不通了。可是汉语语法就不然。汉语中的“止词”和“转词”就很难分别。《马氏文通》之举《孟子》“过宋而见孟子”②为例，而谓“宋”为“转词”就是他自己到了这个地方不能自圆其说的证据。以形式言，“过宋”与“信吴”（王唯信吴）③并无丝毫的不同。实在说起来，这两个词（“宋”与“吴”）都是历程所归止的方向，我们都可以称之曰引导者。即使有的时候，在这一类词的关系之中可以加上一个虚词，如《庄子·秋水篇》“吾非至于子之门则殆矣”。然而第一，这和规定关系之加“的”或“之”一样，是帮助关系的表明；第二，这和英语之加介词不同，英语不加介词就不通，而我们却可以取消“于”，而言“吾非至子之门则殆矣”。

---

① 《马氏文通》第四卷第 31 页。

② 《马氏文通》第四卷第 32 页。

③ 《马氏文通》第四卷第 6 页。

第三，这里虚词的去取在乎调和音节，而不是表示意义的不同，或语法范畴的殊异。所以这一类的词我们都叫做“引导者”。我们试举几个例子：

A. 古文

搦髓脑。（《史记·扁鹊传》）

天倾西北。（《淮南子·天文训》）

侍中诸侯贵人争欲揖章。（《汉书·游侠传》）

遂杀公若。（《左传·定公十年》）

齐桓公合诸侯而国异姓。（《史记·晋世家》）

是故知命者，不立乎岩墙之下。（《孟子·尽心上》）

夫为天下者亦奚以异乎牧马者哉！亦去其害马者而已矣。（《庄子·徐无鬼》）

隳枝体，黜聪明，离形去知，同于大道，此谓坐忘。（《庄子·大宗师》）

然夫士欲独修其身，不以得罪于比俗之人也。（《荀子·修身》）

B. 口语

他守青灯，受苦辛，吃黄虀，捱穷困。（《元曲选·秋胡戏妻》第一折）

你看那龙争虎斗旧江山；我笑那曹操奸雄（《元曲选·岳阳楼》第二折）

就当日杀牛大会。（《大宋宣和遗事》亨集）

敬瑭恳求朝廷求添兵运粮。（《五代史平话·晋史上》）

兄弟与你报仇，杀了奸夫和淫妇。今日就行烧化。（《水浒传》第二十五回）

还有一款是强占良民妻女为妾。(《红楼梦》第一百五回)

所以做官的切不可率意断狱,任情用刑。(《京本通俗小说·错斩崔宁》)

收拾细软家财,打做两个包裹,夫妻各背了一个。(《京本通俗小说·冯玉梅团圆》)

但这并不是说一切的虚词都是可以去掉的,事实上,有的虚词是去掉不了的,有的却不能加虚词;一去掉,一加上,句子就不通。例如:"季氏旅于泰山"(《论语》),这里头的"于"字就不能去掉。又如上面"过宋而见孟子"的"过"字之下,"于"字是加不上去的,就是其他任何的虚词也都加不上去。在这个地方我们又得回过来讨论所谓"外动"和"内动"的问题。原来,按照形态的角度来说,汉语并没有内外动词的分别,因为汉语这一类的词并不像西洋语的动词似的,是内动的就不能用在外动的情形下,是外动的就不能用在内动的情形下。汉语这一类的词既可以当作所谓"内动"用,也可以当作所谓"外动"用。就是上面所说的"旅"和"过",也可以随便用,我们可以说"经宋而过",也可以说"旅之泰山"。只是就上面的句子结构而言,"过"字之下不能加虚词,"旅"字之下不能去虚词而已。这不能去掉或不能增加的理由是因为当这个词用在句子中的时候,它的意义确立了,它的功能也就固定了。我们可以说在某特殊的情况下,它具有内动的功能,在某特殊的情况下,它具有外动的功能。然而,这并不是说汉语的词,本来有内动和外动的分别。其实就在西洋的语言中,也并不是一切动词都有内动和外动的分别,如英语的 speak 就是一例。我们可以说 He speaks,也可以说 He speaks French。不过西洋的大半动词都有内外的分别,而汉语这一类的词则没有不是可以两用的。可以两用就是没有分别。

王力常常以本性、准性与变性三个字眼来说明汉语的词类。他以为汉语的“动词”也有内动外动的本性的分别，不过在特殊的情况下可以变性而已。比方说，在“内动词”的后面加上一个宾语，就变成“外动词”①。例如：“小子鸣鼓而攻之可也”，“今我逃楚，楚必骄”中的“鸣”和“逃”，在他看来，本来都是“内动词”，因为后面加上一个宾语的“鼓”和“楚”，就变成了“外动词”。这种说法颇有疑问。原来动词之是否内动或外动，本来要看它可以不可以加宾语而定。如果一个动词的用法必得加宾语，它就是外动词，如果不能加宾语，它就是内动词。如果我们要看“鸣”和“逃”字到底是“内动词”或是“外动词”，我们就须看它是不是必得加宾语或不得加宾语而定。然而这两个字既不是必得加，又不是必不得加，要看情形如何而定。实在并没有什么本性。以抽象的“鸣”和“逃”来说，它们原没有什么“内动”和“外动”。以它们之用在句子的实际情形来说，它们既可以具有内动的功能，也可以是具有外动的功能。我们实在不能说它们的本性是“内动”或是“外动”。如果我们一定要说的话，也只能说它们既是“内动”又是“外动”，或既不是“内动”，也不是“外动”。“鸣”、“逃”之是否“内动”或“外动”完全要看它们在句子中的情形而定，并不能说它们本来是“内动”，因为果尔，我们也可以说它本来是“外动”。何况汉语的这一类词本来就连动词都说不上呢。

第二节　引导关系的种类

由词语所代表的意义来说，引导者大体可以分为两类，一是表

① 《中国语文概论》(商务)第52页。

示一般的事物的，即西洋所谓的 object（宾语），一是表示空间的方向的。一般事物和空间都可以作为历程的归止方向。如上面所举的“搦髓脑”，“髓脑”就是一个引导“搦”历程的事物；“天倾西北”，“西北”就是引导历程“倾”的空间方向。当然在具有动词功能的词独用而没有引导者的时候，引导的关系也就不存在了。如：

A. 古文

百姓昭明。（《书·尧典》）

岂敢惮行，畏不能趋。（《诗·小雅·绵蛮》）

是固当反。（《史记·黥布传》）

则哀将焉而不至矣！（《荀子·哀公》）

惠然肯来。（《诗·邶风·终风》）

大夫皆曰不可，勿听。（《孟子·梁惠王下》）

老人儿啼。（《史记·循吏传》）

高皇帝与诸公并起。（《汉书·贾谊传》）

以手护膝而死。（《赤雅·印娘》）

B. 口语

三人同行，小的苦；再不须大叫小呼。（《元曲选·蝴蝶梦》第二折）

却教俺怎支持？怎发付？怎结束？（《元曲选·谢金吾》第二折）

只一头撞将去，争些儿跌倒。（《水浒传》第二十四回）

此时亲随的人都服事得厌烦，远远地躲去了。（《水浒传》第三十回）

忙忙的各自分头去。（《红楼梦》第四十三回）

我要歇了，你请去罢，明日再来。（《红楼梦》第四十五回）

小人听得叔叔教诲，敢不遵从？（《五代史平话·汉史上》）

可怜崔宁和小娘子受刑不过，只得屈招了。（《京本通俗小说·错斩崔宁》）

张员外从下至上看过，暗暗地喝采。（《京本通俗小说·志诚张主管》）

西洋人所谓的间接宾语（indirect object）实在有两个意思。一是第二个宾语，即直接宾语以外的第二个宾语。例如：英语 I write him a letter 或 I write a letter to his brother。在这两句中，him 或 his brother 是 letter 以外的第二个宾语，它和 write 的关系是间接的，因为没有它，句子也能成立。另外一种间接宾语，就是所谓"内动词"（intransitive verb）的宾语，必得加一个介词于其上的。例如：法语的 Je vais à la ville。这种间接宾语实在只是副词的一种。以汉语的语法论，我们可以把作为第二宾语的间接宾语和作为内动词宾语的间接宾语合在一起算，都是带有"介词"（什么是汉语的"介词"后面再为讨论）的词组。它的作用是和规定者一样的；以西洋语的语法论，都是一种副词，以汉语的语法说，都是规定者。

西洋语的间接宾语可以不加"介词"，如：I write his brother a letter 或 Je lui écris une lettre。但其所以不加的情形各语言亦不相同。法语只能把代词放在动词之前，而用间接宾格 lui 表示之，却不能把名词放在动词之前。英语则名词与代词皆可，但必放在动词及直接宾语之间，如果放在直接宾语之后，则非加上介词不可。汉语的语法就不然了。我们非加上一个所谓"介词"不可。这"介词"的地位是看间接宾语所代表的是第二宾语或所谓"内动词"

的间接宾语而定；前者是放在动词之前的，后者则前后皆可。例如："我给（替）他写一封信。""一封信"是直接宾语，"他"是间接宾语而加上一个介词"给"者，"给他"是放在动词"写"之前的。"我写一封信给他"，也可以说，但意思是不同的，语法的构造也不一样。在这个句子里，"给"字是第二个具有动词功能的词，而不是"介词"。"我住在北京大学"，在这个句子中，间接宾语和"介词"的组合可以放在具有动词功能的词之前，也可以放在它后面。我们可以说"我住在北京大学"，也可以说"我在北京大学住"，我们可以说"我去到城里"，也可以说"我到城里去"。这里要我们注意的一点，就是这第二个宾语和所谓"内动词"的间接宾语都应当认为是规定者，它和具有动词功能的词的关系是规定关系，而不是引导关系，不过它和别的规定者不同，因为它是一个词组，而这词组的本身却是由引导关系组织而成的①。

第三节　引导关系与词语的次序

关于词语的次序问题，我们也有一个很有趣的情形。上面已经说过，在引导关系之中必有一个引导者和一个受导者。在我们所引的例子之中，引导者总是在具有动词功能的词之后的。然而这并不是说一切的引导者都必得如此。在文言文里头，我们知道一切作为宾语用的代词都可以放在具有动词功能的词之前。如：

---

① 这就是指由所谓"介词"和其宾语所组成的语丛而言。关于汉语介词的性质，下章有详细的讨论。

匈奴必以我为大将军之诱，不我击。（《史记·李广传》）

虽使五尺之童适市，莫之或欺。（《孟子·滕文公上》）

狂者伤人，莫之怨也，婴儿詈老，莫之疾也。（《淮南子·说林》）

莫我知也夫！（《论语·宪问》）

内省不疚，夫何忧何惧？（《论语·颜渊》）

泰山其颓，吾将安仰？梁木其坏，吾将安放？（《礼记·檀弓》）

季子虽来，不吾废也。（《史记·魏公子传》）

惟汝予同。（韩愈《平淮西碑》）

惟我保汝，人皆汝嫌。（韩愈《送穷文》）

这种情形，在具有反身动词功能的词及具有互反动词功能的词的宾语里更是显而易见。例如：

夫人必自侮而后人侮之，家必自毁而后人毁之，国必自伐而后人伐之。（《孟子·离娄上》）

拳拳之忠，终不能自列。（《汉书·司马迁传》）

公则自伤，鬼恶能伤公？（《庄子·达生》）

分财则多自与。（《史记·管仲传》）

小生乃欲相吏耶？（《汉书·朱云传》）

钻穴隙相窥，逾墙相从。（《孟子·滕文公下》）

鸡犬之声相闻。（《老子》）

不过在现代口语中，这情形就不同了。平常的宾语代词必须放在具有动词功能的词之后。如“我打他”绝不能说成“我他打”。就是具有反身动词功能的词，也不是和古文一样。现代口语中所有的“自欺”、“自骄”等等，一来不外是古文之存在于口语中的“书语”。二来不外是把“自欺”、“自骄”等等当做一个词看待，并无引导关系。三来口语中尚有“他自己骗自己”的形式，这里的第一个“自己”乃是“他”的对注者，有类法语的 lui，il se trompe，并不是“骗”的宾语，只有第二个“自己”才算是真正的宾语，它是引导者。至于具有互反动词功能的词之中的“相”字，则是另外的问题，“他们相打”的“相”字，事实上是“打”的规定者，不能当作宾语解。

引导者在受导者之前的，除代词之类以外，还有很多的例子。

A. 古文里表示历程发生的地方的。

夫马陆居，则食草饮水。（《庄子·马蹄》）

上古穴居而野处。（《易经·系辞》）

因就白石山居。（《太平广记·白石先生》）

我东曰归，我心西悲。（《诗·豳风·东山》）

这里的引导者“陆”却在“居”之前。在古文里，代表历程发生的地方的词往往可以放在表示历程的词之前。我们说：“山居之人”、“穴居野处”、“海军陆战队”、“南征北讨”、“东流之水”。这些都是代表历程或动作所在的地方，都是放在受导者之前的。但这也不是说一切这一类的都可以这样用，我们说“去楚适齐”，却不能说“楚去齐适”。这是习惯所使然，不是我们所能解释的。在现在的口语中，这一类用法的痕迹还存在。我们可以说“山里住的人”，也可以说“住山里的人”。但这种例子也可以说是规定具有动词功能的词的规定者，果尔，则“陆居”就有“陆之居”之意。

B. 古文里为着着重起见而把引导者放在前面的。

己所不欲，勿施于人。（《论语·颜渊》）

夫子之文章，可得而闻也。（《论语·公冶长》）

夏礼吾能言之，杞不足征也；殷礼吾能言之，宋不足征也。

(《论语·八佾》)

天下遗文古事,靡不毕集。(《史记·自序》)

老者安之,少者怀之。(《论语·公冶长》)

C. 口语中为着着重起见而把引导者放在前面的。

人肉把来做馄饨馅子。(《水浒传》第三十五回)

客到时,果品酒馔,只顾将来,不必要问。(《水浒传》第九回)

说甚么棺材要两口。(《红楼梦》第九十二回)

妈妈这话说错了。(《红楼梦》第九十五回)

马先生,种族的成见,你我打不破,更犯不上冒险的破坏!(《二马》第397页)

再说这点钱也不能我一个人独吞了,伙计们都得沾补点儿,不定分上几个子儿呢!(《骆驼祥子》第133页)

肉丝用什么炒?(《好儿子》剧本)

这个话说迟了。(《少奶奶的扇子》第四幕)

这一类的句子有的人以为不是词序的倒置,而是用被动式来做规定主语的"形容词"的。我们暂时不必讨论被动式之是否存在于汉语。当然用翻译的办法,我们未始不可以把"这点钱也不能我一个人独吞了"译成"这点钱也不能是我一个人独吞了",意思是"不能是被我一个人所独吞"。这里的"是"是系词,因此这句子就变成形容句,而不是动句,而词语间的关系也变成了规定关系,而不是引导关系。然而也不尽然。第一,我们不能以翻译的意思来解释语法的形式。第二,平常说这一类句子的时候,分明是把引导者放在后面的,这倒置分明是因为着重。第三,这一类的句子多半可以有另外的主语。"这句话说迟了",分明是"这句话我说迟了"

的意思，至少这后一句是可能的说法，而在这情形之下，是无论如何也不能把它看做形容句的。

第四章　汉语的受导词

第一节　什么是受导词？

在汉语中有一种虚词，却是存在于引导关系之中，而为受导者的。这种虚词我们叫它做受导词。

受导词就是一般人所称的“介词”或“前置词”。因为它有一个宾语在后面做它的引导者，和它发生引导关系，我们就在这个地方讨论它，称为受导词。例如：“我住在北京。”这“在北京”是一个词组，其中“北京”是一个引导“在”的引导者，而“在”则是被“北京”所引导的受导者。一般人所谓的“介词”和它的宾语所生的关系就和具有动词功能的词和它的宾语所生的关系一样，都是引导关系。

一般人所谓的“介词”是翻译西洋语的 preposition 的。西洋人所称的 preposition 不仅有“前”(pre-)和“置”(position)的词源的意思，因为置在前面的固不只是 preposition，prefix 也是置在前面的。preposition 实在有特殊的语法意义。西洋人所谓的 preposition 代表一个抽象的关系概念。在形式上，它是一个独立的词。如果不是独立的词而必得存在于词的前面，那就是 prefix 了。有的人以为存在于前面的就是 prefix 或 prepositon，而没有注意到这些语法成分的形式是独立的词抑系附加的成分，可以说是完全让 prefix 或 preposition 这两个字的词源弄不明白了。实则 preposition 必是一个独立而置在前面的表示抽象关系概念的词。

西洋语的 preposition 有许多的来源,一部分是名词变化而来的,如法语的 chez 是拉丁语的 easa 变来的,casa 是名词,它的意思是“房子”。一部分是副词变来的,如英语的 of 是 off 变来的,off 是副词,它的意思是“出去”。一部分是动词变来的,如法语的 excepté,英语的 concerning,我们一看就知道它们是动词变来的。然而,汉语的所谓“介词”却都是从具有动词功能的词变来的,而且还没有完全损失其原来的意义。汉语的所谓“介词”和西洋语的“介词”确不相同,这是我们所以不叫它做介词的原因。

我在《汉语介词之真价值》里认为汉语的所谓“介词”实在只是一些半动词或准动词(quasi-verb)。我的理由可以归纳为四点[①]。

(一)从历史的观点看,汉语的“介词”都是从具有动词功能的词变来的。我们知道汉语所用的所谓“介词”,没有不是古代具有动词功能的词。就是像“以”、“因”这一类的字眼,古时也具有动词的功能。“桓公九合诸侯,不以兵车,管仲之力也。”“以”就具有动词的功能。“殷因夏礼”,“因”也具有动词的功能。关于这一点我们可以在后面详细的讨论。

(二)就是在现实的用法上,以语义的观点来说,汉语的“介词”也还没有完全损失其原来的性质。例如,“我住在北京”,在这一个句子里,“在”字到底是不是一个纯粹的“介词”本来已成为问题,这句话可以解释为“我住,我在北京”,“在”字尚有动词的功能,然而英语的 I live in the city 却没有法子解释为 I live and I in the city,

① 参阅《汉语介词之真价值》导言《汉语介词之特性》一节。

因为这后一句是不通的。汉语的“介词”没有不可以当作具有动词功能的词解的。

（三）从语法的形式上说，汉语“介词”的用法和具有动词的功能的词的用法颇有相同之点。比方说，为着表示动作或历程的完成，汉语往往用“了”字去表示，如：“我做了这桩事。”这“了”也可以用在所谓“介词”的后面。例如：“因为了他，我才不干。”这两个“了”字都是表示动作或历程的完成体的。

（四）从造句法的角度来说，汉语的所谓“介词”和具有动词功能的词一样，都是存在于引导关系之中的。

然而，这并不是说汉语的“介词”就是具有动词功能的词，因为我们明明知道具有动词功能的词是实词，而“介词”是虚词，其中的分别并不是没有的。这分别就是在于它们在句子中的地位的轻重。具有动词功能的词是动句的主要的词，没有它，句子就不能成立。它的地位是很重要的。可是“介词”并不是那么样的重要，有的时候我们也可以去掉它。它只是次要的词。还有一点更重要的，即“介词”的数目是有限制的，只有一部分具有动词功能的词可以作为“介词”用的。我们可以说“我住在北京”，也可以说“我住北京”，甚至于“我在北京”，但我们却不能说“我在住北京”。所以我们不能说汉语的所谓“介词”就等于汉语的具有动词功能的词。我们的意思只是说汉语的所谓“介词”和西洋语的“介词”不同，汉语的“介词”都是由具有动词功能的词变来的；它还带有具有动词功能的词的某些特点；它还表示着相当具体的动作（或历程）的概念；它是从具有动词功能的词变为表示抽象的关系概念的过程中还没有完全成功的一个东西。因此，我们就称它做“半动词”或“准动词”。这里所谓的“准”和王力所谓的“准性”当然是不同的[1]。这是就词类的立场来说。如果是就造句法的观点来看，我们就叫它做受导词。“词”表示它是一种词，一种虚词，“受导”表示它是引导关系中的受导的一端。

第二节　受导词的种类

这些受导词，归纳起来，大约有十一种。

（一）表示空间关系的

A. 古文

于：候子于西市波斯邸。（《杜子春传》）

褒于道病死，上闵惜之。（《汉书·王褒传》）

至：行至云台峰，绝无人迹。（《杜子春传》）

自：君王能自陈以东傅海尽与韩信……（《史记·项羽本纪》）

吾自卫反鲁，然后乐正。（《论语·子罕》）

弟子自远方至受业者百人。（《史记·儒林传》）

以：睢阳以北至谷城以与彭越。（《史记·项羽本纪》）

今以长沙豫章往，水道多，绝难行。（《汉书·西南夷传》）

从：诸侯皆从壁上观。（《史记·项羽本纪》）

有一人从桥下走出。（《史记·张释之传》）

乎：德辉动乎内，而民莫不承听，理发乎外，而民莫不承

[1] 王力：《中国文法学初探》第47—61页。

顺。(《史记·乐书》)

未有睹符瑞见而不臻乎泰山者也。(《史记·封禅书》)

沿:沿溪行。(《搜神后记·桃花源记》)

此外尚有“傍”、“依”、“临”、“隔”等等。

B. 口语

在:偶留得一大汉,姓索名超的,在彼饮酒。(《大宋宣和遗事》元集)

一路尾随崔宁到家,正见秀秀坐在柜身子里。(《京本通俗小说·碾玉观音下》)

从:却见两个人从前面走来。(《水浒传》第六十一回)

从窗子往外看,正看太晤士河。(《二马》第13页)

到:行到五花营堤上田地里。(《大宋宣和遗事》元集)

赶到北京城外店肆里歇下。(《水浒传》第六十回)

自:正在低头吟思,老陈自门内出来。(《回家以后》剧本)

往:一不小心,两脚还真就往空中探险。(《二马》第171页)

听见个脚步声儿,便往外看看。(同上第174页)

对:他立起来对着窗户深深的吸了一口气。(《二马》第175页)

说着对准我头上一棒打来,我就醒了。(《回家以后》剧本)

打:打怀里掏出一匣子金珠首饰来。(《红楼梦》第九十二回)

朝:我忽然朝下一跳,好像身上长了翅膀一般。(《回家以

后》剧本)

望:花荣拨回马,望本营便走。(《水浒传》第五十三回)

见了,便把剑在马上望空作用。(同上)

由:园中的野花,带着响声,由湿土里往外冒嫩芽。(《二马》第399页)

顺:顺着屋门的墙上挂着张油画……(《二马》第21页)

向:向地上的树影旺旺的叫。(《二马》第399页)

他向后退了两步。(《二马》第421页)

当:当着大庭广众爱谁就跟谁搂着抱着才称心呢!(《泼妇》剧本)

靠:王氏在靠窗口的一张旧桌子上洗衣服。(《好儿子》剧本)

此外还有"照"、"挨"、"隔"、"依"、"傍"等等。

这里有两个问题要留意的。第一,口语中,大部分的所谓介词,都可以加上一个"着"字。"着"本来是表示动词的一种体(aspect)的语法成分,这又给我们一个证明,汉语的介词都是带有动词性的。"靠着门睡觉了"的"靠"字虽然按其在句子中的地位言是所谓介词,但其带有浓厚的动词的性质,则是谁也看得见的。第二,古文中的"于"和口语中的"在",它们的用法很特别。这里我们非讨论一下西洋人所谓的"后置词"(postposition)不可了。

我们知道西洋语言中有许多表示空间的介词,如英语的before, behind, at, on, under, in, among, by 等,法语的 devant, dernière, dans, en, à, parmi, par, sur, sous 等,德语的 in, auf, nach, vor, nieder, bei 等。这些介词译成汉语,就是古文的"于……之上"、"于……之下"、"于……之前"、"于……之后"、"于……之中"、

“于……之左”、“于……之右”、“于……之外”、“于……之内”(有的时候,“之”可以不用);就是口语的“在……的上面”(或上边)、“在……的下面”、“在……的前头”、“在……的后边”、“在……的中间”、“在……的左边”、“在……的右边”、“在……的外面”、“在……的里头”(有的时候,“的”可以不用)。因为有这些在具有名词功能的词后面的字眼,一般西洋语法学家就认为这些是“后置词”(postposition)。法国的戴遂良氏就有这样的说法,他说:

“语法学家告诉我们,所谓前置词就是一些没有意义而放在名词之前用以表示人们间、事物间各种相互的关系的词。如果严格按照这个定义来说,我们就应当说在汉语里并没有正式的前置词。事实上,大多数用来表示这些关系的字眼都有其本身的意义,其本身的用法,它们之用为介词只是一种特殊的应用。在这一节里,我们是纯粹以这特殊的功用来看它们的,我们是把它们当作简简单单的虚词来讨论的。我们要把它们分为前置词和后置词两种,视它们是放在宾语之前抑或之后而定[①]。”

其实不但是他,就是柏尔尼[②]和加斯皮尔曼[③]也有同样的意见。然而这种理论并不合于事实。我们知道“站在桌子上”这句话里,“上”明明是一个具有名词功能的词,它的意思是“桌子的上面”,这“的”字已经足以告诉我们“上”和“桌子”的关系是规定关系,而这“桌子上”或“桌子的上面”又和“在”发生引导关系。所以,这个地方只有一个“在”字带有所谓“介词”的性质,即“半动词”或受导词。“上”字是具有名词功能的词,并不是什么 postposition。

---

① 见 Wieger 所作 Rudiments de Parler et de Style Chinois, Vol. I. p. 140.

② Perny, Grammaire de la Langue Chinoise, tome I, p. 191.

③ Gasperment, Etudes de Chinois, tome I, Grammaire, p. 163.

戴遂良所以认它为后置词，原因就是他用西洋语的翻译的意义来解释汉语语法。他以为“在桌子上”这一类的词组可以译成法语的sur la table，英语的on the table，就认为“在……上”的整个形式只代表sur或on一个词，然而“上”字是在后面的，因此，他就叫它做后置词。他没有想到这一类的词组，按字译字，也可以译成sur la surface de la table，或on the surface of the table，而且汉语的说法确是如此。这里的surface相当于汉语的“上”，而de或of相当于汉语的“的”。当然“在桌子上”的意义和sur la table或on the table相去不远，但就语法的结构来说，两者确是不同的。总之，西洋语言中一切表示空间关系的前置词，在汉语里是由“在”(口语)或“于”这个受导词和表示具体空间概念的词的结合去表示的。在这个地方，真正算是受导词的只有“在”或“于”[①]。

“在”《说文》训为“存也”，《广韵》加上“居也”的意义。《释诂》谓“徂，在，存在”。都以“在”有“存在”、“居住”的意思。《尔雅·释诂》也有训“在、存，察也”的，大半是引申的意义。古书中以“在”用作“存在”、“居住”的意义的很多。如《易·乾》的“见龙在田”，《书·尧典》的“朕在位七十载”，《诗·关雎》的“在河之洲”，《春秋·昭公三十年》的“公在乾侯”，《礼记·大学》的“在明明德”。这里的“在”字都具有动词的功能。就是现今的口语，一般的“在”也是具有动词的功能。“我在家”，“他在书房里”，“在”字都有动词的功能。就是当作所谓“介词”用的时候，“在”也还没有完全损失其具有动词功能的词的性质。“在”字有“存在”、“居住”的意思，当作“介词”用时，也有这个意思，不过是比较的弱化而已。这里值得我

---

① 参阅《汉语介词之真价值》第五第十五两章。

们注意的就是这个“存在”和“居住”的意思是很模糊的。换言之，“在”字只告诉我们有一个历程或一个事物存在着，存在于某一个地方，而没有说明白是哪一个地方，即因其如此，如果我们要说明一个特定的空间关系，如英语的 in，behind 等，我们就非再加上一个说明位置的词不可。因为“在”字只说明存在于某一个地方，某一点，这一点既可以是空间的，也可以是时间的，也可以是其他的。因此，“在”字也可以用来表示时间关系，如“在他来之前，我就已经去了”；也可以用来表示思想上的出发点，如“我在这一点上，是同意他的想法的”。总之，“在”字只是一个很泛的表示存在于某一地点或其他任何“点”的所谓“介词”。

古文的“於”字也是如此。“於”字《说文》认为是“乌”的古字，而“乌”字则是“孝鸟也”。不过，《说文》曾谓“于”是“於也，象气之舒于”，这里的“於”大约就是感叹词的“於”。我们知道《古文尚书》的“乌乎”，《今文尚书》作“於戏”，而《诗经》则作“於乎”。这都是把“於”当作感叹词用的，和我们所说的“准动词”没有关系。《广韵》分“於”为二，一入鱼韵“兴居切”，训为“居也，代也，语辞也”，一入模韵“哀都切”，训为“古作於戏，今作呜呼”。两字读音不同，意义也殊异，我们所谓的“准动词”“於”实在是“居也”的“於”演化而来的。

“於”之具有动词功能者有“居也”的意思，又因为“於”与“于”是通用的(《说文》即训“于”为“於”)，而“於”又有“往来”的意思，所以，“於”也有“往来”的意思。“於”之具有动词功能者，古文中颇有其例。如《论语》：“民之过也，各於其党”，“造次必於是，颠沛必於是”；《史记》：“周於秦，因善之；不於秦，亦言善之”；《墨子》：“孔子为鲁司寇，舍公家而於季孙”等：这些“於”都有动词的动能。

"於"与"于"的关系是很密切的。《广韵》列"于"入虞韵，羽俱切，与"於"略有不同。高本汉以为在《左传》里，"于"和"於"的用法是有分别的[①]。不过这只是在鲁的方言中如此，其他上古书中，这种分别是没有的，而在汉以后的文献，更看不到这种分别的痕迹。原来虚词的韵母本来不大清楚，而后来的古文里"于""於"的用法确是相同的。"于"在上古时代有"走到……"的意思，这是"居也"而带有移动动作的意义。总之，"於"或"于"在上古文中都可以具有动词的功能。《论语》"民之过也，各於其党"，"造次必於是，颠沛必於是"，《史记》"周於秦，因善之，不於秦，亦言善之"，《墨子》"孔子为鲁司寇，舍公家而於季孙"，《左传》"吾先君新邑於此"(《隐公十一年》)，这些句子中的"於"字都是纯粹具有动词功能的词。所谓"介词"的"於"(或"于")显然是和这纯粹具有动词功能的"於"字同一来源的。

"於"和口语的"在"字一样，是表示空间关系的所谓"介词"，它只表示空泛的某一点，即存在于某一点的意思。大约就是因为这个缘故，戴遂良就以为"於"是表示一切关系的普遍的虚词(particule générale)[②]。这种看法也有其困难的地方，因为表示空间关系或其他关系的固不仅是"於"，而"於"也不能用在表示一切关系之上。最使我们注意的，即"於"字用作表示空间关系时，往往和别的具有名词功能的词合在一起用："於……之上"、"於……之下"、"於……之中"、"於……之旁"、"於……之外"、"於……之内"、"於……之左"、"於……之右"等。这"上"、"下"、"中"、"旁"等，都是具

---

① Karlgren, on the Authenticity and Nature of the Tso-chuan, p. 43.

② Wieger, Langue écrite. p. 25.

有名词功能的词。这里只有"於"字才可以算是"准动词",或受导词。不过,这一类的形式是后来的古文才有的,上古的文字里,大半只用"於"字,如《论语》的"八佾舞於庭","季氏旅於泰山","道不行乘桴浮於海",《左传》的"公问於家仲","赵旃夜至於楚军"等就没有"上"、"下"、"中"等类的字。

"於"只表示存在于空泛的某一点上,因此它也可以用以表示时间关系,不过要加上一个表示时间的词,如"前"、"后"、"时"、"刻"、"先世"、"后世"等。它也可以表示对人的关系,也可以表示对意见或其他观念的关系,也可以表示"比较"(comparative)。这些都是后话,以后再为讨论。

(二)表示时间关系的

A. 古文

於:子於是日哭,则不歌。(《论语·述而》)

冢宰制国用,必於岁之抄。(《礼记·王制》)

以:齐以甲戌飨之。(《史记·齐世家》)

文以五月五日生。(《史记·孟尝君传》)

自:自朝至于日中昃。(《书·无逸》)

自汉初定以来,七十二年,吴越人相攻击者不可胜数。(《汉书·严助传》)

由:由孔子而来至于今,百有余岁。(《孟子·尽心下》)

在:其在成周微甚。(《史记·十二诸侯年表序》)

至:莽于是自谓大得天人之助,至其年十二月,遂即真矣。(《汉书·翟义传》)

浩然之气,至死不衰。(《稗史集传·王冕》)

及:及长,遂更折节读书。(《稗史集传·葛乾孙》)

及期，尼为斋具。(《清尊录·狄氏》)

达：拥歌妓，醉饮达旦。(《钱氏私志·宋相郊》)

此外尚有“比”、“迄”、“逮”等等。

B. 口语

在：能在天亮的时候赶到，把骆驼出了手，他可以一进城就买上一辆车。(《骆驼祥子》第29页)

她们走到这条街上，无论是什么急事，是不会在一分钟里往前挪两步的。(《二马》第16页)

以：我回家以后，却又发现了自芳不少的好处……(《回家以后》剧本)

那么你以后打算用甚么做目的去生活呢？(《月下》剧本)

到：世道人心到了今日真是青年男女堕落的大关键。(《回家以后》剧本)

到得客散，留在客房里歇宿，直到天明，丈人却来与女婿攀话。(《京本通俗小说·错斩崔宁》)

自从：自从到了这里，激烈奋斗之后，疲劳得倒在床上时，我忽然想起脚踏实地了。(《月下》剧本)

自从虎妞到曹宅找他，他就以为娶过她来，用她的钱买上车，自己去拉。(《骆驼祥子》第188页)

等：等过一分钟半分钟，再捧着冯姐姐的手闻香。(《第二梦》剧本第一幕)

所以他叫马威等人们来到才给巡警打电话。(《二马》第443页)

当：事情看着是简单，当你一细想的时候，就不那么简单

了。(《二马》第381页)

当他跑得顺"耳唇"往下滴汗,胸口觉得有点发辣,他真想也这么办。(《骆驼祥子》第51页)

此外尚有"待"、"隔"、"打"等等。

这里也有两点值得注意的。第一,和其他一切的"介词"一样,这里的所谓"介词"实在也含有"动词"的味道,如果不是在句子里还有其他更为主要的具有动词功能的词,我们就非把它们当作真正的具有动词功能的词看不可。第二,正如表示空间的关系一样,多数的时间关系都是由所谓"介词"和具有名词功能而表示时间的词合在一起去表示的。这于上面已经解释过,不必多说。

(三)表示对人关系的

A. 古文

於:王如施仁政於民,可使制梃以挞秦楚之坚甲利兵矣。(《孟子·梁惠王上》)

公伯寮诉子路於季孙。(《论语·宪问》)

上由此怨望於梁王。(《史记·梁孝王世家》)

乎:其所轻者,在乎人民也。(《史记·李斯传》)

鲁今且郊。如致膰乎大夫,则吾犹可以止。(《史记·孔子世家》)

B. 口语

对:我实在……这事……对令妹很表同情。(《月下》剧本)

你对他也曾说起过我么?(《回家以后》剧本)

把前后的事一五一十都对他实说。(《骆驼祥子》第152页)

当：这不是当着王二，你一草一木也没动曹家的。(《骆驼祥子》第154页)

就是吃醋争风，也不能当着大众，今天，就算父母作了主，也没什么了不得！(《泼妇》剧本)

应当注意的是在这个地方，口语的“在”字却不能代替古文的“於”，换言之，古文可以用“於”，而口语却不能用“在”，我们不能说“他在我说”，然而如果加上表明地点的字眼时，却可以用“在”，例如《红楼梦》(第一百零七回)“众人又在贾琏跟前说他怎样不好”。不过，在这种情形之下，语法上的构造已经是不同的了。

(四)表示对意见或观念的关系的

A. 古文

於：苟志於仁矣无恶也。(《论语·里仁》)

而磨厉之於义。(《国语·越语》)

以：君子深造之以道。(《孟子·离娄下》)

以贤，则去疾不足，以顺，则公子坚长。(《左传·宣公四年》)

此外尚有“自”、“从”等等。

B. 口语

在：在这种新思想下，全整个的翻了一个觔斗。(《二马》第402页)

关：温都姑娘不但关于爱情的意见和母亲不同，穿衣裳，戴帽子，挂珠子的式样也都不一样。(《二马》第45页)

此外尚有“对”、“从”、“自”等等。

(五)表示根据的

A. 古文

按：按图索骥者，多失于骊黄。（赵汸《葬书问对》）

依：谷因题玉堂云：堪笑翰林陶学士，年年依样画葫芦。（《续香山野录》）

此外尚有“据”、“依据”等等。

B. 口语

照：货物来以后，就照着我的办法来一下。（《二马》第268页）

那我也只能照话行事（《少奶奶的扇子》第一幕）

按：到英国按着英国法子办。（《二马》第40页）

兵灾之后，什么事儿都不能按着常理儿说。（《骆驼祥子》第35页）

本：因为他是本着心血，感情，遗传而断定的。（《二马》第403页）

依：依我说，重重办他！（《第二梦》第一幕）

张主管也依李主管接取，躬身谢了。（《京本通俗小说·志诚张主管》）

仗：仗着点祖产，又有哥哥的帮助，小两口儿一心一气的把份小日子过得挺火炽。（《二马》第28页）

据：据说，这飞林子年年飞处不同。（《第二梦》第一幕）

据我看来，无所谓好人，无所谓坏人，世界上只有两种人：一种人走到面前讨人喜欢，一种人走到面前惹人讨厌。（《少奶奶的扇子》第一幕）

凭：凭着她的美捉住个男人，然后成个小家庭，完了！（《二马》第404页）

此外尚有“靠”、“随”、“由”、“任”等等。

（六）表示排除的

A. 古文

非：众非元后何戴？后非众，罔与守邦。（《书·大诰》）

君非姬氏食不安。（《左传·僖公四年》）

微：微管仲，吾其被发左衽矣。（《论语·宪问》）

微我，晋不战矣。（《国语·周语》）

舍：当今之世，舍我其谁哉！（《孟子·公孙丑下》）

夫不能行圣人之术，则舍为天下役何事哉？（《史记·李斯传》）

此外尚有“除此之外”、“此外”、“外此”、“除非”等等。

B. 口语

非：非一切把贞操做中心不可。（《月下》剧本）

我非使你有幸福不可。（同上）

你从前不是说非位置向上些，决不娶妻么？（同上）

除：我除了此地，没有可以回去的家了。（《月下》剧本）

问他除学费外，还有甚么费用？（《回家以后》剧本）

除了得个为国捐躯的英名，至少她还不得份儿恤血。（《二马》第41页）

除非：除非是父亲有很多的遗产，才有资格管束儿女呢。（《回家以后》剧本）

除非你能说出来，这五位女眷，在什么上头，是大家相同的……。（《第二梦》第一幕）

除去：除去这些事实上的缠绕，他精神上也特别的沉闷。（《二马》第431页）

此外，尚有"以外"、"除……之外"、"除……以外"、"除……在外"、"除非……以外"等等。

这里有一点特别值得注意的，就是有的人以为"除"再加"非"，或再加"外"(或"以外"、"之外")等是不合逻辑的。这是太注重逻辑所生下的误会。语法固然是和逻辑有密切联系的，但这是就它所表示的意思而言，并不是指语法的形式而论。语法形式是社会的习惯，只要大家都承认其代表某个意思，它就代表某个意思。"除"、"非"、"以外"、"之外"等都表示"排除"，这只是一种重复的用法，其所表示的只是一个"排除"的意思，正如法语、俄语中的两个否定词合用在一起只表示一个否定的意思似的，都是一种习惯的用法，无所谓合乎逻辑不合乎逻辑。汉人说话时确是如此说法，我们不必以为这是语病[①]。

(七)表示代替关系的

A. 古文

为：汤使亳众往为之耕。(《孟子·滕文公下》)

纪渻子为王养斗鸡。(《庄子·达生》)

季氏富于周公，而求也为之聚敛而附益之。(《论语·先进》)

代：元为王专代吏治事。(《史记·五宗世家》)

王者代天爵人，尤宜慎之。(《汉书·王嘉传》)

B. 口语

为：伊为着哥哥牺牲一身，你不就尊敬伊的志气么？(《月下》剧本)

① 参阅《汉语介词之真价值》第123页。

与：你那大家，且与我把解药救醒他来，问个虚实缘由。（《水浒传》第三十九回）

替：众人只替他两个叫苦。（《水浒传》第三十九回）

虽然虎妞能替他招待，可是他忽然感到自家的孤独。（《骆驼祥子》第163页）

我来替你去铺床如何？（《月下》剧本）

给：而且给马老先生热了一碟烧卖，开了一瓶葡萄酒。（《二马》第446页）

你的衣裳我给你照样放在你自己的皮包里去。（《回家以后》剧本）

（八）表示工具关系的

A. 古文

以：醒，以戈逐子犯。（《左传·僖公二十四年》）

方今之时，臣以神遇，而不以目视。（《庄子·养生主》）

许子以釜甑爨，以铁耕乎？（《孟子·滕文公上》）

用：不意当复用此为讥议也。（《汉书·杨恽传》）

能守其业，用财自卫。（《汉书·货殖传》）

B. 口语

用：却用侯家兄弟引著薛永并白胜先去无为军城中藏了。（《水浒传》第四十回）

使：三人各使手中器械约战了五七合……（《水浒传》第三十八回）

拿：我们应该拿科学的方法整理国故。（见黎著《新著国语文法》第208页所引）

呕,你是拿命换出来的这些牲口!(《骆驼祥子》第35页)

(九)表示因果关系的

A.古文

因:因前使绝国功,封骞博望侯。(《史记·卫青传》)

因此怒,遣人追杀王姊道中。(《史记·张耳传》)

何因当有大水一日暴至?(《汉书·王商传》)

以:君子不以言举人,不以人废言。(《论语·卫灵公》)

乃欲以一笑之故,杀吾美人,不亦傎乎?(《史记·平原君传》)

乃孔子则欲以微罪行,不欲为苟去。(《孟子·告子下》)

为:吾所以有大患者,为吾有身。(《老子》)

乡为身死而不受,今为妻妾之奉为之。(《孟子·告子上》)

曷为先言王,而后言正月?(《公羊传·隐公元年》)

用:故谋用是作,而兵由是起。(《礼记·礼运》)

用此,其将兵数困辱。(《史记·李广传》)

何用知非仆也?(《后汉书·邓晨传》)

B.口语

为:为什么不打麻雀牌来?(《第二梦》第一幕)

妹妹,你为何说这种话?(《月下》剧本)

帮助刘家作事,为是支走心中的烦恼。(《骆驼祥子》第162页)

因:因此,我们不能住在故乡,就在今日……(《月下》

剧本）

因此，甚至有人猜测，祥子必和刘老头子是亲戚。（《骆驼祥子》第 43 页）

因为：因为受尽苦楚，说话总是横着来。（《骆驼祥子》第 44 页）

他因为急于要回国去，不能在汉口久候；……（《回家以后》剧本）

（十）表示所谓“被动”的[①]

A. 古文

为：不为酒困。（《论语·子罕》）

世子申生为骊姬所谮。（《礼记·檀弓》）

卫太子为江充所败。（《汉书·霍光传》）

被：有被逼抑者，遂自杀于此。（《辍耕录·清风堂尸迹》）

德顺破后，民居官寺皆被焚。（《续夷坚志·虱异》）

黄门被细人辱，思甘心焉。（《茗斋杂记·太仆行略》）

B. 口语

被：欧鹏赶将去，被栾廷玉一飞镃，正打个著，翻筋斗攧下马去。（《水浒传》第四十七回）

到第二天打听动静，知是何三被他们打死，已经报了文武衙门。（《红楼梦》第一百十二回）

牡丹花被土沉埋。（《京本通俗小说·志诚张主管》）

教：你一下车就教侦探给堵住。（《骆驼祥子》第 152 页）

---

① 这里暂时用“被动”二字，至于汉语之是否有被动态，我们已经在第二编第六章讨论过了，读者可以参阅。

脸教他给丢净！(《骆驼祥子》第177页)

给：老太婆！给你一打岔，我算错了。(《好儿子》剧本)

此外尚有“挨”、“让”等等。

(十一)表示相与关系的

A. 古文

以：主人以宾揖。(《仪礼·乡射礼》)

天下有变，王割汉中以楚和。(《战国策·周策》)

与：帝者与师处，王者与友处，霸者与臣处，亡国与役处。(《战国策·燕策》)

与朋友交，言而有信。(《论语·学而》)

及：其少时，及魏公子无忌为客。(《史记·张耳传》)

予及汝皆亡。(《书·汤誓》)

B. 口语

和：半日只听湘云笑问：那一个外国的美人来了？一头说，一头走，和香菱来了。(《红楼梦》第五十二回)

当日和杨林却入蓟州城里来寻他。(《水浒传》第四十三回)

跟：也只怪我从前跟你相交的时候，没有看出你的弱点。(《泼妇》剧本)

我去叫拿破仑来跟你玩。(《二马》第398页)

并不是为了几个戒指跟他过不去。(《第二梦》第一幕)

同：遇见公孙胜先生同在店中吃酒相会。(《水浒传》第四十三回)

说是要同我组织一个贸易公司。(《回家以后》剧本)

与：我与你一同灭亡。(《月下》剧本)

给：前年一走，就听见说你在外国另外给人家结了婚，……(《回家以后》剧本)

此外尚有“合”、“共”等等。

这些所谓“介词”没有一个不是具有动词功能的词的来源的字，而还没有完全失去其原来的意义。这实在是由实词变成虚词的过程还没有完全成功的东西，我们至多只能称它做“准介词”。

第三节　所谓“介词”与从属连词

还有一个问题必须讨论的，即：一部分所谓连词和“介词”的分别。我们知道印欧语言的介词和连词是有分别的，而连词之中又分为并列连词(coordinate conjunction)与从属连词(subordinate conjunction)两者。其中从属连词与介词的分别，只在于前者介绍整个的句子，后者只介绍一个名词。例如：I write for, you, for 所介绍的是一个带有名词性质的代名词 you; I write for that you will understand my idea, that 所介绍的是整个句子 you will understand my idea。印欧语中往往可以在介词之后加上一个 that(英语)，que(法语)，dass(德语)，使其变成连词。换言之，印欧语的介词和连词不但就其所介绍的有不同，事实上，如果要把介词变成连词，这 that, que, dass 等却非加上去不可。然而汉语的情形就不同了。汉语的受导词(即所谓“介词”)，不论其引导者(即其所介绍的)是一个词，或是一个句子，都是用同样的字，例如：“从古到今”和“从盘古开天辟地到现在”；“因为雨，我不出去”，“因为天下雨，我不出去”；“按理，他绝不能成功”，“按你说，我就不行了吗？”

所以从语法的观点来看，汉语的所谓“介词”和汉语的所谓从属连词，并没有什么不同。这些所谓“从属连词”也都是具有动词功能的词演化而来而尚保留其一部分原有意义的词，也都是我们所谓的“准动词”或受导词，因为它们和它们的宾语所生的关系是引导关系。我们可以说所谓汉语的“介词”是介绍一个词的虚词或被一个词所引导的受导词，而所谓汉语的“从属连词”是介绍命题(proposition)的虚词或被命题所引导的受导词。印欧语对于介词、连词的分类是：

- 词
  - 介词
  - 连词
    - 从属连词
    - 并列连词
  - ……

可是汉语的分类应当是：

- 词
  - 受导词
    - 被一个词所引导的受导词(即所谓“介词”)
    - 被命题所引导的受导词(即所谓“从属连词”)
  - 连词(即所谓并列连词)
  - ……

这种分类是以词语之间所生的关系为依归的。这里所谓的“词”并不是实词的词类分别，乃是用以表示词语之间所生的关系的虚词的分类。

第五章　对注关系

第一节　什么叫做对注关系?

上面是以内在的关系为出发点来研究汉语词语之间的关系的。现在则就外在的关系来研究。凡两个或两个以上的词语排列在一个句子或一个词组里,词语和词语之间必是有关系的。不过这关系可以是内在的,也可以是外在的。内在的关系比外在的关系密切,然而外在的关系也总不失其为一种关系。外在的关系是两个或两个以上的词语排在一起时,其中的一个在句子中的价值和别一个是相同的,两者虽是同时存在,却不互相影响;或两个及两个以上的句子而是相联络的。汉语语法中所有的外在关系一共有三种,即对注关系、并列关系与联络关系。兹分章讨论之。

对注关系即西洋语法学家所谓的 apposition。在对注关系之中,对注者不过是解释被对注者而已,它并不范围被对注者,不过是用另一个词语去说明被对注者而已。比方说,在“我王立三不相信这句话”这一群词之中,“王立三”其实就是“我”,其与“我”的关系是外在的,因为没有“王立三”,句子也能成立。“我王立三不相信这句话”和“我不相信这句话”都可以成为完整的句子。汉语用这一种句子的例子很多。例如:

A. 古文

臣外国人不如光。(《汉书·霍光传》)

公子姊为赵惠文王弟平原君夫人。(《史记·信陵君列传》)

新罗国有第一贵族金哥。(《支诺皋记》)

东川处士柳全节,习百家之言。(《云溪友议》)

某非常人,即毗沙王之子那吒太子也。(《开天传信记》)

都中名姬楚莲香者,国色无双。(《开元天宝遗事》)

齐主客郎顿丘李恕,身短而袍长。(《谐噱录》)

李藩侍郎尝缀李贺歌诗,为之集序。(《幽闲鼓吹》)

B. 口语

这一个是韩湘子,韩愈的亲侄;这一个是曹国舅,宋朝的眷属。(《元曲选·岳阳楼》第四折)

则你这大小属官都在这厅堦下跑。(《元曲选·虎头牌》第三折)

又有一个教师史文恭,一个副教师苏定。(《水浒传》第五十九回)

有谏议大夫赵鼎,奏请招安,致被蔡京喝骂,削了赵鼎官职。(《水浒传》第六十六回)

又有贾妃原带进宫的丫环抱琴等叩见。(《红楼梦》第十八回)

茗烟先进去叫袭人之兄花自芳。(《红楼梦》第十九回)

原来俊卿之妻却是徐信的浑家崔氏。(《京本通俗小说·冯玉梅团圆》)

这里有一个问题须加讨论,即对注和名句或形容句的关系。

我们在上面曾经说过名句有两个格式,一是有系词的,一是没有系词的。我们又说不论是有系词或是没有系词,名句的作用都在于说明对主语下一注释。如"我是孙悟空","孙悟空"不过是对"我"下一注解而已,它并不给"我"以性质的规定。这不外是换汤不换药的对主语加以注释而已。

形容句的规定作用和词语的规定关系略有不同。词语的规定关系,如上面之所言,只是表示词语与词语之间所生的关系;这两个词语虽然存在于句子之中,可是我们是把它们从句子中抽象出来,而只分析它们自己中间所生的关系如何的。形容句的规定作用却是以整句的意义来说的。换句话说,形容句是一个判断,不论其是否有系词,它都代表一个判断,而不是仅仅说出一个词语。所以"可怜的他"和"他可怜"或"他是很可怜的"完全是两个不同的结构。以"可怜"和"他"这两个词所生的关系来说,两者都是规定关系,但以思想的进程来说,前者只是一个具有名词功能的词或带有名词性质的词组,在说话的人心中,总觉得话还没有说完,而后者则是一个完整的判断。对注的作用亦然。名句中的对注作用和具有名词功能的词或带有名词性质的词组中所有的对注作用也略有不同。词语的对注作用是把词语从句子中抽象出来,而仅说明这两个词语所生的关系的。名句的对注则是以整个句子所表达的意思来说的。换句话说,名句的对注作用是一个判断的结果。"他是曹雪芹"和"他曹雪芹(这样说)"是有不同的。"他是曹雪芹"是一个完整的判断,而"他曹雪芹……"则是没有说完的句子。不过这里也有特殊的情形,就是在表示规定作用的形容句中,"他好"和"他是好的"总是完整的句子,而在表示对注作用的名句中,就不然了。“他是曹雪芹”虽然必是完整的句子，而“他曹雪芹”则可是可否。“他曹雪芹”也许是个没有系词的名句，它的意思和“他是曹雪芹”完全一致。然而它也可以只是一个有对注者的名词性的词组，“曹雪芹”不过是注释“他”，而“他”不过是一个词而已。这完全要看说话人所表达的意思如何而定，要看说话人是把“曹雪芹”当作判断的谓语或是当作判断的主语的一部分看而定。

至于为什么在形容句中“他是好的”和“他好”必是完整的句子，而在对注作用的名句中就不然，则是容易明白的。原来在形容句中，它的谓语必是表示一种性质的，如果代表这种性质的词不是存在于判断（完整的句子）中，而是存在于词语与词语的关系中，则就平常的情形来看，它必是放在具有名词功能的词或带有名词性质的词组的前面，而不是放在后面。可是对注作用则不同了。在对注作用之中，不论其为判断或只对一个词加以注解，它都是放在被注解的词之后的，因此很难从表面上看出它到底是判断或不是判断。到了这个地方，我们只好问说话人所表达的意义到底怎样，同时也可以从说话的口气或其他语言环境看出它的真相。

我们所谓的对注关系，马建忠叫做“同次”，黎锦熙叫做“同位”。马氏以为“同次”的作用有三：（一）申言以重所事也。例如：“庄王亲自手旌。”（《左传·宣公十二年》）“此人亲惊吾马。”（《张释之传》）（二）重言以解前文也。例如：“不爱万金之资，为韩报仇强秦。”（《留侯世家》）“与汉战荥阳南，京索间。”（《项羽本纪》）（三）叠言以为惊叹也。例如：“吾师乎，吾师乎，齏万物而不为义，泽及万世而不为仁，长于上古而不为老，复载天地刻雕众形而不为巧。”（《大宗师》）“天乎，天乎，国子之国也，子何迟于为君。”（《穀梁传·

僖公十年》)[①]这种分类显然是有问题的。第一所谓的"申言以重所事",就不妥当,"亲自""自己"这一类的词实在不是apposition,不是什么"同次"。要知道apposition是用另一个词去说明第一个词的,"自己""亲自"并不能担负这责任。"我自己打自己的嘴巴"和"他自己打自己的嘴巴"两句话中的"自己"如果是apposition的话,则"我"和"他"必是同一人,因为"我"和"他"的apposition都是同一的"自己"。这是不可能的。第三所谓的"叠言以为惊叹"更是不对。重复不能算是apposition,因为所重复的无论在哪一方面说都是完全相等的,并不是互相解释,何况重复正如马氏之所云乃是一种"惊叹",是表情言语的问题,不能混为一谈。所剩下的只有第二种作用,即所谓"重言以解前文也"。马氏的错误就是在于把apposition译为"同次",受了"同"字的影响,以为凡是"同"的,都是apposition,实则apposition并不见得是"同",而"同"的也不只是马氏所举的三种作用,"卿卿我我"也是一种"同",马氏为什么不叫它做"同次"?

黎锦熙显然是受了马建忠的影响。他把英语的apposition或in apposition译成"同位"。他认为马建忠分"同次"为二,一是"用如加词者",一是"用如表词者"不大妥当,而谓他的"同位"只与马氏之"用如加词者"同,而马氏之"用如表词者"彼则认为是"补位"。以我们的说法来解释,黎氏的"同位"相类于我们所谓的词语的对注关系,而黎氏所谓的"补位"则相类于我们所谓的名句的对注关系。然而这也是只就"补位"之与马氏之"用如表词者"相类的带有马氏"同次"性质者而言,因为黎氏的"补位"固不只是马氏的"用如

---

① 《马氏文通》实字卷之三,同次三之四。

表词者”。黎氏这种分法似乎是比较马建忠高明，因为作为判断的“表词”的 appositional 自然和作为词语关系的有所不同。然而这不同只是就判断与非判断的观点而论，其为一种 apposition 作用则是一样的，因此我们觉得还有列在一起讨论的必要，而且是更为妥当的。黎氏以为他的“同位”可以分为三种：(一)“相加的同位”。例如加于本词之前的“右丞相陈平患之”，加在本词之后的“臣工人何术之有”。(二)“总分的同位”。例如“总提而分承者”的“获其二女叔隗、季隗”，“诸生或言反，或言盗”，“分起而总括者”的“臧与谷二人相与牧羊而俱亡其羊”等。(三)“重指的同位”。例如“同于主位者”的“人者厚貌深情”，“国必自伐而后人伐之”；“同于领位者”的“回也，其心三月不违仁”；“同于宾位者”的“诸侯君实有之”；“同于副位者”的“寡人之于国也，尽心焉耳矣”[①]。这样的分法，问题实在太多了。如果黎氏的说法是对的话，则一切有 antecedant 的词语都是 apposition 了，这却不是一般语法学所允许的。总之，黎氏的毛病也害在“同”字，然而他却不能把一切的“同”都归纳在“同位”之下。其实这样割裂的办法是不必要的。

凡是一个词语后面跟随着的词语，它在语法上的价值是和其所解释的前一个词语(即马氏所谓的“前次”)相等的，它的去取对于句子的主要结构成分不生影响的，这种词语才是所谓 apposition，这种词语的作用完全是“重言以解前文”的。它和它所解释的“前文”完全是立于外在关系的。因为它的唯一作用是在于“重言以解前文”，我们就称之曰“对注”，而不用容易起误会的什么“同次”或“同位”。

---

① 《比较文法》第七章。

上面说马建忠所谓的“用如表词者”的判断也有 apposition 作用，这句话也应当加以解释。句子可以分为名句、形容句和动句，可是研究词语和词语的关系却要另取一个观点[①]。所以名句中的对注，就其思想的背景言是一种对注作用，然而这只是名句中的对注，而不是词语与词语之间的对注关系，所以黎锦熙之把“用如表词者”的对注作用另外讨论也并不是没有道理的。不过，因为其同为对注作用，我们也就非在这里加以解释不可了。现在我们可以把它放过，让读者到讨论名句那一章去参阅[②]，而只在这里来研究对注关系了。

第二节　对注关系的种类

对注关系并不是重复，它并不是用相等的词语去重复地述说，乃是对被对注者加以解释，因为这种解释不是用判断的形式，而是用另外的词语，所以它确有马建忠所谓的“加词”的特性，又因为这所加的必得和所解释的“前文”有相对待相符合的语法价值，我们就称之曰“对注”。即因其如此，我们就明白为什么对注关系只能存在于具有名词功能的词之间，只能用具有名词功能的词语去对注另外一个具有名词功能的词语。因为如果跟着具有名词功能的词之后是个具有形容词功能的词的话，这后者就是规定者；如果跟着具有名词功能的词之后是个具有动词功能的词的话，则这后者只是叙述句的谓语；如果两者都是具有形容词功能的词，或都是具

① 参阅本书第三编第八章第三节。

② 同上。

有动词功能的词,则只是重复或并列,而不是对注,只有在两个词都具有名词功能的时候,才可能有对注的作用。又因为对注者和被对注者必有同等的语法价值,而具有名词功能的词也可以有各种不同的用法,对注关系可以分为几种来说明。

甲 对注者与受注者都是主语。例如:

A.古文

楚左尹项伯者,项羽季父也。(《史记·项羽本纪》)

河中人赵才卿又言……(《续夷坚志·救熏死》)

县尹丁钦以成尸无伤。(《辍耕录·勘钉》)

后村先生刘克庄以诗讥之。(《三朝野史》)

裕斋先生马光祖知高邮军。(同上)

而侍书学士虞公集亦善其书。(《稗史集传·陆友》)

B.口语

小娘子二姐,独自在家,没一些事做,守得天黑,关了门,在灯下打瞌睡。(《京本通俗小说·错斩崔宁》)

你们众人不听杨提辖的言语,今日送了我也!(《水浒传》第十五回)

可惜老马,中国人的一个代表,只是糊里糊涂有点审美的天性,而缺少常识。(《二马》第275页)

地坊上团头何九叔,他是个精细的人;只怕他看出破绽不肯殓。(《水浒传》第二十四回)

宁国公死后,长子贾代化袭了官。(《红楼梦》第二回)

夫人封氏也因思女遘病,日日请医问卜。(《红楼梦》第一回)

这日三月十五日,葫芦庙中作供。(同上)

乙　对注者与受注者都是宾语。例如：

A. 古文

乃遣其子宋襄相齐。(《史记·项羽本纪》)

讼其嫂与其所私同杀其兄成。(《辍耕录·勘钉》)

而吏送达孙莘老中丞。(《拊掌录·大小胡孙》)

文中即以泣告于其府尹赵公伯器。(《稗史集传·徐文中》)

命太监刘永诚……(《彭文宪公笔记》)

B. 口语

又捧与众姊妹凤姐李纨等。(《红楼梦》第五十三回)

高宗命韩蕲王韩世忠的，统领大军十万，前来讨捕。(《京本通俗小说·冯玉梅团圆》)

又领妻玉梅同过封州拜别冯公。(同上)

认得梁山泊好汉黑爷爷吗？(《水浒传》第六十二回)

柴进见说，便去寻军师吴用。(《水浒传》第六十五回)

知远遣亲将郭威赍诏旨诱说吐谷浑酋长白承福，令他舍弃安重荣，来归朝廷。(《五代史平话·汉史》上)

二强子在去年夏天把女儿小福子——十九岁——卖给了一个军人。(《骆驼祥子》第208页)

丙　对注者与受注者都存在于规定关系之中。例如：

A. 古文

张橘轩先生，寓轩相公父也。(《庶斋老学丛谭》)

其弟澹字清老。(《识小录·俞紫芝》)

陈元方子长文，有英才。(《世说新语·德行》)

诸葛瑾弟亮与从弟诞，并有盛名。(《世说新语·赏誉》)

宋之问父令文富文辞，且工书，有力绝人。（《识小录·宋之问父三绝》）

B. 口语

那长子全昱为刘崇家使牛；次子朱存为刘崇家锄田；第三子朱温为刘崇家放猪；伊母王氏为刘崇机织。（《五代史平话·梁史上》）

门下知心腹的陆虞侯陆谦，他和林冲最好。（《水浒传》第六回）

二强子的女儿小福子回来了。（《骆驼祥子》第212页）

赵姨娘的兄弟赵国基昨日出了事。（《红楼梦》第五十五回）

刘崇唤朱三共他的儿子刘文政同入学堂读书。（《五代史平话·梁史上》）

那克用的妻刘夫人多智略，左右走归的来告事变，夫人立斩之。（《五代史平话·唐史上》）

刘光妻子徐氏安人心中大怒。（《刘香宝卷》）

怎的杀了我丈夫刘贵。（《京本通俗小说·错斩崔宁》）

老身大的孩儿必达不曾婚娶。（《小孙屠戏文》）

只有一个小的孩儿必贵出外打旋未回。（同上）

因为代词的性质是和具有名词功能的词一样的，它不过是代表这后者而已，所以代词也可以有对注者。例如：

A. 古文

所问者，他王先生耳。（《稗史集传·王冕》）

在彼夏王。（《尚书·泰誓》）

思文后稷，克配彼天；立我烝民，莫匪尔极。（《诗·周

颂·思文》)

彼南卫宰相往来,毋犯他。(《昨非庵日纂·宦泽》)

B. 口语

依我尼僧看来,还有一等善恶报应。(《刘香宝卷》)

我们爷儿们俩苦混! 无法! 无法! (《骆驼祥子》第120页)

你找不出一位再比我王裕规矩,老实,忠心,可靠的买卖人啦! (《第二梦》第一幕)

成全成全他们爷儿两个。(《二马》第25页)

真是甚么都累你老人家费心着。(《月下》剧本)

我们男人,要道德品格干什么? (《少奶奶的扇子》第三幕)

你妇人家省得甚么? (《水浒传》第六十回)

第三节　对注关系与词语的次序

这里也有一个问题应当加以讨论的,即对注者的地位问题。在上面所举的例子中,我们知道对注者都是放在受注者之后的,现在的问题是:到底对注者是不是可以放在受注者之前?

黎锦熙先生以为"同位"(对注者)可以加在本词之前。他举了不少例子[①]:

右丞相陈平患之。(《史记·陆贾传》)

且云中守魏尚坐上功首虏差六级,陛下下之吏。(《史

① 《比较文法》第七章第226—229页。

记·冯唐传》)

陈良之徒陈相与其弟辛负耒耜而自宋之滕。(《孟子·滕文公上》)

悉有其舅司徒之兵与地。(韩愈《许国公神道碑》)

黎先生以为“右丞相”是“陈平”的同位而位于“前次”之前,以为“云中守”是“魏尚”的同位而位于“前次”之前。我们的意见却刚刚和他相反。对注的作用是要“重言以解前文”,所以往往是较特殊较具体的词,而被他所注的词必得是较泛的词。即因其较泛,故需有对注。陈平、魏尚、陈相等都是比较特殊、比较具体的词,其为对注者是很明显的。再以语言的功用来说,必先有一需要解释的词语,然后才有解释此词语的词语。当我们说出一个词时,如果觉得这个词已经够明白清楚,我们就不必加上一个注。是因为我们觉得说出的词语不够明白清楚,我们才觉得有加注的必要。马建忠谓“重言”,“重”字甚为得体。换言之,重加上去的才算是对注者,而“重加”必得有“前次”,有已经先说出的“本词”。所以对注者绝不能放在受注者之先。

或许有人要说,在汉语中常常有“陈平右丞相”、“诸葛丞相”之类的用法,如果按上面所说,“陈平”是“右丞相”的对注者,则这个地方的“陈平”不是放在“右丞相”之前吗?这却不然。原来这个地方的“陈平右丞相”和“何校长”、“陆部长”一样,只是一个带有名词性的词组,其中的关系是规定关系,而不是对注关系。在“何校长”这个词组中的“何”字正如“红玫瑰”中的“红”字一样,都是规定后面词语的规定者。意思是这是姓何的那个校长,而不是其他的校长。一个语音的证明,即如果我们要说“校长何”的话我们必得在校长之后,加一停顿;“校长——何”,而说“何校长”时,则不能这样，必须把“何校长”读成一片，当作一个词组看待。

还有一个特殊的情形，即代词而放在具有名词功能的词之后者。比方说，“拿破仑，他太伟大了。”“他”字是放在“拿破仑”之后的。在这种情形下，“他”是不是一个对注者呢？不是！我们已经说过对注者必得是比较特殊、比较具体的词语，才能尽它“重言以解前文”的责任。“他”是个代词，很空泛的，绝没有专名“拿破仑”那么具体，它不能是“拿破仑”的对注者。然而，是不是“拿破仑”反而是“他”的对注者而放在“他”的前面呢？也不是！要知道“他拿破仑太伟大了”和“拿破仑他太伟大了”完全是两个不同的语法结构。对注者是另加上去的成分，所以在整个句子的读法里，在它的前后都有一个停顿，例如“他，拿破仑，太伟大了”；然而在“拿破仑，他太伟大了”这个句子里，我们只能把“他太伟大了”看做一个完整而没有另加成分的句子来念，绝不能把它念为“拿破仑，他，太伟大了”。句法语音的结构是语法结构的反映，我们也可以由此而推想这两句话的不同的语法结构了。原来，“拿破仑，他太伟大了”这里头的“他”只是一个重复的说话而已。这正如“我，我告诉你”一样，并没有对注的意味，只是这种重复不是同一个词的重复罢了。

第六章　并列关系

第一节　并列关系及其种类

并列关系可以从词、词组和整句三方面来说。并列就是把占有同等语法价值的词或词群排列起来。这种关系是外在的，因为它们是各自独立的，谁也不影响谁。词的并列至为简单，就是两个不同而独立的词同时存在于句子之中而表达句子中的同一的语法功能。例如“桌椅是家具”。这“桌椅”两个词就是独立而并列的。它们都是句子中的主语。这种并列关系有两个形式，一是没有连词[①]把它们连起来的，一是有连词的。兹举例如下：

（一）没有连词的

A. 古文

晋楚不务德而兵争，与其来者可也；晋楚无信，我焉得有信？（《左传·宣公十一年》）

谓其畜之硕大蕃滋也。（《左传·桓公六年》）

男女授受不亲，礼与？（《孟子·离娄上》）

---

① 我们所谓的“连词”并不一定就是西洋语的 conjunction。我们所谓的“连词”只相当于西洋语的 coordinate conjunction，它是把两个语法价值完全相同的词语或词群连在一起的。

齐晋秦楚，其在成周微甚。（《史记·十二诸侯年表》）

丈五之沟，渐车之水，山林积石，经川丘阜，草木所在，此用兵之地也。（《汉书·晁错传》）

令齐赵楚各为若干国。（《汉书·贾谊传》）

B. 口语

何九叔郓哥都被武松留在房里。（《水浒传》第二十五回）

只听得那张都监张团练蒋门神三个说话。（《水浒传》第三十回）

是晚宝玉李嬷已睡了，他见里面黛玉鹦哥等犹未安歇。（《红楼梦》第三回）

忽闻人语马嘶，唬得黄巢尚让两个潜伏荆棘中。（《五代史平话·梁史上》）

但是山东河北客商们都来那里做买卖。（《水浒传》第二十八回）

只是一颗头两条臂膊。（《水浒传》第二十八回）

正遇见宝钗香菱莺儿三个赶围棋作耍。（《红楼梦》第二十回）

兄弟们一并都有父母教训，何必我多事？（同上）

（二）有连词的

A. 古文

齐侯与蔡姬乘舟于囿。（《左传·僖公三年》）

执虞公及其大夫井伯。（《左传·僖公五年》）

学而时习之。（《论语·学而》）

禹拜稽首，让于稷契暨皋陶。（《书·尧典》）

洧之外，洵讦且乐。（《诗·郑风·溱洧》）

吾以子为异之问，曾由与求之问！（《论语·先进》）

田忌与孙膑田婴俱伐魏，败之马陵。（《史记·孟尝君传》）

是以选择其次立为卿之[1]宰。（《墨子·尚同下》）

B. 口语

宋江和戴宗两个面面厮觑。（《水浒传》第三十九回）

才做了潇湘馆与蘅芜院两首。（《红楼梦》第十八回）

金老并女儿拜谢去了。（《水浒传》第二回）

吴教授和王七三官人见了，背膝展展，两股不摇而自颤。（《京本通俗小说·西山一窟鬼》）

黄巢和那朱温，朱全昱，朱存三个兄弟，一同入那酒店里坐地，唤酒保买盃酒和肉来，四个就吃了。（《五代史平话·梁史上》）

一想到那个老者与小马儿，祥子就把一切的希望都要放下。（《骆驼祥子》第123页）

词与词的并列关系有的时候和复合词有点相混。比方说，"道德"两个字到底是"道"和"德"的并列，或者只是一个复合词"道德"就很难说明了。"道德"这个词的来源大约是"道"和"德"两个词的并列，但是在现今的口语中，它只代表一个概念，只可译成英语的morality，不能译成英语的principle and virtue，所以只能说是一个词，不能说是两个词的并列。凡是两个并列的词，虽然原则上可

① 这样用法的"之"字在古文里是常例，如：《书·立政》："文王罔攸兼于庶言，庶狱，庶慎，惟有司之牧夫。"《周礼·考工记·梓人》："必深其爪，出其目，作其鳞之而。"《左传·文公十一年》："皇父之二子死焉。"《孟子·万章上》："得之不得曰有命。"这"之"字和作为规定词的"之"字是两个不同的虚词。

以不加连词，但总有加连词的可能。如果说话人的心目中是把两个字如“道德”、“仁爱”、“服从”等当作一个词看待的话，他必觉得连词的加入是不可能的。汉语的结构，一般的抽象概念，如“大小”、“轻重”、“兄弟”、“父母”、“多少”等等都是把原来并列的两个词取其平均或相合的意义而代表一个新概念的。在这种情形之下，它已经变成一个复合词，而不能当作并列的词看。当然这些词有的时候也可以当作并列的两个词看，可是意思就不同了。“轻重”当作并列的两个词看时，是英语 heavy and light，而当作一个复合词看时，则是英语的 weight，其中的分别是很明显的。

词和词的并列关系还有一个特性，即并列的词，不论其为数多少，都得有同样的语法功能，或同等的语法价值。是名句中的具有名词功能的词，则必两者都是；是动句中的具有动词功能的词，也必两者都是；甚至于其他的规定者、宾语等等也都得相同。

词与词可以有并列的关系，词组和词组也可以有并列的关系。在这种关系之中，词组和词组的语法功能也必是相同的。例子：

（一）无连词的

A. 表示规定关系的并列词组

衣身之偏，握兵之要，在此行也。（《左传·闵公二年》）

离娄之明，公输子之巧，不以规矩，不能成方圆。（《孟子·离娄》）

这两个妇人也不是小可人家的，他是阎罗大王的妻，五道将军的妾。（《金瓶梅》第十六回）

B. 表示引导关系的并列词组

为京师士庶设诡异之观，戏玩之具耳。（韩愈《谏迎佛骨表》）

只见金碧辉煌，文章焖烁。(《红楼梦》第二十六回)

这李氏带了一百颗西洋大珠，二两重一对鸦青宝石。(《金瓶梅》第十一回)

(二)有连词的

A. 表示规定关系的并列词组

以管子之圣而隰朋之智，至其所不知，不难师于老马与蚁。(《韩非子·说林上》)

众邻舍并十来个火家那个敢向前来劝。(《水浒传》第二回)

原来是一个癞和尚同一个跛道士。(《红楼梦》第二十五回)

B. 表示引导关系的并列词组

其患在竖牛之饿叔孙而江乙之说荆俗也。(《韩非子·内储说》)

此时薛嫂正引着西门庆家小厮伴当并守备府里的三十名军牢。(《金瓶梅》第八回)

中间备细说着鲁智深出家缘繇并今下山投托上刹之故。(《水浒传》第五回)

不但词组可以并列，整个的句子也可以并列。这句子的并列很受了做对子的影响，但平常的情形对子的并列句并不多见，尤其是口语。这种对子句的并列在汉语中有其特殊的地位，即因其如此，在汉语中，到哪里为止，才算是一个真正完结的句子，很难决定。这也多半是因为汉语的动句往往是没有主语的，而对对子的风气又使汉人觉得双数的句子才能成为一个片段。然而这并不是说我们的看法有对子的才算是句子，因为没有对子的句子在平常反而是占多数的。这只是说受了对对子的影响而把两个句子连起来的时候，我们的确觉得这两个句子是分不开的。在这种情形之下，到底是两个句子或是一个句子的两个分句确是不容易分别的。不过，如果我们能够脱离西洋语法的影响而来解释汉语语法的话，我们就可以说这两个分离不开的句子实在只是一个句子的分句。只是这里所谓的“句子”并不是完全和英语的 sentence 一致而已。现在无妨举几个例子：

鸟之将死其鸣也哀，人之将死其言也善。(《论语·泰伯》)

如天之无不幬也，如地之无不载也。(《左传·襄公三十九年》)

君子务知大者远者，小人务知小者近者。(《左传·襄公三十一年》)

靡不有初，鲜克有终。(《诗·大雅·荡》)

我就是个多愁多病的身，你就是那倾国倾城的貌。(《红楼梦》第二十三回)

有的时候，并不像对对子那样的齐整，然而多少也受了一点对对子的影响，而把几个句子连起来。例如：

迎春抱着银汤瓶，绣春拿着茶盒，走来上房，与月娘众人递茶。(《金瓶梅》第二十一回)

那人原是山后开州人氏，姓秦讳明。(《水浒传》第三十三回)

禹疏九河，瀹济漯而注诸海，决汝汉，排淮泗而注之江。(《孟子·滕文公上》)

其次，则是一些没有对对子的痕迹而却连起来的句子。这些句子以西洋的语法说都是各个独立完整的，然而我们确是把它们只当作句中的分句看的。现在标点家都是用逗号(，)去标点它们的。例如：

这会子没人知道，我悄悄的引二爷城外逛去，一会儿再回这里来。(《红楼梦》第十九回)

人有聚就有散，聚时欢喜，到散时岂不冷清？(《红楼梦》第三十一回)

你放心，我自有道理。(《红楼梦》第三十五回)

西门庆下马进门，先到前边上观看了一遍，然后踅到潘金莲房中来。(《金瓶梅》第十九回)

洒家在五台山真长老处学得说因缘，便是铁心人也劝得他转。(《水浒传》第四回)

颜鲁公为临川内史，浇风莫竞，文教大行。(《云溪友议》)

天宝中有陈仲躬，家居金陵，多金帛。(《博异志》)

又龙门战，尽一房箭，中八十人。(《酉阳杂俎》)

这些是累积式的并列的句子。此外，还有一种对抗式的并列的句子，表示分句与分句之间的意思是对抗的。

这种联络关系有时用联络虚词，有时不用。如果用虚词的话，古文就用“而”、“然”、“特”、“惟”、“但”、“顾”等，现代口语则多用“但”、“但是”、“然而”、“只是”、“却是”、“可是”、“倒”、“虽……却”等。例如：

甲　有联络虚词的

A. 古文

孙子筹策庞涓明矣，然不能早救患于被刑。(《史记·孙子传》)

是故上有大泽，惠必及下，顾上先下后耳。（《礼记·祭统》）

君以闻之，唯某无以更也。（《大戴礼·虞戴德》）

而世俗又不与能死节者比，特以为智穷罪极，不能自免，卒就死耳。（《汉书·司马迁传》）

此百世之怨，而赵之所羞，而王弗知恶焉。（《史记·平原君列传》）

陈平可，然难以独任；周勃重厚少文，然安刘氏者必勃也。（《史记·高祖本纪》）

B. 口语

小人死不足惜，但只是小人哥哥武大含冤地下，枉了性命。（《金瓶梅》第十一回）

最是兄长好心顾盼小弟，只是一件，武松平生只要打天下硬汉。（《水浒传》第二十七回）

婶娘，你侄儿虽说年轻，却是他敬我，我敬他，从来没红过脸儿。（《红楼梦》第十一回）

我倒有这个心，只是没有这样的能干人。（《红楼梦》第二十五回）

咱送了他一分礼，他倒请你过去吃了一席酒。（《金瓶梅》第十四回）

家父倒也托庇康健，但近来家母偶着了些风寒，不好了两天。（《红楼梦》第二十六回）

论理我该陪饮几杯才是，只是今儿有一件很要紧的事，回去还要见家父面回，实不敢领。（《红楼梦》第二十六回）

虽不敢呵叱秦锺，却拿着香怜作法。（《红楼梦》第十回）

这样年纪，这个日子，原不敢请他老人家来，但是这个时候，天气又凉爽，满园的菊花盛开，请老祖宗过来散散闷，看看众儿孙热热闹闹的，是这个意思。（《红楼梦》第十一回）

乙 没有联络虚词的

A. 古文

一之日觱发，二之日栗烈，无衣无褐，何以卒岁？（《诗经·七月》）

我非贪生而恶死，不能捐身兮心有以生。（蔡琰《胡笳十八拍》）

B. 口语

今闻仁兄来江州，必从这里经过，小弟连连在岭下等接仁兄五七日了不见来。（《水浒传》第三十五回）

是时夫人诞生太子已了，无人快接。（《佛本行集经变文》）

明儿有个好歹儿不能回来，你们各自干你们去了，撂下我一个人受罪。（《红楼梦》第八十五回）

第二节 并列关系与连词

在这里我们可以看出汉语语法的一个特色，就是一般汉语的词语或句子常常不用连词而自己却连了起来。在词和词的并列关系中，因为要避免复合词与单纯词的相混，现在的口语多半有加上一个连词“和”、“跟”、“同”等的趋向，然而这连词所加的地方也并不和西洋语的语法完全一致。西洋语的语法，如果只用一个连词的话，这连词就加在最后的并列关系中，如：英语的 my name，your name and his name. 汉语的连词则可以随便加。《水浒传》(第五回)有一句“只见鱼及酒肉”,这里连词“及”字不加在“酒”和“肉”之间,就是一个例子。平常是词与词之间,或词组与词组之间,可以自由加上一个连词,视其音节是否可以调和而定。但句子和句子之间的并列关系却大体不加连词,不过“而”字[①]常常可以加上去。然而“而”字在这个地方并不表示一般的并列关系,而是表示对抗性的并列关系。“而”字和梵文的 tu 一样,可以译成英语的 and,也可以译成 but,和“和”、“同”、“跟”、“并”等不完全相同。在古文里,“而”字也可以作为并列词组的连词用,如《中庸》的“君子之道淡而不厌,简而文,温而理”;也可以作为并列词组及并列句子的连词用,如《孟子》“今燕虐其民,王往而征之。”“亲亲而仁民,仁民而爱物。”韩愈《进学解》“冬暖而儿号寒,年丰而妻啼饥。”在这些句子里头,“而”都有表示相反的意思,有点类似英语的 but,但也可以有 and 的意思,如《论语》“学而时习之”的“而”就不能译成 but;可是“和”、“同”、“与”、“并”等则绝不能用在表示 but 的地方。现在口语中有时尚用“而”字,它已经没有 and 的意思,可是德语中 aber 和 sondern 两个意思都可以由它表示出来。口语中表示并列的句子时,只是把句子排列起来,可是等到表示德语的 aber 或 sondern 的意思时,可以自由用“而”。然而这样的用法大体是仿古,而不是一般口语中所有的。不过无论如何,就是用了“而”,这种由“而”而连在一起的句子也不是一般的并列的句子。它所表达的乃是对抗性的并列关系。

---

① “而”字有的时候可以作为“尔我”的“尔”解,这是因为音相同而借为别字用的,和连词的“而”字无关。

近人的文章颇有喜欢在并列的句子中加上“并且”、“而且”这一类的连词的趋向。例如：

她把一切的神佛都喊到了，并且许下多少誓愿，都没有用。(《骆驼祥子》第 240 页)

于是大家主张先拆他的铺子，并且臭打马老先生一顿。(《二马》第 442 页)

现在居然成为事实了，而且是件可以使他心中痛快一会儿的事。(《骆驼祥子》第 265 页)

这很明显的是受了西洋语语法的影响的。我们看多少翻译英语的人都把 and 机械地译为“并且”、“而且”等。这些“并且”或“而且”等等读起来实在腻味得很。这正可以证明汉语本来并不常在句子和句子中加连词，而人工地到处加上去并不能表现汉语的原来特点。然而一方面我们也可以由此而得到一个结论，即近人在这个地方所加的一大堆连词确是受西洋语语法的影响，而且也只存在于写的白话文中，并不是说话时的样子。以汉人本来的说法来说，只有不用主语时，才常加上连词。例如：“我来看他的病，并且要跟他商量一件事”。有主语时就不常加。“我来看他的病，并且我要跟他商量一件事”，就不常说。所以在句子和句子之中的并列关系，大半是不用连词的，就是用连词也大半是在后面的句子并没有主语的时候。

有的时候，我们可以看见“並”(或“并”)字放在不同的句子之中，如《红楼梦》(第二十八回)“幸亏宝玉被一个黛玉缠绵住了，心心念念只惦记着黛玉，并不理论这事。”这些句子都是叙述句，并无所谓意思的相反。这里的“并”字好像是连词“并”字，然而细究起来，却又不然。连词的“并”字虽然也是这样写法，可是以词的角度来说，这是两个不同的词。“并不”是一个“成语”，它代表“一点也不”的意思，并不是连词，所以和我们上面所说的话并不冲突。然而假如这个句子是“……心心念念只惦记着黛玉，并理论这事”，则是可能的说法，而且“并”字在这个地方的确是一个连词。可是这大半是在没有主语的时候用的。如果加上了主语，就不顺口。“幸亏宝玉被一个黛玉缠绵住了，心心念念只惦记着黛玉，并(他)不理论这事”听来就不顺耳。

第三节 抽选并列关系

还有一种关系也应当列在并列关系之中，那就是说话时所表示的二者居一的意思。这意思无论是在古文或是口语之中都是用“或”(口语有的时候用“或是”、“或者”，有时书作“或且”)去表达。这显然也是并列关系。例如《金瓶梅》(第十三回)有一句：“白日里常在花园亭子上，一处做针凿，或下棋。”这种关系可以存在于词与词之间，也可以存在于词组与词组之间，也可以存在于句子与句子之间。“或是甲，或是乙，总有一个。”这是词的并列关系。“我所看的书或是他父亲的书，我也弄不清。”这是词组的并列关系。这种并列关系之存在于句子和句子之中者更多，特别是在口语。例如：

西门庆看见了，便扬声咳嗽，一面走过东来，又往西去或在对门站立，把眼不住望门里睃盼。(《金瓶梅》第十四回)

这边就使丫鬟在墙头上暗暗以咳嗽为号或先丢块瓦儿，见这边无人，方才上墙。(《金瓶梅》第十四回)

每日一入学中，四处各坐，却八目勾留或设言托意或咏桑寓柳。(《红楼梦》第九回)

这里有两个情形可以注意的，即：(一)在一大串的并列关系中，“与”、“而”类连词的去取可以随便，而“或”字却是非用不可的，而且是在每一句子之上都得加上；(二)“与”、“而”类的连词大半是在后面的句子没有主语时加上去的(“我去和你来”，这里的连词只接连词组，因为我们是把“我去”和“你来”当做两桩事来看，而不是当做两个动作来叙述)，然而“或”字却可以加在这种情形之中。“我去或你来”。

这种并列关系可以说是分别的并列关系或抽选的并列关系，和表示正面的并列关系不同。然而有的时候这两种意思却颇接近。比方说，“你或我，或他，都是好人”这句话就和“我和你，和他，都是好人”相去不远。

第四节　汉语的连词

现在可以讨论一下汉语的连词。

汉语的连词在表示正面的并列关系方面，古文有“與”、“及”、“並”等，口语则有“和”、“跟”、“同”、“并且”、“而且”等，在表示抽选的并列关系方面，古文和口语都用“或”，有的时候口语用“或是”、“或者”(或书作“或且”)。

“與”、“及”、“並”、“和”、“跟”、“同”等都是从具有动词功能的词变化来而还保留着一些实词的意义的。

“與”《说文》训为“党與也”。《说文》另外还有一个“与”，训为“赐予也”。大徐认为这两个字都念为“余吕切”。这两个字现在是混用的，然而《说文》时代有分别，则是毫无疑问的。《说文》又谓“與”是从舁从与，古文作𢌱。按甲骨文“與”字从般，像二人相授受形，。可知“與”字的最初意义是赐予。《广韵》一共有三个“與”字，一在平声鱼韵，就是“歟”字；一在上声语韵，训为“善也，待也，《说文》曰党與也”；一在去声御韵，训为“参與也”。等于“歟”的“與”只是音借，是另外的东西。这里值得注意的就是所谓“党與也”，“赐予也”，“参與也”都是一种具有动词功能的词。在古书里，“與”字之具有动词功能者很多，例如：

（一）“赐予也”

乞诸其邻而与之。（《论语·公冶长》）

子华使于齐，冉子为其母请粟，子曰与之釜。请益，曰与之庾。冉子与之粟五乘。（《论语·雍也》）

钱货者多不能與其息。（《史记·孟尝君传》）

以天下與人易，为天下得人难。（《孟子·滕文公上》）

（二）“党與也”

群臣连與成党。（《汉书·燕刺王旦传》）

吾非斯人之徒與而谁与？（《论语·微子》）

孰能與之？（《孟子·梁惠王上》）

（三）“参與也”

秦伯纳女五人，怀嬴與焉。（《左传·僖公二十三年》）

求之與抑與之與？（《论语·学而》）

吾不與祭如不祭。（《论语·八佾》）

按这三个不同的用法都具有动词的功能。按上面所说，大徐以为“党與”的“與”和“赐予”的“与”都是念为“余吕切”的，而《广韵》也把“善也，待也”（按：即“赐予”）和“《说文》曰党與也”都列入上声语韵，大约《说文》时代这两个不同的字，“與”、“与”，是同一来源的词。“與”字是从舁从与，这从与是值得注意的，它告诉我们

“與”字和“与”的关系。再以甲骨文的写法来证明，我们知道“與”字的最初意义确是“赐予”，由此而引申“党與”之义；再由此而引申出“参與”的意义。因为引申出一个新的意义，为着分别起见，自然而然的在音调上也起了变化，这是“参與”的“與”字所以列入《广韵》去声御韵的原因。

连词的“與”字很明显的是从有“党與”意义那个“與”字虚化而来的。换句话说，连词的“與”字还保留着一些“党與”的意思。我们说“吾與子”，这里就有“我跟你作一党，作一块儿”的意思[①]。“與”字作为连词用的，例子很多，这里只举一两个：

子罕言利與命與仁。（《论语·子罕》）

富與贵是人之所欲也。（《论语·里仁》）

女與回也孰愈？（《论语·公冶长》）

“及”字《说文》训为“逮也”，小徐认为是“及前人也”。《广韵》训“及”为“至也，逮也，连也，辞也”。“辞也”分明是“语辞”的意思。甲骨文“及”字也都是从人从又的，古文则有乁𢎣𢓊三形，石鼓文与甲骨文同，亦从人从又。罗振玉认为是“象人前行而又及之”[②]，商承祚谓“不𡡒敨盖‘及’作[illegible]，许书之𢓊，其彡与彳谊同，[illegible]又[illegible]之变也”[③]。这样说起来，“及”字大约就是“逮”字，它的最初意义是“至也”，具有动词的功能。可以举这些例：

不及黄泉无相见也。（《左传·隐公元年》）

其志不及事也。（《穀梁传·隐公元年》）

---

① 参阅拙著《汉语介词之真价值》第十三章第147—150页。

② 罗振玉《增订殷虚书契殷中》第59页上。

③ 商承祚《殷虚文字类编》。

弗图必及于难。(《左传·昭公十五年》)

非尔所及也。(《论语·公冶长》)

用作连词的“及”实在就是“至也”的“及”虚化而来的。它还保留着一些具有动词功能的词的意味,我们说“余及汝”,意思就是“余连至汝”,亦即《广韵》所谓的“连也”。用作连词的“及”,我们可以举几个例:

时日曷丧,予及汝皆亡。(《书·汤誓》)

及尔偕老。(《诗·卫风·氓》)

二子及齐师复围郈。(《左传·定公十年》)

“並”字本作“竝”。《广韵》在上声迥韵以“並”同“竝”,敦煌唐写本王仁昫《刊谬补缺切韵》称“並”为“竝”之俗字。近世尚有用“并”字者,显系混用。“竝”属迥韵,而“并”则属下平清韵,训为“合也”。又《广韵》去声劲韵下有“并”字,训为“专也”,当是另外的东西。但所以混用,却有缘故,因为这两个字的意义相近。《广韵》称“竝,比也”,又称“并,合也”。意义颇相近。《说文》训“竝”为“併也”,而训“併”为“並也”,它又训“并”为“相从也”。兼併,相从,都有合同的意义。所以就相混了。不过,这两个字最初都具有动词的功能。甲骨文“並”字也是从二立,像二人併立之形;“并”字也是作二人并排状,𠀤。这两字的最初意义是併立或兼併。古书中以“並”为纯粹具有动词功能的词用者很多,现在略举一二例:

俄而並乎尧舜。(《荀子·儒效》)

与天地並。(《左传·昭公二十六年》)

陈阚不可並也。(《左传·哀公十四年》)

由这原义而引申出连词的功用,而且还保留着实词的意味。现今我们说“吾並吾儿”,这“並”字就有一点儿“与吾儿並合”的影子。

“和”字之作为连词用者只存在于口语，古文并没有这样的用法。由词源学的角度来说，“和”字也是从具有动词功能的词虚化而来的[①]。“和”字《说文》训为“相噟也”。《尔雅》训“和”为“笙之小者”。这当是《说文》的“龢”字。《说文》云：“龢，乐之竹管三孔以和众声也”；又云：“龢，调也”。《尔雅》的“和”就是《说文》的“龢”，而《说文》的“和”则是调声的“龢”引申而来的词。不过，《尔雅》既称“和”为“笙之小者”，而金文《绥和壶》亦以“和”代“龢”，可知古时代这两个字已是相混，其相混的原因是这两个字有一个同一的词源。《说文》谓“龢，乐之竹管三孔以和众声”，声相当的“和”字确是乐器的“龢”字引申而来的。甲骨文无“和”字，但有“龢”，金文“龢”字多从和冊，可知“和”即是“龢”的省文。《广韵》有两个“和”字，一入下平声戈韵，训为“笙之小者，和顺也，谐也，不坚不柔也”，一入去声过韵，训为“声相应”。据段玉裁的说法，这两个字古时是念为同一声调的。不过，无论如何，这两个字在《广韵》时代确有两种念法，即现今的念法也有这两者的分别。按照意义学的法则来说，“和”的最初意义一定是乐器的“和”，由此而引申出“相应”的意义，另外又引申出“和顺”的意思。因为意义有些分歧，声调也就略有变化，以求有别。不过，无论如何，作为连词用的“和”则是从“相应”或“相调和”的意义引申出来的。换言之，除了乐器以外，古文里有许多“和”字是当作具有动词功能的词用的，这正是后世当作连词用的“和”之所由来，因为“相应”、“相和”确有“相连应”、“相连和”的意思，而现在的连词“和”字也的确保留有一些具有动词功能

---

① 《汉语介词之真价值》第七章第 89—93 页。

的词的意味。古书里，“和”字之当作具有动词功能的词用者，我们可以举几个例：

臣闻以德和民。(《左传·隐公四年》)

季子和药而饮之。(《公羊传·庄公三十二年》)

律和声。(《书·尧典》)

鸣鹤在阴，其子和之。(《易·系辞》)

“和”之用作连词者只存在于口语。现今北京话中尚有 han 字也是用作连词的。翟尔斯(Giles)在它的字典里认为是“和”的另一种发音[①]。我们知道“和”字隋唐时代念为 ha，我们又知道“你我”之“你”是以鼻音 n-为声母的。我们以为这 han 的来源就是受了“和你”两字的影响。平常的说话，“和你”是很常说的。“和你”的中古音是 ha ni，因为受了 n-的影响，后来说成 han ni，再以后就是没有说“你”，单独说“和”时也说 han 了。

“跟”字也是口语所用的连词。然而它是由具有动词功能的词来的，却是一目了然的。“跟”即“跟随”。“跟”字不见于甲骨金文。《说文》训“跟”为“足踵也，从足𥃩声，古痕切”。《广韵》亦训“跟”为“足后踵也”。唐五代韵书中多不见“跟”字，惟《切韵》残卷第三种有“跟”字，亦训为“足后”。“跟”之用作具有动词功能的词的是后来才有的。我们看得很明白这“跟随”的“跟”是从“脚跟”的“跟”引申而来的。然而连词的“跟”却是从具有动词功能的词的“跟”引申而来的，而且有的时候还很难说明它到底是具有动词功能的词或是连词。比方说，“我跟你”，这个“跟”字就很难说明是“跟随”或是连词的“跟”。大约在句子之中，如果有了其他主要的具有动词功

① Giles (H. A.), A Chinese-English Dictionary, London, 1892, p. 406.

能的词或有了系词，则在两个用作主语的词中间的“跟”必是连词。例如：

姑太太跟大姑娘同回来了。(《泼妇》剧本)

我跟金女士是朋友，什么解释都是多余的。(《少奶奶的扇子》第二幕)

我跟她是朋友之爱。如今男女社交本能公开的。(《回家以后》剧本)

不过如果在主要的具有动词功能的词之前没有对注者“咱们两个”“两个”之类的字眼，只有两个具有名词功能的词，则“跟”字就不是连词而是受导词(即所谓“介词”)。“我跟你咱们两个走”，这里的“跟”有英语 and 的意思，可是“我跟你走”的“跟”则只可译成英语的 with。然而不管它是连词也好，或是受导词也好，它却都带有几分具有动词功能的词的味道，而有的时候也确是难于分别的。

“同”字也是后有的连词，它的来源也是具有动词功能的词。《说文》云：“同，会合也。”“会合”是具有动词功能的词。《广韵》训“同”为“齐也，共也，辈也，合也”，而清故宫唐写本王仁昫《刊谬补缺切韵》则训“同”为“和也”。不过无论如何，这些意义都带有具有动词功能的词的性质。古文中这样用法的“同”，我们无妨举几个例：

惟汝予同。(韩愈《平淮西碑》)

和其光，同其尘。(《老子》)

圣王同之。(《左传·文公六年》)

由此“会合”的意思而引申出连词是很自然的。现在的说话中，“同”字的实词性质已经很弱，但还可以体会出来。

总之，从这许多连词的研究中，我们可以得到一个结论，即表示连同的并列关系所用的连词，在汉语中多半都是由具有动词功能的词变化而来的。就是一个“且”字不易解释。段玉裁以为“且”字古音“俎”，所以“承藉进物者，引申之，凡有藉之词皆曰且。凡语助云且者必其义有二，有藉而加之也，云嫜且苟且者谓仅有藉而无加，粗略之词也”①。照他这样说，连词的“且”也是由“承藉进物”的意义来的。不过这种解释颇为勉强，我们只好存疑。无论如何，我们总可以说，一般的情形，汉语的连词是由具有动词功能的词虚化而来而尚带有这后者的味道。

分别或抽选连词“或”字的来源则不容易解释。《说文》云：“或，邦也，从口从戈以守一；一，地也。於逼切。”大徐谓“今俗作胡国切，以为疑或不定之意”。按“或”重文为“域”，所谓“邦也”即是此“域”字，不过现在的人已经不知其为“域”字而已。然而大徐认为今俗以为“疑或不定之意”，也不尽然。因为把“或”作为“疑或之意”解者固不止是今俗，古书中就有这种用法。《易经·乾卦》的《文言》说：“上不在天，下不在田，中不在人，故或之；或之者，疑之也。”这里的“或”字就有“疑或不定之意”，而且是纯粹具有动词功能的词。疑或的“或”字现今的读法与“邦也”的“或”字不同。这明明是两个词。《广韵》德韵下除“或，不定也，疑也”之外，又有一个“惑，迷惑”，都是“胡国反”。疑或不定之“或”明明是和“惑”同字，大约就是“惑”字的省文或古文。《说文》有“惑”字，训为“乱也”，而没有疑或不定之“或”字。“惑”字作为“或”，就和“邦也”的“或”相混了。

---

① 段玉裁《说文解字注》且条。

"或"字于最古的文献中既然有"或之也"的意义，则最初的"或"字大约具有动词的功能。由此引申出"或人"的意思，再由此而引申出"或个"，及一般的抽象的连词"或"。《尚书古义》"无有作好，遵王之道；无有作恶，遵王之路"，《吕览》引此，而以"或"代"有"。王引之就根据此而认为"或"字等于"有"。他又引了顾亭林《唐韵正》"有"字古读若"以"的理论，认为古读若"域"的"或"字实在是等于"有"[1]。这显然是一种误会。要知道古读若"域"的"或"字是另外一个词，而王氏所谓有"有也"的意思的"或"字却绝不能读若"域"。王氏的毛病可以说只在于替代，而没有注意替代的关节在哪一点上。原来，"或"既是疑或不定，它的意思自然是"可有可无"，"或是或非"，而"有"字也有两个轻重的意思，严格地说，有就是有，不能是没有，然而放松地说，"有"可以是泛称的，意即"有某个东西"。因为"某"是很泛的，它并没有告诉我们是什么确定的东西，所以这里的"有"实在是"或有或无"。在这一点上，"或"和"有"的确是相似的；然而这并不是说"或"就等于"有"。即使，如王氏之所言，古书中有用"域"去代替"有"的情形，也不能证明"或"即等于"有"，因为这"域"是另外一个词，它和"有"字发音相近，可以互相假借，而作为"疑或不定"解的"或"字却不能。

---

① 王引之《经传释词》卷三或条。

第七章　联络关系

第一节　什么叫做联络关系？

在并列的句子之中，各命题本来可以独立存在，不过是排列在一起而已。联络关系则略有不同。在联络关系之中，命题与命题本来是可以独立存在的，即因其如此，它是外在关系，而不是内在关系，不过当它们排在一起的时候，它们之间是有联络的，前后命题之间是有互相的关联的。在联络的关系中，大半都用虚词去把命题联络起来。但有的时候，也有不用联络虚词的情形。比方说，在"你来，我去"这一句话之中，就有两个不同的意思。第一，它叙述两回事实，你来和我去。在这种情形之下，它是并列关系。第二，它提出一个条件，就是说：如果你来，我就去。这就是联络关系而不用联络虚词的。

并列关系可以存在于词、词组和命题之中，联络关系则一般存在于命题之间。它把两回事，或两个判断联络在一起，而视其间的相互关联如何。

汉人平常说话不喜欢用太多没有基本意义的虚词，它只是把事情或意思排列起来，让人去了解这两个事情或两个意思之间所生的关系如何。"你来，我去"这句话，就是这个办法。但这句话显然会和表示并列关系的句子相混。《红楼梦》有一句相类的句子："我再敢说这些话，嘴上就长个疔，烂了舌头。"（第二十六回）如果要说得清楚，就得加上一个虚词："如果我再敢说这些话，嘴上就长个疔，烂了舌头。"不过这并不是说汉人说话不合逻辑，因为不加虚词，我们也知道这句话的意思。

第二节 联络关系的种类

表示联络关系的情形很多，这里只举几个比较平常的形式。

（一）表示前后命题的因果关系的

古文所用的联络虚词有"因"、"是以"、"为"等；口语所用的则有"因为"、"因此"、"因（为）……所以"、"所以"、"因（为）……就"等。例如：

甲 有联络虚词的

A. 古文

大国制义以为盟主，是以诸侯怀德畏讨，无有贰心。（《左传·成公八年》）

不与外讨者，因其讨乎外而不与也。（《公羊传·宣公十一年》）

齐侯为楚伐郑之故，请会于诸侯。（《左传·庄公三十二年》）

B. 口语

因侄男庄子虚没妻室，就使媒婆说亲娶为正室。（《金瓶梅》第十一回）

因傅秋芳有几分姿色，聪明过人，那傅试安心仗着妹子，

要与豪门贵族接亲，不肯轻易许人，所以误到今日。（《红楼梦》第三十五回）

不命他们进来，恐薄了傅秋芳，因此，连忙命让进来。（《红楼梦》第三十五回）

独有黛玉自幼儿不曾劝他去立身扬名，所以深敬黛玉。（《红楼梦》第三十六回）

乙　没有联络虚词的

A. 古文

曷为为季子讳杀，季子之遏恶也。（《公羊传·庄公三十二年》）

帝曰："卿面何以汗?"毓对曰："战战惶惶，汗出如浆。"复问会："卿何以不汗?"对曰："战战慄慄，汗不敢出"。（《世说新语·言语》）

B. 口语

背后有强人打劫我们，一味地撞在这里。（《水浒传》第三十六回）

闻知公宴，不敢撞入。（《水浒传》第三十八回）

这分明是气我没娘的人，故意形容我。（《红楼梦》第五十七回）

（二）表上下命题的条件关系的

用联络虚词时，古文用"若"、"如"、"苟"、"如……则"、"则"、"令"、"使"、"倘"、"与其……不如"等，口语则用"如"、"如果"、"假如"、"要"、"要是"、"如……那么就"、"如……就"、"倘或"、"倘若"、"倘如"、"若要……除非"、"若是……除非"、"要是……除非"等。例如：

甲 有联络虚词的

A. 古文

苟嗣子可辅，辅之；如其不才，君可自取。（《三国志·诸葛亮传》）

如有周公之才之美，使骄且吝，其余不足观也已。（《论语·泰伯》）

令此六七公者皆亡恙，当是时，而陛下即天子位，能自安乎？（《汉书·贾谊传》）

如有复我者，则吾必在汶上矣。（《论语·雍也》）

有人于此，其待我以横逆，则君子必自反也。（《孟子·离娄下》）

若问汝，汝但拜之，慎勿言也。（干宝《搜神记》）

若逐凌君上，刑当如之。（陶潜《搜神后记》）

B. 口语

倘若闹出来，怎么在那里站得住！（《红楼梦》第十回）

若要不知，除非莫为。（《金瓶梅》第十三回）

要这么说，不大说话的就不疼了。（《红楼梦》第三十五回）

若是都头肯去落草时，小人亲自送至二龙山宝珠寺，与鲁智深相聚入夥，如何？（《水浒传》第二十六回）

要说谢我，那我可是不想的啊！（《红楼梦》第二十五回）

若是硬问我时，一文也没。（《水浒传》第二十七回）

若共你多情小姐同鸳帐，怎舍得叫你叠被铺床！（《西厢记》）

你要有个好歹，叫我指望那一个呢？（《红楼梦》第三十五

回）

若是饶了这个淫妇，除非饶了蝎子。（《金瓶梅》第十三回）

若是你活着，便是死一百个，我也不管了。（《红楼梦》第三十三回）

乙　没有联络虚词的

A. 古文

帝忍而愎，旁人言之，益死之速耳。（葛洪《西京杂记》）

吾有车而使人不敢借，何以车为？（《世说新语·德行》）

B. 口语

着了道儿的，酒肉里下了蒙汗药，麻翻了，劫了财物，人肉把来做馒头馅子。（《水浒传》第三十五回）

好便好，不好我使老大斧头砍他娘。（《水浒传》第三十八回）

一半日得了准信，赶著就给那边太太送信去。（《红楼梦》第八十五回）

（三）表示前后命题的意思的更加肯定的

这一类也都得用联络虚词。古文用“纵”、“就”等，口语用“不论”、“尽管”、“不管”、“即便”等。例如：

A. 古文

纵江东父兄怜而王我，我何面目见之？纵彼不言，籍独无愧于心乎？（《史记·项羽本纪》）

就与孙刘不平，不过令吾不作三公而已！（《魏志·辛毗传》）

就有所疑，当求其便安，岂有触冒死祸以解细微？（《后汉

书·霍谞传》）

B. 口语

不管装什么的，你都每样打几个罢！（《红楼梦》第三十五回）

不论他是多么厉害的人，犯了法都敢治他的罪！（赵树理）

（四）表示前后命题意思的加强的

这一类也都得用联络虚词。古文用“不惟”、“不宁”、“更”、“且”、“况”、“矧”、“岂徒”等，口语用“不但……而且”、“不但……还要”、“不特……还要”等。例如：

A. 古文

不惟许国之为，亦聊以固吾圉也。（《左传·隐公十一年》）

不宁唯是，又使圉蒙其先君，将不得为寡君也。（《左传·昭公元年》）

王如用予，则岂徒齐民安，天下之民举安。（《孟子·公孙丑下》）

思其人犹爱其树，况用其道而不恤其人乎？（《左传·定公九年》）

B. 口语

他不但不去管约，反助纣为虐，讨好儿。（《红楼梦》第九回）

不但生事，而且我还没趣。（《红楼梦》第二十六回）

那不行，玉姑虽是我的胞妹，决不是永久在此地的；况且近来伊很辛苦，无论怎样，要休息休息才是。（《月下》

剧本)

第三节　汉语的承接词

上面所举的联络虚词,有的是放在命题之前,有的是插在命题中间的。放在命题前面的,一般语法学家认为是连词[①],而插在命题中间的,一般语法学家认为是副词。然而我们却有我们的说法。我们知道西洋语的连词有所谓并列连词(co-ordinate conjunction)与从属连词(subordinate conjunction)的分别。前者是连系两个相互独立的并列词语或命题的,而后者是联络两个价值不一定一致的命题;其中的一个命题是从属于另一个命题的。并列的连词相类于我们所谓的并列关系中所用的虚词,如"和"、"与"、"并"等,而从属的连词则相类于我们所谓的联络虚词的一部分,如"因"、"因为"、"如果"、"若是"等。不过这也只是相类而已。其实汉语所谓的并列虚词和联络虚词都与西洋语的 conjunction 略有不同。就是以并列虚词说,上章我们已经说过汉语的并列虚词多半都是从具有动词功能的词变来的,而且还带有这后者的味道,有时也竟难于分别到底是并列虚词抑是具有动词功能的词。西洋语的并列虚词则差不多没有从具有动词功能的词来的,而丝毫也没有这后者的意味。不过在其现实的功用言,这些虚词确是用以连系两个并列的语言单位的,所以我们就叫它做"连词"。然而所谓从属连词者,性质就大不同了。我们在《汉语介词之真价值》中曾经说过,

---

① 黎锦熙就是代表;参阅《比较文法》第六章第四节(乙),(丙)。

汉语的所谓从属连词，如“因为”、“要是”之类，实在不能和表示并列关系的连词合在一起讲。因为一来这些从属连词和所谓“介词”(即我们所谓的“受导词”)一样，都是由具有动词功能的词变来的，而还带有这后者的意味，二来它们都是一样的受宾语的引导，都存在于引导关系之中，三来汉语中并没有其他的形态成分来分别所谓“介词”和所谓“从属连词”两个[①]。然而因为所谓从属连词是被一个完整的命题所引导，或介绍一个完整的命题，我们就称它为“particule introduisant des proposition”——介绍命题的虚词，以别于“particule introduisant des termes”——介绍词的虚词[②]。这是就这些虚词在和其同在的命题中的作用而言。比方说，“因侄男庄子虚没妻室，就使媒婆说亲娶为正室”。这“因”字是和“侄男庄子虚没妻室”这个命题发生引导关系，它是受导词。然而，如果就它在“侄男庄子虚没妻室”及“就使媒婆说亲娶为正室”这两个命题中所担任的功能来说，它就是一个联络虚词了。不过这联络虚词也不见得都须是受导词，因为“则”、“就”、“不但”、“虽然”等等并不是受导词，而却是联络虚词，因为它们的确担负有联络前后命题的责任。可是这联络虚词也并不就是西洋的从属连词，因为像“反”、“倒”这一类的字眼，在西洋语中只可译成副词性质的词，丝毫没有从属的意蕴，而我们却当它们是联络虚词。原来西洋语的语法着重于形态，而汉语刚好缺乏形态。我们不是以形态解释词，我们是以这些虚词在语句中所表现的关系来规定它们的功能的。这是我

---

① 拙著 Essai sur la Valeur Réelle des Particules Prépositionnelles en Chinois(《汉语介词之真价值》)，Introduction，pp. 33—34.

② 参阅本编第四章。

们所以不称它做从属连词，而称它做“联络虚词”的缘故。为着齐整计，我们也无妨称之曰“承接词”，即承上接下的意思[①]。

① 承接词的种类太多，每一个承接词的来源是需要特别研究的。这里没有地方让我们来细说。

第八章　汉语的句子

第一节　句子是什么?

语言是交际的工具。说一句话,应该让听话的人懂得。一个句子就是可能让听话的人听得懂而且觉得满意的一个最小的语言结构的单位。平常说句子是一个完整思想的语言表达,也就是这个意思。完整的标准就是应该听得懂,应该让听者满意。一位朋友来了,你忽然对他说了一声"古立亚",他就会瞪着眼睛,不知所云。但是,如果他问你:"《萨根的春天》这本小说的作者是谁呀?"你说:"古立亚。"他就了解你的意思了。从说话的人方面来讲,语言必须"有所谓"。有所谓的最小的语言结构就是一个句子。无所谓的词的结合就"不成话",也就是不成句子。

但是,可否让听的人满意而听懂,是否成句,还得看语言的环境。"古立亚"可能是一个句子,可能不是一个句子,要看你在什么环境里说出这个名字来。如果你的朋友问你:"《萨根的春天》的作者是谁呀?"你回答说:"《萨根的春天》的作者。"你的朋友就会觉得你的话没说完,他还是不懂,不满意。你的话就是无所谓的。你所说的就"不成话",不成句。你所表达的就是不完整的思想。要是你的朋友问你:"古立亚是谁呀?"你回答说:"《萨根的春天》的作者。"你所表达的就是完整的思想,就是有所谓的语言,就是一个句子。语言的环境有三种:(一)有两个或两个以上的对话人在谈话;(二)有客观世界的具体情况摆在眼前;(三)有上下文。上面所举的例子就是有对话人在谈话的情形。客观世界的具体环境也可以显示我们说话的涵义。比如,早晨你从被窝里钻了出来,看见窗外有太阳,就说了一声"太阳"。这就已经是一个句子了,虽然你也可以说"太阳出来了"。写文章的时候,语言的环境只存在于上下文。一个最小的语言结构是不是成句,要看它在上下文的环境里是不是有所谓,是不是可以让人家懂得。比如,"美帝在朝鲜进行细菌战。万分可恨!"这里,"万分可恨"已经是一个句子,因为有了上面的"美帝在朝鲜进行细菌战",看文章的人一瞧就懂得,是"谁"万分可恨。但在写文章的时候,除了上下文之外,就没有其他的语言环境。这是写的语言和说的语言的一个不同之点。惟其如此,写的语言就需要更清楚的表达方式,它的句子结构也就比较的复杂周密。对话的时候可以省略的,写起文章来不见得能省略;对话的时候可以简单点说的,写起文章来可能要说得很复杂。因此,独词句甚至省略句就不容易存在于文章,除非直接抄录对话或有上下文的时候。

第二节　主语和谓语

一个有所谓而没有语言环境的句子,必须有一个主语和一个谓语,只有少数例外。一个完整的思想都有综合的作用,它必须把两个或两个以上的概念配合起来,成为一个结构。我们上面说"古立亚"有时候成为一个句子,这并不是说只有"古立亚"这一个概念就可以成为一个完整的思想，只是说如果有了语言的环境，能够把没说出来的概念很明白地显示出来的时候，可以这样说。用"古立亚"去回答"《萨根的春天》的作者是谁呀?"在思想里，我们的判断显然是"《萨根的春天》的作者是古立亚"。这已经是一个综合作用，只是因为有了语言的环境，"《萨根的春天》的作者"是"不言而喻"的，不必去说它罢了。不过，它既然能让人家懂得，它就有所谓，我们就得承认它是一个句子。什么叫做有所谓呢？说话的时候，我们必须对某一事物加以说明、描写或叙述，不然的话，就是无所谓，也就没有说的必要了。代表这某一事物的词就是主语。拿来说明、描写或叙述这事物的词或词群就是谓语。说明、描写、叙述必须是加在某一事物上面的，不然的话，这说明、描写或叙述就只是悬空的，没有着落的，也就是无所谓的。所以，主谓关系是句子结构的基本条件。例如：

(下面各句带"·"号的是主语。)

甲　古文

季武子如晋拜师。(《左传·襄公十九年》)

孟子将朝王，……。(《孟子·公孙丑下》)

武平心决之。(《汉书·何武传》)

予告汝于难。(《书·盘庚》)

乙　口语

我预备集一部东方和西方著名的素描。

艺术必须与政治结合。

这种努力的成果必然会推广到其他的城市与乡村而起着模范与刺激作用。

好哭是小孩子行为。

(下面各句带“·”号的是谓语。)

甲　古文

杜预之荆州,顿七里桥。(《世说新语》)

使者及左将军疑其为变。(《史记·朝鲜传》)

耆子员亡。(《高士传》)

吕公女〔乃〕吕后也。(《史记·高祖本纪》)

王珣当今名流。(《世说新语》)

乙　口语

像您这样的大活动家,〔并不是〕“普通人”。

这种新民主主义的文化〔是〕科学的。

现在的局势十分安定。

我们赞成。

毛泽东同志的报告有系统地提出了建立抗日民族统一战线的问题。

这些句里的谓语有的是单独的词,有的是词群。但是无论在哪一种情况之下,这谓语都可以是具有名词功能的词,或具有形容词功能的词,或具有动词功能的词。“普通人”是具有名词功能的词。“科学的”是单独的具有形容词功能的词,“十分安定”是以具有形容词功能的词为主要成分的词群。“赞成”是单独的具有动词功能的词,“有系统地提出了建立抗日民族统一战线的问题”是以具有动词功能的词为主要成分的词群。有些人把西洋语法的格套搬到汉语来,认为谓语必定有一个动词,因而主张一个完整的句子必须有一个主语和一个动词或具有动词功能的词。这种说法也是不妥当的。既说每个句子里必须有个动词或具有动词功能的词,那就只好把“这种新民主主义的文化是科学的”这一类句子里的

“是”字也当作动词或同动词。其实“是”是系词，不是动词或具有动词功能的词。因为，“是”是虚词，动词或具有动词功能的词是实词；“是”是语法成分，动词或具有动词功能的词是语义成分；两者在本质上大不相同。“是”也并不表达任何与“动作”或“过程”有共同之点的意义。再说，汉语的一部分句子，如“哥哥高”、“妹妹小”、“风大”等，根本就没有“是”字，也没有别的动词或具有动词功能的词，怎么能说汉语的句子必须有一个动词或具有动词功能的词呢？其实，汉语句子的谓语不一定非有动词或具有动词功能的词不可：它可以是具有名词功能的词、形容词功能的词和动词功能的词之中的任何一种词。

第三节 三种不同的句子

汉语有三种不同的句子：名句、形容句、动句。语言是表达思维的工具，而思维则是客观世界的反映。客观的事物总在运动之中有其相对的静止状态。这就使得我们可以把一个事物说成什么东西。事物都有其性质。这就使得我们可以对它的性质加以描写。事物又在运动。这就使得我们可以叙述它的动作或运动的过程。因此，我们说话总逃不出三个范围：不是要说明某个事物是什么东西，就是要描写某个事物是什么样子，或叙述发生了什么事情。每一个句子都有一个意义的核心。这意义的核心就是指明这“什么东西”、“什么样子”或“发生了什么事情”的。例如“我是中国人”，这句话的意义核心分明是“中国人”。如果说的时候，我们要省略的话，我们可以把这句话的“我”去掉，甚至于把“是”也去掉，只说“中国人”（如回答人家的问话：“你是哪一国人呀？”）但是，无论如何，我们总不能够把“中国人”去掉，因为去掉它而只留下“我是”，这句话就是不必要的，便没有说出的必要。在这种情形之下，这个句子就是名句，代表名句的意义核心的词就是具有名词功能的词。当然这意义的核心也可以由词群来代表，因之我们就可以管这词群叫做名词性的词群。例如：“我是北京的一个居民”，“我是你父亲昨天所说的王先生”。再如，“这朵花真红”，这句话的意义核心分明是“红”，或“真红”。如果说话的环境允许我们省略的话，我们可以把“这朵花”去掉，可是总不能够把“红”，或“真红”去掉，因为一去掉，这句话就没有说出的必要了。在这种情形之下，我们就管这种句子叫做形容句，这代表它的意义核心的词就是具有形容词功能的词。当然有的时候，这意义的核心也可以由词群去代表，因之我们就管这词群叫做形容词性的词群。如“这朵花红得发紫”，“这朵花未免太红了”。再如我们说“他来了”，这句话的意义核心分明是“来”。如果说话的环境允许我们省略的话，我们就可以把“他”去掉，可是总不能把“来”去掉。因之我就管这种句子叫做动句，这代表意义核心的词就是具有动词功能的词。当然这意义核心也可以由一个词来代表，于是，这词群就是动词性的词群。如：“他飞跑而来”，“他鸟飞也似的跑来”。当然有的时候，所谓省略也有其他的原因，例如，人家问我“谁来呀?”，我的回答“我”，人家问我“哪一朵花红呀?”我的回答“这朵花”，人家问我“谁来呀?”，我的回答“他”。但是这问话本身就代表问话人所要知道的是“什么东西”，所省略的其实是“是我”，“是这朵花”，“是他”。

这三种句子都各有各的“所谓”，它们的谓语是不同的。因此，我们可以说，以具有名词功能的词为谓语或谓语的主要成分的句子就是名句，回答“什么东西”的问题；以具有形容词功能的词为谓语或谓语的主要成分的句子就是形容句，回答“什么样子”的问题；以具有动词功能的词为谓语或谓语的主要成分的句子就是动句，回答“发生了什么事情”的问题。名句又可称为说明句，形容句又可称为描写句，动句又可称为叙述句。例如：

（甲）名句：

一. 古文

天地一指也，万物一马也。（《庄子·齐物论》）

天德施，地德化，人德义。（《春秋繁露》卷十三）

中书令纪玄龙，辂乡里人也。（《异苑》）

平康坊南街废蛮院即李林甫旧宅也。（《开天传信记》）

二. 口语

这是一定历史时期的形式。

这里所谈的是“国体”问题。

人民的武装部队，毛泽东式的军队，人民的枪杆子是我们国家最有力的支柱。

肃清反动落后思想，加强思想教育，是搞好文娱活动的重要关键。这也是幼稚的想法。

（乙）形容句：

一. 古文

其政闷闷，其民淳淳，其政察察，其民缺缺。（《老子》）

臣闻不知而言，不智；知而不言，不忠。（《韩非子·初见秦》）

故至德之世，其行填填，其视颠颠。（《庄子·马蹄》）

二. 口语

小狗真聪明。

李子荣太直爽。

新党员非常之多。

大家很清楚。

这个学习很要紧。

(丙)动句:

一.古文

五日,良夜未半往。(《史记·留侯世家》)

邻母忽失朔。(《别国洞宾记》)

陈太丘与友期行。(《世说新语》)

为吕氏者右袒,为刘氏者左袒。(《史记·吕后纪》)

二.口语

党开辟了人民政权的道路。

我们必须向联共学习。

这出戏引起千万观众的极大感动,也激起千万人的愤恨和忿怒。

我现在正着手绘制一幅四码高、两码宽的《人民领袖毛主席》大油画。

市文联正式成立了。

这三种不同的句子不但有不同的实用目的,回答不同的问题,同时也有不同的形式。动句的谓语必定有具有动词功能的词。如果语言环境许可的话,我们可以省略这种句子的其他的词,可不能够省略具有动词功能的词。名句多半用系词。“我是中国人”,虽然也可以说成“我中国人”,但是后者只存在于日常的谈话。如果语言环境许可的话,我们可以省略这种句子的其他的词,可不能省略谓语中的具有名词功能的词。正式的形容句不能用系词。我们必须说“他坏”，绝不能说“他是坏”。如果语言环境许可的话，我们可以省略这种句子的其他的词，可不能省略谓语中的形容词。正因为这个道理，系词“是”、“就是”、“乃是”、“便是”等的用法是有一定的规律的。名句既然要用系词，那么句子里有这种系词的至少是名句的形式。譬如，“这是红的”，这一类句子就是名句的形式，因为“的”之后有个被省略的词：“红的东西”，“红”不过是这东西的规定者罢了。现在我们常常用“花是红的”“这是好的”“他是高的”“毛主席是伟大的”之类的语言结构去描写人或事物。这其实是借名句的形式来作形容句用的。这一类句子可以叫做“名句形式的形容句”。它的主语后面都必须有一个系词，使它成为名句的形式。如：“这是最主要的”“党的路线是正确的，党员群众与党的干部的革命积极性是非常之高的”。谓语是纯粹具有形容词功能的词的时候，主语后面就不能加系词；如果要加的话，句尾就得加个“的”，把它化成名句的形式。如把“他愁眉苦脸”说成“他是愁眉苦脸的”。但是“他是愁眉苦脸”是个不合语法的句子，“他愁眉苦脸的”也不合适。当然，有的时候，整个词群可以是具有名词性的，于是，有系词的句子就不必在尾巴上有一个“的”。例如：“他是一筹莫展”。这里，“一筹莫展”是一桩事情，一样事物，我们是把它当作一个名词性的词群来用的。这是着重的说法。着重是表情语法的一种方式，往往不遵循表知语法的一般规律。因此，着重说法的正式形容句有的时候也可以用“是”，但“是”的前后多半需要有一个表示着重口气的虚词。如：“他坏！”或“他是真坏！”在这种情形之下，“是”只是着重词，不是系词。我们还可以在动句里加“是”。如：“市文联是正式成立了。”当然，在日常的谈话里，名句的系词可以省略。如：“你哪儿人？——我北京人。”“你哪儿来的？——我天津来的。”“你干什么的？——我教书的。”“你几时来的？——我昨儿来的。”但是这一类的句子都可以加上“是”：“我是北京人”“我是天津来的”“我是教书的”“我是昨儿来的”，而“哥哥大”之类的形容句却怎么样也不能够加个“是”而说成“哥哥是大”，除了着重的说法“哥哥是真大”之外。

此外，我们还有“准名句”和“准形容句”，可是没有“准动句”。所谓准名句和准形容句，就是用准系词的一些句子。准名句和准形容句是拿具有动词功能的词当做系词去说明“什么事物”或去描写“什么样子”的。如：“我叫做林冲”“我明年就要变老了”“我将要当工程师”。准系词有两种：一是“叫”类，如“唤做”、“叫做”、“名叫”、“当”等；一是“变”类，如“变成”、“化成”、“变为”、“化为”、“成为”、“变化成”等。准名句可以兼用这两类，因为名句的谓语是具有名词功能的词，主语所指的人物既可以“当”“工程师”，也可以“成为”“工程师”。然而正式的准形容句却只能用“变”类。例如：“我再过几年就要变老了”。因为它的谓语是具有形容词功能的词，主语所指的“我”只能“变”“老”，不能“叫做”“老”（我们不能说“我再过几年就要叫做老”）。只有“老”是“我”的名字时，才可以说“叫做”“老”；如果这样的话，这句子就变成准名句，不再是准形容句了。现在的趋势，准形容句多半是借用准名句形式的。例如：“这朵花快要变成红的了”“中国的经济立刻就变成繁荣的”“他的情绪一下子就变成兴奋的”这一类的准形容句，也可以用“叫”类的准系词。例如：“（我们那一组选出两个组长来：）他当正的，我当副的。”

准名句和准形容句都必须用准系词，没有例外。

这三种句子还有许多复杂的组织方式，这里只就其基本的结构列成个表：

- 句子
  - 名句
    - 名句……主语（具有名词功能的词）—系词（“是”等）——谓语（具有名词功能的词）
      如：“我是中学教员。”
    - 准名句……主语（具有名词功能的词）—准系词（“叫”类与“变”类）—谓语（具有名词功能的词）
      如：“老林变成干部了。”
  - 形容句
    - 形容句……主语（具有名词功能的词）——谓语（具有形容词功能的词）
      如：“毛主席伟大。”
    - 名句形式的形容句……主语（具有名词功能的词）—系词（“是”等）—谓语（具有形容词功能的词加“的”）
      如：“这小孩子是幸福的。”
    - 准形容句……主语（具有名词功能的词）—准系词（“变”类）—谓语（具有形容词功能的词）
      如：“坏人变好。”
    - 准名句形式的准形容句……主语（具有名词功能的词）—准系词（“叫”类与“变”类）—谓语（具有形容词功能的词加“的”）
      如：“他变成进步的。”
  - 动句……主语（具有名词功能的词）——谓语（具有动词功能的词）
    如：“三反运动救了我。”

——结构

第九章　汉语的系词

第一节　系词的性质

系词是结构虚词，它的作用在于联系名句(或名句形式的形容句)之中的主语和谓语。

在许多语言中，名句都有两个格式，一是用系词的，一是不用系词的。不论是用系词或是不用系词，它所要说明的都是“什么东西”。我们知道印欧语中有许多语言，如梵语，如希腊语，如俄语等，虽然有系词，却不常用，普通是不用系词的。例如：梵语大著《大战书》(Mahābhārata)中就有这么一句：Āsīd rājā Nola nōma, Virasenasuto, bolē(从前有一个王，他的名字[是]那罗，他[是]维罗西那的儿子，他[是]很强的。)这里并没有系词，然而却是完整的句子。非有系词不能算是完整的句子，乃是希腊逻辑学家所定下的规律；实则，在一般语言里，不用系词的名句是很普遍的现象。纵使用系词，也不是像西洋传统语法学家所说的非用 verb to be 不可。印欧语的系词大都是用 verb to be，而西欧语的 verb to be 也多是由带有“存在”、“变化”等意义的动词变来的。然而这是印欧语的特色。其他的语言，则有拿代词、指示词等当作系词用的。如非洲班图语族的斯瓦希利语(Swahili)就是用代词当作系词用的。如果要说“这树是大的”，这地方的人就说 *mti u mkulu*，这里 *u* 是“它”的意思，就字说字，这个句子可以译成“这树它大”。这个代词 *u* 又往往用无定代名词 *i* 去替代，而和指示词，*n*-合在一起，成为 *ni*(*mti ni mkulu*)。这也就是系词的一种。

现代汉语所用的系词一般就是“是”。如：“这是书”，“毛主席是我们的伟大领袖”，“共产党是工人阶级的政党”。然而却有许多人认为这种“是”是“同动词”，有人就干脆认为是“动词”，于是就把这一类句子看做动句。这种看法是不妥当的。这有几个理由：

(甲)研究语法的人一向把“是”当作虚词(虚字)看待，就是把“是”解释为“同动词”或“动词”的人也不例外。既然“是”是虚词，它就不可能同时又是动词或具有动词功能的词，因为动词或具有动词功能的词本质上是实词：实词是语义成分，虚词是语法成分，两者的区别是很明显的。

(乙)如果把“是”看做动词或具有动词功能的词，结果就必须承认“这是书”之类的句子是动句。但是动句有它的定义，有它的范围。动句必须是叙述某件事情的，也就是说，必须是一种叙述句。可是像“这是书”一类的句子明明是解释或说明“这”是“什么东西”的，并不是叙述一件事情的。所以这种句子本质上是名句，不是动句。

(丙)如果把“是”看做动词或具有动词功能的词，那就有可能把“这是书”的“书”看做宾语。可是宾语有它的定义，有它的范围。“宾语”这个术语是翻译西洋语的 object 或 objective 的。object 或 objective 有几个意义：“客观”、“对象”、“目的”。“我读了一本书”的“书”所以是宾语(或称客语)，因为从主体“我”来说，它是我“读”的动作的客体，它是“读”的动作的对象，它是“读”的动作的目的物;正因为如此,从前有人就把宾语说成“目的词”。把动作引向一个客体,一个对象,一个目的物方面去,代表这客体,这对象,这目的物的词语就是宾语(或客词)。我们所以把动宾结构叫做引导关系就是这个道理——宾语所代表的客体、对象或目的物引导了动词或具有动词功能的词所代表的动作朝着这客体或对象或目的物的方向着落。“我读了一本书”的“读”跟“书”之间就存在着这种引导关系;可是在“这是书”里,“是”和“书”之间绝没有这种引导关系,“书”不会是“是”的目的物。“这是书”的“书”既不是宾语,它就不会跟“是”结成动宾结构,“是”也就不会是动词或具有动词功能的词了。

(丁)“这是书”的“书”既不能是宾语,于是有人就认为“是”是同动词。这种说法虽然比把“是”看做动词或具有动词功能的词的说法好一些,但是还不十分妥当。把“是”看做同动词,已经否定了“是”是纯粹的动词或具有动词功能的词了。既然不承认“是”是纯粹的动词或具有动词功能的词,于是就连带地不承认“这是书”的“书”是宾语,而把它解释为补语(或表语)。但是这种说法也有问题。“补语”,顾名思义是补充的成分,承认“这是书”的“书”是补语,就得承认它是“是”的补语,是补充“是”的意义的。这么一来,就把“是”的地位看得很重要,同时也就等于把“是”看成实词了。事实是,在“这是书”之类的句子里,主要的是“书”:如果不说“书”,这句话就没有说的必要。“书”是这句话的中心,它所起的是主干作用,不是补充作用。

(戊)“是”是虚词,有时还可以不用,而无损于句子的结构和意义的完整性。我们可以说“明天是星期三”,也可以说“明天星期三”,这两句话没有什么不同。(当然有时候“是”可以念成重音,加重语气，例如“明天是星期三”意思是明天的确是星期三，不是星期二，也不是星期四；不过这种“是”跟平常的系词“是”不是完全相等的。）“明天是星期三”可以不用“是”，这更足以说明“是”不是动词或具有动词功能的词，不是同动词，这一种句子也绝不是动句，因为动句里要是不把那个动词或具有动词功能的词说出来，根本就不成为一个句子。“这是书”“明天（是）星期三”这一类的句子所以说是名句，是因为它们的主要成分是具有名词功能的词“书”和“星期三”，它们的谓语“（是）书”和“（是）星期三”是说明或解释主语“这”和“明天”的，和主语发生主谓关系。正因为如此，名句是说明句，它的用处在于对主语加以表述。“是”就是对主语加以表述的时候拿来连系主语跟说明或解释主语的那一部分的，所以叫做“系词”。系词是语法成分，表示词语间的关系，只要有别的方式可以让我们看出词与词或语与语之间的这种主谓关系，不用虚词也可以。然而在叙述一件事情的时候，我们却不能不用动词或具有动词功能的词：动词或具有动词功能的词是语义成分，表示基本的意义，它是句子里的主要成分，不用它，就不可能让人家明白所叙述的是什么事情。

根据以上这些理由，我们认为“是”之类的虚词绝不是动词或具有动词功能的词，也不是同动词，而是系词。由于这一段的解释，我们也就可以明白系词是什么性质的语言成分了。

第二节 古今语在用系词上的不同

我们已经说过，现代汉语的名句一般都用系词，但是古代汉语的名句却不是这样的。王力曾经说过在古代文献中，只有“非”字在《易经》时代已经用作系词,"为"字作为系词用的至六朝时代才大致确定,而"是"字之作为系词用者却是六朝时代才兴起的①。这种说法还有讨论的地方。第一,"非"字不能算是系词,它是一个表示否定的虚词,它的功能也只在于此。王力以为"回也非助我者也"(《论语·先进》)和"管仲非仁者与"(《论语·宪问》)②等句中,"非"是系词,在我看来,也许是一种误会。名句的结构本来可以不必有系词,而在这种句子中分明是不用系词的,"非"也不过是这种句子的否定的说法而已。第二,"是"字之用作系词者并不是古代所没有的。《孟子·公孙丑》下"不识王之不可以为汤武,则是不明也",《礼记·三年问》"若驷之过隙,然而隧之,则是无穷也",这些句子的"是",在我看来,就是系词。王力以为这些句子中的"是"字只是指示代词,而不是系词,这也许是问题的所在。原来汉语的系词和印欧语的系词不同,它不是用 verb to be 去表示的,而是用指示词代词或其他的词去表示的。"是"是指示词,这是不错的。就是把它当作系词用的时候,它也保留着一些指示词的意味。所以"是"之是否系词并不能以它是否指示词来决定,应当以它是否带有系词的性质来判断。

日本的吉川幸次郎先生也以为"是"字之用为系词的是六朝时《世说新语》中才见到的③。这也是同样的误会。我们即使不把王力所谓"则是不明也"的"是"字看做纯粹的系词,也不能说,和现代口语"我是中国人"一类的"是"字的用法是六朝才有的。《海内十

① 《中国文法学初探》(民国二十九年商务出版)附录《中国文法中的系词》结论第 189—190 页。此文原载《清华学报》十二卷一期。

② 同上第 174 页。

③ 吉川幸次郎《世说新语の文章》,《东方学报》(京都)第十本第二分。

洲记》的"杯是白玉之精",《别国洞冥记》的"汝悉是何处行?"这里的"是"字实在和现在口语的系词"是"并没有什么用法上的不同。汉语之有系词并不是很晚的事。但是,古今语在这方面确有不同的用法,古文里大半不用系词,口语则一般要用系词,但也有不用系词的。例如:

A. 古文

天地一指也,万物一马也。(《庄子·齐物论》)

国者,天下之〔制〕利用也;人主者,天下之利执也。(《荀子·王霸篇》)

子之所言,世俗之言也。(《商君书·更法》)

今汝此星精也。(《别国洞冥记》)

B. 口语

为头宋江、吴用、公孙胜,后面……(《水浒传》第六十一回)

古文之用系词不及口语之常。现在的白话文差不多没有一页没有"是"、"便是"或"就是"的。然而在古文里"是",或"为"或"乃"等虽然也用,却用得不常。这是语言变化的痕迹。在名句和形容句之中,古文和口语的用法也有不同。一般的情形,古文的名句可以用系词,也可以不用系词,但口语则多半是非用系词不可。另外在古文里,不论有无系词,名句的句终,都可以加"也"字,如:"斯乃敬元颖也","严光字子陵,会稽余杭人也"。就是因为名句往往加"也"字,有的人就以为"也"字是系词。这显然是误会。王力曾提出两个理由,说明"也"不是系词。第一,当句末有他种助词时,语气已足,就用不着"也"字。第二,有些作家索性在句末省去助词,而主语后面的具有名词功能的词或带名词性的仂语(即词组)却仍能不失其谓语的功用。[①] 第一点，王力在注里头认为用也可以，但不是必需的。既是可以，则无所谓必需不必需。第二点确是事实，但并不是省略不省略的问题。其实最足以证明“也”字不是系词者，就是“也”的用法并不是在于表示主语和谓语的连系，并且可以用在动句而不失其同样的作用。比方说，章回小说中的“我今去也”和“中书令纪玄龙，辂乡里人也”并没有什么不同，其中的“也”都可以译成白话的“啊”，“我现在去啊”，“中书令纪玄龙就是管辂的同乡啊”。何况我们还可以找出用“也”而同时用系词的例子：“平康坊南街废蛮院，即李林甫旧宅也。”“即”是系词，不成问题。既有系词，似乎不必再用“也”做系词了。“也”不能是系词。

第三节 汉语系词的来源

汉语有系词，但这系词却不是 verb to be。黎锦熙先生以为“是”字是“同动词”[②]，可以说是受了西洋 verb to be 的影响。实则汉语的系词即使有用具有动词功能的词的来源的词，也并不是 verb to be，而“是”则是千真万确的指示词，就是用在系词的地方，也绝不能说它是一种具有动词功能的词或“同动词”。现代西洋语言大都只有一个 verb to be 可以当作系词用的，因此一般人往往把系词和 verb to be 混为一个东西。其实，在汉语里，可以当作系词用的很多，然而却没有 verb to be。在口语中，除“是”以外还有“就是”，以前的白话文中还有“便是”。古文里除了“是”外，还有

---

① 《中国文法学初探》第 102 页。

② 《国语文法》，第二章第九节。黎氏的说法显然是根据《马氏文通》的。

“乃”“其”“为”“係”等。这些系词都有其特殊的来源。兹分述于下：

(一)“是”《说文》训为“直也，从日正。”《易·未济》：“有孚失是。”《虞注》：“正也。”《楚语》“王弗是。”注：“理也。”《尔雅·释诂》：“是，则也。”这些“是”都有“正直是非”的义训。但不是“是”的最初意义。《广雅·释言》谓：“是，此也。”而先秦文字之以“是”作“此”解者，比比皆是。“是”的本来意义大约就是“此”。章炳麟《新方言》云：“《尔雅》：时，寔；是也。《广雅》：是，此也。淮西蕲州谓此曰时个，音如特。淮南扬州指物示人则呼曰时，音如待。江南淞江太仓谓此曰是，音如敌。”①“时”、“寔”、“是”其实只是同一个词的不同的写法，它的意义是指示词“此”。是非的“是”字也应当是由指示词的“是”字引申而来。是非的“是”就是“如此”的意思。梵文 *tathatā*(真如)也就是这样构成的。*tatha* 是“这样”，而“这样”的性质就是“真如”，即我们所谓的“如此如此”。西洋哲学中也有以“如此”(suchness)为“真实”者。法语 *oui* 是拉丁语 *hoc illi*(这个)变来的，而现代的法语又有一个 c'est cela 来表示“对的”。由指示词“是”来表示抽象的“是非”实在是很自然的事。古文中的“者”字，《说文》训为“别事词也。”分别事物，就是分别其彼此，白话文的“这”就是“者”的另外一种写法。现今河北山西还有用“者”去表示“对的”，这也是由指示词来表示是非的意思。“是”字不但可以这样用，同时也可以用作系词，这正如斯瓦希利语之用指示代名词为系词一样，没有什么奇怪的。下面是几个例子：

我是太乙之精。(晋王嘉《拾遗记》)

① 《章氏丛书》本《新方言释词》第一，第七页下。

君曾见韶舞不？此是韶舞。（晋陶潜《搜神后记》）

你是个卖肉的屠户，狗一般的人，也叫做镇关西？（《水浒传》第三回）

我是太守拂床之人。（《三国志平话》）

李主管不知张主管得的是金。（《京本通俗小说·志诚张主管》）

这张主管是个本分之人，况又是个孝顺的。（同上）

写在那里教人见得当时事是如此。（《朱子语录》）

仲素问：尽其必者知其性，如何是尽心的道理？（《龟山语录》）

两边是超手游廊，正中是穿堂。（《红楼梦》第三回）

（二）"乃"字也可以用作系词。《说文》谓："乃，曳词之难也。"章炳麟《新方言》谓："乃有二义：一为然后，《说文》：乃，曳词之难也。一为适才，《汉书》言乃者是也。"[①]"曳词之难"的"乃"有英语 *then* 法语 *alors* 的意思。如《仪礼·乡射礼》："主人释服，乃息司正。"但这并不是系语。系词的"乃"字大约是从代词来的。《尔雅·释诂》："乃，汝也。"事实上"乃"字不但可以训为"汝"，也可以训为"其"，实在是一个泛称代词。例如刘肃《大唐新语》有一则："李勣征高黎，将引其子婿杜怀恭行。……怀恭初辞以贫，勣赡给之，……既而辞穷，乃亡匿岐阳山中，谓人曰：'乃公将我作法则耳。'"此处"乃"字并非"汝"，而是一个泛称代词。当作系词用的就是这个泛称代词的"乃"。这正如"这树它大"一样，也是自然的现象[②]。

---

① 《章氏丛书·新方言·释词第一》第3页下。

② 我在《汉语介词之真价值》(26—27页)里认为"乃"是一种连词，连接主语和谓语的，我又以为各句中主语和谓语的关系是外在的关系。现在我的意见已有所不同。

例如：

此非卧龙家兄，乃家兄岳父黄承彦也。(《三国志平话》)

斯人乃妇女，与人别，惟啼泣。(《世说新语》)

所读书，乃龟兹乐谱也。(《酉阳杂俎》)

王命发视之，乃一少女也。(同上)

翕成一人，乃刘也。(《支诺皋记》)

视之，乃蛇头骨。(同上)

斯乃溺人之由也。(《博异志》)

(三)《说文》："为，母猴也。"《尔雅·释言》："造，作；为也。"《广雅·释诂》："为，施也；又成也。"有人以为"造作"的"为"是"母猴"的"为"引申出来的意义，因为母猴最会模仿造作。但我觉得这种解释太牵强。段玉裁认为"母猴"的"为"可以"假借为作为之字"，也不是事实。原来古金文和石鼓文"为"字都是从爪从象，甲骨文中亦作手牵象之形，古时役象以助劳，"为"确有作为的意义。"作为"又可以是自己的作为，并不一定是所谓"及物动词"。我们可以说"我为官"，"我为人"等。这里的"为"有法语 *agir en* 英语 *act as* 的意思。"我为官"(*J'agis en fonctionnaire*, *I act as an officer*)现在的口语是"我做官"，它的意思已经很近于"我是官"。至于"我为中国人"的"为"字，更是纯粹的系词。不过这系词虽然可以译成英语 *I am Chinese*，本质上却不是 verb to be，而是 verb to act(do)。用"为"作系词的，我们可以举几个例：

遗粪皆为银也。(《酉阳杂俎》)

言鲤为李也。(同上)

汝为人妇，岂阿家体候不安，不检校汤药，而与父作生日？(《因话录》)

减四海数滴之泉，便为膏泽。(《云溪友议》)

坑中居人皆为鳜鱼焉。(《酉阳杂俎》)

(四)“即”《说文》训为“即食也”。甲骨文亦作人即食形。段玉裁谓：“即，当作节，《周易》所谓节饮食也。节食者，检制之使不过。故凡止于是之词，谓之即。凡见于经史言即皆是也。《郑风毛传》曰：‘即，就也。’”认“即”为“节”可以说是太想入非非了。然而他认为“即”是“止于是之词”，却有见地。《尔雅·释诂》：“即，尼也。”《注》：“犹今也。”“今”本来有“此”的意思，因为“今”是时间上的“此”。《汉书·高帝纪》有“项伯许诺，即夜复去”句，“即夜”就是“那一夜”的意义，显然是一个指示词。“即”之用作系词显然也是由指示词的用法来的。例如：

他日有如此子即我子也。(干宝《搜神记》)

千小儿者即贤劫千佛是也。(法显《佛国记》)

此地是君家蚕室，我即此地之神。(吴均《续齐谐记》)

非其父兄，即其子弟。(《左传·襄公八年》)

某年月日有客星犯斗牛，计时即汝也。(《独异志》)

臣即墨之精，墨松使者也。(《云仙杂记》)

果得一婢，如愿即其名也。(同上)

此外尚有“即是”连用的办法。晋朝释家法显的《佛国记》就有这用法。如：“南向入谷，至五山里，五山周围状若城郭，即是蓱沙王旧城。”又如：“从此东行近五十由延，到多摩梨帝国，即是海口。”宋代《朱子语录》也有“即是这个道理”的用法。后来又由“即是”变成近代语的“就是”，再由此而省略为“就”。“就”之当作系词用者，在古代文字里是看不到的。“就”其实就是“即”字。当其代表then，alors的意思时，就是“则”字。因为后来的通俗文人不知道它就是“即”或是“则”，就用了另外一个音相同的字去代表它。在白话文中，还有一个“便是”，是宋人特别喜欢用的。不过王力先生以为“便是”是宋人所特有的则非事实。“便”字之有 then 或 alors 之义者，古代文献中已有它的存在。《庄子·达生篇》有“若乃夫没人，则未尝见舟而便操之也。”就是当作系词用的，宋以前也就有其存在。如晋代陶潜的《搜神后记》：“头向便是路。”训诂家认为这“便”字即等于“即”。不过，由这一类的“即”而变成系词，并不是意义学上所说得通的。我猜想这“便”字本来只有 then，alors 的意义（章炳麟所谓的“然后”的意义），即由“则”变来而存在口语中的“就”字的意思。因为“即”字除 then，alors 的意义外，还有指示词“此”的意思而当作系词用的，因此，由于类推的作用，后人也就把它和“是”连在一起用作系词了。这就是“便是”的来源。“便是”的例子，有：

然发出来底便是魂。（《朱子语录》）

见在便是体，后来便是用。（同上）

若立储君，便是闲人。（《幽闲鼓吹》）

“侯门一入深如海，从此萧郎是路人”，便是公制作耶？（《云溪友议》）

当时心事已相关，雨散云飞一饷间，便是孤帆从此去，不堪重过望夫山。（同上）

（五）此外还有一个“係”字。“係”之当作系词用者，到宋元才盛行。“係”的词源很难决定。《说文》训“係”，认为是“絜束也”。《尔雅·释诂》也说：“係，继也。”“係”有“连系”的意思是我们所知道的，说不定“係”之所以作为系词用也就是因为它有“系”的意思。这是用一种表示“连系”意义的词来作系词的，然而这词并不是

verb to be。"係"用作系词的，有：

此係身前身后事，倩谁记去作奇传。(《红楼梦》第一回)

虽係世禄之家，却是书香之族。(同上第二回)

凡盐马二院多係新差。(《泾林续记》)

其他斩捕多係村民。(同上)

王氏既係强徒威逼成亲，又能伸雪夫冤……。(《京本通俗小说·错斩崔宁》)

兵部则谓属朝廷，係枢密院当收。(《大宋宣和遗事》)

若韩愿係生员，并他妻女明明有人抢劫，万姓共见，台臣官居言路，目击入告，正其尽职，怎么叫做欺君？(《好逑传》第一回)

第十章　省略句和绝对句

第一节　省略句

一般地说，一个句子都有一个主语和一个谓语。但是，有的时候，可以因为语言环境的允许，加以省略。不过，大半的情形，省略的是主语的部分，不是谓语的部分。因为语言必有所谓，省略了谓语，就不成其为语言。比方说，名句的主语是具有名词功能的词或带名词性的词群，谓语是具有名词功能的词或以具有名词功能的词为主要成分的词群。我们可以把主语部分完全省略，可不能够把谓语部分完全省略。《吕梁英雄传》里有一句："真是个好人!"这其实是"他真是个好人!"省略了"他"而成的句子。我们甚至于还可以把"真是个"省略掉，只剩下"好人!"为什么可以这样省略呢？因为上面还有一段话："老武觉得时间太长了，便收拾包袱，显出要走的样子说……几句话打动了众人的心，大家都感激的说"。上下文的语言环境允许我们省略。然而，我们可不能够把"好人!"省掉。省掉了，意义就不完整。我们也不能够省掉"真是个好人"而留下"他"；只有一个"他"，这句子就无所谓。又如，形容句的主语是具有名词功能的词或带名词性的词群，谓语是具有形容词功能的词或以具有形容词功能的词为主要成分的词群。我们可以把主语部分完全省略,可不能够把谓语部分完全省略。例如:"显然,是不可能的。"这就是"显然,这是不可能的"的省略句,把主语"这"省去。我们甚至于还可以把"显然"和"是"都省掉,只说"不可能的"。但是,我们可不能够把"不可能的"省掉,也不能够只说主语"这"或主语加系词"这是",因为这些都是无所谓的说法。为什么可以这样的省略呢? 因为上面还有一些话,如:"没有苏联出兵,日本帝国主义能不能迅速打垮?"有了这上下文,语言的环境就允许我们省略。又如,动句的主语是具有名词功能的词,谓语是具有动词功能的词或以具有动词功能的词为主要部分的词群。我们可以把主语部分完全省略,但可不能够把谓语部分完全省略。《高乾大》有一句:"那么早,哪儿去呀?"这其实是"那么早,你哪儿去呀?"的省略句,把主语"你"省掉了。我们还可以省略"那么早"和"呀",只说"哪儿去?"可不能够把"哪儿去"省掉,也不能够只说主语"你"而没有谓语的某一部分。为什么可以这样的省略呢? 因为这是王德贵问刘老婆的话,对话的语言环境允许有这省略。大约问答的时候,这种省略的情形是常有的。例如(在〔 〕之内的是有关的上下文,不是本例):

甲 古文

不图为乐之至于斯也。(《论语·述而》)

必聚徒合义诛无道秦,不宜倨见长者。(《史记·郦生传》)。

〔于是上曰:"陈豨将谁? 曰""王黄曼丘臣,皆故贾人。"上曰:〕"知之矣。"(《史记·陈豨传》)

〔使问所从来。曰:〕从东南身毒国,可数千里,得蜀贾人市。(《史记·西南夷传》)

乙 口语

从墙上跑了！（马烽:《吕梁英雄传》）

给张有义搬家去了。（同上）

把烧肉烧出来就开饭。（同上）

〔你看那相貌——〕丑极了！（欧阳山:《高乾大》）

那样一来，又是包办代替了！（同上）

〔如何研究？〕用马克思主义的工具——唯物辩证法。（《毛泽东选集》）

〔人民是什么？〕在中国，在现阶段，是工人阶级，农民阶级，小资产阶级和民族资产阶级。（同上）

〔什么是工农兵样子？〕就是一副老老实实有一说一有二说二的很平常的样子，并不是自己在那里吹嘘货色的。（丁玲:《谈"老老实实"》）

〔老实是不是傻子？〕不是傻子，是绝顶聪明的人。（同上）

这些句子的主语都因为有语言的环境而省略去了。

然而，我们是不是说一切句子的谓语都不能省略呢？也不尽然。有的时候，我们也可以省略谓语的部分而留主语的部分。不过，这需要有特殊的情形：只有在问答之中，说话的人着重问到主语是什么的时候，答语才可以省略谓语的部分而留主语的部分。比方说，有人问："哪儿是玉泉山？"你回答说："这一座山头。"完全的回答本来应当是："这一座山头是玉泉山。"但是，因为这一句话的重点在于回答"哪儿"，所以，就省略了谓语部分，留下主语部分。又如：

〔吕后问曰："陛下百岁后，萧相国既死，谁令代之？"上曰：〕"曹参可。"（《史记·高帝纪》）

〔我说:“你也不用出去,咱们这村里就有八路军!”他一听高兴得一把抱住我问道:“谁是? 谁是?”我说:〕“我就是!”(《吕梁英雄传》)

其实,仔细分析起来,这一类句子所省略的也并不是真正的谓语,只是形式上的谓语,或口头上的谓语。语言必有所谓,任何的句子本质上都是为着答复听者或读者的问题的。谓语本来就是答复问题的有所谓的部分。这种问答的重点既在于“哪儿?”“谁?”,真正的谓语应当就是答复这些问题的词语,只是在形式的结构上,“哪儿?”和“谁?”当了主语罢了。事实上,我们也可以说:“玉泉山是哪一座山头呀?”“玉泉山是这一座山头”,或省略为“这一座山头”。“八路军是谁?”“八路军就是我!”,或省略为“我!”

对话的时候,不但答语往往用省略句,就是问话也多半用省略句。这有四种情形:

(一)询问句的主语是“你”或“你们”的时候,往往省略主语,因为这主语是不言而喻的。例如:

何为不去也?(《礼记·曲礼》)

〔至朝时,帝让参曰:〕“与窋胡治乎?”(《史记·曹参传》)

〔武帝曰:〕“言何?”(《史记·酷吏传》)

〔雷石柱问说:〕“埋好了?”(《吕梁英雄传》)

不坐一坐啦?(同上)

撤换他?(《高乾大》)

怎么可以那样做呢?(同上)

(二)询问句的谓语不言而喻的时候,往往就省略谓语(形式上的谓语)。例如:

老武呢?(《吕梁英雄传》)

我的烟荷包呢?(老舍:《二马》)

别人知道了说闲话呢?(曹禺:《雷雨》)

(三)询问句的主语泛指大家的时候,往往省略主语。例如:

非通幽明之变,恶能识乎性命哉?(《史记·外戚世家》)

既富矣,又何加焉?(《论语·子路》)

不识臣之力也,抑君之力也?(《韩非子·难二》)

敢问天道乎,抑人故也?(《国语·周语》)

用什么东西向他们普及呢?(《毛泽东选集》)

只能依谁呢?(同上)

为什么呢?(《高乾大》)

如今该怎办呢?(《吕梁英雄传》)

(四)有上文指明主语是什么的询问句往往省略主语。例如:

〔桀溺曰:"子为谁?"曰:"为仲由。"曰:〕"是鲁孔丘之徒与?"(《论语·微子》)

〔后主人舍有斗相杀者,人请问:〕"何以知之?"(《后汉书·方术·杨由传》)

〔富农李德泰,……说:"维持了这平安啦,反正谁家坐了天下,也是一样纳粮。"揽工汉刘二则看了他一眼说:〕"一样?"(《吕梁英雄传》)

〔这时雷石柱把夹袄脱下翻过来穿上……说:〕像不像女人?"(同上)

〔任桂花一听高乾大来了,喜得就叫起来:〕"在哪里?"(《高乾大》)

〔"高乾大,可怜可怜我,把我放了吧!"〕"放你?"(同上)

命令句也有具体的语言环境,因为命令都是向说话的对方而发的。所以,它的主语也是不言而喻的,往往省略了。例如：

尚明听之哉！(《书·吕刑》)

卑之,毋甚高论！(《史记·张释之传》)

莫如商鞅反者！(《史记·商君传》)

然无言吾告若也！(《史记·曹相国世家》)

舍上命干吧,反正是个死！(《吕梁英雄传》)

可不要半路上睡了觉！(同上)

快上炕睡觉去吧！(《高乾大》)

放开我吧！(同上)

感叹句也常常省略主语,因为感叹多半是发泄感情。例如：

嚄！大姊！何藏之深也！(《史记·外戚世家》)

意！毒哉！仙仙乎归矣！(《庄子·在宥》)

嘻！退！酒也！(《韩非子·十过》)

坏了！(《新儿女英雄传》)

打死你！(《高乾大》)

一般的情形,许多句子连在一起的时候,第一句有主语,其他的句子如果是同一个主语,这主语就省略了。例如：

东阳徐公居在长山下,常登岭,见二人坐于山崖对饮。(《异苑》)

仲尼曰:“叔向,古之遗直也。治国制刑,不隐于亲;三数叔鱼之恶,不为末灭。”(《左传·昭公十四年》)

夫妻两口有三岁的一个娃娃,房无一间,地无一垅,租种了桦林霸的十五垧山地,年时秋里一共打来六石来粮,叫敌人来烧抢了个干净。穷的连餬口的也没有了,就靠掏炭过活。(《吕梁英雄传》)

任常有脸发白了，气也紧了，把身上披的蓝布衫抖了一抖，打算好好地教训高生亮一顿。（《高乾大》）

其中许多人是做研究工作的，但他们对于研究今天的中国与昨天的中国一概无兴趣，只把兴趣放在现在的书本上。（《毛泽东选集》）

动句的谓语有的时候只有一个具有动词功能的词，有的时候有具有动词功能的词和宾语。比方说："我学文化"，"我"是主语，"学"是具有动词功能的词，"文化"是宾语，"学文化"连在一起是谓语。所以，除了可以省略主语之外，动句还可以省略主语和具有动词功能的词，省略宾语，或省略主语和宾语，要看说话的着重点是什么。例如：

（一）省略主语的。

王闻燕太子丹入质秦欤？闻之。（《史记·甘茂传》）

然则公欲秦之利夫？欲之。（《吕氏春秋·应言》）

你到哪儿去？到天津去。

你看什么书？看《刘胡兰》。

他骂谁呀？骂反动派。

（二）省略主语和具有动词功能的词的。

〔你最恨谁？〕——美国鬼子！

〔你念什么呀？〕——毛主席的文章。

〔他吃什么呀？〕——花生米。

（三）省略宾语的。

〔你喜欢他吗？〕——我喜欢。

〔老林唱过京戏吗？〕——老林唱过。

〔你瞧过医生吗？〕——我瞧过。

（四）省略主语和宾语的。

〔王老师批评你吗?〕——批评。

〔你们机关里也打老虎吗?〕——打。

当然，这些省略句所表达的还是完整的思想，它们也的确是句子。这和不成句的单独词并不相同。我们有的时候，因为某种关系没有把话说完，只说一个话头。例如：

〔只见那人瞟了康明理一眼，向雷石柱说：〕“他——”（《吕梁英雄传》）

这种情形就不是什么省略句了。

总之，因为语言环境的允许而把主语部分或谓语部分（主要的部分）省略去，这种句子就是省略句。汉语运用省略说法的地方很多，省略句是其中的一种。这种省略是汉语所以简洁的一个原因，值得我们注意。

第二节　绝对句

省略句并不是没有主语和谓语，只是因为不言而喻而把它省略去罢了。然而，汉语却有一部分句子并不是把主语省略掉，而是根本上没有或不需要主语的。这种句子我们叫做绝对句。

在汉语的三种句子里，只有动句可能根本上没有或不需要主语，名句和形容句都只能够省略主语，而不能够根本上没有或不需要主语。名句说明“什么”，必须有被说明的主体。形容句描写“什么样子”，这“什么样子”必须是某一事物的样子，必定有被描写的主体。动句就不然了。动句叙述“发生什么事情”，叙述动作或过程。动作或过程是一个现象，顺着自然的规律而发生出来的，有的时候它的主体是不明显的，有的时候它的主体并不是一个固定的东西，有的时候它的主体就没有被叙述，因此有的时候动句就没有主语。印欧的语言往往拿一个无定的指代词来当做这一类句子的主语用，去符合一个句子必须有主语的语法规律。汉语的语法规律和印欧语不一样。我们就不用主语，使这种"无主语句"成为绝对句。绝对句有四种：

(一)叙述天时的变化的。例如：

雨我公田。(《诗·小雅·大田》)

下雨了。

昨天下大雪。

刮西北风。

(二)用绝对动词"有"的。

西海外有鹄国人。(《述异记》)

花园里有一棵大桃树。

我家里有十口人。

北京有个故宫博物院。

(三)用绝对动词"来"、"去"、"起"、"生"之类的。

客厅里来了一个生人。

队伍里去了一个同志。

海里起了波浪。

身上生了疮。

(四)叙述风俗习惯的。

是日竞渡采杂药。(《荆楚岁时记》)

正月十五吃元宵。

立春之日，悉剪彩为燕戴之，帖"宜春"二字。(《荆楚岁时

记》)

端午节斗龙舟。

“下雨”、“下雪”就这样的顺着自然的规律发生了,我们没有法子说它是谁下的,是从什么主体发出来的。“有”可能有主体,如“我有一部《毛泽东选集》”,但是像“花园里有一棵大桃树”之类的说法,“有”就是“绝对动词”①,因为这大桃树并不是花园所占有的,只是在花园里有这一棵树罢了。“北京有个故宫博物院”的“北京”并不是主语,北京并不能够领有故宫博物院,我们只是说在北京这个地方有这么一个博物院罢了。“来”、“去”、“起”、“生”等也可能有主体,如:“请你来一碗牛肉汤。”“她生了一个男孩子。”但是这里所用的都是“绝对动词”,“客厅”并不是“来”的主语,只是在客厅这个地方来了一个生人罢了。这句子也并不是“一个人到客厅里来了”的倒装句,因为这两个句子的意义并不相同。“身”并不是“生了疮”的主体,只是在这身上生了疮罢了。风俗习惯是大家所做的事情,并没有一个指定的主体,因此,也就没有主语了。当然,在叙述风俗习惯的时候,我们也可以在句子里加上“大家”、“我们”等,但这是不必要的。

---

① “绝对动词”指不能有主语的具有动词功能的词。

第十一章　复杂句、包孕句和复合句

第一节　复杂句

一个句子里每个不可缺少的成分只由一个单纯的实词来充任的时候，这种句子就是简单句。例如："我是学生。""他好。""人来。""农民耕田。"不过我们平常说话，很少用这么简单的句子，一般总是用比较复杂的句子。复杂句的结构，基本上和简单句没有什么两样，只是多了许多枝叶。从这个角度来看，一个句子是不是复杂，是由四种因素来决定的。

（一）是否只有一个主语或一个谓语。简单句只有一个主语和一个谓语，复杂句可以有两个或两个以上的主语，或者有两个或两个以上的谓语。这也有几种情形：

(1)主语有两个或不止两个，而谓语只有一个。例如：

甲　古文

唯我与尔有是夫！（《论语·述而》）

予及汝皆亡。（《书·汤誓》）

得之[1]不得，曰有命。（《孟子·万章》）

---

① 这里的"之"字是连词，等于现代汉语的"和"。

乙　口语

马克思与恩格斯说过多次。(报)

马克思、恩格斯、列宁、斯大林教导我们……。(毛泽东)

张木匠和小飞蛾商量艾艾的婚事。(赵树理)

(2)谓语有两个或不止两个,而主语只有一个。例如:

甲　古文

彼美孟姜,洵美且都。(《诗·有女同车》)

黄帝且战,且学仙。(《史记·郊祀志》)

太后见周昌,为跪谢。(《史记·周昌传》)

乙　口语

问题只是时间和条件。(毛泽东)

校阅的脚色自然是名人,学者,教授。(鲁迅)

这是天经地义。(同上)

这两者是有密切的联系,分不开的。(刘少奇)

(3)主语和谓语都有两个或不止两个。例如:

甲　古文

邾庄公与夷射姑饮酒,私出,阍乞肉焉。(《左传·定公二年》)

衡山王淮南王兄弟相责望礼节间,不相能。(《史记·衡山王传》)

乙　口语

毛主席和斯大林都是理论家和实践家。

鲁迅和郭沫若都是文学家和文艺理论家。

(4)谓语里有两个或两个以上的宾语。例如:

甲　古文

子罕言利与命与仁。(《论语·子罕》)

百姓闻王钟鼓之声,管籥之音……。(《孟子·梁惠王》)

乙　口语

世界上真的没有实在的伟人,实在的学者和教授,实在的文学家吗?(鲁迅)

他能说广东话、福建话和上海话。

两个或两个以上的词同作主语,或同作谓语里的具有形容词功能的词或具有动词功能的词或同作宾语,它们之间是并列关系,因为它们的语法功能相同,在句子里所占的地位也相同。这种并列关系有时用并列连词“和”、“与”、“跟”、“及”、“以及”、“并且”等来表示,有时就不用。如果用这一类连词的话,照从前的用法,可以把这并列连词放在任何两个并列的词之间,《水浒传》里有一句“鱼及酒肉”,就是一个例子。但照现在的用法,多半要放在最后两个并列的词之间,如“马克思、恩格斯、列宁和斯大林”。

另外有一种情形,就是两个或两个以上的并列的词之间不用“和”类的连词,而用“或”类的选择连词。例如:

甲　古文

故君子之道或出,或处,或默,或语。(《易·系辞》)

其以军若[①]城邑降者,卒万人,邑万户,如得大将。(《史记·吴王濞传》)

乙　口语

店名或馆名空着。(鲁迅)

哥伦布与爱迪生也不过有了发见或发明而已。(同上)

---

① 这里的“若”字等于“或”。

并列连词可以不用，但选择连词却非用不可，因为它只叫我们在两个或两个以上的词中间选择一个，不是兼指一切并列的词的，不加“或”类的虚词，就会引起误会。

（二）主语或谓语甚至全句是否有附加语。简单句的主语或谓语都只有一个单纯的实词，复杂句的主语或谓语（甚至于谓语中的宾语）或全句则有附加语。这也有几种情形。

(1)主语的附加语。因为主语的基本词是名词性质的，主语的附加语都是给这主语加以范围或加以修饰的词。例如：（加圆点的是附加语）

甲 古文

梁父即楚将项燕。（《史记·项羽本纪》）

学问之道无他，求其放心而已矣。（《孟子》）

犁牛之子，骍且角。（《论语·雍也》）

乙 口语

清明时节是扫墓的时节。（鲁迅）

黑熊饿得真瘦。（同上）

他的阶级立场不很清楚或坚定。（刘少奇）

第一阶段是幼年的党。（胡乔木）

(2)谓语的附加语。谓语的基本词也可以带附加语。名句的谓语是具有名词功能的词，它的附加语也都是用来范围或修饰这词的。例如：

甲 古文

国者，天下之〔制〕利用也；人主者，天下之利势也。（《荀子·王霸》）

臣即墨之精，墨松使者也。（《云仙杂记》）

武攸绪，天后从子。（《酉阳杂俎》）

乙　口语

一种是革命的骁将。（鲁迅）

这是先生的苦处。（同上）

形容句的谓语，主要成分是具有形容词功能的词，它的附加语是用来范围或修饰这词的。例如：

甲　古文

夫子固拙于用大矣。（《庄子·天下》）

是其于主也至忠矣。（《战国策·韩策》）

乙　口语

爬得上的太少。（鲁迅）

这理由很分明。（同上）

动句的谓语，主要成分是具有动词功能的词，它的附加语是用来规定或修饰这词的。例如：

甲　古文

赵方西忧秦，南忧楚，其力不能禁我。（《史记·陈涉世家》）

间者历览诸子之文，对之抆泪。（《魏文帝与吴质书》）

乙　口语

全国人民一致地提出了惩凶，赔偿，谢罪和收回租界，撤退外国军队等要求。（胡乔木）

因五月三十日流血的游行示威得名的"五卅"运动，大大推动了广东的革命化。（同上）

词与词结合，作为主语或谓语（包括动句谓语里的宾语在内）用的通常是三种实词：具有名词功能的词，具有形容词功能的词和具有动词功能的词。所以，分析附加语也就是分析这三种词和其他的词是怎样结合的；换言之，也就是说明这三种词和它们的附加语发生了什么关系。具有名词功能的词的附加语都和它发生规定关系，具有形容词功能的词的附加语都和它发生规定关系，具有动词功能的词的附加语也都和它发生规定关系。如果我们认为具有形容词功能的词的作用在于规定或修饰的话，我们就可以说，具有名词功能的词、具有形容词功能的词、具有动词功能的词的附加语都是具有形容词功能的词。具有名词功能的词的附加语都放在前者之前，但是具有动词功能的词和具有形容词功能的词的附加语可以放在前面或者放在后面。一般的情形，具有动词和形容词功能的词的附加语也是放在前面的，如："非常喜欢"、"立刻想起"、"真好"、"满高兴"。但是在两种情形之下，这附加语可以放在后面。

甲、用"得"或"极"的时候，具有动词和形容词功能的词的附加语就放在后面。例如：

他闹得不可开交。

他哭得什么似的。

王先生好得很。

今天冷极了。

乙、用表示空间关系的词组的时候，这附加的词组可以放在具有动词功能的词后面。例如：

他睡在床上。

老林住在学校里。

吴先生初次来到北京。

"在床上"、"在学校里"、"到北京"都是一种词组，用来规定

“睡”、“住”、“来”的。这里是把它们放在具有动词功能的词后面的。但有时也可以把它们放在具有动词功能的词前面,例如:

他在床上睡觉。

老林在学校里面住。

吴先生初次到北京来。

这一类的词组到底要放在具有动词功能的词前面或后面,有一个规律:一般的情形,具有动词功能的词要是复音缀的,这种词组就放在动词功能的词前面。我们不说“他睡觉在床上”而说“他在床上睡觉”。就是单音缀的具有动词功能的词,一般的情形,也不是可以随便放在前面或后面的。如果这单音缀的具有动词功能的词后面可以加上一个宾语而成为一个结合的话(如“吃”可以说成“吃饭”,“走”可以说成“走路”),这一类的具有动词功能的词就放在这一类表示空间关系的词组之后。我们说“我在家里吃”或“我在家里吃饭,”而不说“我吃在家里”或“我吃饭在家里”。

附加语可能是一个词组。词组的结构有两种:一是引导结构,一是规定结构。引导结构有的人叫做“动宾结构”。由具有动词功能的词和宾语构成的词组是动宾词组,也就是“引导结构”,因为两者之间有一种引导关系。值得注意的是:汉语有一种具有半动词性质的词,一般人叫做“介词”或“副动词”,其实还具有相当的动词性质。例如“在我看来”的“在”,“对他说”的“对”,“向毛主席致敬”的“向”,这些词分明还具有一些动词的性质,但在句子里的地位却不是主要的,而是次要的,因为主要的词显然是“看来”、“说”、“致敬”;不过它和后面的具有的名词功能的词所发生的显然也是引导关系(这种结构也是动宾结构),因此我们管“在”、“对”之类的词叫做“受导词”——引导关系中被引导的一项。规定结构有的人叫做

"主从结构"。我们叫做"规定结构",因为两项之间只有规定关系。凡可以在两个词之间加上一个"的"的,这两个词之间都是规定关系,而这两个词所构成的词组也就是规定结构或规定词组。值得注意的就是:这种结构可以是累积的。例如:"毛主席的英明的领导"、"马克思的伟大的天才的著作"。规定结构可以累积成很长的词组,词组之中又可以有词组,如"红颜色"本来是词组,"红颜色的旗帜"就是包孕了另外一个词组的一个词组。我们常常看到一个长句子里有一大堆的"的",就是因为里面包孕了好些个词组。"的"字用得太多会使我们感到疲劳和厌烦,所以我们常把一部分"的"字取消。不过,"的"的去取也有一定的规律。引导结构和规定结构都可以包含有并列的词。例如:"党和人民政府的领导","政府的关怀和照顾","慢慢的、轻轻的走","爱护和教育群众","抗美援朝","打倒帝国主义和它的走狗蒋介石。"并列结构也都可以作为附加语用,不过两个并列的词并没有构成词组罢了。

(3)全句的附加语。有时附加语是规定全句的。如:

甲　古文

然则,子之失伍也亦多矣。(《孟子·公孙丑》)

如此,则嫌乃可为也。(《史记·平原君传》)

是故,得乎邱民而为天子,得乎天子为诸侯,得乎诸侯为大夫。(《孟子·尽心》)

乙　口语

这样,我就不来了。

因此,美国鬼子就打败了。

那么,你去不去呢?

所以,我就下了决心了。

句子里常有表示空间和时间的附加语(包括单词和词组)。一般地说,表示时间的附加语要放在表示空间的附加语之前。例如:“我昨天在城里碰见他”(不能说“我在城里昨天碰见他”)。表示时间的附加语可以放在主语之前,也可以放在主语之后,例如:“今天他变成了一个积极分子”或“他今天变成了一个积极分子”。然而表示空间的附加语却多半要放在主语之后。我们说“我在城里碰见他”,平常不说“在城里,我碰见他”。表示时间的附加语要放在具有动词功能的词的前面(如果是动句的话),而表示空间的附加语就可前可后。我们说“我昨天碰见他”或“昨天我碰见他”,不说“我碰见他昨天”,除非“昨天”是事后的补充。用表示空间的附加语,情形就不一样了。我们可以说“我在路上走”,也可说“我走在路上”。如果在表示空间和时间的附加语之外还有其他的词组的话,一般的规律是:表示时间的附加语在前,表示空间的附加语或表示其他事物的附加语次之,这后两者的地位又可以更换。我们可以说“我昨天在城里替他买了一本书”,也可以说“我昨天替他在城里买了一本书”,但是不说“我在城里昨天替他买了一本书”。当然,依据上面的解说,我们也可以把“昨天”放在主语之前,说成“昨天我替他在城里买了一本书”。

(三)动句是否有特殊的复杂结构。动句如果有一些复杂的结构,这句子就是复杂句。这有三种情形:

(1)兼语式动句。有些动句,第一个具有动词功能的词后面的具有名词功能的词既是具有动词功能的词的宾语,又是第二个具有动词功能的词的主语。这种动句叫做“兼语式动句”。“我叫他去”就是一个例子:“他”既是“叫”的宾语,又是“去”的主语。兼语式动句又有两种:一种是“使动式兼语动句”,一种是“非使动式兼语动句”。使动式兼语动句的第一个具有动词功能的词和第二个具有动词功能的词之间有因果关系，第一个具有动词功能的词是因，第二个具有动词功能的词是果，因为我“叫”，他才“去”，“我叫”是“他去”的原因。因此，这一种兼语式动句是使动式。例如：

甲　古文

上使御史簿责魏其。（《史记·魏其侯传》）

以秦攻之，譬如使豺狼逐群羊。（《史记·张仪传》）

平明，令门下候伺，……。（《史记·魏其侯传》）

令者，所以令人知罪也。（《管子·七臣七主》）

乙　口语

劳动人民和共产党……使人类进到大同境域。（毛泽东）

我不能教红海上当，不能！（老舍）

县政府特别宽大，准他呈递悔过书……。（赵树理）

非使动式的第一个具有动词功能的词并不是第二个具有动词功能的词的原因，“我留他坐”，他坐不坐不是留不留所能决定的。例如：

甲　古文

召黄门郎扬雄即充国图画而颂之。（《汉书·赵充国传》）

孟尝君曾待客夜食。（《史记·孟尝君传》）

乙　口语

或者他会留咱们吃午饭。（老舍）

你招呼着姑娘老太太们到联升店去。（同上）

（2）动补式动句。动句里有补语的时候，这句子就是复杂句。补语都是放在动句后面的。补语必须是实词，因为它不是语法成分的添加，而是补充句子的基本意义的，缺了它，意思就不同了。

有些人把"着"、"了"、"得"之类的语法成分或虚词也看做补语,那是不妥当的。如果这一类的词可以看做补语的话,那么,在动句方面,除了补语之外,就没有什么语法成分了。因为补语都是实词,我们就可以看一看到底哪些实词可以作补语用。

具有名词功能的词可以作为补语,来补充具有动词功能的词。例如:

甲 古文

有知,焉谓之友;无知,焉谓之主。(《大戴礼·曾子制言》)

用下敬上,谓之贵贵;用上敬下,谓之尊贤。(《孟子·万章》)

楚人谓乳谷,谓虎於菟。(《左传》)

乙 口语

我叫他小钱。

我骂他美国鬼子。

值得注意的:如果这句子是"我骂他:'美国鬼子'",情形就不同了。把我所骂的话照录下来,这是一回事,把我骂他的中心概念拿来补充我的骂,又是一回事。

具有动词功能的词也可以用作补语。例如:

甲 古文

我将立若为后。(《史记·卫世家》)

乃悉封徐卢等为列侯。(《史记·周勃世家》)

乙 口语

我选举他当主席。

我没有什么话说。

我买柴烧。

我拿东西吃。

具有形容词功能的词也可以用作补语。这是现代汉语中常见的补语。现代汉语往往拿这具有形容词功能的词去补充说明动作的结果。例如：

我解释清楚这一点。

请你把这一块布洗干净。

他做错了事。

什么我都预备好了。

火药气息让你觉得这一块地方都烧焦了。

(3)连动式动句。有时两个具有动词功能的词用在一起，一个都少不得，这种句子就是“连动式动句”。例如：“我们起来唱国歌”，“起来”是一个具有动词功能的词，“唱”又是一个具有动词功能的词，两者连用，而有密切的关系，并不是两个词的单纯的并列。连动式动句可以分为三种：

甲、第二个具有动词功能的词表示第一个具有动词功能的词的趋向。这是现代汉语所常有的情形。例如：

李成的姊姊小娥就走进来……。(赵树理)

婆婆连一宗也没听进去……。(同上)

有一个明晃晃的小东西从她衣裳口袋里溜出来……(同上)

黄莺偷眼觑，不敢下枝来。(《大宋宣和遗事》元集)

只把一对酒桶撇下了。(同上)

只将宋江的父亲拿去。(《大宋宣和遗事》亨集)

见宋江带得九人来，吴加亮等不胜欢喜。(同上)

待诏说出女孩儿一件事来。(《京本通俗小说·碾玉观音上》)

当时秀秀依样绣出一件来。(同上)

二位长老见郡王不出,也走出府来。(《京本通俗小说·菩萨蛮》)

姐姐我先起去。(《京本通俗小说·西山一窟鬼》)

教授吩咐了浑家,换了衣服出去闲走一遭。(同上)

是王招宣府里出来的小夫人。(《京本通俗小说·志诚张主管》)

只见那妇人背上取下一包衣服……。(同上)

寻得下莫喜,寻不来莫怪。(《京本通俗小说·拗相公》)

可留下张青、孙二娘、施恩、曹正看守寨栅。(《水浒传》第五十六回)

便飞下鹅卵石来。(同上)

鲁智深轮动铁禅杖,呼延灼舞起双鞭(同上)

拨回马,跑回本阵(同上)

武松连忙答应,扶起问道……。(同上)

仍回大观园去。(《红楼梦》第二十六回)

这件事待放下又放不下。(同上)

上不去。我也不抱怨。(同上)

这两个花样子,叫你描了出来。(同上)

提起脚来蹭蹬蹭蹬又跑了。(同上)

怎么想不起来。(同上)

姐姐怎么替我倒起茶来。(同上)

仍命小丫头子坠儿送出去了。(同上)

不但不懂，而且向来看不起作买卖的人。(《二马》第72页)

从新装上一袋烟；没抽，把烟袋又放下了。(《二马》第73页)

马老先生把他抱起来，拿破仑喜欢极了。(《二马》第74页)

拿破仑好像很喜爱马先生，摇着尾巴，追了上来。(《二马》第75页)

这一种句子，只有"上"、"下"、"起来"、"出来"、"出去"、"过来"、"过去"、"进来"、"进去"一类具有动词功能的词可以作为第二个具有动词功能的词。

乙、第二个具有动词功能的词表示第一个具有动词功能的词所引出的动作。这也是现代汉语所有的情形。例如：

我要去开会……(赵树理)

你来主持整个团的出击……(刘白羽)

丙、第二个具有动词功能的词是第一个具有动词功能的词的动作的对象。例如：

甲 古文

大将军亦欲使敖与俱当单于。(《史记·李将军传》)

小生乃欲相吏耶？(《汉书·朱云传》)

乙 口语

她知道娘一辈子爱做针线活，爱纺棉花……。(赵树理)

小林捎着个镰，预备割柴……。(同上)

你想见一见她么？(曹禺)

(四)句子里是否有额外的成分。有时，为了使意思更加明白清楚，或是为了加重语气，需要在句子中间加注，也有临时想到了什么话，需要加进去的，于是，句子里就多出了额外的成分，这句子也就成为了复杂句。额外成分和附加成分不同：附加成分是表达完整的思想所不可少的，额外成分是可有可无的。额外的成分有两种：

(1)重复成分。句子里任何一个成分都可以重复。重复成分可以再分为两种：

甲、单纯的重复。例如：

(一)古文

施施从外来，骄其妻妾。(《孟子·离娄》)

举欣欣然有喜色而相告曰……。(《孟子·梁惠王》)

左，左则陷于泥中。(《史记·项羽本纪》)

(二)口语

一般的说，还好，还好！(老舍)

有，有，就怕不很好……(同上)

你，你去。(曹禺)

我怕，我怕他是死了。(同上)

乙、内位成分重复外位成分。有时，重复的句子成分并不是同一个词。例如“帝国主义，我真恨它！”“它”指的就是“帝国主义”，“它”这个代词重复了“帝国主义”。因为“它”存在于句子的内部，我们就管它叫“内位成分”，“帝国主义”存在于句子之外，我们就管它叫“外位成分”。外位成分可能是一个词，也可能是一个词组，可能是主语，也可能是宾语。例如：

甲 古文

功冠诸侯，为此得王。(《史记·黥布传》)

贤士大夫有肯从我游者，吾能尊显之。（《汉书·高帝纪》）

乙　口语

我早知大哥你太厉害……。（老舍）

为人民服务，这是我们都应当有的人生观。

斯大林，他是世界劳动人民的领袖。

(2)插说，对注与加注。一个句子的中间往往加入别的话或注解，于是就节外生枝，多了额外的成分：

甲、插说。句子中间插入一些在结构上与句子成分无关的话，叫做“插说”。例如：

不过，为了抗战，为了国家——先不提你我私人的交情——我留你在这儿，万不可以走。（老舍）

等我的皮箱都来到，我送给你一件——也许两件——最新式的秋大衣！（同上）

乙、对注。句子中间加入额外的对注的，也是复杂句。例如：

(一)古文

项王乃谓海春侯大司马曹无咎曰……。（《史记·项羽本纪》）

剽姚校尉去病斩单于大父行籍若侯产，生捕季父罗姑比。（《史记·卫青传》）

吴王孙权遣使至蜀。

(二)口语

我叫我的弟弟振东到上海去。

中华人民共和国主席毛泽东同志是我们的英明的领袖。

我哥哥，你的语文老师，昨天到我这里来。

北京，人民的首都，有许多新的建筑物。

丙、加注。句子中间加入额外的注解的，也是复杂句。加注和对注不同：对注是直接的解释，加注是间接的解释。对注和被注的成分在句子里占同等的地位，加注就不然，它可以用任何一种结构来注解。例如：

大家都说"真的一张好木楸"（就是说他用木楸用得好）。（赵树理）

张木匠娶了这个媳妇……一九里（娶亲九天以内），除了给舅舅去拜了一趟年，再也不愿意出门。（同上）

一般的情形，插说的书面形式上下用破折号，加注的书面形式上下用括号，这两种符号就表示额外成分与句子的其他部分没有结构上的关系。

第二节　包孕句

一个句子的成分可能是一个词，也可能是一个词组或是一个具备了句子形式的词群。在"中国是一个伟大的国家"这个句子里，主语是一个单词"中国"，谓语是一个规定结构的词组"一个伟大的国家"。这是一个复杂句，因为谓语不是一个单纯的实词，而是一个有附加语的词组。但是在"美帝国主义侵略朝鲜是爱好和平的人一致痛恨的"这个句子里，主语"美帝国主义侵略朝鲜"是一个句子。但这种句子却只是更大的句子的一个成分，它的功能只等于一个词，因此，我们管它叫做"句子形式"。句子形式不但可以作为句子的成分用，也可以作为句子成分里的一个成分用。例如："中国战胜美帝国主义的结果使和平民主阵营的力量加强。""中国战胜美帝国主义”就是一个句子，它有主语和谓语。但在这个地方，它只是修饰“结果”的一个词群，和“结果”合在一起，成为一个结构，作为句子的主语。也就是说它是个句子形式，作句子成分（主语）的一个构成成分。任何一个句子，只要中间含有一个句子形式的，就叫做包孕句。

包孕句可以分为五类：

（一）句子形式作主语。例如：

甲 古文

夫匈奴难得而制，非一世也。（《史记·主父偃传》）

上以德施，实分其国，不削而稍弱矣。（《史记·主父偃传》）

今将军内不能直谏，外为亡国将，孤特独立而欲常存，岂不哀哉？（《史记·项羽本纪》）

城郭不完，兵甲不多，非国之灾也。（《孟子·离娄上》）

乙 口语

你这一次到矿上去，也是学着你父亲的英雄榜样，把一个真正明白你，爱你的人丢开不管吗？（曹禺）

杨先生，干脆咱们拆干好不好？（老舍）

我们学马克思列宁主义不是为着好看……。（毛泽东）

第二次世界大战打倒三个帝国主义国家并建立各新民主国家，也是这样。（同上）

（二）句子形式作宾语。例如：

甲 古文

惠帝怪相国不治事……。（《史记·曹参世家》）

侨闻君子长国家者非无贿之患，而无令名之难。（《左

传·襄公二十四年》)

孤极知燕小力少，不足以报。(《史记·燕世家》)

乙 口语

我认为你用的这些字眼简直可怕。(曹禺)

你忘了你自己是怎么样一个人啦！(同上)

区上早就听说兴旺跟金旺两个人不是东西。(赵树理)

我并不希望先生"心服"。(鲁迅)

这里，值得注意的，就是句子形式不能当作谓语里的具有动词功能的词用。

(三)句子形式作名句的谓语。例如：

马列主义的一个基本观点，就是客观决定主观。(毛泽东)

她那劳动呀，叫我看来是狗捉老鼠，多管闲事！(赵树理)

一面倒，是孙中山的四十年经验和共产党二十八年经验教给我们的，……(毛泽东)

(四)句子形式作附加语。例如：

甲 古文

方其鼓刀屠狗卖脍之时，岂自知附骥之尾垂名汉庭德流子孙哉！(《史记·樊哙传》)

博望侯张骞居大夏时，见蜀布邛竹杖，使问所从来。(《史记·西南夷传》)

乙 口语

你是我认为最聪明，最能了解人的女子。(曹禺)

这是我们办事的规矩。(老舍)

一九二四年，孙中山亲自领导的有共产党人参加的国民

党第一次全国代表大会，通过了一个著名的宣言。（毛泽东）

总之，任何结构，只要是名词性的，不论其为句子的主语，或谓语中的具有名词功能的词，或规定结构中的规定部分或动宾结构中的宾语部分，都可以用句子形式。至于形容句，只有采用了名句的形式时，它的谓语才可以用句子形式。这种形容句的谓语，尾巴上省略了一个词，所以实际上是规定结构的规定部分。“李成哥自己挑的”，下面省略了“地”。“李成哥自己挑的地”是一个规定结构。不是名词性的句子成分，如动句的具有动词功能的词和纯粹形容句的具有形容词功能的词，就不能够用句子形式。

第三节　复合句

有时两个或两个以上的句子可以连成一气，结在一起，彼此呼应。这种情形和包孕句不同，因为各句子彼此分立而有关联，并不是哪个句子被包含在另外一个句子里。这种句子就叫做复合句。一个复合句只表达一个完整的意思。比方说，“尽管你喜欢我，我可不喜欢你。”前后两部分都是句子，都有主语和谓语。它们连成一气，彼此呼应。“尽管”和“可”都是拿来联络这两个句子用的虚词。因为有承上接下的作用，我们就管这种虚词叫做“承接词”。只说“尽管你喜欢我”，而不说“我可不喜欢你”，这就是残缺不全的句子，因为它没有把整个的意思表达出来。有的时候，可以不用承接词，那么，“你喜欢我”就仿佛是一个独立存在的句子了，但在说那句话的环境里，听者总会觉得还欠缺点什么。复合句的每一个句子叫做分句。

复合句有两种，一是并列复合句，一是主从复合句。

(一)并列复合句。两个或两个以上的句子并列在一起,彼此有关系,但地位和价值却相等,谁也不依靠谁而能独立存在,这种复合句就是并列复合句。例如:

甲　古文

孔子至舍,哀公馆之。(《礼记·儒行》)

楚人为食,吴人及之。(《左传·定公四年》)

尧以不得舜为已忧,舜以不得禹皋陶为已忧。(《孟子·滕文公上》)

狂人伤人,莫之怨也;婴儿詈老,莫之疾也。(《淮南子·说林》)

乙　口语

我并没看,我不知道!(老舍)

文清,你看你多福气,愫妹待你多好啊!(曹禺)

一家住一院,外边人听不见,张木匠打罢了早已走了,婆婆连看也不来看!(赵树理)

这种复合句里的分句有时可以省略主语。比方说:"我看咱们也不用管他'老村长的意思'不意思,明天偏给他放个冷炮,攒上一伙人选别人,偏不选广聚!"(赵树理)这个复合句的第二、第三和第四个分句的主语"咱们",因为不言而喻被省掉了,复合句里的分句,省略主语是常态,不省略反而累赘。不过,主语更换时不能省略。例如"这里的村长犯了一些错误,上级有命令叫另选。"(赵树理)第二个分句的主语"上级"不能省略。省略主语有三种情形:

甲、主语已在前面的分句里出现过。例如(有〔　〕的是省略的):

甲　古文

鲁人从君战,〔鲁人〕三战三北。(《韩非子·五蠹》)

苏秦乃激怒张仪,〔苏秦〕入之于秦。(《史记·苏秦传》)

沛公欲王关中,〔沛公〕使子婴为相,珍宝尽有之。(《史记·项羽本纪》)

乙 口语

你姨妈生前顶好了,晚上有点凉,〔她〕立刻就给我生起炭盆,〔她〕热好了黄酒,〔她〕总是老早把我的被先温好。(曹禺)

李俊张顺明晃晃掣出尖刀在手,〔他们〕早跳过船来。(《水浒传》第五十八回)

乙、主语要在后面的分句里出现的。例如:

甲 古文

〔王道〕无偏无党,王道荡荡。(《书·洪范》)

乙 口语

〔这〕不要紧,这是放鞭!(曹禺)

丙、后面分句的主语是前面分句的一个成分,而不是前面分句的主语的。例如:

外戚多毁成之短,〔成〕抵罪髡钳,数年,会赦,〔成〕致产数千金。(《史记·酷吏传》)

我就不喜欢袁家人这点,〔他〕无法无天,〔他〕把个女儿惯得一点人样都没有。(曹禺)

并列复合句的各分句之间,有时要用连词。例如:

中国共产党已经不是小孩子,也不是十几岁的年青小伙子,而是一个大人了。(毛泽东)

并列复合句可以分为三类:

(1)累积式并列复合句。分句与分句是一个加上一个累积起

来的,这种句子就是累积式复合句,多半不用连词;用的话,就用"而"、"而且"、"并且"、"也"、"又"等。例如:

我并不知道他是局长,他说他是慈善机关里的一个职员。(老舍)——不用连词。

你不能帮助我,也不肯帮助我,我会独自斗争。(老舍)——用连词。

(2)对抗式并列复合句。两个分句的意义相背的,就是对抗式复合句,必须用连词"但是"、"可是"、"可"、"然而"等。例如:

安与任隗举奏诸二千名,又它所连及贬秩免官者四十余人,窦氏大恨,但安隗素行高,亦未有以害之。(《后汉书·袁安传》)

我本不应当来,可是我总觉得一个人应当光明磊落,当着你们大家的面,我走开,心里像痛快!(老舍)

(3)选择式并列复合句。各分句提出不同的判断式叙述,让我们去选择其中的一个,这种句子就叫做选择式并列复合句,分句之间要用选择连词"抑"、"或"、"或是"、"或者"、"还"、"还是"、"不是……就是"等。例如:

子将大灭魏乎,抑纳君而已乎?(《左传·哀公二十六年》)

累次有人问我《雷雨》是怎么写的,或者《雷雨》是为什么写的这一类的问题。(曹禺)

(二)主从复合句。两个或两个以上的分句连接起来,其中有一部分分句是主要的,另一部分分句是从属的,这就叫做主从复合句。从属的分句和主要的分句有联络关系[①],它虽然本身是一个

---

① 参阅本编第七章。

单独存在的句子，但在这个结合里，却必须和主要的分句发生关系，甚至于依赖主要的分句。主要的分句可以单独存在，不依赖从属的分句。比方说，“要是你在工作上有特殊的成就，人民一定会表扬你。”后一个分句是主要分句，因为它可以单独存在，说话的要旨也就在这里。前一个分句是后一个分句的条件，只有在这种条件之下人民才会表扬你，它和后一个分句一个发生联络关系，成为后一个分句的条件。因为从属分句和主要分句之间有联络关系，彼此承接，所以往往用承接词。承接词有时放在从属分句里，有时放在主要分句里，也有时两边都用。主从复合句可以分为六种。

(1)前后分句的意义是一层比一层加强的。例如：

不惟许国之为，亦聊以固吾圉也。(《左传·隐公十一年》)

不宁惟是，又使围蒙其先君，将不得为寡君也。(《左传·昭公元年》)

我作的事永远正大光明，不但不怕叫大家知道，而且愿意教大家知道！(老舍)

老秦觉着这一下不只惹了祸，又连累了邻居。(赵树理)

李成娘觉着不止比箱子里的东西样数多，并且包也没包，卷也没卷，实在不容易一捆一捆弄清楚。(同上)

这种复合句所用的承接词，还有“不只……还”、“不只……而且”、“岂止……还”、“岂止……而且”、“岂但……还”、“岂但……而且”等等。

(2)前后分句表示因果关系的。例如：

大国制义以为盟主，是以诸侯怀德畏讨，无有贰心。(《左传·成公八年》)

高帝已定天下，为中国劳苦，故释佗弗诛。（《史记·尉佗传》）

以不能取容当世，故终身不仕。（《史记·张释之传》）

她因为你父亲又不要她，就自己投河死了。（曹禺）

你是我认为最聪明，最能了解人的女子，所以我想，你最会原谅我。（同上）

你为了要赶紧娶那位有钱有门第的小姐，你们逼着我冒着大雪出去，要我离开你们周家的门。（同上）

这种复合句有时还可以用"为着"、"为着……就"、"因为……所以"、"因为……所以说"等等。

(3)前后分句表示条件关系的。例如：

我若获没，必属说与何忌于夫子。（《左传·昭公七年》）

秦兵苟退，请必言子于卫君，使子为南面。（《史记·樗里疾传》）

使遂得处囊中，乃颖脱而出，非特末见而已。（《史记·平原君列传》）

令冬月益展一月，足吾事矣。（《史记·酷吏传》）

一个月以后倘若还改不完，那就没有什么客气的了！（赵树理）

假若新娘子是可以造就之材，也就编入咱们的妇女部队里去，多一人多一分力量。（同上）

要是你们非拉这里的人去不可，我去。（同上）

这种复合句还可以用"与其……不如"、"如其……宁可"、"要是……宁可"、"假使"、"假如"等承接词。

(4)表示意思更加肯定的。例如：

纵上不杀我，我独不愧于心乎？（《史记·陈张传》）

法孝直若在，则能制主上，令不东行；就复东行，必不倾危矣。（《蜀志·法正传》）

不管他是男还是女，我会一拳打得他眼里冒金星。（老舍）

不论他是多么厉害的人，犯了法都敢治他的罪！（赵树理）

这种复合句还可以用“尽管”、“即便”、“无论”、“就是……也不”等承接词。

（5）前后分句表示对比的。例如：

诸士在己之左，愈贫贱，尤益敬与钧。（《史记·灌夫传》）

人有畏影恶迹而去之走者，举足逾数而迹逾多。（《庄子》）

他越客气，老杨同志越觉着不舒服……。（赵树理）

她越喊得响亮，女婿越忍不住笑……。（同上）

（6）前一个分句表示既成事实，后一个分句表示另一相应的事实。例如：

朕既不敏，常畏过行以羞先王之遗德。（《史记·文帝纪》）

绛侯既诛诸吕，齐王罢兵归。（《史记·灌婴传》）

张仪既相秦，为文檄以告楚相。（《史记·张仪传》）

你的地既然都是新买的，可以不必丈量，就按原契插牌子。（赵树理）

既然他们送到区上了，我先到区上打听打听，你们都睡吧。（同上）

这只是就一般的情形来分类的。事实上,像表示条件关系的复合句还可以分得更细,因为其中的情形并不一样,“如果……就”那一套是一般的提出条件,“只有……才”是提出唯一的条件,“与其……不如”是就二者之中选择其比较合宜的条件。其他如“因为……就”和“为了……就”也不完全一样,前者说明原因,后者说明目的,同属于因果关系一类。承接词的应用也有一定的规律,上一个分句用“只有”,下一个分句就必须用“才”;上一个分句用“不但”,下一个分句就必须用“而且”、“并且”、“还”之类。有的时候,承接词可以不用,如“你不说,我说”即“如果你不说,我就说”。但这种情形只存在于一部分的复合句里,不是一切种类的复合句都可以这么办的。我们不能把“我不相信你,除非你诚心诚意的放开红海”改为“我不相信你,你诚心诚意的放开红海”,“除非”是省不得的。又从属复合句里,分句的主语也可能省略,省略的原则和并列复合句一样:前后分句的主语相同时,可以斟酌省略其中的一个;后面分句的主语是前面分句里的一个成分而且容易看出的,后面分句的主语可以省略。一般的情形,从属分句放在主要分句之前,但有时为着着重或补充,可以反过来把主要分句放在前面。例如:

这恐怕是一个大错误,因为我看了几个例子,觉得老子的对于青年,有时确也很有用处,很有益处……。(鲁迅)

文学呢?要用生涩字,用词藻,秾纤的作品,而且是新文学的作品,虽则他否认新文学和旧文学的分界……。(同上)

第四编　句型论

以上是从平面的角度来分析汉语的语法结构的。本编要以句型为出发点来讨论同一句子的各种其他的不同的说法。我们所以称之为句型，因为这些句子所用的词语和平面的造句法所用的完全一样，只是加些成分，或变更方式，而用另一种“型”来说而已，而且是把整个的句子换了一个“型”。因为是另一种“型”，所以和平面的说法不同。我们可以说以上所叙述的是平面的直陈型，而其他的说法则是另外的“型”。例如我们说：“他来。”这个句子所包含的概念有“他”，有“来”。我们也可以用这同样的两个概念的结合，而用不同的方式来表达。我们可以说：“他不来。”于是，这个句子就变成否定命题了。我们可以说：“他来吗？”于是，这个句子就变成询问命题了。我们可以说：“叫他来！”于是，这个句子就变成命令命题了。我们可以说：“他来吧？”于是，这个句子就变成传疑命题了。我们可以说：“呸！他来！？”于是，这个句子就变成感叹命题了。这些都是用同样的材料而说出的各种不同“型”的句子。

一向研究汉语语法的人都只注意到理性的语法，平面的结构。他们并没有注意到同样语言材料的不同的说法。遇到否定、命令、询问、传疑、反诘、感叹等例时，他们并没有了解这些是整个句子的另一种型，而只把这些放在词类的范畴中来叙述。在他们看来，否定是副词，询问是副词或是代词，命令是动词的一格，等等。其实这是看错了的。我们现在要特别开辟一块园地来研究它。

本编所讨论的就是这些不同的句型。

第一章 否定命题

第一节 否定命题的性质

语法学家一向都是把否定词看做一种副词。这原因是因为他们把名句的系词看做一种动词，或如马建忠、黎锦熙之所言，看做"同动词"，又把否定词看做约束动词的词。其实系词并不是动词，虽然在印欧语言中，多半的系词都是由动词变来的，但这只是历史的陈迹，现在的系词没有动词的意味，何况有的语言常常不用系词，而用系词的也不见得都是动词来源的词①。所以纵使我们承认否定词是约束系词的，这否定词也不见得是副词。

原来所谓否定并不是一般人所了解的，以为是约束动词的。否定实在是整个命题的否定的说法。如果我们说："这不是我的。"这意思并不仅是否定了"是"，因为这东西总还是什么人的，总还有其存在，我们只是说这个东西不属于我。换言之，只是说这句话是

---

① 系词是拉丁语 copula 的意译。copula 的意思只是联系，就是在语法的术语中，也不一定是 verb to be，所谓"连词"的 and，et，und 也可以称为 copulative conjunction。一般人把系词看成 verb to be 是一个误会。参阅 J. Marouzeau 氏 Lexique de la Terminologie Linguistique 论 copule 条；Vendryès 氏 Le Langage，pp. 146—149；本书第三编第九章。

“这是我的”整个句子的反面的说法。依照逻辑的观点，“这不是我的”和“这是我的”刚刚好是矛盾的命题。一般人谈矛盾律都以为矛盾律的方式是甲不等于非甲。这其实是一个误会。要知道非甲就是等于乙，或丙，或丁，或其他任何甲以外的东西。甲当然不是乙，但甲和乙并不矛盾。正如我们说“天是高的”（“高的”等于甲），这句话和“天是蓝的”并不矛盾（“蓝的”等于非甲）。以外国语来说，英语的 A＝not—A，不见得就是矛盾，因为这个方式可以用“天等于高的东西”来代替（天＝A，高的东西＝not—A.），然而却是很健全的命题。可是 A *is—not* A. 就是矛盾的了。因为我们不能同时说“天是天”又说“天不是天”。所以矛盾只存在于 A is A 和 A *is—not* A 之间，却不存在于 A is A 和 A *is not*—A 之中。不过，所谓 A *is—not* A 也不外是表示一种意思而已。它的意思就是说：如果我们说某种东西是甲，我们就不能同时说它不是甲。逻辑的矛盾律其实是思维的规律，虽然这规律是客观的反映。换言之，即使我们说“天不是天”，我们就不能够同时认为“天不是天”，同时又认为“不是‘天不是天’”。这样说起来，矛盾律的着重点是在于一个命题和另一个命题之间的一致，它告诉我们两个矛盾不一致的命题是不可以的①。不过因为在语言的表达之中，有的语言是以系词来连贯判断中的两端，因此表示否定的词往往是加在系词的附近，有的在前，有的在后。然而这不是说这否定词只否定了系词。从语言学的角度来说，否定词之并非否定系词可以由三方面来说明。第一，在说话的时候，我们可以把否定词放在整个句

① 关于矛盾律的问题，请参阅拙作《从同一律问题说到社会研究》，北平《晨报社会研究周刊》合订本第二集。

子之前。例如:“不是我要做。”第二,系词并不是动词,也不是形容词,也不是其他的副词,约束系词的否定词不能算是副词。第三,有许多语言,系词是不用的。然而表示否定时,却有否定词。如古代汉语之“非”。“非”表示否定,在意义上说,当然等于现在的“不是”,但在语法的结构上,它只是一个否定词,并不是系词。“回也,非助我者也”,就字论字,只能译成不通的英语 Hui, not the man who helps me,而不能译成 Hui *is* not the man who helps me. 虽然这两句的意思是一样的。系词实在是一个特殊的东西,不能当做动词看,而否定词也不能看做只是否定系词的词。至于平常否定词之位于系词附近,乃是因为系词是名句的主要成分,它把主语和谓语联在一起。

即按动句论,否定词的作用也并不是仅在否定动词或具有动词功能的词,乃是否定整个的句子。“我不去”,其中的“不”不仅否定了“去”,其实是否定整个的句子“我去”。换言之,这否定的作用是表示“我去”的反面的说法,并不是否定“去”的动作,也不是否定“我”。不过,因为在句子之中,动词或具有动词功能的词是句子的主要成分,所以就把否定词加在动词或具有动词功能的词的附近。

因为这个道理,我们认为否定是整个命题的否定的说法,也就把它归纳在句型论中来研究。

第二节　否定命题的种类

否定命题的表达法,各语言并不相同,有的语言只在主要的词上加以音调的变化来表示否定。例如非洲班图语中有以 tŏnda 表示“爱”而以 tonda 表示“不爱”者。有的语言则在主要的词上加上一个附加成分来表示否定。例如爱尔兰语之 domelim(我吃)为肯定,而 nitoimlim(我不吃)则为否定。立陶宛语之 neszù(我穿)为肯定,而 nèneszu(我不穿)则为否定。汉语则和英、法、德语相同,是用一个独立的特殊语法成分(即虚词)来表示否定的。古文用"不"、"否"、"无"、"非"、"弗"、"勿"、"未"等,而口语则用"不是"、"没有"、"不要"、"不"等。但这几个虚词的用法各不相同,要看这否定命题的种类如何而定。

语言的作用一方面在于表达思想,一方面在于表达感情。从思想的角度来说,一切句子都可以分为名句、形容句和动句三者,而汉语的动句又可以分为平常的动句及绝对的动句二者。在这不同的结构之中,否定虚词的应用也就不同。兹分类述之于次。

A. 名句的否定命题

甲、古文。古文的名句,不论其肯定的说法是否用系词,其否定的说法都得用否定虚词。而且一般的情形,只能用"非"。例如:

利害不通非君子也。(《庄子·大宗师》)

兵者不祥之器,非君子之器。(《老子》)

是非功名之所就也。(《荀子·王制篇》)

尺地莫非其有也,一民莫非其臣也。(《孟子·公孙丑上》)

回也,非助我者也。(《论语·先进》)

曩见夫人年德以衰,非昔日比。(《笑林·赵伯公醉卧》)

既而知野人毛遂非平原君客也。(《西京杂记》)

子非吾友也。(《世说新语·德行》)

人之质非木质也,木之质非人质也。(范缜《神灭论》)

此非遗德。(《酉阳杂俎·语资》)

我心匪石，不可转也；我心匪席，不可卷也。（《诗·邶风·柏舟》）

王臣蹇蹇，匪躬之故。（《易·蹇卦》）

乙、口语。口语的名句的否定命题，不论其肯定的说法是否用系词，都得用“不是”。例如：

且说那晁盖八个劫了蔡太师生日礼物，不是寻常小可公事。（《大宋宣和遗事》元集）

喝声彩，不知高低道：“两个都不是人！”（《京本通俗小说·西山一窟鬼》）

吴教授听得外面声音，不是别人，是我浑家和锦儿。（同上）

小生意下不是恁地说，为见而今世界不是修文时节，小生赴选长安，取的三名不是权势子弟，则是豪富儿郎。（《五代史平话·梁史上》）

我又不是此间人，没来由哄你做甚么！（《水浒传》第四十二回）

这个上坟祭扫三牲祭礼从古到今向来有的，也不是我家新作出来的。（《刘香宝卷》）

你不是男儿。（《张协状元戏文》）

B. 形容句的否定命题

甲、古文。古文的形容句，不论其肯定的说法是否用系词，其否定的说法都得用否定虚词。而且一般的情形，可以选用“非”或“不”。例如：

孔子曰：“意者身不敬与？辞不逊与？色不顺与？”（《荀子·子道篇》）

回也不愚。(《论语·为政》)

雍也仁而不佞。(《论语·公冶长》)

——以上“不”——

城非不高也,池非不深也,兵革非不坚利也,米粟非不多也……。(《孟子·公孙丑下》)

人性非甚相远也。(《大戴礼·保傅》)

——以上“非”——

如果否定句子中有系词的话,则非用“不”不可。在这种情形之下,也只有“为”字可以当作系词用。例如:

万取千焉,千取百焉,不为不多矣。(《孟子·梁惠王上》)

齐卿之位不为小矣,齐滕之路不为近矣。(《孟子·公孙丑上》)

乐岁粒米狼戾,多取之而不为虐。(《孟子·滕文公上》)

在太极之先而不为高,在太极之下而不为深,先天地生而不为久,长于上古而不为老。(《庄子·大宗师》)

乙、口语。口语的形容句的否定命题,不论其肯定的说法是否用系词,都得用“不”。例如:

宋江便道:“小可不才,自小学史。”(《水浒传》第四十回)

嫌咱老,她也不年青啊!(《二马》第380页)

事情看着是简单,当你一细想的时候,就不那么简单了!(《二马》第381页)

菜并不丰满。(《骆驼祥子》第169页)

他承认他的行为不对。(《骆驼祥子》第304页)

形容句有时也可以用“不是”,但细究起来,这些形容句其实是带有名句的意味的,即名句形式的形容句,而不是纯粹的形容句。

例如：

哥哥你不是说永远不讨小的吗？(《泼妇》剧本)

我那里来的，还不是他拿回来的！(《好儿子》剧本)

我不是为谈婚姻问题来的。(《二马》第387页)

难道那最后的五块钱不是曹先生给的么？(《骆驼祥子》第138页)

不是五爷写的吗？(《家》第332页)

在这些句子里头，后面都有一个"的"字。"不是"之后的词翻译起来相当于西洋语的形容词。但细究起来，却是带有规定者的具有名词功能的词，不过这后者是省略去罢了。"这不是好的"，就是"这不是好的东西"的意思。在现时的口语里，这一类句子的否定词，如果不加"是"字，必不能在句末用"的"，如："这不好"，我们绝不能说"这不是好"。如果用"是"，则非用"的"不可。如："这不是好的"，我们不能说："这不是好"，除非"好"字具有名词的功用或着重的说法。其原因就在于此。从古文的研究中，我们知道"不"字本来的用法并不一定是纯粹的否定词，多半相当于上面所说的not—A之类的not—。在古文里多半的"不"字上面都可以加上"是"或"非"字。例如：

剖之以为瓢，则瓠落无所容，非不呺然大也。(《庄子·逍遥游》)

知而使之，是不仁也；不知而使之，是不知也。(《孟子·公孙丑下》)

不识王之不可以为汤武，则是不明也。(《孟子·公孙丑下》)

白旃檀非不馥，焉能逆风？(《世说新语·文学》)

城非不高也，池非不深也，兵革非不坚利也，米粟非不多也，委而去之，是地利不如人和也。(《孟子·公孙丑下》)

这里的"不"字都不是纯粹的否定词，这所否定的只是在它之后的词，而不是整个句子。古书中所谓"不仁、不义、不忠、不信"等，其实都只是词的反面的说法，并不是句子的否定，严格地说起来，就连否定也说不上。"不仁"的意义并不是否定仁，乃是说在仁对面的那个坏的性格，其实也还是一种性格，我们可以说它和仁是对立的词，然而却不是否定仁或和仁相矛盾的词。矛盾和对立在逻辑上是有分别的。这一类和"不"字组合在一起的词往往具有名词的功能，"知而使之，是不仁也"，这"不仁"就具有名词的功能，而"城非不高也"的"不高"也有"不高的东西"的意味。这种用法保留在口语里，就有把"不"放在"是"字后面的情形。例如：

结婚是必不可少的。(《二马》第 357 页)

可是人到快饿死的时候是不想死的！(《二马》第 115 页)

小少爷是不吃芹菜的……(《好儿子》剧本)

承色笑也是不可缺的。(《回家以后》剧本)

不过，在平常的说话中，这前后置的分别却并不是分别得那样清楚。换言之，平常说"不是"，或说"是不——"，这两句话的意思并没有十分明晰的逻辑的不同，虽然细细的分析起来是有分别的。平常的分别却在于情绪的表达。着重于否定的语气时，"不"字就放在"是"字之前，而"是"之放在"不"前者则不能表达这着重的语气。

C. 动句的否定命题

甲、古文。古代的"非"只能用于名句的否定式，但是"不"则可以同时用于动句去表示其否定的说法。古代的平常动句的否定型都是用“不”，及其同类字“丕”、“否”、“弗”等，但含有“有”的绝对动句的否定式则用“无”。例如：

(1)平常句之否定式

彼审乎禁过，而不知过之所由生。(《庄子·天地》)

民至老死不相往来。(《老子》)

雷霆不乱其听，美恶不滑其心。(《列子·黄帝》)

相人，古之人无有也，学者不道也。(《荀子·非相篇》)

生者不怨，死者不恨。(《淮南子·本经》训)

吾闻觌君子者问铸人，不问铸。(《法言·学行》)

某则否能。(《大戴礼》)

赴以名，则亦书之，不然则否。(《左传·僖公二十三年》)

吾得见与否，在此岁也。(《左传·襄公三十年》)

陛下虽得廉颇李牧，弗能用也。(《史记·冯唐传》)

子曰：“弗如也，吾与女，弗如也！”(《论语·公冶长》)

盎弗信，曰：公何为者？(《史记·袁盎传》)

夙夜匪懈。(《诗·大雅·烝民》)

稼穑匪懈。(《诗·商颂·殷武》)

朕祗惧潜思，匪遑启处。(《后汉书·顺帝纪》)

这些否定词之中，“不”字是最普通的。“弗”字多半用于没有宾语的地方。“否”字多半用在省略具有动词功能的词的地方。“匪”字没有什么特别的用法。

(2)“有”的否定式

苟无忠信之人，则礼不虚道。(《礼记·礼器篇》)

殷之服民，所以养生之者也，无异周人。(《荀子·议兵篇》)

圣人无常心，以百姓心为心。（《老子》）

天下无道，戎马生于郊。（同上）

无视无听，抱神以静。（《庄子·在宥》）

天下莫不知，莫能行。（《老子》）

仲尼曰："人莫鉴于流水，而鉴于止水。"（《庄子·德充符》）

其谋密，世莫得闻。（《史记·陈平世家》）

不忍一日未有所归也。（《礼记·檀弓》）

吾与郑人，未有成也。（《公羊传·隐公六年》）

未言尔。（《公羊传·成公十六年》）

"无"、"莫"、"未"都是一样的用法。有的时候，后面还加上一个"有"，有的时候就光有一个"无"，或一个"莫"，或一个"未"。因为"有"有时是中性的或绝对的，它说明一个事物或一个历程的存在，所以"无"、"莫"、"未"之后往往是具有名词功能的词。绝对动句的具有动词功能的词是特殊的结构，它的否定词在汉语语法里确是和西洋语不同的。西洋语不能不用动词，而汉语则多半不用具有动词功能的词，只用否定词。这和汉语的系词有相似的情形。汉语的系词多半是不用的，所以否定的说法也往往不用系词，只用否定词"非"、"不"等。不过，绝对动句在肯定命题里是非用具有动词功能的词不可的，这却和系词不同。

乙、口语。在口语里，也和古文差不多。平常的否定动句要用否定词"不"去表示，只有在南方的方言中是用"弗"的，而绝对动句中的"有"的否定式则用"没有"，早期的白话文，尚用"莫"、"莫有"，分明是古文传下来的。例如：

(1)平常动句的否定式

都不招别的，只招写掌记的。(《宦门弟子错立身戏文》)

正叔真个不去得，他人到此须容情与他去。(《龟山语录》)

汝却不问我悟的，只问我悔的。(《传习录》)

满口道得底又不知有，知有底却又道不得。(《云门匡真禅师广录》)

兀谁不识此人，兀谁不敬重此人。(《张协状元戏文》)

我们不信，敢是你哄我?(《水浒传》第四十二回)

谁知后来一年一月的，竟常常如此，把这个样儿看惯了，也都不理论了。(《红楼梦》第二十七回)

父亲虽则几十年不见，难道儿子就认不得了。(《儒林外史》第三十八回)

(2)"有"的否定式

莫有知价底么?(《云门匡真禅师广录》)

莫有为大士作主底么?(同上)

莫有不蹈者影子底么?(同上)

又没弟兄。(《张协状元戏文》)

全没衣装。(同上)

它又更没活路，你又更没亲故。(同上)

奴家一来没福，二来不曾穿戴惯的。(《刘香宝卷》)

媳妇们见三婶婶没有的穿戴，好意与他首饰衣衫，与其脱换脱换。(同上)

我正没盘缠，何不两拳打倒他两个，夺了包裹，却好上梁山泊?(《水浒传》第六十一回)

此处没有什么蓝麝明月洲渚之类。(《红楼梦》第十七回)

假使小的有儿子少爷送去考，也没有人敢说。(《儒林外史》第三十二回)

“有”可以用为平常“占有”的意思，如“某人有某事某物”等，有时则用于绝对动句，如“有一个东西”之类。否定的说法，都用同样的否定词，可知其来源是同一的。大约一切事物都是“有”，因此，说某事物的存在，就说“有”。在现代的口语里，“有”和“没有”还有一个新的用法，即表示动作或历程的完成及其否定的说法。这种用法在北方口语里，只用在否定方面，如：“我没有去”，而肯定方面则不能说：“我有去”，只说：“我去了”，或“我去过”。然而在南方的方言里，如福州语，则两方面都可以说：ŋuai ɔu k‘ɔ，ŋuai mɔ k‘ɔ——我务(有)去，我毛(无)去。这和欧洲语之用动词 to have 来表示完成体是同样的作用。

上面说过否定的说法是整个命题的否定。这也可以用上古的语法来解释。卜辞中的否定词是放在整个句子之前的，和后代之把否定词放在重要的词之前者不同。例如：“不我其受又。”闻一多谓《诗经》里“不我遐弃”、“不我与”、“不我活兮”等也是同一的文例[①]。因为语言的表达并非纯粹表达逻辑的思想，在平常的说法中，都多少带有表情的成分，对于句中的重要成分是有特殊的注重的，因此有的时候，否定词就随着注意点之所在而加在不同的地方。因为在思想上有轻重的注意点，在感情上有轻重的注意点，所以所要否定的东西也就有所不同。因此除了纯粹否定整个句子的文例外，否定词也可以加在许多不同的句子成分上面，不过这种否定，不能算是纯粹的否定命题，而这种否定词也不能算是纯粹的否

① 参阅陈梦家《古文字中之商周祭祀》，《燕京学报》第十九期第 97 页。

定词而已。例如："他走得不快"，这"不"字所否定的是着重于"快"，虽然整个的命题还是否定的说法，因为它所表示的不过是"不快的走"而已。而且这"不快"云云其实就是"慢"。这句话的意思只是说"走得慢"。名句的主要成分和动句的主要成分之外的词，其否定词的否定只着重于本词。然而也和一般所谓的"副词"不同。又如："没有人知道他"和"人都不知道他"，两句话的意思，从逻辑的角度看来，是一样的，因为在两者之中，主语和谓语的范围都没有丝毫相反的地方。然而在表情的角度来看，却有所不同。前者着重于"人"，而后者则着重于"知道"。我们可以说加在系词或主要词语之上的否定是绝对的否定命题，而加在其他着重点所在的否定是相对的否定命题。

此外，否定词尚有两种作用。第一是用在命令命题中的，如古文的"勿"、"毋"，口语的"不要"、"别"、"甭"等。我们将于讨论命令命题时来研究它。第二是答应问题时的"是、否"。汉语表示应对的肯定，在古文是用"诺"、"唯"，在口语则用"是"、"对"等；表示应对的否定，在古文用"否"，在口语则用"不"。例如：

> 否，不然也。(《孟子·万章上》)
>
> 景子曰："否，非此之谓也。"(《孟子·公孙丑下》)
>
> 唐且对曰："否，非若是也。"(《战国策·魏策》)
>
> "你真不去?"……"不!"(《二马》第165页)
>
> "你不怪我告诉你?""不!"(《二马》第113页)

古文里的询问句不重复主要的词，如"去否?""可否?"而口语的询问句则要重复地说："去不去?""可以不可以?"我们已经说过"否"字都是用在省略的情形中。这是古文所以用"否"而不用"不"的理由。问句："去否?"答句自然而然的是"否!"口语的问句是"去不去?”答句自然而然的是“不!”或“不去!”

第三节 汉语的否定词

从上面的讨论中,我们知道在古文里,名句的否定式大体是用“非”字,平常动句的否定式用“不”,而“有”的否定式则用“无”。这是照其大体论。其实有时也可以用别的字眼。除上面所举的以外,代替“不”的尚有“蔑”字,如《左传・成公十六年》:“宁事齐楚,有亡而已,蔑从晋矣。”《晋语》:“吾有死而已,吾蔑从之矣。”尚有“毋”字,如《史记・陈余传》:“燕赵城可毋战而降也。”《汉书・蒯通传》:“用臣之计,毋战而略地。”尚有“勿”字,如《史记・陈平世家》“于是与平剖符,世世勿绝,为户牖侯。”《淮南王传》:“天子以伍被雅辞多引汉之美,欲勿诛。”尚有“靡”字,如《史记・外戚世家》:“秦以前尚矣,其详靡得而记焉。”《游侠传》:“古布衣之侠靡得而闻已。”尚有“罔”字,如《书・盘庚》:“罔知天之断命。”《诗・大雅・抑》:“罔敷求先生,克共明刑。”尚有“曼”字,如《法言・重黎篇》:“神怪茫茫,若存若亡,圣人曼云。”不过这些字有时也可以代替“无”。如:《左传・襄公二十九年》:“其蔑以加于此矣。”《诗・泉水》:“靡日不思。”《论语・子罕》:“毋意,毋必,毋固,毋我。”《法言・五百篇》:“行,有之也;病,曼之也。”《书・君奭》:“罔不率俾。”此外代替“无”的尚有“微”,如《诗・式微》:“微君之故。”尚有“亡”,如:《论语・先进》:“今也则亡。”卜辞的“无”也都作“亡”,如“亡尤”,“亡巛”,“亡它”等。这些字眼既可用于平常的动句,也可以用于“有”的否定式,惟有名句否定式之用“非”类字是绝对的。可知“无”类的字眼在古文里和“不”类是相混的,只有“非”类是独立的。

这原因是因为“有”本来也具有动词的功能，故与平常动句的否定式可以相混，而名句和动句的分别则极其明显，所以不易相混。

然而为什么同样的作用却有这么多不同的字眼呢？原来字眼用得虽然多，而究其实只是同一个词。“非”《说文》训为“违也，鸟飞不下来也”。闻一多认为“非”其实是“飞”的本字，用作系词的否定式是假借，即因其如此，后来就加上匚，以求有别。王力以为“匪”本“篚”之本字，用“匪”做名句的否定词已经是假借[①]。总之，“非”“匪”是同一个词，虽然写法略有不同。至于这个词的来源，我们却不能从文字的来源来探求，正当的办法是从语言的角度上来找根源。“非”是和“是”对立的。我们已经说过“是”的来源是近指指示词[②]。则“非”的来源是远指指示词，是很可能的。我们知道古代汉语并没有唇齿音，后来所有的唇齿音在上古都是双唇音。“非”字现在虽然念为 fei（北京语），但其中古音则为$pj^{w}\underset{\frown}{\d{e}}i$，其上古音亦当是双唇音的 p-，这刚刚好和远指指示词的“彼”发音相近。我们再看古代的文献，“是非”的对立往往是和“是彼”的对立相混的。《庄子·齐物论》中的“是非”就和“彼是”分不清。他说：“彼是莫得其偶，谓之道枢；枢始得其环中，以应无穷；”接着就说：“是亦一无穷，非亦一无穷也。”“非”和“彼”的意思虽然不完全相同，但实在是从“彼”引申而来的。不过这种引申不是文字的引申，而是语言意义的引申而已[③]。后来这指示词的味道渐渐不为人们所感觉，就变成一个纯粹的否定词，因此就有“非是”的说法。例如《阿弥陀经》之“彼佛有无量无边声闻弟子，皆阿罗汉，非是算数之所能

---

① 王力《中国文法学初探》附《中国文法中的系词》第187页，注六。

② 见本书第三编第九章第二节。

③ 是非的“是”有“如此”的意思，则“如彼”之为“非”实在是很可能的。

知。”及《红楼梦》之“心中恍惚想道，莫非是他亲家母”，都是把“非”字看做纯粹的否定词去否定“是”；近世的白话，又为着形式的统一，就用一般的否定词“不”来代替“非”，所以只有“不是”的说法。这是类推作用所生的自然的现象，不足为怪。

动句的否定词都是属于一类的。依《广韵》的反切，“不”是方久、甫鸠、甫救、方弗等切；“否”是符鄙、房被、方久等切；“弗”是分勿切；“毋”是武夫切；“勿”是文弗切；“靡”是文彼切；“亡”是武方切；“罔”是文两切；“曼”是无贩、母官二切；“微”是无非切；“无”是武夫切；“莫”是慕各切；“末”是莫拨切；“蔑”是莫结切。这些字的切上字都是双唇音。在上古必是同一发音或属于一类而略有不同的发音。其实是方言或时代的不同。后来有的字取了双唇音 p-，有的字取了唇齿音 f-，有的字取了双唇音 m-，有的字取了双唇半元音 w-。m-和 w-的分别而且是后起的，《切韵》只有 m(w)[①]。然而也只存在于现代的读音方面。在说话里，北方的“官话”自来只有 p-(不)和 m-(没、莫)的不同。前者是一般的否定词，后者则是“有”的否定的说法。唐宋的白话文就留有这两者分别的痕迹。“无”“微”本来念为 m(w)，后来读为 w-，而说话则仍保留 m-，这是白话历史中用“没”的来源。“没”其实只是代表保留于口语中的“无”“微”类的中古音而已，并不是由“沉没”的意思引申出来的词。因为“无”“微”类在读音方面变为 w-，只好用从 m-的字来代替其保留于口语中的说法。在南方的方言中，上海语的否定词有一个唇齿音的 fu，用在各不同的地方，虽是写作“弗”，但也是古代双唇

---

① 参阅陆志韦《试拟切韵声母之音值并论唐代长安语之声母》，《燕京学报》第十八期第 51—54 页。

音变下来的。云南方言，“没有”说为“不有”，这也可以证明古代“不”类和“无”类原是同样的词，后来分化为两类，而云南方言还保留有古代的痕迹。闽广方言中，则一般的否定词为 ŋ，而“有”的否定词为 mɔ，写作“毛”。“毛”其实是代表双唇鼻音的词，和“莫”、“末”、“蔑”是一类的，而且在中国的古书中也有其痕迹。《后汉书·冯衍传》：“饥者毛食。”注云：“衍集毛字作无，今俗语犹然者，或古通用。”王先谦《集解》引钱大昕曰：“古音无如模，声转为毛，今荆楚犹有此音。”可知不但是闽广，即两湖也有说“毛”的。

总之，在中国古代的文献里，一切的否定词都是双唇音的字。那时候除了名句的否定词“非”只用于否定式的名句外，其他的字眼在否定式的动句里都是混用的。这证明名句和动句的不同，又证明那时候的动句都是一样看待的。后来在动句之中，绝对动句中的“有”有其特殊的作用，就用双唇鼻音 m-类来表示，而一般的否定词就用双唇音 p-来表示。这 p-(不)类又跑进名句的范围，造成现在“不是”(福州语 ŋ sei)的形式。这双唇音的否定词而且是原始汉藏语所留下的。藏语的一般否定词是 ma、mi，“没有”说成 me-pa，泰语的否定词是 mi，而否定答词是 plau 都足以证明。m-、p-都是双唇音，上古汉语既是混用，而藏语又只有 m-，或许最原始的形式是一个复合辅音 mb-(mp-)都说不定。

第四节　确定命题

这里，我们应当附带的讨论一下确定命题。与否定命题相对立的，都是肯定命题，但肯定命题之中有确定的肯定命题与一般的肯定命题两者。一般的肯定命题就是平常直陈式的句子，确定的肯定命题是另一种句型。

确定命题的作用在于对所说的话加以确定的肯定的判断。这种确定的判断,平常有两种表达的方法。第一种方法是求助于语气,把“他是一个伟大的领袖”之中的“是”加重语气来说,就显得我们不是随便地对“他”下一个判断,而是郑重其事的确定的说明,确实的肯定的判断。另一种方式就是应用一些确定虚词。古文用“确然”、“确乎”、“实”等,口语则用“真”、“真的”、“的确”、“实在”、“是”等。例如:

1. 古文

夫乾确然示人易矣。(《易·系辞》)

确乎其不可拔。(《易·乾卦》)

实居大夏主参。(《史记·郑世家》)

实为参神。(同上)

2. 口语

我母亲如果知道了这件事,她一定恨我。(《雷雨》)

真个的,咱们俩感情挺好,包庇点!(《保卫延安》)

这里实在好啊!(同上)

简直不能忍受!(同上)

真个是滚瓜涌溅。(《西游记》第一回)

那长老应出这一句言来,真是肉落千斤。(同上第八十二回)

我倒是不愿意这孩子帮人。(《雷雨》)

四凤,对不起你,我实在不认识他。(同上)

表嫂,她是有点不舒服。(《北京人》)

这里需要说明一点:一般的用法,“是”是系词,但在上面所举的例子当中，“是”并不是系词，而是确定虚词，因为像“她是有点不舒服”之类的句子，是动句，不是名句，系词插不上去，而这种“是”的意义也不在于联系主语和谓语，而是在于用确定的口气来说明“她有点不舒服”的。

第二章　询问命题

第一节　询问命题的性质

询问(interrogation)实在是整个命题的询问的说法，所以是句型的问题。在各语言中，询问句的结构法各不相同。印欧语除了用语调的变化，用询问的字眼来表示外，平常在词的次序上也有其特殊的用法，即名句中名词和系词地位的互相替换或动句中主语和动词地位的更动。汉藏语系的语言则除了前二者和印欧语一致以外，这第三种的用法是不同的。我们不能在越南语中学英语 Do you go to school? 的办法说dị en học? 去表示问句，而应当说 en dị học không? (không 是否定虚词)。同样地，汉语也不能用“去你学堂?”来表示这问句，而应当说“你去学堂吗?”这原因是很容易明白的。因为汉语缺乏词的形态，而词序的作用是很严格的，如果把地位倒置了，就会使人感到是规定关系或引导关系中的关系者的互换，因此一听到“去你学堂”，我们马上就以为这句话的意思是英语的 go to your school，而不会把它认为是英语的 Do you go to school? 然则在这种情形之下，有什么方法来表示询问呢? 普通有两个办法：第一是用一般语言所有的共同的办法，即语调的变化。就是说在句子的最后一个词上加以向上提高的语调。如果是写的语言的话,就只好加上一个"?"号。然而这有困难,因为汉语的词都有其本来的严格的声调,不像西洋语的声调可以相当自由的,因此碰到句子中最后的词的声调是向下降,如去声的话,这就很难做得到,而在标点符号没有引用的时候,在写的语言方面也很难表示其为询问命题。于是就用第二个方法,即加上一个询问词,例如:"你去学堂吗?"加上这个"吗",它就无论如何也不会不是询问句了。(越南语的 không 与此同例。)这则是西洋语所没有的现象。在这里我们也可以看出语言的一般结构对于语法的影响,同时也可以证明我们所说同样的语法意义可以用不同的方法表达出来这句话的真理了。

这是就同一的命题而以询问的方式说出来而论。如果要在这命题上面问其特殊的情形,如某种动作之何时发生,如何发生,某物件之数目有多少,所讨论的是何人、何物等等,就非得加上一个特殊的询问词不可。例如:"谁把他的书拿走了?"在这种情形之下,汉语除了用询问词外,还可以加上语调的变化,但却不能和西洋语一样再把词的地位更换。不过,在这里还有一点和西洋语不同的,就是在这种情形之下,汉语还可以再加上一个句终词。例如:"谁把他的书拿去了呢?"这里有一个应当加以注意的地方,即"呢"和"吗"用法的不同。"吗"用在命题中没有其他任何表示询问的语言成分的情形之下。例如:"你去吗?""他愿意来吗?"这里"吗"是必要的,没有"吗",就不容易表示询问;而且也只有"吗"是表示询问的。但是"呢"则只用于已经有其他表示询问的语言成分的情形之下。例如:"这里头有多少人呢?"我们不能说"这里头有多少人吗?”“多少”已经是询问词,所以只能用“呢”,不能用“吗”[①]。古文里相当于口语的“吗”是用“乎”类的询问词的。例如:“子知之乎?”有的时候也有一个和口语的“呢”字相类的用法,例如:“既富矣,又何加焉?”这种字眼和“乎”类也是不能相混的。又例如:“吾不知能活多少岁也?”但在这种情形之下,这些字并非纯粹的询问句终词,虽然“也”字有时可以这样用(如“君知之也?”)。“吾不知能活多少岁也”的“也”字只是肯定句终词,因为在这一类的句子之中,虽然有询问的语言成分包含在内,但整个句子的结构并不是询问命题,而是肯定命题,询问词只是“不知”的引导者,而“也”乃是整个句子的句终词,而不是询问命题的句终词。

另外还有一种询问命题是抽选询问命题,即问其“是不是”、“去不去”、“要不要”之类。这里也有两个办法:一是仅把肯定和否定的词连着说出来。例如:“你去不去听戏?”“你想不想说话?”“你打不打他?”这一类的句子在古文里多半是用“否”字加在具有动词功能的词或系词的上面,有时则把“否”或其他同类的字放在句末。例如:“可否借阅?”“子知其事否?”这一类句子有时可以用询问句终词来代替,例如:“汝曹愿归欤?”但是如果不是放在句末,则非用“否”不可,“欤”类只能用在句末。二是在句末再加上一个句终词“呢”。例如:“你吃不吃呢?”“他喜欢不喜欢你呢?”在这种情形之下,和上面所说的一样,“吗”是不能用的,因为“吃不吃”之类的形

---

① 有的时候“呢”字可以用在表面上没有其他询问成分的地方。例如《二马》:“我的烟荷包呢”(第287页)但这一类的句子是省略句,其中的询问词是被省略去的,这句话的意思是:“我的烟荷包在哪儿呢?”或“我的烟荷包怎么样呢?”等等,视说话的情形如何而定。有的时候“吗”也可以用在有其他询问词的句子里。例如《好儿子》剧本的“谁还愿意出去嫖赌吗?”但这一类的句子并不是真正的询问词,它并不是问“谁”,而是表示“没有人愿意出去嫖赌”的意思。

式，已经把询问表示出来了。在这一方面，古文也可以再加上一个其他的句终词。如果这种命题有宾语或补语，则这宾语或补语可以在肯定和否定的两个系词或具有动词功能的词之后重复地说两遍。例如："他喜欢你不喜欢你？""他是人不是人？"

至于语调的变化虽然是一般的情形，却不是必要的条件。在通常的会话之中，如果不用任何的询问词而仍要表示询问的话，则语调的变化是必要的，不过这并不是常态。平常都用询问词。用询问词的时候，有时也可以再加上语调的变化，但一般的情形是不用的，因为询问词已经足够表示。在这里我们可以看出康拉迪的错误。康氏以为汉语的询问词都是带有尾巴向上升的语调，这正好是表示询问的语调[①]。其实像"何"、"胡"、"奚"、"谁"等字的确是下平声的字，它们的声调确是向上升，但这只是一部分，而不是全体如此。"曷"、"孰"、"恶"、"害"、"焉"等等都是询问词，然而却不是声调向上升的，就是口语的"吗"、"什么"等也都没有这种声调。我们已经说过，汉语是富于声调的语言，每一个词都有其特殊的声调，因此，用语调来表示询问本来只是次要的办法，康氏未免太把小题大做了。

另外，有的人常常把汉语的询问词分为询问代词、询问形容词、询问副词等。杨树达就是其中的一位[②]。这其实也是不必要的，因为汉语的询问词并没有形态的分野，不像西洋语的询问词有的时候是随其词类的不同而有其不同的词尾变化。所以汉语的询问词只是询问词，用不着把它分为询问代词、询问形容词、询问副

---

① Conrady: Der altchinesische Fragesatz und der steigende Ton, MSOS, Berlin, 1915, Ostasiat. Abt., pp. 261—297.

② 参阅杨树达《高等国文法》第 129—140 页，又 259—263 页，又 389—396 页。

词等等。

第二节　询问命题的种类

由于上面的讨论，我们可以把汉语的询问命题大体分为三类：一，用询问句终词来表示的；二，用抽选的肯定和否定两成分来表示的；三，用特殊询问词来表示的。这后者又可以称为相对的询问命题，因其所着重的是命题中的一个特殊问题，虽然大体说起来仍是整个命题的询问的说法。现在就把其大体的情形述之于次。

（一）询问句终词的运用　无论是名句、形容句或动句，古文里都是用"乎"、"欤"、"也"、"邪"、"耶"等等，口语则用"吗"、"么"等等。在这种情形之下，句中除了句终词外，并无其他的询问词。例如：

甲　古文

A. 名句

1. 乎

人不知，而不愠，不亦君子乎？（《论语·学而》）

道固然乎？（《国语·越语》）

2. 欤（与）

子非三闾大夫欤？（《史记·屈原传》）

岂非士之愿欤？（《史记·蔡泽传》）

然则舜伪喜者欤？（《孟子·万章上》）

3. 也

意者秦王不肖主也？（《吕氏春秋·不侵》）

今孤之不得意于天下，非皆二子之忧也？（《管子·戒

篇》)

然则乡之所谓知者,不乃为大盗积者也?(《庄子·胠箧》)

今应侯亡地而言不忧,此其情也?(《战国策·秦策》)

4. 邪(耶)

怒者其谁邪?(《庄子·齐物论》)

非夫子之友邪?(《庄子·养生主》)

此是朕聪明小儿耶?(《大唐新语》)

尔是吕渭儿子耶?(《因话录》)

B. 形容句

1. 乎

管仲俭乎?(《论语·八佾》)

人之生也,固若是芒乎?(《庄子·齐物论》)

有朋自远方来,不亦乐乎?(《论语·学而》)

今子之所取大者先生也,而犹出言若是,不亦过乎?(《庄子·德充符》)

2. 欤(与)

然则师愈欤?(《论语·先进》)

3. 也

公以吴兴兵是邪?非也?(《史记·淮南王传》)

4. 邪(耶)

俱游扬足下之名于天下,顾不重邪?(《史记·季布传》)

C. 动句

1. 乎

伤人乎?(《论语·乡党》)

亦将有以利吾国乎?(《孟子·梁惠王上》)

子不知利害,则至人固不知利害乎?(《庄子·齐物论》)

然则管仲知礼乎?(《论语·八佾》)

贤者亦乐此乎?(《孟子·梁惠王上》)

我可不夫人之乎?(《穀梁传·僖公八年》)

夫不恶女乎?(《左传·桓公二十六年》)

子欲手援天下乎?(《孟子·离娄上》)

尔忘句践杀尔父乎?(《史记·伍子胥传》)

欲将我安之乎?(《史记·吕后纪》)

2.邪(耶)

子知子之所不知邪?(《庄子·齐物论》)

顾令秦王坐而疑我耶?(《史记·王翦传》)

若与彭越反邪?(《史记·栾布传》)

君薄淮阳邪?(《史记·汲黯传》)

汝辈尚懵懵睡耶?(《遂昌杂录》)

今日欲得田造业耶?(同上)

尔识若君耶?(《琅琊漫钞》)

汝欲检我耶?(《山房随笔》)

足下与家眷来耶?(《辍耕录·近色不乱》)

3.诸

书云:"高宗三年不言,言乃欢"有诸?(《礼记·檀弓》)

有美玉于斯,韫匵而藏诸?求善价而沽诸?(《论语·子罕》)

乙 口语

A.名句

1. 吗

客气就是平等吗？(《回家以后》剧本)

这不是玛利女士吗？(《回家以后》剧本)

不是王三吗？(同上)

你来了，不是我给你开的门吗？(《骆驼祥子》第138页)

你不是祥子吗？(《骆驼祥子》第268页)

2. 么

你不是我的好伴侣么？(《回家以后》剧本)

今天不是七月十七么？(《第二梦》第一幕)

她不过是嫁了一个买办，这不也是一个女人么？(《好儿子》剧本)

B. 形容句

1. 吗

听说哥哥也要讨嫂嫂了，真的吗？(《泼妇》剧本)

教员，你不累吗？(《修堤》剧本)

2. 么

我是虫豸，好么？(《阿Q正传》)

世界男子都是坏的么？(《少奶奶的扇子》第一幕)

这件事好么？(《水浒传》第三十回)

赚得些利息来过日子，却不好么？(《京本通俗小说·错斩崔宁》)

C. 动句

1. 吗

中国人也爱狗吗？(《二马》第74页)

你这小子要造反吗？(《骆驼祥子》第172页)

你不留着作凭据吗？(《回家以后》剧本)

凭据在心里呢！你真心爱她吗？(同上)

嫂嫂知道了肯干休吗？(《泼妇》剧本)

嫂嫂不气坏了吗？(同上)

你不听见不吃芹菜吗？(《好儿子》剧本)

你们的房钱不是加了两块了吗？(同上)

2.么

师父，你要酒肉吃么？(《水浒传》第三十一回)

你便要认黑三郎么？(《水浒传》第三十四回)

教授，你见过去的那人么？(《京本通俗小说·西山一窟鬼》)

员外曾管顾你么？(《京本通俗小说·志诚张主管》)

你肯跟我做个压寨夫人么？(《京本通俗小说·错斩崔宁》)

相公仗钺专纪，得恁地作态么？(《五代史平话·唐史上》)

你自己有了这种心，不怕可耻么？(《月下》剧本)

仙人结过婚么？(《第二梦》第一幕)

你不听见有人在外头说话么？(《少奶奶的扇子》第三幕)

(二)抽选的询问句　无论是名句或是形容句，或是动句，古文里都是加否定词于系词或具有动词功能的词之后，或加在句末，而口语则重复肯定否定两个系词或两个具有动词功能的词，或则把否定的系词或具有动词功能的词放在句末。有的时候，还可以加上句终词。不过，在古文里这些句终词除了一些特别要用在这情形的之外，还可以兼用"乎"类的，而口语则只用"呢"类的字眼，不兼用“吗”类的。另外，可以在肯定和否定之间或对立的命题之间用抽选询问词，如古文的“抑”、“其”、“且”等，口语的“还是”、“却是”等；在这种情形之下，古文和口语都可以兼用双重的句终词。例如：

甲　古文

A. 不用句终词者

君除已尽未？（《左传·哀公二十七年》）

君知其解未？（《汉书·外戚传》）

今党人更为国用，汝曹反与张角通，为可斩未？（《后汉书·宦者张让传》）

言出子口，入于吾耳，可以言未？（《三国志·诸葛亮传》）

卿昔不顾吾，今可为交未？（《世说新语·方正篇注》引《楚国先贤传》）

吾之禄寿，已不必言，但推有子与否？（《辍耕录·算命得子》）

其间莫有疾病否？（《拊掌录》）

白堕既是一人，莫难为倾否？（同上）

朕将嫁女与卿，称意否？（《隋唐嘉话》）

大抵人君得观之否？（《大唐新语》）

得阿娇好不？（《小名录》）

眼往属万形，万形来入眼不？（《世说新语·政事》）

冀罪止于身，二儿可得全不？（《世说新语·言语》）

B. 兼用句终词者

子之持戟之士一日而三失伍，则去之否乎？（《孟子·公孙丑下》）

如此则动心否乎？（《孟子·公孙丑上》）

C.用抽选词者

1.抑

子将大灭卫乎？抑纳君而已乎？（《左传·哀公二十六年》）

床笫之不安邪？抑骊姬之不存侧邪？（《国语·晋语》）

黄帝人邪？抑非人邪？（《大戴礼·五帝德》）

求之与？抑与之与？（《论语·学而》）

不识臣之力也？抑君之力也？（《韩非子·说难二》）

2.意

黄帝颛顼之道存乎？意亦忽不得见与？（《大戴礼·武王践祚》）

知不足耶？意知而力不能行耶？（《庄子·盗跖》）

子之义将匿耶？意将以告人乎？（《墨子·耕柱》）

将以穷无穷逐无极与？意亦有所止之与？（《荀子·修身》）

不识世无明君乎？意先生之道固不通乎？（《说苑·善说》）

3.其

子以秦为将救韩乎？其不乎？（《战国策·韩策》）

诚爱赵乎？其实憎齐乎？（《史记·赵世家》）

抑刑戮也？其天札也？（《国语·鲁语》）

4.且

王以天下为尊秦乎？且尊齐乎？（《战国策·齐策》）

则有变乎？且不乎？（《礼记·曾子问》）

不识天之以我备其物与？且惟无我而物无不备者与？

(《淮南子·精神训》)

5. 将

子能顺杞柳之性而以为桮棬乎？将戕贼杞柳而后以为桮棬也？(《孟子·告子上》)

宁与黄鹄比翼乎？将与鸡鹜争食乎？(《楚辞·卜居》)

夫子贪生失理而为此乎？将子有亡国之事斧钺之诛而为此乎？(《庄子·至乐》)

人生受命于天乎？将受命于户耶？(《史记·孟尝君传》)

6. 亡其(妄其)

意者臣愚而不合于王心耶，亡其言臣者将贱而不足听耶？(《战国策·秦策》)

先生老悖与？妄其楚国妖与？(《新序·杂事》)

抑固萎耶？亡其略弗及耶？(《庄子·外物》)

必得宋乃攻之乎？亡其不得宋且不义犹攻之乎？(《吕氏春秋·开春论·爱类》)

D. 不用抽选词之抽选询问句

傥所谓天道，是邪？非邪？(《史记·伯夷传》)

公以为吴兴兵是邪？非邪？(《史记·淮南衡山王传》)

天邪？地邪？(《庄子》)

尔欲为我筑搪三版乎？欲尔鼻长一丈乎？(《支诺皋记》)

在古文里，只有系词"是"，具有动词功能的词"有"、"可"及其他同类的词之后可以用"否"，在其他的情形之下，"否"只能放在句子尾巴上，除非句子里系词或具有动词功能的词之后并没有其他的词。如果"否"类的词是放在系词或具有动词功能的词之前的话，就变成否定命题，而不是询问命题。

乙 口语

A. 不用句终词者

你还也不还？（《水浒传》第二十回）

吃了没有？（《好儿子》剧本）

扇子送来没有？（《少奶奶的扇子》第一幕）

他有家没有？（同上）

王裕，利害不利害？（《第二梦》第一幕）

你看见了他，恨不恨？（《第二梦》第二幕）

周太太，给你五十块钱，你要不要？（同上）

叫普天下失败的人，在眼睛一闪，——顷刻之间，都变了成功者，好不好？（同上）

三分钟到了没有？（《第二梦》第三幕）

这省事不省事？（《二马》第 37 页）

不刮脸啦，行不行？（《二马》第 68 页）

多么好看！真好！中国磁，是不是？（《二马》第 105 页）

你道歉不？（《二马》第 351 页）

未知干娘与小娘子肯也不？（《京本通俗小说·西山一窟鬼》）

你究竟肯不肯替二哥设法？（《家》第 387 页）

你们知不知道那天下雨？（《卞昆冈》第二幕）

今天只放了一个鸡蛋，会不会凝不起来的？（《两个角色演的戏·寒暑表》）

我有没有这样的荣幸，和你说几句话？（《画梦录·墓》）

B. 兼用句终词者

我说，你到底干不干哪？（《二马》第 327 页）

咱犯得上要她不呢？（《二马》第 380 页）

然而那究竟是不是长生的仙药呢？（《长生塔》第 9 页）

我的祖母在不在这里呢？（《竹林的故事·初恋》）

C. 用抽选词者

1. 还是

爷，你还是喜欢月亮，还是喜欢女儿？（《第二梦》第二幕）

这位太太问你进了钱铺做买卖，还是规矩的做法，还是圆通的做法？（《第二梦》第三幕）

是结发？还是再娶？（《京本通俗小说·冯玉梅团圆》）

客官还是请人？还是独自酌杯？（《水浒传》第六十一回）

是没有文化之故，还是不懂得文化之故呢？（《燕郊集·广亡徵》）

2. 却是

你要死？却是要活？（《水浒传》第二十五回）

你三个却是要吃"板刀面"？却是要吃"馄饨"？（《水浒传》第三十六回）

3. 或（或者）

讨厌我？还是喜欢我？或者同我一样的感到快活或者幸福呢？（《雀鼠集·车中》）

4. 抑是

是慨叹着我被人忘记了？抑是我忘记了人呢？（《画梦录·独语》）

D. 不用抽选词之抽选询问句

你们却要长做夫妻？短做夫妻？（《水浒传》第二十四回）

你——你——你是人？是鬼？（《水浒传》第二十二回）

这个好呢？那个好呢？(《雀鼠集·车中》)

在口语，否定词可以加在任何的系词和具有动词功能的词之后。这和古文是不同的，但其演变的痕迹是很容易解释的。询问是整个命题的询问的说法。所以在古代，这一类的否定词都是放在句子的末尾上，就是有系词"是"，其他的词如"可"、"应"之类的句子里所用的否定词也是放在句末的。如："子是屈君否？""应来此否？""可得一阅未？"但因为在说话的时候，如果对方可以了解的话，往往是把宾语或谓语略去，只说："知否？""是否？"然而在心理上有犹豫不决的时候，往往在说出话之后，又觉得有把宾语或谓语再补上去的必要，因此在否定词之后又加上了宾语或谓语。也就是因为这个道理，最初可以把否定词放在后面的只有"是"、"可"、"应"等常用的词，而一般较为少用的系词或已不盛行的系词和一般的具有动词功能的词就不能这样用。到了后来，这种用法渐渐的普遍了，现在是在一切具有动词功能的词之后都可以这样用，虽然一般的情形还是以否定词放在句末为常态。

(三)特殊询问词的应用　所以称之为"特殊询问词"，因为这些词所询问的都有其特殊的范围。例如某一个人之为谁，某一事之为何，某一动作之如何发生，某一事态之何时发生等等。这一类的用法，古文和口语并没有什么结构上的不同，只是用字上有差别而已。下面是例子。

甲　古文

A. 关于人的询问词

1. 谁[①]

---

① "谁"字有时写作"虽"。例如《韩非子·难二篇》："然虽知不欺主之臣？"但这只是同音假借。

谁生厉阶？至今为梗。(《诗·大雅·桑柔》)

谁能执热，逝不以濯？(同上)

子为谁？(《论语·微子》)

吾谁欺？(《论语·子罕》)

朕非属赵君，当谁任哉？(《史记·李斯传》)

2. 孰

孰谓子产智？(《孟子·万章上》)

百姓足，君孰与不足？百姓不足，君孰与足？(《论语·颜渊》)

女与回也孰愈？(《论语·公冶长》)

然则孰狩之？(《公羊传·哀公十四年》)

3. 畴[①]

畴咨若时登庸？(《书·尧典》)

畴若予工？(《汉书·司马相如传》)

畴逆失而能存？(《汉书·司马相如传》)

4. 何

主晋祀者，非君而何？(《说苑·复恩篇》)

B. 关于事物的询问词

1. 何

内省不疚，夫何忧何惧？(《论语·颜渊》)

元年者何？君之始年也。春者何？岁之始也。(《公羊传·隐公元年》)

夫子所论，欲以何明？(《史记·太史公自序》)

---

① “畴”之训“谁”，并见《尔雅》、《说文》。

其钓维何？(《诗·何彼秾矣》)

2. 奚

卫君待子而为政，子将奚先？(《论语·子路》)

非祸而奚？(《说苑·善说篇》)

3. 曷(害)[①]

其得意若此，则胡禁不止？曷令不行？(《汉书·王褒传》)

害浣害否？归宁父母？(《诗·周南·葛覃》)

4. 胡

与窗胡治乎？(《汉书·曹参传》)

5. 孰

礼与食孰重？(《孟子·告子下》)

事孰为大？事亲为大。守孰为大？守身为大。(《孟子·梁惠王上》)

乃十一月，日有食之，菑孰为大？(《史记·文帝纪》)

C. 关于方位的询问词

1. 何

轸不之楚，何归乎？(《史记·陈轸传》)

---

① “曷”《尔雅》云：“盍也”，《郭注》云：“盍，何不也。”“害”即“曷”。王引之《经传释词》称《书·汤誓》“时日曷丧？”《孟子·梁惠王》引作“害”。裴学海认为是“何弗”之合声。故“曷”字为“何不”之义。“曷”又声转作“盍”。故“盍”字亦为“何不”之义。杨树达《词诠》以为“盍”字为“何不”之合声，裴氏以为杨氏“失之”(见《古书虚字集释》第269页)。其实以韵部来批评杨氏不见得十分对，因为虚词的韵母本来就是很模糊的，何况还有方言差别的可能。杨氏在其《高等国文法》中把有否定词在后的“盍”字列入“皆有何字之义”的范围，无否定词在后的“盍”字列入“皆‘何不’之义”的范围(见第394—395页)。原来“盍”本来只有“何”之义，后来因为急言的结果才把“盍不”缩短为“盍”。关于这一点，请参阅本编第五章第二节，甲，A。

有是三者，何乡而不济？（《左传·昭公四年》）

2. 奚

奚自？（《论语·宪问》）

水奚自至？（《吕氏春秋·贵直》）

3. 恶

居恶在？仁是也；路恶在？义是也。（《孟子·尽心上》）

其贱奈何？外淫也。恶乎淫？淫于蔡。（《公羊传·桓公六年》）

4. 安

设为名高者安归乎？归于富厚也。（《史记·货殖传》）

王室多故，予安逃死乎？（《史记·郑世家》）

有其书无有？皆安受学？（《史记·仓公传》）

5. 焉

天下之父归之，其子焉往？（《孟子·离娄上》）

且焉置土石？（《列子·汤问》）

6. 以

于以采蘩？于涧之中；于以用之？公侯之宫。（《诗·召南·采蘩》）

于以求之？于林之下。（《诗·邶风·击鼓》）

7. 曷

西伯曷来？（《吕氏春秋·贵因》）

D. 关于原因的询问词

1. 何

夫子何哂由也？（《论语·先进》）

君侯何不快之甚也？（《史记·甘茂传》）

2. 奚

子奚不为政?(《论语·为政》)

子奚哭之悲也?(《韩非子·和氏》)

3. 胡

苟必信,胡不赴秦军俱死?(《史记·陈余传》)

胡不用之淮南,济北?(《汉书·贾谊传》)

4. 曷

王曷不违卜?(《书·大诰》)

曷虐朕民?(《书·盘庚中》)

天曷不降威?(《书·西伯戡黎》)

5. 侯

今侯渫过而不辞?(《吕氏春秋·恃君览·观表》)

君乎! 君乎? 侯不迈哉?(《史记·司马相如传》)

6. 瑕(遐)

遄臻于卫,不瑕有害?(《诗·泉水》)

遐不眉寿?(《诗·南山》)

7. 号

鲁哀公问于孔子曰:绅委章甫,有益于仁乎? 孔子蹴然曰:君号然也?(《荀子·哀公》)

8. 盍(阖)

盍不出从乎?(《管子·戒篇》)

阖不起为寡人寿乎?(《管子·小匡》)

E. 关于时间的询问词

1. 何

以何日月?(《三国志·毛玠传》)

2. 奚

则法术之士奚时进用，人主奚时得论哉？（《韩非子·人主》）

以宋攻楚，奚时止矣？（《吕氏春秋·慎势》）

3. 曷

怀哉怀哉！曷月予还归哉？（《诗·王风·扬之水》）

F. 关于方式或状态的询问词[①]

1. 奚如

卿以为奚如？（《史记·虞卿传》）

2. 安

安得此？（《史记·大宛传》）

安得猛士兮守四方？（《史记·高祖纪》）

3. 何如

且人谓鬼神何如状哉？（《论衡·解除》）

君视季布何如人也？（《史记·季布传》）

陛下以绛侯周勃何如人也？（《史记·张释之传》）

4. 何等

博辟左右问禁：是何等创也？（《汉书·朱博传》）

丞知是何等儿也？（《汉书·外戚传》）

汝言汉人死尽，今是何等人也？（《后汉书·南匈奴传》）

---

① 《左传·昭公十年》："忠为令德，其子弗能任，罪犹及之，难不慎也？"这里的"难"字，顾亭林认为是"言不可不慎"（见《左传杜注补正》）。王引之认为有"患"的意思（见《经义述闻》十九）。杨树达认为都是错的。他提议解释这"难"字为"奈何之合音"（见《高等国文法》第396页）。但这是很可怀疑的。顾氏"言不可不慎"的解释也未始不可通。所以我们就不把"难"字放在这个地方来讨论。

5. 如台

今其如台而独阙也？（《后汉书·班固传》）

今王其如台？（《书·西伯戡黎》）

则颜氏之子，闵氏之孙其如台？（《法言·问道》）

6. 焉

枨也欲，焉得刚？（《论语·公冶长》）

未能事人，焉能事鬼？（《论语·先进》）

且夫楚唯无强，六国立者，复挠而从之，陛下焉能臣之？（《史记·留侯世家》）

7. 恶

非通幽明之变，恶能识乎性命哉？（《史记·外戚世家》）

凶德参会，待时而发，藉福区区其间，恶能救斯败哉？（《汉书·窦田传赞》）

8. 乌

秦乌能与齐悬衡？（《战国策·秦策》）

迟迟有命，乌识其时？（《史记·贾谊传》）

9. 胡

人尽夫也，父一而已，胡可比也？（《左传·桓公十五年》）

G. 关于数目的询问词

1. 几

子来几日矣？（《孟子·离娄上》）

夫有大功而无贵仕，其人能靖者与有几？（《左传·僖公二十三年》）

将军度羌虏何如？当用几人？（《汉书·赵充国传》）

2. 几何

问邑之贫人债而食者几何家？(《管子问》)

所谓治病生验者几何人？(《史记·仓公传》)

渔者几何家？(《史记·龟策传》)

3.几许

突兀当厅坐，几许遮贤路？(《大唐新语》)

4.多少

花落知多少？(孟浩然诗)

往事知多少？(李煜《虞美人》)

这些特殊询问词之中，有的可以一般的应用，换言之，即可以加在另外表示某种询问范围的词之上，而变作这种范围的询问词。比方说，"何"字除了表示数量的询问外，可以加在任何其他的词之上，而表示其特殊的意思。如"何人?""何处?""何故?""何如?""何事?""何物?"等等。"谁"字多半是独用，但有时也可以加在"人"之上；如《吕氏春秋·贵信》："谁人不亲?"不过，除了关于人的询问外，"谁"字不能用在别的地方。"孰"字比"谁"的范围较广，可以用以表人，也可以用以表物，但不能用在别的地方。"孰"之后也可以加上具有名词功能的词，如《公羊传·昭公二十五年》的"孰君而无称?"《吕氏春秋·恃君览·行论》的"孰王而可叛也?"但这里的"孰"字说不定是带有规定者或约词的性质，意思或且是"谁的君"，"谁的王"，果尔则是另外的问题。

乙 口语

A.关于人的询问词

1.谁

你儿子跟谁出去？(《水浒传》第二十三回)

这时候，谁带什么香呢？(《红楼梦》第十九回)

这睡的是谁?(《小孙屠戏文》)

有谁人采您?(《张协状元戏文》)

2.什么人

今儿那个穿红的是什么人?(《红楼梦》第十九回)

她是什么人?(《好儿子》剧本)

什么人?如何窥觑人家的妇女?(《京本通俗小说·冯玉梅团圆》)

3.甚(甚么)人

有甚人去招诱王镕么?(《五代史平话·梁史上》)

你今说屈了甚人?(《京本通俗小说·菩萨蛮》)

这是你甚么人?(《京本通俗小说·错斩崔宁》)

4.那(哪)一个(位……)

你说的是那一位太太?(《少奶奶的扇子》第一幕)

那一个叹气?(《第二梦》第二幕)

B.关于事物的询问词

1.什么[①]

他不回来,我有什么法儿?(《好儿子》剧本)

什么事?说啊!有话好商量。(同上)

问一问怕什么?(同上)

2.甚么

你笑甚么?(《泼妇》剧本)

你这是甚么意思?(《回家以后》剧本)

---

① 敦煌石室所发现的《神会语录》残卷中还有用"是"字来表示"何"的。例如:"唤作是物?""作没生得见无物?见无物唤作是物?"这也是同声假借的例。因为会和是非的是字相混,我们就不在这里举人例中。

丈夫你见甚么来？(《京本通俗小说·西山一窟鬼》)

3. 那(哪)个(件、桩……)

那件事呢？(《月下》剧本)

到大华旅馆走那条路？(《第二梦》第三幕)

世界上的事体，那一件是拿得定，把得稳的？(《少奶奶的扇子》第四幕)

C. 关于方位的询问词

1. 什么地方(方向……)

昨天跳舞会之后，金女士到什么地方去，你知道么？(《少奶奶的扇子》第四幕)

中国什么地方出茶？(《二马》第62页)

2. 那里(哪里)

他老夫妻那里去了？(《京本通俗小说·碾玉观音下》)

这黑汉子，你姓甚名谁？那里人氏？(《水浒传》第六十六回)

那里来的？(《月下》剧本)

3. 那儿(哪儿)

上那儿呢？(《二马》第10页)

哪儿来的？(《骆驼祥子》第46页)

你到底上哪儿啦？(《骆驼祥子》第294页)

4. 那(哪)

这里那有树？方圆十里，那有树林？(《第二梦》第一幕)

她在哪屋里呢？(《骆驼祥子》第288页)

D. 关于原因的询问词

1. 为什么(为甚么)

为甚么又要花钱？（《泼妇》剧本）

为什么今天不去学？（《好儿子》剧本）

如此你为甚么要出去？（《月下》剧本）

2. 干甚么（干什么）

你跑出来干甚么？（《回家以后》剧本）

找医生干什么？（《二马》第188页）

3. 做甚么（做什么）

去打听他做甚么呢？（《月下》剧本）

嫂嫂把得家定，我哥哥烦恼做甚么？（《水浒传》第二十三回）

4. 干吗

保罗，你都干吗来着，这些天？（《二马》第196页）

呕，马先生，两镑钱的支票，干吗？（《二马》第226页）

5. 为何（何）

那么为何要出去？（《月下》剧本）

何不叫他一声先生呢？（《二马》第103页）

6. 怎么（怎的，怎地，如何）

你先前怎地不说？（《京本通俗小说·菩萨蛮》）

你这厮许了我人情又不还，我怎的不打你？（《京本通俗小说·西山一窟鬼》）

张主管如何不来？（《京本通俗小说·志诚张主管》）

E. 关于时间的询问词

1. 几时

几时才能回国呢？（《二马》第259页）

这条计几时可行？（《水浒传》第二十三回）

你几时可以给我回信？（《少奶奶的扇子》第二幕）

2. 什么时候（甚么时候）

你看，咱们什么时候才能回国呢？（《二马》第 305 页）

甚么时候到的？（《月下》剧本）

少爷什么时候回来的？（《少奶奶的扇子》第四幕）

F. 关于方式及状态的询问词

1. 怎么（怎么样）

你怎么了，祥子？（《骆驼祥子》第 173 页）

我打算学商业，你看怎么样？（《二马》第 118 页）

怎么啦？祥子！（《骆驼祥子》第 141 页）

2. 怎（怎样）

怎啦？怎啦？（《骆驼祥子》第 116 页）

你知道我怎样报答那一天？（《第二梦》第一幕）

到底怎样呢？（《月下》剧本）

3. 怎生

只是花荣还有妻小妹子在清风寨，必然被黄信擒捉，却是怎生救得？（《水浒传》第三十三回）

僖宗方在幼冲，纵有忠臣直谏怎生省得？（《五代史平话·梁史上》）

怎生收捕？（《五代史平话·唐史上》）

4. 怎地（怎的）①

却说这样没根蒂的话来，旁人听见时，教我怎地做人？

---

① 在初期的白话文中，有时也用“恁地”。但“恁地”的本来意义是“这样的”，把它当做“怎地”是误用。

(《京本通俗小说·菩萨蛮》)

杀人罪衍怎的免?(《小孙屠戏文》)

相公他怎地不接丝鞭?(《张协状元戏文》)

5. 作没生(作勿生、作么生)

作没生遣?(《神会语录》第一残卷)

作勿生是?(同上)

恁么时,作么生?(《荷泽神会大师语》)

6. 如何

我来替你去铺床如何?(《月下》剧本)

先前说过的话,如何赖得?(《京本通俗小说·菩萨蛮》)

他情愿赔出,立办装奁,与总管为室,如何?(《水浒传》第三十三回)

G. 关于数量的询问词

1. 多少

我昨日看见天王堂前那个石墩,约有多少斤重?(《水浒传》第二十七回)

在员外宅里多少年了?(《京本通俗小说·志诚张主管》)

中国茶有多少种?(《二马》第61页)

2. 几(几个……)

你到我庄上住了几日?(《水浒传》第三十四回)

却几岁?(《京本通俗小说·志诚张主管》)

在这些询问词之中,“什么”或“甚么”最是常用,可以加在许多表示不同范围的意思上,例如“什么地方?”“什么缘故?”“什么时候?”“什么东西?”“什么人?”等等,可以说是一个一般的询问词,在不同的地方,有其特殊的范围。“怎样”则只能用在表示古文“如何”的地方，“多少”只能用在表示数量的地方。这个单子而且是不完全的，事实上还有很多的询问词，不过多少是同一来源的词，只有写法的不同。

第三节 汉语的询问词

上面已经说过许多汉语的询问词，但关于它们的互相关系及其来源却没有解释过，现在无妨说一说。

先说句终询问词。古文有“乎”、“欤”、“邪”、“也”四个（“耶”即是“邪”，“与”即是“欤”）。在这四个之中，“也”和“邪”很明显的是同一个词。其与一般句终词“也”的分别在于声调的不同。作为询问词用的“也”或“邪”是下平声，而作为一般句终词用的“也”是上声字，虽然《广韵》只列一个“也”，属于上声字，但一般念“也”询问词时确是念为下平声的。“也”字《广韵》入马韵，羊者切。“欤”字《广韵》有三个反切，但训为“语末之解”的，《广韵》列入鱼韵，以诸切。“乎”字《广韵》列入模韵，户吴切。“羊、以”都是喻四切上字，“户”则属于匣母，所以以声母论，“欤”“也”两字是双声字，即以韵母论，“马”“鱼”虽不同韵，但高本汉却把它们列在同一的上古音第二部中①，在上古必是音相近的词。匣母和喻四并无通转的情形，所以“乎”和这两个字的声母是不同的，不过以韵母论，模韵虽与“马”“鱼”不同，但根据高本汉的研究，却是属于上古音同部的②。它们以韵母论，是发音相近的词。我们可以大胆地说，这些字都是

---

① Karlgren：Grammata Serica，p. 18.

② 同上。

古代的同一个词，不过有方言上、时代上或写法上的不同而已。另外的“诸”字是“之乎”的合文，并不引起新的问题。

然而这一类句终询问词却不存在于现今的口语。口语的句终询问词是“吗”或“么”。“么”在中古时代念为 ma，这是谁也知道的事实，所以和“吗”实在是同一个词。唐宋的白话文都是用“么”，而不用“吗”，现代的白话文才用“吗”，而兼用“么”。这是因为“么”字的读音已经变成 mɔ 或 muɔ，而发为 mʌ ma 音的询问词仍存在于口语，所以就新创一个“吗”字去代替它。然而这“么”或“吗”的来源则没有人研究过。我们把古代表示询问的说法和音韵的变迁来研究一下，就知道这个询问词是从古时的否定词变来的。我们已经说过汉语的询问命题有的时候是用肯定否定两个词的连用来表示的，而在古代，这否定词往往放在句尾。如《汉书·外戚传》的“君知其解未?”较晚的《大唐新语》的“大抵人君得观之否?”《小名录》的“得阿娇好不?”这些否定词都是以唇音声母的字来表示的，“么、吗”都是唇音声母的字，其为“否、未、不”之类的后身是很可能的。这种说法可以用初期白话文和方言的用法来证明。《水浒传》第二十三回有这样的一句:“注子里有酒没?”这“没”字一方面和古代的“未、不、否”是同样的用法，一方面却和当时的“么”字是同样发音的，这很明显的指示出由“不、未、否”演变为“么”的痕迹。最早的禅家语录，敦煌所发现的《神会语录》残卷里有这样的用法:“作没生”“作勿生”，在《荷泽神会大师语》里又有“作么生”的用法。这些用法实在是等于后来的“怎么生”。值得我们注意的是“么”字在那个时代也写作“没”或“勿”;“没”和“勿”都是否定词，然而却拿来表示“么”。“么”和否定词的关系是很密切的。另外，在现今的福州方言里，句终询问词的“毛”mɔ 明明就是北方语的“吗”或

“么”，然而却同时有否定词的意义①。这使我们确信现在口语的询问词“吗”“么”是从古代的肯定否定连说式的询问命题中的否定词变化而来的。

上面说过，古文和口语还有在已有表示询问的命题中再加用句终词的办法。在这种情形之下，口语大半是用“呢”字，有时则用“哪”、“啦”、“啊”、“呀”、“吓”等字。这些东西又是哪里来的呢？我们知道在古文里，这种情形除了“乎”类的句终询问词外还可以用“矣”、“哉”、“焉”、“尔”等。其中最可注意的是“尔”字，例如：

然则何言尔？（《公羊传·隐公元年》）

何讥尔？（《公羊传·隐公二年》）

何危尔？（《公羊传·隐公三年》）

则中国曷为独言齐宋至尔？（《公羊传·僖公二年》）

我们已经在讨论人称代词的地方说过，现今口语的“你”字是以前“尔”字演变而来的②。“尔”字在上古是一种鼻音字，后来变成念为 ni 的“你”，不过在文字读音方面，“尔”已念成北方的 ɚ。现今的“呢”字也是发为 ni 音，和“你”正相同。古语的“尔”既有和“呢”同样的用法，其中的关系是可一目了然的。换言之，“呢”确是“尔”的后身。至于“哪”则是“呢”的蜕化，而“啦”则是“哩”的变形。章炳麟谓“哩”即古代的“来”③，其说可信。“哩”是来母字，“来”的古音元音从 *i*，不从 *ai*，福州方言“来”字念音虽为 *lai*，说话却仍说 *li*。我们可以在古书中找到可以把“来”译为“哩”的例子。《庄

---

① 例如：ny ɔu k‘ɔ mɔ（你有去毛？——你去过吗？）i kiaŋ i nɛ mɔ（伊惊伊奶毛——他怕他母亲吗？）ŋuai mɔ kiaŋ（我毛仔——我没有儿子）等等。

② 参阅本书第二编第二章。

③ 《章氏丛书·新方言·释词第一》第 3 页上至下。

子·人间世》:“子其有以语我来!”此即一例。宋元白话文中也有这样用法的“来”。郭绍虞谓《西厢记》中“须索走一遭去来”的“来”字不为义[①],这句话是很对的。此“来”确是没有实词的意义,不过这个“来”字明明是“哩”,意即“须索走一遭去哩”,是一种感叹词,有其语法的作用。元曲《玩江亭》头折“咱回去来”,其实也就是“咱回去哩”的意思。《京本通俗小说·西山一窟鬼》“丈夫,你见什么来?”这句话就是“丈夫,你见什么哩”的意思。不过现代人在询问方面多用“呢”,而不用“哩”,因为现在的“哩”专用在感叹方面,而询问命题方面却用由“哩”变化而来的“啦”字。“啊”、“吓”、“呀”等则是“也”、“邪”、“耶”类的后身。这些实际上不是纯粹的询问词,只是用在询问命题中的感叹词。

在特殊的询问词方面,古语所用的字眼虽然多,但多半是同一个词的演变。“谁”与“孰”都是以摩擦齿音为声母的字,除了“孰”有时可以兼指事物外,只用于指人的地方,可以说是人称询问词。“畴”虽然是以塞擦齿音为声母的,但却都是齿音,大约是同类的词。“何、奚、曷、害、竭、胡、侯、遐、瑕、号、盍、阖”等都是以喉牙音为声母的字,这些是同一个词,而因时代,方言或写法而起的变化。“安、恶、乌”都是从影母的字,这些也是同一个词。“以、台、焉”都是喻母字,这些也是同一个词。在这四类之中,“谁”字仍是现今北方语的人称询问词,“何”类除在仿古的地方尚用外,已不存在于纯粹的口语,“安”类、“以”类差不多是完全不存在了。在口语之中,换上的是“什么”和“怎么”两类。然而这两类的来源则是我们所应

① 郭绍虞《语文通论》,《中国语词之弹性作用》(此文初见《燕京学报》第二十四期)第十“之”。

加以研究的。

“什么”的“什”现在的念音是 ʂʅ,是以卷舌的摩擦齿音为声母的。我们在古代的文献里可以找到其他和这同一声母和相类声母的询问词。章炳麟在他的《新方言》中说:“《说文》‘曾,词之舒也。余,语之舒也;从八舍省声。’‘曾,余’同义,故‘余’亦训‘何’,通借作‘舍’。《孟子·滕文公》篇:‘舍皆取诸其宫中而用之。’犹言何物皆取诸其宫中而用之也。《晋书·元帝纪》:‘帝既至河阳,为津吏所止。从者宋典后来以策鞭帝马而笑曰:舍!长官禁贵人,女亦被拘邪?’‘舍’字断句,犹言何事也。亦有直作‘余’者。《春秋左氏传》曰:‘小白余?敢贪天子之命无下拜!’犹言小白何物也。今通言曰‘甚么’,舍之切音也。川楚之间曰‘舍子’。江南曰‘舍’俗作‘啥’,本‘余’字也。”[①]章氏又云:“《方言》:‘曾,訾,何也。’今通语曰‘曾’,俗作‘怎’或曰‘訾’,音转如‘债’。四川成都以东谓‘何’曰‘訾’,扬越亦如之。‘訾’转‘债’者,脂支相转。”唐代李亢《独异志》也有用“曾”的例:“我兄弟不可死于兵卒之手,曾不自裁?”冯贽《云仙杂记》亦云:“曾不少留?”从这里我们可以看得很清楚,“什”就是古代“舍”的后身,“怎”就是古代方言“曾、訾”的后身。这两字的发音略有不同,意义和用法也都略有差别。现今福州话里“什么”说为 sie nɔ,“怎样”说成 tsiɔŋ jɔŋ,这实在也是古代的“舍”和“曾、訾”的遗存。

此外,则在古书之中,还有以“那”和“底”来表示询问的。“那”字之作为询问词用者由来很久。《左传·宣公二年》有“牛则有皮,犀兕尚多,弃甲则那?”杜注云:“那犹何也。”顾炎武《日知录》云:

---

① 《章氏丛书·新方言·释词第一》第 3 页上至下。

“直言之曰那，长言之曰奈何，一也。”裴学海氏认为杜顾二说皆不对，因为果尔，“则是‘弃甲则那’与下文之‘丹漆若何’义例同也，其可通乎？”[①]《后汉书·逸民传》亦有一句：“公是韩伯休那？乃不二价乎？”马伯乐认“那”为询问词[②]。但是晋皇甫谧的《高士传》却作“公是韩伯休耶？乃不二价乎？”这明明是“耶”字，因字形相近，后来才误为“那”。不过这种“那”字在元曲中确有存在。《摩利支飞刀对箭》第二折：“元帅怎生道要杀坏了你那？”这里的“那”就是询问词，可是和《后汉书·逸民传》的“那”字是否相同，则是疑问。大约这“那”是后有的，和“呢”属于一类。然而在古语中，“那”字也确有用作询问词的，不过和上面所说的句终词是不同的而已。《续列女传·更始韩夫人传》就有这用法：“不如此，帝那得之？”在六朝时这种用法的“那”就很多。《世说新语》中到处可以见到这种“那”。例如：“偷那得行礼？”“若至者那得去？”晋法显的《佛国记》中也有这样一句：“商人荒遽，不知那向？”唐代禅家语录中这种用法的“那”更多。例如《古尊宿语录》的“大悲千手眼，那个是正眼？……那个在前？那个在后？”《筠州黄蘗禅师传心法要》的“未审那个心是佛？”“底”字之作为询问词用者也是很早就有的。《后汉书·祢衡传》：“死公云等道。”章炳麟认为是“音转如‘底’，今常州谓‘何’为‘底’”[③]。《北齐书·徐之才传》有“个人讳底”句，这“底”就是“何”的意思。“底”字后来之作为询问词用者，到处都可以见到，不必多述。但这“底”到底是什么地方来的，则是一个问题。颜师古

① 《古书虚字集释》，第509页。

② Maspero: Sur Quelques Textes Anciens de Chinois Parlé, Bulletin de L'Ecole Francaise d'Extrême-Orient, tome XIV. 1914, p. 35.

③ 《章氏丛书·新方言·释词第一》第3页下。

在他的《匡谬正俗》中，认为“底”就是“等”，是从“何等”缩短而来的[①]。马伯乐对此曾发表过他的意见，认为这是很可能的，但不能证明，因为这样用法的“等”字是后来才有的[②]。马伯乐的理由是不可靠的，因为这样用法的“等”字在《后汉书》中就已发现。但他的不相信此说则是我们所赞同的。“底”和“等”的相同，是语言上的相同，这两个字都是当时用来表示 t-音的一个询问词，不见得是“何等”的缩形。因为这一类的缩形只能把“等”字去掉，不能把“何”字去掉，如果“等”字本身没有询问词的意思的话。我们根据“那”字的来源和其用法来看，可以说“底”(或“等”)和“那”都是由指示词变来的询问词。由指示词变成询问词是语言的普通现象。我们知道“那”字一方面是用作指示词的，我们又知道“底”字有时也是用作指示词的，这两个字刚刚好都用作后来的询问词，可知它们都是由指示词变来的。不过后来因为“那”字有这两个不同的用法，所以在北方语中，就渐渐的在发音上起了变化，指示词的“那”是去声，而询问词的“那”则是上声。“底”字之用作询问词者现今的福州话尚是如此，不但是常州。福州话说“何人”为 tie nøyŋ，说“哪一个”为 ti siɔk tsiek，说那里为 tieŋ nœ，这些都是和“底”同一的词，因上下字的相连或两词的合并而起的同化作用，各句中略有不同，但都是从 *ti-* 的。至于“底”、“那”两个指示词的来源，我们已于讨论指示词时研究过[③]，这里不必多说。

---

① 《匡谬正俗》卷六底条。

② 见前页注③所引马氏文，第 35 页，注二。

③ 参阅本书第二编第一章。

第三章　疑惑命题

第一节　疑惑命题的性质

和询问命题相近的则有疑惑命题(dubitative)。疑惑命题是表达心中对某个事态的怀疑,有的时候也可以用询问的方式,但事实上并不是询问。询问总要对方的回答而疑惑却并不一定要对方的回答;对方即有回答也不见得相信。这在性质上是完全不同的。比方说,我们问:“你去不去?”这是询问命题,因为当我们问这句话时,我们总希望对方有个回答,是去或是不去。然而如果我们说:“你难道也要去吗?”这句话的形式似乎是询问,可是它所表达的只是对于“你要去”这桩事的怀疑,即使对方的回答是:“是的,我也要去”,我们也不见得就相信。所以,疑惑命题虽然有时是出诸询问的口气,其本质上却只是对于某种事态的疑惑的表达。

一般说起来,疑惑命题多半是出自询问的口气,但不见得一切的疑惑命题都得用询问的口吻来表示。我们也可以说:“大约还不坏吧!”这却不是用询问的口气,而能够一样的表达疑惑的意思。疑惑命题可以分为两种:一是传疑命题,直接把疑惑传说出来;一是反诘命题,用反问的方法来表达心中的疑惑。这两种疑惑命题各语言中都有存在,不过表达的方法不同而已。现在欧洲语的传疑命题是用特殊的虚词来表达的，如英语之 may-be，perhaps，probably 等，法语之 peut-être，probablement 等[①]，当然同时也可以用语气，但却没有特殊的句终词。汉语在这一方面，除了和西洋语一样外，同时还可以用句终词，如上面所说的“吧”即其一例。至于反诘命题，西洋语都是借用询问词，如英语之 how，法语之 comment 等，或借用以声调或语次来表示的询问命题。在这一方面，汉语则有其特殊的语法结构，因为我们有“岂”、“难道”等虚词是西洋语所没有的，而且就连翻译都不容易翻译。这是汉语的特色。

疑惑命题，广义地说，也可以算是一种感情的表达，疑惑情绪的表现。但因为有一种疑惑，往往有一种理性上的根据，和狭义的所谓感情终难同日而语，这是我们所以特别在此讨论，而不把其归入感叹命题的道理[②]。

因为其多少带有表情的色彩，所以疑惑命题往往也可以用语调的变化来表示，这在其他各语言亦然，固不止是汉语如此。

疑惑命题无疑的是句型的问题。因为所疑惑的多半是整个句子的意思。比方说：“他也想去？”这句疑惑命题是对整个“他也想去”这句话所生的怀疑，并不是对其一部分所生的疑窦。询问命题可以分为绝对询问命题（absolute interrogation）和相对询问命题（relative interrogation）二者[③]。前者如：“你明天要来吗？”所问的着重点是整个的句子。后者如：“谁来？”虽然整个句子都有关系，因为不但是问随便的“谁”，乃是问这“来者”是“谁”，然而它的着重

---

① 这些字眼在英法语的语法书中都称为副词，其实是虚词的一种，尤其是没有副词词尾的那几个词大可不必称为副词。

② 关于感叹命题，请参阅本编第五章。

③ 参阅 Marouzeau，Lexique de la ter minologie linguistique，p. 104.

点却在于“谁”，则是无疑的。所以这一类的询问词我们称之曰特殊询问词。可是疑惑命题却不能这样分，因为所怀疑的总是一桩事，一种判断。当然有的时候，我们也可以说：“我怀疑这个人”，这里“怀疑”是具有动词功能的词，这句子所叙述的虽然是怀疑，但这怀疑却当做一桩事实来叙述，而“怀疑这个人”这桩事却是千真万确不足怀疑的。所以这一类的句子绝不是怀疑句，只有对整个命题所表示的意思用怀疑的态度表示出来的时候，这句子才是疑惑句，而其所疑惑的也只能是整个的命题，而不是其中的一部分。我们说疑惑必得是对判断所加的疑惑，这句话如何说法呢？原来除了把疑惑当做一桩事实，当作一个动作来看待以外，用疑惑的态度来说一个句子，这句子所代表的必是一个判断。所谓疑惑的说法就是对此判断所加的疑惑态度。人们说：“这是一个很难的问题。”这是一个判断，我们对此判断发生疑问，于是就说：“这是一个很难的问题吗？”[①]在另一方面，询问句所问的是要对方加以回答的，所以它所问的问题可以是特殊的。疑惑是对人家所说的话，或一桩事加以疑惑，它并不是要问其究竟，所以不能有特殊着重的地方，乃是一般的疑惑。这是疑惑命题和询问命题一个重大的不同的地方。

第二节　疑惑命题的种类

上面说疑惑命题可以分为传疑命题和反诘命题两种。这是就其大体而论，其实这两种因为有各种不同的表达法，还可以分为许

---

① 这涉及哲学和逻辑学的问题，这里不必多说。

多类,现在就依据这两种不同的表达法叙述其作用于下。

(一)传疑命题　传疑命题可以分为四类,一是用特殊传疑虚词的,一是只用句终词的,一是借用询问句的,一是用疑惑语调的。用特殊的传疑虚词来表示的,有的时候甚至于可以兼用句终词。

I　用特殊传疑虚词的

甲　单用传疑词的

A. 古文

1. 或

湛兮似或存。(《老子》)

不恒其德,或承之羞。(《易·恒九三》)

此虫有灵,不可犯之,或致风雨。(《支诺皋纪》)

到京访东垣,或有生理。(《识小录·梨疗病》)

2. 似[①]

郑书傲睨自若,似无郡吏之礼。(《云溪友议》)

允敬者则仿佛似睹之。(同上)

公年似太老。(《谐噱录·少卿》)

3. 若

吾察其哭声,疾而不悼,若强而惧者。(《酉阳杂俎·贬误》)

及曲终,累累而退,若有尊卑等级。(《杜阳杂编》)

仲躬神魂恍惚,若不支持然。(《博异志·敬元颖》)

---

① "似"、"若"、"如"等字大半是具有动词功能的词蜕化而来的受导词(参看本书第三编第四章),尚带有动作的色彩。但这里所用的"似"、"若"、"如"等则是另外的东西。受导词的"似"、"若"、"如"相当于口语的"像",但传疑词的"似"、"若"、"如"只能释为口语的"好像",两者的分别是很明显的。

因与之榴花一枝而出，恍若梦中。（《识小录·闽中榴花洞》）

4.如

鲜明芳洁，如才拆下。（《杜阳杂编》）

居常貌如愚痴。（《开天传信记》）

其大小价数，一如清化者。（《博异志·敬元颖》）

5.云

民有肃心，并云不逮。（《诗·大雅·桑柔》）

为民不利，如云不克。（同上）

帅大仇以待小国，其谁云待之！（《国语·鲁语》）

6.员

日月逾迈，若弗员来。（《书·泰誓》）

7.盖

盖墨翟宋大夫善守御，为节用。（《史记·孟子荀卿传》）

临大泽，无崖，盖乃北海云。（《史记·大宛传》）

舜葬于苍梧之野，盖三妃未之从也。（《礼记·檀弓》）

8.犹

十年尚犹有臭。（《左传·僖公四年》）

9.傥（党）

今汉兵至，众强，计杀余善自归，诸将傥幸得脱。（《史记·东越传》）

物之傥来，寄也。（《庄子·缮性篇》）

吕后欲召，恐其党不就，乃与萧相国谋。（《史记·淮阴侯传》）

B.口语

1. 或者(或且)

将来自然会觅到的,或者竟觅不到也说不定。(《月下》剧本)

在你学问没有成就的时候,或者我可以作你的伴侣。(《回家以后》剧本)

2. 说不定

假使他自己来劝我,说不定我暂时回去,过几天委屈日子。(《少奶奶的扇子》第三幕)

3. 也许(还许)

也许有一天,你也会在岔路口,走错了那们一步。(《第二梦》第一幕)

也许你们看我太不客气;……(《二马》第95页)

还许有希望(《二马》第117页)

4. 大约

大约是太忙的缘故,又是病室新盖好。(《月下》剧本)

大约南京的事情有了好消息,所以院上传见。(《官场现形记》第四回)

大约这个缺谅已成交的了。(《官场现形记》第四回)

5. 大概

大概是要擦眼睛。(《二马》第85页)

大概就多数的拉八成新的车。(《骆驼祥子》第1页)

这大概是一种寓言。(《长生塔·隐身珠》)

6. 大半(多半)

男人道学,大半人怀叵测;女人道学,准是其貌不扬。(《少奶奶的扇子》第三幕)

你多半儿想要那姓李的。(《卞昆冈》第二幕)

7.好像

好像是桂花。(《第一梦》第一幕)

好像他所说的双喜堂是一个不规矩的地方。(《月下》剧本)

我们在法政学堂毕业出来,好像很新奇似的。(《回家以后》剧本)

8.似乎

我似乎不能辜负人家的好意。(《回家以后》剧本)

近来他似乎有点不喜欢我。(《第二梦》第一幕)

似乎旁人的牺牲太看得轻了。(《月下》剧本)

9.恐怕(怕)

恐怕自己一辈子不会再有什么起色了。(《骆驼祥子》第61页)

那恐怕是你疑心。(《泼妇》剧本)

谢谢,已经有了别的约会怕不能来。(《少奶奶的扇子》第二幕)

10.仿佛

仿佛这个乃关住了一抽屉神秘。(《画廊集·秋雨》)

他仿佛微抖着。(《画廊集·记问渠君》)

乙 兼用句终词的

A 古文

天其或者欲使卫讨邢乎!(《左传·僖公十九年》)

昔者辞以疾,今日吊,或者不可乎!(《孟子·公孙丑下》)

有喜而忧,如有忧而喜乎?(《左传·宣公十二年》)

今费虽小，傥庶几乎？（《史记·孔子世家》）

若亡于诸侯以听大国之国君也。（《左传·定公四年》）

鸟鱼可谓愚矣，禹汤犹云因焉。（《墨子·公孟篇》）

B. 口语

待我去看罢，恐怕割断的所在，有甚么不妥当啊。（《月下》剧本）

恐怕就是这们说说罢咧！（《第二梦》第一幕）

现在你怕不做了屈死的鬼吗？（《好儿子》剧本）

说不定奶奶会叫他向妈妈赔不是哩。（《旱》第81页）

怕不很方便吧。（《雀鼠集·亚猛》）

惊羡之外，似乎还含着妒忌的神情哩！（《雀鼠集·车中》）

这样一件笨重东西也许已没有什末必要了吧，……。（《画廊集·秋雨》）

大概是大雨之后吧，……。（《画廊集·记问渠君》）

憧憬的欢欣大约也同似水的流年是一样的罢。（《燕郊集·赋得早春》）

恐怕也不会再觉得了罢。（《燕郊集·广亡徵》）

II　只用传疑句终词的　在近代的白话文中有“罢”或“吧”，可以用于表示传疑命题的地方。“罢”或“吧”除了表示传疑命题外，还可以用于命令命题，这则将于下面讨论。不过传疑命题，如果只用一个传疑句终词的话，则除了“罢”或“吧”外，就找不到其他的。古文中而且还找不到这种用法。现在就举几个白话文的例：

他自己也知道靠不住的罢。（《燕郊集·驳跋销释真空宝卷》）

而年代也差得较远罢。(同上)

该不至于有一个人造孽,连累一群罢。(《第二梦》第一幕)

我此刻并不在这儿做什么不正当的事罢。(同上)

可是不见得是正当罢?(《月下》剧本)

你来了好久罢。(《少奶奶的扇子》第二幕)

不见得罢,……。(同上)

现在人喜欢提爱情两个字,这就是爱情罢。(同上)

信钱要了这么多,就不要包三灾了吧。(《旱》第43页)

他该看见了我吧——(同上第62页)

老敢该回来了吧。(《卞昆冈》第二幕)

III 借用询问句 用询问句来表示传疑命题乃是极乎平常的现象,因为传疑和询问是很接近的,有的人甚至于把"疑问"合在一起讲。这一类的用法,古文口语都有其存在。例如:

甲 古文

其以贾害也?(《左传·桓公十年》)

今豆有加,下臣弗堪,无乃戾也?(《左传·昭公六年》)

亦将有以利吾国乎?(《孟子·梁惠王上》)

欲将我安之乎?(《史记·吕后纪》)

今言王若易然,则文王不足法与?(《孟子·公孙丑上》)

不识此语诚然乎哉?(《孟子·万章上》)

将军怯邪?(《史记·袁盎传》)

仪以寡人绝齐未甚邪?(《史记·张仪传》)

然则公欲秦之利夫?(《吕氏春秋·审应览·应言》)

是以侯王称孤寡不谷,是其贱之本与?非夫?(《战国

策》)

乙　口语

我也有得吃的么？(《月下》剧本)

你叫我回去么？(《少奶奶的扇子》第三幕)

子明没有看见信么？(同上)

我没有生意你不知道么？(《好儿子》剧本)

嫂嫂知道了肯干休吗？(《泼妇》剧本)

客气就是平等吗？(《回家以后》剧本)

学问是专为摆架子的吗？(同上)

父亲，真的有能言树吗？(《长生塔·能言树》)

IV　用疑惑语调的

甲　古文

敢以自外？(《剪胜野闻》)

汝识我？(《大唐新语》)

天下有如此痴汉？(《酉阳杂俎·贬误》)

敢以闲事屡扰公门？(《幽闲鼓吹》)

杜审言孙子，拟捋虎须？(《云溪友议》)

某有佛牙，宝事虽久，头目信舍，敢不奉献？(《开天传信记》)

乙　口语

一封信，要这许多银子？(《官场现形记》第三回)

我们自家人，你好意思给我当上？(同上第四回)

长生塔？(《长生塔·塔的秘密》)

不是刚开始？(《画梦录·炉边夜话》)

楼的故事？(《画梦录·楼》)

你说那老瞎子?(《卞昆冈》第一幕)

要走?——(《画廊集·黄昏》)

居高临下?……(《雀鼠集·桥上》)

问我自己?……(《两个角色演的戏·寒暑表》)

回心转意?(《少奶奶的扇子》第一幕)

在这些方法之中,特殊传疑虚词的应用还没有完全变成纯粹的语法成分;传疑句终词的应用是白话文所特有的;询问句的借用要视说话的情景如何而加以决定;传疑语调的运用在古文因为没有标点符号不易看出,须视上下文如何而定,白话文则因为有标点符号的标明(平常是用问号,有时用感叹号或只用句号),可以一看明白。传疑语调也可以说是借自询问句,因为询问句有时也是以语调来表示的。

(二)反诘命题 反诘命题可以分为三类:应用反诘虚词的,用否定式询问句的,有时可以有混合式。各式都可以兼用句终词。

I 应用反诘词的

甲 古文

A. 兼用句终词的

1. 岂

岂其然乎?(《论语·宪问》)

望酒旗玩变场者,岂有佳者乎?(《酉阳杂俎·怪术》)

今岂求面识台官耶?(《昨非庵日纂》)

田先生岂为人祈雨者耶?(《因话录》)

吾岂以干谒取荣耶?(《云间据目录·王相尧》)

父岂必身为教哉?(《云间据目录·范允谦》)

2. 几

是其为相县也，几直夫刍豢稻粱之县糟糠尔哉？（《荀子·荣辱》）

不为社者，且几有翦乎？（《庄子·人间世》）

人相我当刑而王，几是乎？（《史记·黥布传》）

3. 宁

且帝宁能为石人邪？（《史记·魏其侯传》）

居马上得之，宁可以马上治之乎？（《史记·陆贾传》）

今大臣虽欲为变，百姓弗为使，其党宁能专一邪？（《史记·孝文纪》）

4. 庸

其君能下人，必能信用其民矣，庸可几乎？（《左传·宣公十二年》）

吾庸知天之不抚晋，且以劝荆乎？（《国语·晋语》）

吾庸敢骜霸王乎？（《吕氏春秋·慎大览·下贤》）

5. 讵（钜，渠，巨，遽）

庸讵知吾所谓不知之非知邪？（《庄子·齐物论》）

是岂钜知见侮之不辱哉？（《荀子·正论》）

掾部渠有其人乎？（《汉书·孙宝传》）

沛公不先破关中，公巨能入乎？（《汉书·高帝纪》）

此志也，岂遽忘于诸侯之耳乎？（《国语·吴语》）

6. 其

妻其可得见邪？（《易·系辞》）

一之为甚，其可再乎？（《左传·僖公五年》）

其我独芒而人亦有不芒者乎？（《庄子·齐物论》）

7. 乃

岂为我徒！国之祸难，谁知所儆？或主强直，难乃不生？（《左传·襄公三十年》）

B. 单用反诘词的

岂足塞责？（《昨非庵日纂》）

若火之燎于原，不可乡尔，其犹可扑灭？（《书·盘庚》）

我其可不大监抚于时？（《书·酒诰》）

我其敢求位？（《书·多士》）

其敢干大礼以自取戾？（《左传·文公四年》）

岂可以示天下？（《西京杂记》）

岂阿家体候不安，不检校汤药，而与父作生日？（《因话录》）

岂有不知之理？（《摭言》）

乙 口语

A. 兼用句终词的

难道

难道用绳子挽着走吗？（《蜀游心影》第35页）

难道哥哥又犯了旧病吗？（《画廊集·投荒者》）

难道你望着那绿的山林吗？（《画廊集·雉》）

女儿难道也会走错么？（《少奶奶的扇子》第二幕）

难道是有意遗漏，留待明年再摸吗？（《竹林的故事·火神庙的和尚》）

B. 单用反诘词的

难道

难道就要我出东西？（《竹林的故事》中的《竹林的故事》）

难道欢喜者伴来的都是欢喜？（《竹林的故事·去乡》）

我怎么不会来，难道你还不许我来？（《回家以后》剧本）

你刚刚听了一个故事，难道就发痴了？（《长生塔·隐身珠》）

难道真要我堕落到要饭的地步！（《好儿子》剧本）

难道我就藏起几张不成？（同上）

II 用否定式询问句的

甲 古文

子非三闾大夫欤？（《高士传·渔父》）

我生不有命在天？（《书·西伯戡黎》）

非时伯夷播刑之迪？（《书·吕刑》）

不其馁而？（《左传·宣公四年》）

敢不共乎？（《史记·齐世家》）

无乃太简乎？（《论语·雍也》）

得无不宜？（《汉书·朱博传》）

王无亦鉴于黎苗之王，下及夏商之季？（《国语·周语》）

乙 口语

先生不是生瘰疬罢？（《竹林的故事·病人》）

也不能不有些惘然之情吧。（《画廊集·野店》）

他这不过来了吗？（《卞昆冈》第二幕）

你不看见他常常生蛔虫吗？（《雀鼠集·惠泽公公》）

小客人，你不吃东西？（《长生塔·塔的秘密》）

我能很美丽的想着"死"，反不能美丽的想着"生"吗？（《画梦录·独语》）

你爱的不是花罢？（《你我看花》）

你真一会儿也不能静的吗？（《两个角色演的戏·寒暑

表》)

III 混合式

甲 古文

A. 不用句终词的

几为之笑而不陵我?(《左传·昭公十六年》)

宁不亦淫从其欲以怒叔父?(《左传·成公二年》)

君子几不如舍?(《易·屯六三》)

岂无他忧能老我?(《识小录·付与天地》)

B. 兼用句终词的

此数里是贫道兰若,郎君岂不能左顾乎?(《酉阳杂俎·盗侠》)

岂非清珠耶?(《酉阳杂俎·物异》)

岂非天乎?(《小名录》)

岂不哀哉?(《昨非庵日纂》)

涕泣岂非忧兄也?(《开天传信记》)

欲加之罪,其无辞乎?(《左传·僖公十年》)

其毋以尝巧者乎?(《左传·僖公十年》)

几不甚善矣哉?(《荀子·荣辱》)

乙 口语

A. 不用句终词的

回来岂不是好?(《竹林的故事·少年阮仁的失踪》)

将来岂不是同壶卢一般?(《竹林的故事·我的邻舍》)

难道你还不许我来?(《回家以后》剧本)

难道还不能不言而喻?(《第二梦》第一幕)

难道你也没有见过?(同上)

难道他们竟其串通一气，来做我们的？（《官场现形记》第五十回）

B. 兼用句终词的

难道你不情愿吗？（《竹林的故事·去乡》）

难道你不可怜么？（《回家以后》剧本）

岂不是看见我自己么？（《第二梦》第二幕）

你难道不肯给她一个机会，帮她一个忙么？（《少奶奶的扇子》第一幕）

此外尚有一种疑惑句，其实是用疑惑或询问的口气来反面的说明确定的意思。“谁知道”就是“没有人知道”的意思。这一种命题大部分是用特殊询问词的，但其意义却是正面的，我们可以说它是假疑惑命题，或假询问命题，也可以称之为口头的疑惑命题，或口头的询问命题①。例如：

甲 古文

刻画之形，何得飞走？（《拾遗记·秦始皇》）

是可忍，孰不可忍？（《论语·八佾》）

受命于天，岂受命于户；若受命于户，何不高其户，谁能至其户耶？（《异苑》）

幸尚宽，何为不可？（《世说新语·德行》）

是底言，谁谓此虏解作诗？（《隋唐嘉话》）

汝情知此汉狞，何须犯他百姓？（《隋唐嘉话》）

此小儿作獠面，何得如此聪明？（《大唐新语》）

---

① 此种命题 Marouzeau 谓之 interrogation oratoire，见氏所著 Lexique de la terminologie linguistique p. 104. 因为疑惑命题更近于正面的确定的叙述，不如说是 dubitative oratoire。不过疑惑命题既常出诸询问的口吻，谓其为口头的询问命题亦无不可。

安得访此寂寞？（《幽闲鼓吹》）

皇帝安能更令老夫射复盆乎？（《杜阳杂编》）

此物催人使归，使我何所归耶？（《云仙难记·杜鹃唤归》）

乙　口语

几个铜板有什么要紧！（《雀鼠集·惠泽公公》）

那里有让你牵牛儿来吃草之地呢？（《画梦录·岩》）

碌碌一生无非为名为利，谁说不是？（《燕郊集·身后名》）

石炭阎王家里这些佃户，谁没吃尽苦头？（《旱》第54页）

忙什么？有什么可忙的呀？喊！（《二马》第171页）

那算什么？（《画廊集·黄昏》）

他怎会不感到呢？（周作人《抄象牙与羊脚骨》）

谁知这年冬底林如海因为身染重疾，写书来，特接林黛玉回去。（《红楼梦》第十二回）

叫他怎能与人生分离？（《自己的园地》）

第三节　汉语的疑惑词

根据上面所论，汉语的疑惑词可以分为两种。第一种是传疑词，第二种是反诘词。传疑词多半是尚未完全虚化的词，都带有一部分实词的痕迹。例如“若”、“如”、“似”等就很难说准到底是否纯粹的虚词。但其为由实变虚过程中的东西则是无疑的。反诘词，古文中可以分为两类：“几”、“岂”、“其”、“讵”等从喉牙音的字是一类；“宁”、“乃”、“庸”等从鼻齿音的字是一类；现代北方方言中的

"难道"而且是这"宁""乃"类的后身。"难道"两字只能从语音上求词源,不能说是有"难说"的意义。福州方言中说"难道"为 nɔ-nɔ,这在福州方言中绝不能释为"很难说",因为福州话的"难"念为 naŋ,而且福州人说 nɔ-nɔ 时绝无"难"字的意思。可知 nɔ-nɔ,"难道"等都是"宁""乃"之类的后身。不过古文只有"宁"或"乃",不是如现代北方方言或福州方言之有双音缀,这是何故,确是一问题。据我们看来,古文中用双重反诘词的地方也并不是没有,如"庸讵"、"宁讵"、"岂讵"之类[①]。"难道"大约就是"宁渠"的后身,本来是从 n-g-的,因为同化作用,g-变成 n-,福州话的 nɔ-nɔ 即其遗留。后来因为两音缀完全相同,又起异化作用,后面的 n-又变为与 n-同属齿音而不带鼻腔音的口腔音 t,而在元音方面也起了异化作用。这就是北方方言所用的反诘词"难道"的来源。

至于疑惑命题中所用的句终词都是和询问命题或感叹命题等合用的,它们的来源我们已经在讨论询问命题时讨论过一部分,其他的将于下面讨论其他命题时讨论之。

---

① 例如:《庄子·齐物论》:"庸讵知吾所谓知之非不知邪?"《史记·张仪传》:"且苏君在,仪宁渠能乎?"《荀子·王制》:"则是国未能独立也,岂渠得免夫累乎?"

第四章　命令命题

第一节　命令命题的性质

命令(imperative)是语言作用的一部分。有的语言学家,如葛定尼(Gardĭner)甚至于认为语言的作用并不是一般人所谓的交际,表达意思,乃是要影响他人,命令他人①。葛定尼的理论显然是错误的,语言的本质是社会的交际工具,不是个人拿来命令别人的工具。但在交际的场合之中,我们也能应用命令的口气,则是事实。

命令其实有两种:一种是权威的命令,一种是客气的命令。前者就是一般强制式的命令,所谓军令即其代表;后者则是请求式的命令。一般的看法是把命令和请求看做两回事:命令是由上向下的发令,请求是由下向上的求恳;前者难于违反,后者则不能强制他人。然而细细地研究起来,这两者其实只是同一回事之表现于不同的环境。两者的目的都是要人有一种动作,不过因为自己地位的不同,环境的差别,力量的强弱,就只好变更命令的方式。大约最初的命令都是强制式的,总以为人家非服从不可,后来受了磨

---

① Gardiner, Speech and Language, pp. 18—22.

练,才知道用请求的方式。所以请求总是"客气"的,而狭义的所谓命令总是"不客气"的。许多的语言,所谓命令式都分有强制式和客气式二者,就是这个道理。法语平常的命令式,除了由代词的客气式(vous)和不客气式(tu)而生的两种命令式外,就是在由代词的客气式而来的命令式之中也还可以再分为更客气和平常客气式二者。Dites-moi!(告诉我)固然是比 Dis-moi! 来得客气,但和 voulez-vous me dire? 比,却又显得没有那么客气了。在这里,汉语的命令式也有强制式和客气式的分别。平常强制一点的就说:"告诉我!"客气一点的,就说:"请告诉我!"这和法语的情形很相像,但其不同的地方也很多。我们暂且不讨论其他的,只就语气论,就显然有分别。固然强制式在中法两语中语气都比较的粗沉,而客气式的语气都比较的轻柔,但是法语的 voulez-vous me dire? 是用询问的口气来表示命令的,而汉语的"请告诉我!"却不是询问的口气。然而两者都是客气命令式则是不成问题的,虽然在一般通俗语法学中,人们却并没有把这一类的句法列在法语的命令式中,而汉语之用询问句来表示命令者亦有其存在。

命令是要人家做一桩事,要人家有一种行动。所以,命令命题必是动句,而不能是名句或形容句,不过是别一种型的动句而已。有的时候,正如我们上面所说的,命令式只由一个具有名词功能的词来表示。小孩子所说的"妈妈!"和"饽饽!"都是具有名词功能的词,然而却是命令妈妈来替他做一桩事,命令他人来给他饽饽吃。换言之,都是要他人有一种行为或动作。当然有的时候,这种具有名词功能的词也可以用来表示事物,如问小孩子:"你吃什么?"学过的小孩子会告诉你"饽饽"。在这种情形之下,当然是名句,然而却并不是命令。所以和我们所谓命令命题必得是动句并不冲突。

这一类用具有名词功能的词来表示动句意义的句子，方德里耶斯称之曰："名句形式的动句"(phrases verbales-nominales)[1]。称谓是否妥当暂且不说，但能说明这种句法的特点。

命令既然是动句，因此许多语言的命令式都是动词的一种词形变化。换言之，都把命令式归入动词的范围之内。欧西的通俗语法学都是把命令放在动词之下讨论的，这其实也并不是绝对错误的办法，因为欧西的语言，它的命令式确是存在于动词的变化之上；有的语言甚至于跟着动词之有将来式，而分命令式为现在时命令式、将来时命令式，前者要人立刻遵办，后者要人以后来做，如拉丁语的 mone 是现在时命令式，而 moneto 却是将来时命令式[2]。然而因为这种情形而只认为命令是纯粹动词的问题，则是错误。命令其实不是光光动词的问题，而是整个句子的问题。我们说：Bring me your book！这句话并不是仅仅命令"带"的动作，而是命令"你"来"带"给"我""你的书"。句子里的各部分都属于命令的范围。印欧语命令式之由动词变化来表示，这是自然的现象，因为动句主要的词是动词，不过是以此来代表整句的"型"而已。然而这并不是说命令的问题只限于动词。欧洲语中而且有不用动词变化的形式来表示命令的。上面所举法语之 Voulez-vous me dire 就是一例。其实不但是法语，其他如英语德语等也都有这一类的命令式。然而这却并没有动词的变化，并不是光光动词的命令式，而是用整个句子的结构(包括口气语调等等在内)来表示句子的命令型的。所以命令实在是句型的问题。

---

① Vendryès' Langage, p. 148.

② 参阅 J. Marouzeau, Lexique de la terminologie linguistique p. 97。

命令之为句型的问题更可于汉语语法中明显地表示出来。汉语的命令就不是用动词的变化来表示的，而是用整句的说法和口气的变化来表示的；有时甚至于用“命令词”（或“命令虚词”）加在句中来表示，然而也绝不是动词的变化。关于这，我们下面就要加以分析，现在且不多说。

命令是语言作用的一部分，是语法学家所必得研究的问题。然而中国人一向忽略了它。古人之作训诂者，因为目的在于解释一语一词的意义，自然对于这整个句型的问题不会特别的留心，我们也不必批评。可是郑玄之认“勿”为“禁词”其实也并不是不曾看到命令的问题，不过他们的主要目的在于解释一语一词的含义，其所讨论的也只及于一二“命令词”而已。现代的语法学家则多半是受了西洋通俗语法学的影响，而忽略或根本不知道这问题的性质。马建忠的出发点是“词类”，这属于句型的命令问题之不被马氏所注意，乃是极乎自然的结果。汉语具有动词功能的词没有命令式，于是马建忠就没有法子讨论这问题。他在讨论“助字”的地方也曾引过“谕令之句”和“禁令之句”，可是他的目的却在于解释“也”字，不是在于讨论“谕令”和“禁令”[①]，所以也谈不到对此问题有什么意见。章士钊则除了说一句“凡禁止之词，禁其勿如是云云者，亦普通副词之表否定意者也，是为勿毋无等字”之外[②]，对于命令的问题也就在这“普通副词之表否定意”的办法下把它搁在一边了。杨树达总算是多注意一点，他除了在“否定副词”的范围中列入“命令的否定”一项外，又另举“命令副词”[③]。然而也还只注意到“命

① 《马氏文通》卷九传信助字九之一。

② 章士钊《中等国文典》第208页。

③ 杨树达《高等国文法》第385—389页，又第409—412页。

令词”，而没有论到“命令命题”。其他后来的语法学家，都把命令的问题语焉不详地硬加在所谓“动词”的问题之下来讨论，而认为“汝必为之”之“必”字或“务须照行”之“务须”是“命令式”或“劝告式”的“助动字”①。然而也只讨论到“必”、“务须”之类的“命令词”或“劝告词”而已。这都是受西洋通俗语法学的影响，而没有了解命令是句型问题的结果。我们却应当从句型的角度来讨论命令命题了。

第二节 命令命题的种类

命令是把说话人心中所要他人作某种动作的意思用语言的形式表达出来的。命令的范围很广，不但是指上级所发的命令，一切要他人有某种动作的都可以说是命令，所以马建忠所谓的“谕令”、“禁令”，吴瀛所谓的“劝告”等都是命令。大体说起来，命令可以分为两种，一是强制的命令，包括有谕令和禁令；一是非强制的命令，包括有请求和劝告。禁令都是否定式，但不见得一切否定式都是禁令。强制的禁止是不能拒绝的，但不是强制的时候也可以劝告或请求他不要作某种行动或动作。这两大类的命令用语言表达出来却有许多不同的方式。现在无妨分述之于下。

（一）语气的表达 命令的表达，在汉语，平常没有词语上的分

---

① 参阅吴瀛《中国国文法》第39—40页。另则黎锦熙先生在他的《新著国语文法》中只说到：“答这疑问，须知外动词中间有一类表示‘使令’‘请托’或‘劝告’等等意思的（反面就是“禁止”“拒绝”等）。那被使令，被请托的人或事，物（就是宾语），因为接受了主语的这种动作，便须发生一种‘相应’的动作。”（第18页）他很显然的是把这种词看做“外动词”，然而命令命题中却是多半不用这一类“外动词”的。黎氏显然不大注意这命令命题的结构。

别，只有语气上的划分。叙述你写文章这桩事，平常是说："你写文章。"命令你写文章时，也可以说："你写文章！"不过两者的语气有不同。叙述是属于理性的语言，心平气和，语调轻稳。命令则是表达心中的意欲，未免兴奋，语调自觉沉重。这在耳治的语言中极易分别得出，但在目治的语言中，却难分明。在写的语言中欲要表示这种命令命题，则当加"！"号。不过有的时候上下文的联络也可以使人明白其为命令与否。这种不加词语变化的命令式也可以分为强制命令和非强制命令二者。其分别也是在于语气，不过强制命令，语气更为强烈而已。在写的语言方面，这种强制的命令，无妨用"！！"或"！！！"号来表示。不过这是就原则上言之。其实说话的时候还有其他的说话情景或身体态度可以帮助表示，结果语调的强弱也就因此而生变动。同时因为说话时情绪的不同，语调也生变化。这种符号的表示在古文中是看不到的。今人之标点古书也多半不能分别强制与非强制二者。就是在现今的白话文中，这种分别也未为人所注意。不过禁止的命令则比较地容易看得出。然而禁止的命令都使用"禁词"，而这"禁词"和一般叙述式的否定词也不完全一致，我们要特别在讨论加用命令词时来讨论。现在只举纯粹用语气来表达的命令式的例子：

甲　古文

A. 强制命令

赵孟见骫桑下饿人，与脯一朐。曰："斯食之！！"（《吕氏春秋·报庚》）

项王乃谓海春侯大司马曹无咎曰："谨守成皋！！"（《史记·项羽本纪》）

身是张翼德也！可来共决死！！（《三国志·张飞传》）

去！！去！！无可复用相报！！(《世说新语·任诞》)

广令诸骑曰："前！！"(《史记·李将军传》)

帝曰："弃！黎民阻饥。汝后稷！！播时百谷！！"(《书·尧典》)

帝曰："咨！禹！惟时有苗弗率，汝徂征！！"(《书·大禹谟》)

父曰："履我！！"(《史记·留侯世家》)

项王曰："壮士！赐之卮酒彘肩！！"(《史记·樊哙传》)

范增谓项庄曰："若入，前为寿！！谓以剑舞！！击沛公于坐！！杀之！！"(《史记·项羽本纪》)

称尔戈！！比尔干！！立尔矛！！(《书·牧誓》)

B. 非强制命令

1. 请求式

必欲烹乃翁，幸分我一杯羹！(《汉书·项羽传》)

赞者曰："就位！"坚亦曰："就位！"(《笑林·上党鲍坚》)

吾有二囷米，忘其石数，子为计之！(《西京杂记》)

南边坐人曰："借文书看之！"(《搜神记》)

纵未熟，且与一杯！得否？(《搜神记》)

但取三两蚁著掌中，语之！(《齐谐记》)

试以苦酒濯之！必有异。(《异苑》)

试为我言田！(《史记·荆燕世家》)

若归，试私从容问而父！(《史记·曹相国世家》)

2. 劝告式

禹告舜曰："安汝止！"(《书·皋陶谟》)

吴汉曰："卿曹努力！"(《后汉书·光武纪》)

子且归家，觅取清酒一榼，鹿脯一斤！（《搜神记》）

且著襦！寻作複裈。（《世说新语·赏誉》）

行矣，勉为生计！（《说听》）

册立武昭仪，遂良固执不从。且止！（《大唐新语》）

乙　口语

A. 强制式

本待要拖你见官，看你老人家，饶了你。出去！！（元曲《破窑记》第三折）

早早降顺，万事俱休！！（《东周列国志》第三十八回）

你每日只是恋酒贪杯，养活不的我，将休书来！！（元曲《赵元遇上皇》第一折）

那梢公又喝道："你三个好好快脱了衣裳，跳下水去！！"（《水浒传》第三十六回）

监斩官便道："斩讫报来！！"（同上第三十九回）

那鸟祝太公老贼！你出来！！（同上第四十六回）

贾母道："我说了，你们只管去，用得著你们再来！！"（《红楼梦》第百零八回）

你直到他本地方讨了回信来见我！！（《儒林外史》第三十八回）

拿破仑，老实一点！！……跟马威去玩！！（《二马》第173页）

高声念！！（《第二梦》剧本第一幕）

B. 非强制式

1. 请求式

贤士满饮此杯者！（元曲《圯桥进履》第二折）

既是这等，保守此计！（元曲《襄阳会》第一折）

你放下香草者！（元曲《东墙记》第二折）

长老在上，众师子在此，凡事慈悲！（《水浒传》第三回）

只见那个人将出一两银子与李小二说："且收放柜上，取三四瓶好酒来！"（同上第九回）

我草了一个底稿在此，来和你商议，替我斟酌起来！（《儒林外史》第三十四回）

我只想风干栗子吃，你替我剥栗子！（《红楼梦》第十九回）

你再把请柬拿出来对过一遍，然后叫阿福去送！（《月下》剧本）

你跟我一块儿吃饭！好不好！（《二马》第240页）

2.劝告式

你且在这里少待！（《水浒传》第三十六回）

哥哥，含糊不得！须要问嫂嫂后头一个备细缘由！（同上第四十五回）

只要提防他便了！（同上第九回）

看着他那父母的面上，假若来时，你多共少与他些钱钞！（元曲《裴度还带》第一折）

兄弟！只要你小心用意着！（元曲《哭存孝》第一折）

有谢安此人才高德厚，当以举贤拜将！堪可定西秦苻坚也！（元曲《蒋神灵应》第二折）

你真喜读书也罢，假喜读书也罢，只在老爷跟前，或在别人跟前，……只作出个喜读书的样子来！（《红楼梦》第十九回）

你睡醒了，你自过那边房里去梳洗！（同上第二十一回）

我已经给你们找好了房，回来我带你们去，你得好好的歇一歇！（《二马》第 39 页）

不早了，起来走走！找着俺们汽车就回去！（《第二梦》第二幕）

（二）命令词的应用　除了语气之外，有时可以兼用命令词，即表示命令的虚词。命令词大体可以分为三种：第一种是句终词，如“你去吧！”之类。第二种是插在句中或冠在句首的词，如“你请走吧！”第三种是否定词，即否定命令词，如：“不要去！！”在这三类之中，第一种是一般的，可以用在一切的命令命题上，虽然强制的命令多半是不用的。第二种多半是用在非强制的命令命题中，而第三种则多半是用在强制的命令命题，如果非强制命令命题要用否定的方式的话，大半总得加上第二类的命令词或其他表示客气的词。这当然也是照原则上言，其实说话的其他情景往往会影响到这些原则上面来的。现在就把这些不同的命令词分述之于下。

甲　古文

A. 句终命令词

1. 也

寡人非此二姬，食不甘味，愿勿斩也！（《史记·孙子传》）

皇后兄王信可侯也！（《史记·外戚传》）

帝趣侯信也！（同上）

2. 哉

尚明听之哉！（《书·吕刑》）

帝其念哉！（《书·皋陶谟》）

上慎旃哉！（《诗·陟岵》）

3. 来

盍归乎来！（《孟子·离娄上》）

虽然，若必有以也，尝以语我来！（《庄子·人间世》）

子其有以语我来！（同上）

4. 乎

勉速行乎！无重而罪！（《左传·昭公元年》）

必也正名乎！（《论语·子路》）

B. 句中或句首命令词

1. 请

臣识此酒，请视之！（《博物志》）

针气已行，请举玉手！（《稗史集传·徐文中》）

请诸公拜佛！（《琅琊漫钞》）

2. 乞

今就将军乞深埋！（《拾遗记·蜀》）

今日遇实在驴，乞数之！（《大唐新语》）

今日以后性命，丈人所赐，乞役左右！（《酉阳杂俎》）

3. 烦

烦君二人，救三军百姓也！（《诺皋记》）

4. 惟（唯）

惟陛下哀矜裁其罪！（《剪胜野闻》）

明天子命往觅经，惟老师指教！（《剪胜野闻》）

陛下未有继嗣，子无贵贱，唯留意！（《汉书·外戚·赵后传》）

唯君裁之！（《左传·僖公十五年》）

老臣罢病悖乱，唯大王更择贤将！（《史记·王翦传》）

5. 其[①]

吾亦南栖以遂志，子其勉之！（《稗史集传·王冕》）

吾子其无废先君之功！（《左传·隐公三年》）

王其祇祓！监农不易！（《书·周诰》）

汝其敬识百辟享！（《书·洛诰》）

6. 尚（上）

尔尚辅予一人！（《书·汤誓》）

哀子某济附尔于皇祖某甫，尚飨！（《仪礼·士虞礼》）

嗟我农夫！我稼既同，上入执公宫！（《诗·七月》）

7. 苟

中行献子祷曰："苟捷有功！"（《左传·襄公十八年》）

季孙绍与孟伯常治鲁国之政，不能自信，而祝于丛社曰："苟使我和！"是犹弇其目而祝于丛社曰："苟使我皆视！"岂不谬哉!?（《墨子·耕柱》）

C. 否定命令词（即禁词）

1. 勿

卿但实言，勿隐!! 朕不罪卿。（《搜神记》）

勿近公船!!（《搜神后记》）

梦中事何足凭，置之勿言!!（《彭文宪公笔记》）

陈公将荐我，公勿格之!!（《苏谈·巧仕》）

2. 毋

毋多谈！（《杨恽报孙会宗书》）

凡吾所以来，为父老除害，非有所侵暴也。毋恐!!（《史

① "其"字的用法最特别，总是位于表示命令或用以表示请求对象的词之后。

记·高祖纪》)

毋为他人守也!!(《史记·吕后纪》)

3.无

初命曰:"诛不孝!! 无易树子!! 无以妾为妻!!"(《孟子·告子下》)

然无言吾告若也!!(《史记·曹相国世家》)

无畏吕媭之谗也!!(《史记·陈平世家》)

4.莫

秦王车裂商君以徇曰:莫如商鞅反者!!(《史记·商君传》)

莫谓西台无须眉男子!!(《说略》)

君莫笑!! 刘毅从来布衣愿,家无儋石输百万。(杜甫《今夕行》)

这里只见"毋"、"莫"之类的否定词,"不"、"否"之类不能用。这是命令式的否定和平常的否定不同的地方。否定命令词多半都是强制式,都是所谓狭义的禁词,但在说话的时候,非强制式的命令显然也可以是否定式。不过在这种情形之下,除非说话的情景足以表示外,总得加上其他足以表示客气语调的词。这些词一部分是第二种命令词,一部分则是其他的规定者。例如:

慎勿令我子持丧归去!(《高士传·梁鸿》)

为天子铸剑,慎勿泄言!(《拾遗记·前汉》)

然天下同姓为一家,慎无反!(《史记·吴王濞传》)

谨毋以一魁置胸中!(《学圃余力》)

我言作仆射,不胜饮酒,尔爱仆射,劝勿饮!(《舌华录·冷语》)

向窃一男子同来，欲暂呼，愿君勿言！（《酉阳杂俎》）

乞仙人无以此言！百口之幸也。（《云溪友议》）

愿君慎勿出于口，请别白黑所以异，阴阳而已矣。（《史记·苏秦传》）

愿先生勿泄也！（《史记·刺客传》）

乙　口语

A. 句终命令词

1. 罢

员外，小姐既要嫁他，依着他罢！（元曲《破窑记》）

妈妈睡罢！一天到晚人来客去的，也乏了，歇歇罢！（《红楼梦》第百十回）

我看你还是去躺一下罢！（《月下》剧本）

你放我去罢！（同上）

菜都预备好了，那个白切肉还是您来切罢！（《回家以后》剧本）

2. 吧

马威，咱们走吧！（《二马》第89页）

叫声：兄弟，送我吧！（《北平歌谣集》第89页）

先生，避避再走吧（《骆驼祥子》第227页）

3. 呀

明天早点起来呀！（《二马》第55页）

国材，你对宛春说呀！（《第二梦》第三幕）

许小姐说话留神呀！（同上）

4. 啊

马先生，走啊！（《二马》第170页）

什么事？说啊！（《好儿子》剧本）

5. 哇

咱们走哇！（《二马》第165页）

老马！走哇！（同上第315页）

晚了就那儿也挤不进去了！走哇！快！（同上）

6. 休

押司！罢，罢！我们三个一处死休！（《水浒传》第三十六回）

我们自告退，相辞了去休！（同上第五十回）

我们走休！（《京本通俗小说·西山一窟鬼》）

B. 句中或句首命令词

1. 请

且请员外方丈吃茶！（《水浒传》第三回）

亲家请坐！（《回家以后》剧本）

2. 烦①

烦你与我去营里请管营差拨两个来说话！（《水浒传》第九回）

相烦叔叔照管门前！（同上第四十四回）

烦你明日对他说一声！（《京本通俗小说·错斩崔宁》）

3. 乞

望乞放还了薛永！（《水浒传》第三十六回）

望乞怜悯恕罪！（同上）

---

① 与此相类的，现代北京话尚有“劳驾”、“借光”的用法。例如：“劳驾拿一拿！”“借光，让我过去！”

C. 否定命令词[①]

1. 不要

不要这样乱说！(《第二梦》第二幕)

不要管他！(《回家以后》剧本)

都不要动手！(《水浒传》第三回)

2. 不用(用不着)

袭人忙拉住道："不用去！"(《红楼梦》第百八回)

现在用不着瞒人了！(《月下》剧本)

不用管我那儿听来的！(《二马》第126页)

3. 别

是我害了你了，你别怨我！(《红楼梦》第百八回)

千万别出门！(《第二梦》第一幕)

叫声媳妇哥，别打我！(《北平歌谣集》第13页)

4. 甭

你也甭再彆扭啦！[②] (《骆驼祥子》第85页)

这不结啦！甭找不自在！(同上第103页)

甭提多么要强啦！(同上第120页)

5. 莫

莫教撞在石秀手里！(《水浒传》第四十四回)

莫怪小弟多言！(同上第十回)

---

① 这里只说纯粹的禁词，事实上还有借用表示"能"的词来表达命令而加否定的，请看下文。

② "啦"有的时候有点像句终命令词。但实际上并不如此。"啦"乃是"了"的变形，有"完了"或"已然"的意思，不过是加在这命令上面，表示其"已然如此，不得不然"的意思。

莫等待！（元曲《雁门关》第一折）

6. 休

孩儿每也休忘了那琴剑书箱！（元曲《陈母教子》）

休想他出红妆歌舞欢娱！（元曲《渑池会》第三折）

足下休慌！（《水浒传》第五十六回）

休得连累了英雄！（同上第一回）

7. 休要

嫂嫂休要恁地不识羞耻！（《水浒传》第二十三回）

休要谢职！我和你两个比试！（同上第十二回）

元帅休要恼怒！权且奈心也！（元曲《老君堂》第二折）

白话文的否定多半也是强制式，如果要用客气式表之，则除了说话情景和其他语气身体态度的表达外，也可以加上表示客气的词。另外因为白话文第二身代词有客气式“您”，用“您”也可以表示非强制式。例如：

请休见外！（《水浒传》第六十回）

请你别提偷戒指啦！我说一个新闻！（《第二梦》第一幕）

请你不要见怪！（《少奶奶的扇子》第四幕）

您请便，不必再等！（《少奶奶的扇子》第四幕）

您老人家别管啦！（《雀鼠集·惠泽公公》）

（三）借用其他形式来表示命令的　一部分的命令是用其他的语法形式来表示的。我们说“其他”，因为这些形式本来有他的作用，不过是用来表示命令而已。这里头也可以分为两种。第一种本来是用在“能”的表达的[①]，现在却用来表示命令。比方说，

① 参阅本书第二编第八章。

"可"本来是表示许可的,现在说:"你可以去!"虽然是许可,然而目的是要"你"有"去"的动作的,所以是命令。又如"必"本来是表示必然的,现在说:"你必须去!"其实是要"你"有"去"的动作的,所以是命令。又如"愿"本来是表示欲求的,现在说:"愿君勉之!"虽是愿望,但其目的确是要"君勉之",所以是命令。第二种是用询问的方法去表示命令的。"你为什么不去?"有的时候并不是真正的要问你不去的理由,而是明知你没有不去的理由,问出来使你无以回答,就自然而然的非"去"不可了。这也是命令的一种说法。这两种说法大半都是非强制式的,除非用特别的语调以外,总是用避免正式命令式的方法来表示命令的。不用正式命令式来表示命令,就是要免除对方的反感。当然人类是很机灵的动物,他可以用极温和的口气,然而他的命令可以是非遵守不可的。所以这一类的命令有的时候也可以带有强制性。不过这却不是我们所能详细讨论的。我们所说的,不过是就其原则而言而已。兹举例如下:

甲　古文

A. 借用"能"的表达的

1. 可(可以)

夫子其可行矣!(《庄子·人间世》)

君可以去矣!(《史记·袁盎传》)

汝可疾去矣!(《史记·商君传》)

可急投余杭山中!(《齐谐记》)

不可逼也!(《拾遗记》)

妇人之言,慎不可听!(《世说新语·任诞》)

2. 宜

君宜知之!(《史记·平津侯传》)

汝宜速去！（《西京杂记》）

彼无善意，汝等宜急去！（《彭文宪公笔记》）

世之痴者为热客所误，汝等切宜戒之！（《风月堂杂识·戒烧丹诗》）

雨宿宜防夜！鸡鸣更相天！（《檐曝偶语》）

3. 必

必速祠而归福！（《国语·晋语》）

待我死后，尔必破之！（《支诺皋记》）

4. 须

须得七岁女子尿之！可开也。（《搜神记》）

须照上圣例加二字！（《彭文宪公笔记》）

5. 幸

幸救其命！（《大唐新语》）

幸陛下哀矜裁其死！（《剪胜野闻》）

幸早里且从容！（《舌华录·谐语》）

6. 愿

吾爱之重之，不愿汝曹效之也！（《马援诫兄子书》）

愿勉旃！（《杨恽报孙会宗书》）

愿陛下官之！（《史记·叔孙通传》）

愿得主人书遍读之！（《西京杂记》）

7. 望

望陛下问其可否！（《大唐新语》）

早望汝来！（《搜神后记》）

B. 借用询问句来表达的

帝叱之曰："盍视我！?"（《剪胜野闻》）

子曰:“盍各言尔志?!”(《论语·公冶长》)

陛下既有龙潜之旧,何不试与之?!(《朝野佥载》)

宰相何得失如此人?!(《酉阳杂俎》)

何惜一书,不早相示?!(《云溪友议》)

汝已至此,何不求游览毕而返?!(《博异志》)

必先,必先,可相容否?!(《摭言》)

乙　口语

A. 借用“能”的表达的

1. 可(可以)

今夜晚间,你可来看!(《水浒传》第四十四回)

你可休辞辛苦与我去走一遭!(同上第二十三回)

都头要知备细,可问郓哥!(同上第二十五回)

小人多曾分付浑家道:“三等人不可坏他!”(同上第二十六回)

2. 必

将军是必早来者!(元曲《雁门关》第一折)

何九叔道:“小人便去,都头且请拜茶!”武松道:“不必!免赐!”(《水浒传》第二十五回)

高邻休怪!不必吃惊!(同上)

3. 得

不得笑语喧呼!(元曲《三战吕布》第二折)

去不得!(《水浒传》第二十五回)

我又有一句话对你们高邻说,须去不得!(同上)

4. 要

则要你得胜而回者!(元曲《三战吕布》第二折)

只要众位做个证见！（《水浒传》第二十五回）

凡事要三思！（《水浒传》第三十二回）

5. 须(须要)

须要小心在意者！（元曲《雁门关·楔子》）

须着个有十万贯房奁的亲来对付我！（《京本通俗小说·志诚张主管》）

只是你家里有杀人公事，你须回去对理！（《京本通俗小说·错斩崔宁》）

6. 望(望烦)

家中但有些物件，一应望烦四位高邻与小人变卖些钱来！（《水浒传》第二十六回）

望真仙救度弟子则个！（《京本通俗小说·西山一窟鬼》）

望伯伯恕罪！（同上）

7. 许

不许当！不许拦！（元曲《雁门关》第二折）

我偏不许你搜!!（《少奶奶的扇子》第三幕）

B. 借用询问句来表达的

这个睬他则甚?!（《水浒传》第四十四回）

今日斋食已是贤妹做施主，如何不吃著面子去?!（同上）

何须又去取讨?!（《水浒传》第四十五回）

二将军你见么?!（元曲《千里独行》第一折）

听话匣子吧?!（《二马》第153页）

你还不取消董先生?! 还不叫我国材?!（《第二梦》第二幕）

何必这样儿着急呢?!（《回家以后》剧本）

全是无中生有，你去担心他做甚么呢？！（《月下》剧本）

能否请你婉言转达，节后准定归还如何？！（《好儿子》剧本）

你不写么？！（《少奶奶的扇子》第一幕）

我的话，你怎么不听？！（《少奶奶的扇子》第二幕）

总之，汉语的命令命题用起来非常精细。所谓强制式和非强制式之间，时常因为说话的环境和说者的心理状态及其手势面势等而生极微妙的变化。我们所说的都只是照原则上言之而已。汉语的命令命题可以不用表示命令对象的主语，也可以用主语。这又和西洋语的命令命题有别。西洋的命令命题，除非特别客气式外，平常是不用主语的。这说起来，也是很容易了解的，因为命令的逻辑对象是第二身代词；换言之，命令都是对说话的对象而发的，其实都是"你"，或"你们"，用不着再来多提。就是对第一身多数（我们），或第一身单数（即自己对自己）下命令时，也是把他当做第二身来说的。"我们"这个词其实并不是说我有多数，因为说话的人永远只能是一个，不能有两个或两个以上的第一身。所谓第一身多数或"我们"其实是指"多数人之包含有我者"，其意即我加另外的人而一并提出者。这另外的人而且可以是多数的。"我们"有的时候是指"我和你"，有的时候是指"我和你们"，有的时候是指"我和他"，有的时候是指"我和他们"。在命令命题中的"我们"，就是"我和你"或"我和你们"，亦即语法学家所谓的内包第一身多数。其中有第二身的成分，所以也是以第二身为对象的。至于自己对自己下命令时，也是把自己当做"你"来看待的。然而有的时候，为着亲切、热情、客气起见，就无妨用主语，尤其是用其他的语法形式来表达时是如此。汉语的命令命题就可以随便用主语；"来！"和

"你来!"都是平常的用法。现代汉语的第二身代词有客气式,所以有的时候表示客气式就用这客气式第二身代词来表达。"你来!"和"您来!"其中口气大不相同。

第三节　汉语的命令词

上面已经说过汉语的命令词共有三种:一是句终命令词,古文有"也"、"哉"、"来"、"乎"等,口语有"罢"、"吧"、"呀"、"啊"、"哇"、"休"等。一是句中或句首命令词,古文有"请"、"乞"、"烦"、"惟"、"其"、"尚"、"苟"等,口语有"请"、"乞"、"烦"等。一是否定命令词或禁词,古文有"勿"、"毋"、"无"、"莫"等,口语有"不用"、"不要"、"甭"、"别"、"莫"、"休"、"休要"等。这而且并不是完全的单子,事实上还有其他相类的用法。尤其是第二种,因为大半都是来自带有请求或劝告的意义的词,而这一类的词又很多,其实是举不完的。如古文中还可以有"劳"、"托"、"希"、"祈"等等。同时这一类又和借用表达"能"的词相混。所以,我们只把用得太习惯了的词列在此处,而把还没有习惯,还没有变成纯粹的命令词者列在"借用"的例内。为着便利起见,我们无妨先从第二种命令词论起。这一种命令词的来源也比较容易解释。其中大部分本来都是带有十足请求或劝告意义的词,后来用惯了,就减少了实词的性质,而成为一个虚词。只是在古文中,尚有"惟"、"其"、"尚"、"苟"等的用法有点特别。这种用法在口语中已不存在。"其"本来是指示词,后来又用为代词。古文命令命题之用"其"者,其上都有一个主语,这是很值得注意的。我们以为这命令式的"其"其实也就是指代词,因为再用指示词来加在主语之后,就可以表示命令的意思。"子其勉之！”可以译成白话文：“先生，你努力！”“惟”的意思也不难解释。“惟”本有“只有”的意思。用在命令命题中的“惟”都是放在动作者之前的。这也很值得注意。“惟老师指教！”可以译成白话文：“只有您老师指教我！”只有你可以指教我，当然就是非请你来指教不可了。用这种意义的暗示来表达请求是很自然的事。“尚”、“苟”比较难于解释。然而“尚”有“尚且”，“苟”有“苟且”的意思。古文中加“且”字于命令命题中者比比皆是。如上面所举《搜神记》之“子且归家，觅取清酒一榼，鹿脯一斤！”和《世说新语》之“且著襦！”都是例子。“且”有“无妨”的意思，所以“尚”、“苟”都是用“无妨”的意思来表达请求或劝告的。“尚飨”译成白话文，就是：“无妨吃吃罢！”“苟捷有功！”译成白话文，就是：“无妨让我得胜建功罢！”

句终命令词在口语有“罢”、“吧”、“呀”、“啊”、“哇”、“休”等。这其实也可以分为三类：第一是双唇音的“罢”类，“吧”其实就是“罢”，不过是写法的不同而已。第二是收-a(ɑ)韵母的“呀”类，“啊”、“哇”属之。第三是喉牙音的“休”字。为着方便起见，先说-a类。这一类的来源显然就是古文的“也”。元曲中还有不知道多少用“也”为命令句终词的例子①。例如：《博望烧屯》之“师父，好歹下山走一遭去也！”(头折)；《三战吕布》之“参谋，你放心也！”(第二折)；并且其他后来白话文用“呀”的地方，元曲也用“也”。如：“兄弟也！两阵之间，你可怎生交马也？”(《三战吕布》头折)；“孩儿也，你是庄户人家女孩儿……”(《智勇定齐》第一折)。元明的小说也

---

① 元曲中尚有用“者”字的地方，很像命令句终词。例如：“你小心者！”(《老君堂》第一折)；“夫人且等者！”(《剪发待宾》第二折)；“兀那众军卒听者！”(《五侯宴》第二折)。但是这“者”字与“着”音相近，而且这类的例子中的“者”可以解作“着”：“你小心着！”“夫人且等着！”“兀那众军卒听着！”因为有怀疑，我们暂时不把它列入文中。

是如此。《水浒传》有:“阿也！甚么道理教师父坏钞？”这“也”明明就是“呀”。“也”《广韵》“羊者切”,属于马韵,“呀”《广韵》“五加切”,又“呼嫁切”,属于麻韵。马麻二韵只有声调的不同,然而“也”“呀”的声母却不一致。“也”是 ia,“呀”是 ŋa 或 xa。到了元朝,这两个字的念音已经很相同了。《中原音韵》的“呀”字,据赵荫棠氏标音已经是 ia[①]。虽然《中原音韵》和巴思巴的标音都是把“也”字当做 iɛ,je[②]。但中古的“也”既是 ia,我们相信在元初“也”字还没有变成 iɛ,至少在一部分的方言中是如此。一直到现在为止,还有一部分方言说“也”为 ia 哩。当时的“也”、“呀”既可同为 ia(ja),则这两个字只是同一个词,却是很明显的了。后来北方方言“也”字念为 iɛ,ie,je,而说话中的这类命令句终词仍是说为 ja,所以“也”的这类用法,除非仿古以外,已不再见了,大家都用“呀”。现代的白话文更见不到这种“也”,而只用“呀”。章炳麟《新方言》云:“《说文》:‘乎,语之余也。’……乎,欤,邪,古韵皆在鱼模,今语皆转入麻部,凡疑问语或言阿,或言呀。”[③]在他看来,“呀”是“乎”的后身。当然“乎”字在古代也有这种用法的,而《广韵》也有作为“呼嫁切”的“呀”。然而当作命令句终词用的却是后来念为 ia 的“呀”。这却和“乎”相去太远了。“呀”既是“也”来的,然则“啊”和“哇”是哪儿来的呢？“啊”和“哇”其实也就是“呀”,不过是变了音而已。“啊、哇”的用法还不普遍,然而确已有此趋势。大体说起来,“哇”必得在上一个词收唇口韵的时候才可以用。“走哇”正是 tsou-

---

①　赵荫棠《中原音韵研究》第 251 页。

②　巴思巴的标音,参阅 A. Dragunov, The Hphags-pa Script and Anciant Mandarin. 一九三〇年《苏联科学院院刊》第 781 页。

③　章炳麟《新方言·释词第一》第 16 页下。

wa，因为“走”的收尾是 ou，所以下一个词的发音就为 w-。“啊”是失去了 i 的“呀”(ia>a)。因为没有 i，只有-a 更可以到处用，大有取-ia 而代之的趋势。

再说到“罢”类。“罢”的来源不大明白，但我们可以猜想。《广韵》有两个“罢”，一在上声纸韵，“皮义切”；一在上声蟹韵，“薄解切”。这两个念法都和现在的 pa 念法不一样。然而《中原音韵》已把“罢”列入去声家麻韵，并二，可知元代北方方言已念“罢”为 pa 了。然而这 pa 是哪儿来的呢？我们知道汉语的命令命题常常是用询问句来表示的，而这询问句又往往有询问句终词。在上面论汉语的询问命题时，我们曾经说过汉语的询问句终词是从前的否定词演变而来的①。汉语的否定词多半是从唇音 p-的。在真正询问命题方面，这双唇口腔音就变成后来的双唇鼻腔音 m-(么、吗 ma)。然而借用询问句来表示命令，虽有询问的外形，实际上却是命令命题，因此在很古的时候，就成为了习惯。但是虽然是成了习惯，却仍用本来的询问句终词。现在隔乎询问和命令之间的疑问句还是用“罢”(你去罢?)即是一证。所以从 p-的否定词就变成了命令词。后来真正的询问句终词变了声母，取了 m-(ma)，而命令句终词仍是用 p-(pa)，这就是“罢”的来源。“吧”不过是同音假借而已。

这种来源可以用“休”的历史来证明。“休”之用为命令句终词者在宋末元初已很普遍。《京本通俗小说》和《水浒传》可以作为证据。奇怪的是“休”字同时在这些书中也可以用作否定词。“休”之用为否定词者唐时就已存在。温庭筠诗：“休向人间觅往还”，这

① 参阅本编第二章第三节。

"休"就是否定词。"休"既用于否定词，又用为命令句终词，可知这后者就是前者演化而来的。"罢"之为否定词演变而来之命令句终词也与此相同。然而"休"是不是就是"罢"呢？这却不然。"休"《广韵》作"许尤切"，属于下平《尤韵》。唐五代韵书也都是作为"许尤反"的。高本汉标音为 xjĭĕu。"许"是晓母字，属于喉牙音，并不是双唇音。古文中作为命令句终词而属于晓母字者有"乎"字。上面说章炳麟认为"呀"是"乎"的后身，我们不以为然，因为"乎"是晓母字。而"呀"之作为命令句终词用者则是后来念为 ja 之"呀"。然则"乎"和"休"都是晓母字，"休"是否"乎"的后身呢？不然！因为"乎"字在古代并不能用作否定词，而且古代也并没有喉牙音的否定词，然而"休"字不但是晓母喉牙音字，同时既是否定词，又是命令句终词，它绝不是"乎"的后身。"休"字其实也是古代从 p-的一种否定词变来的，因为在汉语的语音变化史上，从 p-变 x(h)确有其事，双唇音和喉牙音确有通转的情形[①]。不过因为只有这一个字是喉牙音的否定词同时又是喉牙音的命令句终词，这并不是普通的现象。后来的白话文，除了在否定词方面仿效中古诗句的用法外，已不再用"休"作命令句终词了。

至于否定命令词，除了这特别的"休"外，还有许多，但都是古代双唇音的否定词，不过不用"不"、"否"、"未"之类罢了。在这里只有"别"和"甭"无妨说说。"别"就是"不要"的合音，所谓长言短言之别。长言之，为"不要"，短言之，为"别"。这也不过是就原则上言之而已。事实上《红楼梦》中不论在何种情形之下，都差不多

---

① 参阅陆志韦《说文广韵中间声类转变的大势》，《燕京学报》第二十八期第 18 页乙格上下。

完全用“别”，很少用“不要”。“甭”之为“不用”的合音，一望而知。这个字而且是近来才发明的。“不用”在汉朝时代就被人用来做否定命令词。《别国洞冥记》云：“不用作方伯”，即其一例。六朝时更有此用法。《搜神记》云“此人必投水死，更不用寻也！”然而有长短言之别者却是很近的事。近代用北京话来写小说，如老舍之《骆驼祥子》，分明有此分别，说话激烈时就用“甭”，和缓时就用“不用”，显而易见。这是一般人都知道的事实，也用不着多说了。

第五章　感叹命题

第一节　感叹命题的性质

一般语言学家只注意到语言之表达思想，所以就说语言是表达思想的工具。其实语言的作用，不但是在于通过表达思想造成交际工具，同时也在于表达感情，表达意志。上章论命令命题时，我们已经说过人类之用语言方式来表达其心中的欲求是如何的迫切。要他人有一种动作，这就是意欲的表达。不过，有的时候，人类只要表达其心中的情绪，而不一定要命令他人，这种情感的表达也是语言作用的一部分。人类不仅是理性的动物。亚里士多德显然只看到人类生活的一方面。人类同时也是感情的动物。感情是生活的重要部分，所以，感情的表达实在也是语言作用的一个相当重要的部分，虽然语言本质上是抽象思维的担负者。

感情的表达，在语言方面，可以由语义和语法两种成分来实行。语义的成分不在我们的讨论范围之内，语法的成分则是我们所要研究的。一般语法学家对于表情语法的探讨多不注意，传统的语法学家甚至于只在“叹词”(interjection)之下列成一项，来讨论所谓表达感叹的词[①]。这其实是勉强的办法。他们所以把“叹

---

① 叹词(即我们所谓的感叹词)当然是一种特殊的词，有其特殊的作用，表示某种意思。但把叹词和名代诸词并列，在同一的标准之下分类，则是我们所不赞同的。

词”列为一项与其他词类相并而行，其原因很简单，就是没有注意到表情语法和表达思想的语法的不同。没有看出这不同，然而却找到一些表达感叹的虚词，因此就认其为词类的一项，而与名代诸词并列。实则叹词云云实在是一个不伦不类的东西。第一个使我们惊异的，即许多所谓表达感叹的，却并不一定是这些语法学家所谓的“叹词”。“讨厌！”这明明是表达心中的厌恶的情绪，然而却并不是什么叹词。“什么东西！”这明明是表达心中的忿恨的情绪，然而却并不是什么叹词，而是名代之词。所以把叹词和名动诸词列在一起，认其为不同的词类，是走不通的。其所以不通的原因，就是表情语法和表达思想的语法虽都是语法，却是不同的领域，不过这两个领域可以互相重叠而已。表情语言事实上有其不同的规则。这规则是和一般表知的语法不同的。但这并不是说表情的语法和表知的语法没有关系，只是说它的领域不同而已。其实表情的语法只是把表知的语言用另一方式来表达而已。所用的材料是一样的，只是方式有所不同。何况表情的语法和表知的语法在基础上是相同的呢。也就是因为这个道理，表情的语法是句型论的问题，而不是造句论和范畴论的问题，更不是实词词类的问题。

同一的材料而用另一种方式来表达，这就是说句子的型改变了。所以表情语法实在是句型论的问题。由此，我们也可以懂得为什么把感叹词另列一项与名动之词相对立，是错误的。原来表情语言所用的是同一的材料，所以它也可以用名词，用动词，用形容词等来表示。所以，汉语的“什么东西！”虽然是具有名代之词的功能的词，但是用声调的不同，就可以表达情感的殊异。这和表知的语言不同，因为在表知的语言中“什么东西”的意义和表情语言中的“什么东西”的意义是不同的，然而却用同一个词。传统语法学家没有看到这一点，他们忽略表情语言的规则而把所谓“叹词”和其他的词类列在一起，实在是莫大的错误。

表情的语法是特殊的。它的内容很复杂，不但中国的语法学家还没有把汉语的表情语法做过详细的研究，就是西洋学者也还没有给他们的表情语法做过有系统的整理。表情语法，因为人类情感的复杂，研究起来须有心理学的帮助，而其细密的地方也不是一言二语所得而尽的。说一句老实话，这问题并不是我们这一章所能讨论完的。我们所述的只是就其大体的情形来说而已。

还有一点要声明的。所谓“感叹”并不光指“叹息”，或马建忠所谓之“以鸣人心中之不平之声者”。“感叹”是包括一切感情的表达而言。快乐的情感，恐惧的情调等等都算是“感叹”，固不必是“心中之不平之声”，或垂头丧气的“叹息”。其实用“表情命题”更为妥当，不过“感叹”既成为术语，无妨沿用。只要读者明白就是了。

第二节 感叹命题的种类

感叹命题的表达法大体说起来有七种。第一种是语调的变化，第二种是词的重叠，第三种是词序的颠倒，第四种是语法意义的代替，第五种是感叹词的应用，第六种是其他句型的借用，第七种是呼句。兹请分述如下：

(一)语调的变化　为着表达感情的喜怒哀乐等等，语调就有急缓高低粗柔的分别。一般说起来，平常的语调是平坦的，都是在平衡的调上走。但是有了感情时，就变动了。另一方面汉语的词本来就有声调，即所谓“四声”。一般说话的时候，这“四声”是常定的，上平下平上去等声调都有一定的乐调。但在表达感情的时候，这“四声”就随着情感而生变化。所以所谓语调的变化实在有两个意思。第一是语调的急缓高低粗柔,第二是“四声”的更变。不过,因为感情的本性是流动的,而说话的时候,还有其他的说话情景来托衬,哪一种感情一定要哪一种语调来表示就不容易说定。我们只能把感情分为急切、缓惰、高亢、低栗、粗怒、柔媚六种,而以语调的急、缓、高、低、粗、柔分配之。至于“四声”的变化只是一般的变化。凡有感情的表达,尤其是急切、高亢、粗怒的时候,“四声”就起变化,但如何的变化,则须视词本有的调为何及其环境如何而定。我们只能在声调的变化上知道其有感情的表达,但哪一种感情却不是这“四声”的变化所能准确告诉我们的。

甲 一般语调的变化

A. 急缓 急缓可以表达感情的急切或缓惰。如果是兴奋的话,说话就急切。如果疲惰的话,说话就和缓。当然这种变化在写的语言中是很难找到痕迹的。因为一般语言都没有特殊的写的符号来表示这些声调的不同。中国的古文更是难于找到这痕迹。现代的白话文似乎好一点,因为有标点符号,但这种语调的变化是看不出的。然而在一些词的变化历史上,我们可以看出这痕迹。古语之有长言短言之别,其实就是感情急缓的表示。《公羊传》云:“伐者为客,伐者为主。”何注云“上‘伐者’指伐人者,短言之;下‘伐者’指被伐者,长言之。”一向训诂家对此都有点莫名其妙。梁启超以为这里所谓短言长言,乃是音长的差别,因此就认为短言之“伐”为“fat”,而长言之“伐”为“fā”[①]。这种解释自属新颖,但与事实颇

---

① 李中昊集《文字历史观与革命论》所收梁氏文《从发音上研究中国文字之源》第77—78页。

难相符。汉语的一切方言中都并没有以音长来表示语法变化的例，汉藏语系中任何语言也都没有这分别。“四声”中虽然有以音长来分别的，入声比其他各声都短，但这只是词的问题，并非语法的问题，并且其所以短的原因乃是以闭塞音为收尾。闭塞音又称“急断音”或“暂音”(momentary)，其特性即在于不能延长，因此收此者都是短促的。入声正属此例。然而汉语之属于入声者到处都是，训诂家尽可以说一切的入声都是短言，为什么不说，而偏说同一“字”的“伐”为“上伐……短言之，下伐……长言之”？可知何休所谓的“短言、长言”绝不是指这一类入声收尾的分别。所以梁启超 fat，fā 之别并不能解释这一类的例。况且这里是同样的“伐”字，哪能一个收-t，一个不收-t？然而，古书中却有许多例子证明长短言的意思就是“疾徐”的说法。这原是顾炎武以至俞正燮、郝懿行、刘师培等所主张的，然而却是很有道理的，不过他们还没有深切的加以解释而已。其实“指被伐者”的“下伐”并不是一字发音发得长，乃是因为说话时的急促而把两个字促成一个字的，结果比两个字的音长为短，而比一个字的音长为长。故是“长言之”。这两个字其实就是“被伐”，所以有受动的意思。“被”《广韵》“甫委切”，上声纸韵；“伐”《广韵》“房越切”，入声月韵。“甫”、“房”古代都是双唇音，这两字的声母在古代是一样的。因为是同一的声母，所以疾言之就合并为一。这就是葛拉曼氏(Grammont)所谓的“音缀的重叠”(superposition syllabique)，本是普通的现象，不足为奇①。两个音缀，因为辅音相同，合并之后，就取了“伐”字的韵，所以和“伐”是一样发音的，不过，因为当初习惯上尚有其为两音缀的印

---

① Grammont，Traité de phonétique，pp. 331—336.

象，所以说起来，比一个“伐”字为长。然而这长言之“伐”却是“被伐”两字疾言而成的结果。它的意思是“被伐”，故与短言之“伐”有别。这种情形还有其他的旁证。古书中常有“盍”的用法。“盍”有时是“何”的意思，有时是“何不”的意思。《论语·公冶长》：“盍各言尔志？”《东京赋》：“盍亦览东京之事以自寤乎？”这里的“盍”字只能解释为“何不”，绝不能说是“何”。《管子·戒篇》：“盍不出从乎？”《庄子·盗跖篇》：“盍不为行？”既然有“不”字在后，这“盍”字就只有“何”的意义，不能说是“何不”。这两个意义是不同的，然而却只有一个同一的字。杨树达认为“盍”是“何不”之合声[①]。裴学海认为不然。他的理由是：“古韵‘不’字在‘之’部‘盍’字在‘盍’部，非叠韵，且‘之’、‘盍’韵部又远，‘盍’焉得为‘何不’之合声乎？”[②]其实这种批评不足以驳倒杨氏，因为虚词的声母比韵母重要，虚词的元音多半是模糊不清的，口语的“的”字到底是念为 te 或 to 或 ti 或 tə 都说不定。用韵部的不同来做批评的唯一根据，恐怕不能服杨氏之心。然而杨氏谓其为“何不”两字之合音也是不必要的。古书中明明有“盍不”的例子，为什么不说“盍”即“盍不”之合声呢？“盍不”的意义当然是“何不”，“盍”、“何”在古代也必是一语之转。但既有“盍”，又有“盍不”，而两者的意义又可以都是“何不”，这训为“何不”之“盍”必是“盍不”之合音无疑了。合音的来源也是辅音的相同。“盍”《广韵》“胡腊切”，“不”《广韵》“方久、甫鸠、甫救切”。“盍”的收尾是-p，“不”的声母也是 p-，这在“疾言”之后，就非变成一个音缀不可。“不”的元音消失，又把声母 p-融

① 杨树达《词诠》第三卷第 36 页。

② 裴学海《古书虚字集释》第 267—270 页。

化在"盍"的收尾-p之中,结果"盍不"就促成一个"盍"了。不过这里所表现的并不是表知语法范畴的变化,并不是肯定和否定的变化,因为这种"盍"本来是"盍不"两字,其意义上的作用总是"盍不",并不因此而变为肯定。这只是情感的表达而生的结果。和缓地说,就说"盍不",急切地说,就把"盍不"说成"盍"了。像这一类的痕迹还有不少,我们无妨举几个例:

(徐言)(疾言)

崔嵬——→卒

蒺藜——→茨

不能——→患

之乎——→诸

之于——→诸

栗烈——→冽

——以上古文

不要——→别

不用——→甭

——以上口语

这当然不过是表示汉语中确有因感情的急缓而生的句中某词的重叠缩短的现象而已。

B. 高低 感情慷慨的时候,语调自然就高。《李陵答苏武书》称:"然陵振臂一呼,创病皆起。"能够使创病皆起,当然情绪的激昂,语调的高朗,也就可想而知了。无怪乎"天地为陵震怒,战士为陵饮血"了。不过这一类的例子在写的死语言中也不容易找到,因为写的语言并没有表示音高的符号,只有现代的白话文常用"!"号来表示。但"!"所表示的意义太多,太笼统,看不出其为语调的高亢，或是其他的意义。可是在实际的说话中，是可以一闻而知的。这里只举此原则，而不用举例了。

C. 粗柔　粗柔是按语音的强弱来说的。岳飞的“怒发冲冠”，读到这里时，没有一个人的语调不是粗重的，除非他不受作者的感动。这一类的句子也是以到实际的语言中去寻找为妙；这里不必多述了。

乙　“四声”的变化

关于“四声”的变化，赵元任曾经做过详细的研究[①]，不过他的出发点是语音学，所以所论的是平常说话时因上下词的“四声”的影响而生的“四声”的变化，而不是情感的成分所加在语词上的“四声”的变化。情感的表达和“四声”的变化大有关联。比方说，“来”字本来是下平声，它的声调略似$\overset{\frown}{12}$——╱，可是带有情感时，盛怒之下说一声“来！”其声调就不一定是$\overset{\frown}{12}$，大半是$\overset{\frown}{16}$——╲，有类去声，而在柔性献媚做出怪态的时候，却多半就说成上平声“来”，$\overset{\frown}{2—2^{\#}}$——。大半这种变化也是随情绪和声调的性质而来的。上平声平长，所以缓惰轻柔的感情往往会把其他的声调变成上平声。去声的声调促而降，所以急切、低栗的感情往往会把其他的声调变成去声。下平声高而升，高亢而出诸反问口气者往往会把其他的声调变成下平。上声低而屈升，粗怒、懊恨的感情可以把其他的声调变成上声。但这也只是就原则上言之，并不是绝对的标准。

以上所述用语调和“四声”的变化来表示感情，其实很难找出一个绝对的定则，可以规定各情感的特殊的表达是用什么语调或

---

① 赵元任 A Preliminary Study of English Intonation (With American Variants) and its Chinese Equivalents. 文载《庆祝蔡元培先生六十五岁论文集》上册。

“四声”。这原因一方面是因为感情的结构很复杂，一方面则是因为除此以外，情感的表达还有其他的方法，合用在一起，就很容易表现。这些其他的方法，我们将于下面叙述，但其中有一种可以在这里一提的，就是做手势。做手势是语言的辅助。法国的汝斯(Jousse)甚至于认为做手势是语言的本质①。这当然是错误的理论。但做手势却能帮助语言去表达一些感情。做手势的用途不广，不足以表示一切的情意，所以只能用来帮助说话。在感情的表达中，做手势的帮助可以起相当的作用。李陵之必得用“振臂”来帮助“一呼”也就是这个道理。

(二)词的重叠　词的重叠可以表达情绪，各语言都有其例。“去”和“去去”比，当然没有那样的带有愤怒的色彩。“太惨了”和“太太惨了”比，也没有那样的沉痛。词的重叠也有三种，一是同一个词的重叠，一是同义词的重叠，一是结构的重叠。同一个词的重叠容易了解，同义词的重叠就是发音不同而意义一致的词的重叠，结构的重叠就是词组或整句的重叠。试举几个例：

甲　古文

A. 同一个词的重叠

于时言言，于时语语！(《诗·大雅·公刘》)

有客宿宿，有客信信！(《诗·周颂·有客》)

画檐初挂弯弯月。(苏轼《菩萨蛮》)

功成惠养随所致，飘飘远自流沙至。(杜甫《高都护骢马行》)

---

① Jousse, Le mimisme humain ct l' anthropologie du langage, Revue anthropologique, 1936, No. 7—9.

明日隔山岳，世事两茫茫！（杜甫《赠卫八处士》）

天之苍苍，其正色邪！（《庄子·逍遥游》）

惨惨柴门风雪夜，此时有子不如无！（黄仲则诗）

B. 同义词的重叠

我马玄黄！（《诗·周南·卷耳》）

缮完葺墙，以待宾客！（《左传·襄公三十一年》）

容貌姿美。（《三国志·邓哀王传》）

忳鬱邑余侘傺兮！（《楚辞·离骚》）

初先是往十余岁，河决观，梁楚之地，固已数困。（《史记·平准书》）

虚囹圄而免刑戮。（贾谊《过秦论》）

寇盗充斥，无若诸侯之属辱在寡君者何！（《左传·襄公三十一年》）

仁爱士卒，士卒皆争为死。（《史记·袁盎传》）

载其清净，民一宁一。（《史记·曹相国世家》）

C. 结构的重叠

夫何敢！是将为乱乎！夫何敢！（《公羊传·庄公三十二年》）

孰为来哉！孰为来哉！（《公羊传·哀公十四年》）

天乎！天乎！予无罪！（《穀梁传·宣公二年》）

骓不逝兮可奈何，虞兮！虞兮！奈若何！（《史记·项羽本纪》）

弗如也！吾与女，弗如也！（《论语·公冶长》）

斯人也而有斯疾也！斯人也而有斯疾也！（《论语·雍也》）

天丧予！天丧予！(《论语·先进》)

是何师与！是何师与！(《法言·问明》)

已乎！已乎！殆乎！殆乎！(《庄子·人间世》)

乙 口语

A. 同一个词的重叠

只见那个唱的玉兰，慌慌张张走出来。(《水浒传》第二十九回)

你快快招了！(《京本通俗小说·菩萨蛮》)

他不论小叔子侄儿，大的小儿，说说笑笑，就不怕我吃醋了。(《红楼梦》第二十一回)

贾琏笑道："罢罢！这空头情我不领。"(同上第二十二回)

花阴里蹑足行行，柳影中潜身等等。(元曲《红梨花》)

人儿远远，天涯近近，此处孤，那边另另！(明曲《相思谱》)

好了，庆贺庆贺咱的婚事！(《二马》第387页)

骂得好！好！好！(《第二梦》第二幕)

我要是和她——不！不！不！(《二马》第304页)

你是明白人，自己合计合计得了！(《骆驼祥子》第133页)

B. 同义词的重叠

泼畜生因甚底缘何尚然落后？(《宦门弟子错立身戏文》)

你既到阴司地狱，可有曾见得亲人的么？(《刘香宝卷》)

我恁地白白净净底，只是嘴乌！(同上)

若不是他和我顽，就自轻自贱了。(《红楼梦》第二十二回)

妻子在路上哭哭啼啼。(《儒林外史》第三十八回)

当夜纷纷扬扬落下一场大雪来。(同上)

因为成千累万的男人还闲着没事作呢!(《二马》第386页)

你怎样能干会办事,总可以想法把电报立刻寄出去。(《第二梦》第一幕)

我招谁惹谁了?!(《骆驼祥子》第134页)

C. 结构的重叠

好怪!好怪!(《京本通俗小说·拗相公》)

苦恼!苦恼!(《京本通俗小说·志诚张主管》)

可怜!可怜!(《儒林外史》第三十七回)

最好!最好!(《水浒传》第二十六回)

你有嘴没有?有嘴没有?(《骆驼祥子》第202页)

别生气!别生气!(《二马》第368页)

不易解决!不易解决!(《二马》第340页)

这样也好!这样也好!(《泼妇》剧本)

不要!不要!你自己去换来!(《好儿子》剧本)

了不得!子明,了不得!(《少奶奶的扇子》第四幕)

古文中同义词的重叠很多,这些同义词的重叠有的时候只是为着声调的和协,只是修辞的问题,而不是语法的问题[①]。即因此故,后来这些同义词都变成了双音缀的词。所以像口语中的"清洁"、"快乐"、"喜欢"等大体只能算是一个词,有时很难说是两个词

① 关于用"重言"的办法来修饰词句的问题,参阅郭绍虞《中国语词之弹性作用》第二节、第三节,文载《燕京学报》第二十四期。

的重叠。重叠确是能够表示感情的，许多文学家诗人就是利用这种重叠来激动读者的感情的。结构的重叠有的时候不必是整句的完全的重叠，只要是句中重要成分的重叠就可以引起情感。

（三）词序的颠倒　我们说过拉丁语的词序可以随便，因为词与词间的关系已经由词尾的语法成分表达出来。所以 Petrus cædit Paulum，Paulum cædit Petrus，cædit Petrus Paulum，Paulum Petrus cædit……都可以用，意义是一样的[①]。不过这是就表知的语言来说，实则以表情的语法言之，这些句子是有不同的，不同之处，就在于感情着重的所在。一般地说，汉语的词序地位是很严格的。"我打你"和"你打我"的意义完全不同。然而这也只是就表知的语言而论，其实在表示感情的时候，往往可以把词序颠倒。例如我们可以说："打你，我。"这句话如果没有标点符号在"你"之后加上一个逗点的话，就很容易误会为"打你我"（有人来打你和我二人）；但说话的时候，往往是在"你"之后略为停顿，表示"我"仍是这句子的主语，不过为着表示感情的着重点，就先说"打你"而已。这句话的意义，在表知语言方面说，和"我打你"是一样的，但从表情语言的角度来看，两者却不一致。这种颠倒词序的办法在各种不同的句子结构中，都可以应用。现在就按照名句、形容句和动句来举几个例：

甲　古文

A. 名句

小人哉樊须也！（《论语·子路》）

君哉舜也！（《孟子·滕文公上》）

---

① 参阅本书《绪论》第二章第三节。

何物驴畜，敢于御史里行！（《大唐新语》）

B. 形容句

快哉此风！（《快哉亭记》）

富哉言乎！（《论语·颜渊》）

野哉由也！（《论语·子路》）

C. 动句

圣人吾不得而见之矣！（《论语·述而》）

夏礼吾能记之，杞不足征也。殷礼吾能言之，宋不足征也。（《论语·八佾》）

贫者，平亦耻之。（《史记·陈平世家》）

诸言予之者皆斩之。（《史记·匈奴传》）

非礼勿视，非礼勿听，非礼勿言，非礼勿动。（《论语·颜渊》）

己所不欲，勿施于人！（《论语·卫灵公》）

廉者不求，贪者不与。（《世说新语·言语》）

故国不堪回首月明中。（李煜《虞美人》）

此道今人弃如土。（杜甫《贫交行》）

我君岂有不识者。（《琅琊漫钞》）

乙 口语

A. 名句

好小子，马威，要强！（《二马》第278页）

B. 形容句

年青力壮，吃得饱，睡得着，有出息，那孩子！（《二马》第57页）

真当不住！那老虎也似的太阳！（《两个角色演的戏·寒

暑表》)

统统坏！个个坏！男子年纪大一点。(《少奶奶的扇子》第一幕)

C.动句

扇子送来没有?(《少奶奶的扇子》第一幕)

不过这种话他们也只敢在我背后说说罢了。(同上)

好,不好,心里知道,得了！何必说出来呢！(《二马》第56页)

这个月的工钱,你留着收拾车吧,……(《骆驼祥子》第83页)

这个不必问了。(《水浒传》第三十二回)

眼前的门子不走,……(《旱》第54页)

干木子壳我不要……(同上第75页)

命——我是不知道的。(《卞昆冈》第二幕)

世界上的事情你还不懂得。(《长生塔·隐身珠》)

门外那一个你拿去使就得了。(《卞昆冈》第一幕)

(四)语法意义的替代　为着表达情感,说话的人往往要用另外的语法意义来替代其心目中所要表达的。特别是在代词方面,因为说话的人对着听话的人所生的各种不同的情感,往往要用其他的代词来替代他所要表达的。我们知道英语的第二身代词现在是无论单数或多数都用一个 you 字,其实这 you 本来只是多数,单数是 thou,现在除了和神明说话表示亲切时还用 thou 外,多数式 you 却完全替代了单数式。法语的第二身多数式 vous 现在也用来替代第二身单数式的客气式,而原有的第二身单数式 tu 则只用于表示亲切的地方。德语的第二身单数客气式 sie 本来是第三身。这些都是因为在对话时所生的敬畏的情感，不敢直接说对方，就用多数或其他的“身”来掩护。而在第一身方面，也为着避免责任等感情，而用多数式来替代单数式。现代各种文字所写的著作，著者往往自称为“我们”，we，wir，nous，就是这么一回事。汉语在这一方面也有类似的用法。这些语法意义的替代归纳起来，可以说有三种：

甲　不同数的替代

A. 以第一身多数代第一身单数。在论人称代词时，我们曾经解释过，白话文中的“咱”字是“咱们”两字的结合[①]，“咱们”是多数式，然而现在在表示客气，表示敬畏，表示避免责任等等情绪之下，“咱们”、“我们”、“咱”却不见得真正代表多数，而只是用此来替代第一身单数而已。《红楼梦》中载有薛宝钗的话，说：“别说老太太，太太心疼，就是我们看着……”，其实这“我们”只指宝钗一人。这就是一个例子。

B. 以第二身多数代第二身单数。我们也曾说过，现代北方口语中的“您”字本来是“你们”两字的结合。“你们”是多数，而“您”则是第二身单数客气式。客气就是一种情感的表露。这就是用第二身多数来替代第二身单数的例子。从前鲁东方言，长者对后辈说话时，说 nən，无论人数单多。nən 其实就是“您”(nin)。从前北京的旧家姑称子妇为“你们”。这也是以多为单的例子。当然这后者并不见得是尊称，但总不失其为客气式之一种，用以表示某种感情的。

C. 以第三身多数代第三身单数。北京话因为受了第二身客

---

① 参阅本书第二编第二章第四节。

气式的类推作用，最近也产生了第三身客气式，表示尊敬，这就是凌霄汉阁主所谓的"他恩"，其实并没有两个音缀，只是念为 t'an 的一个字。它的来源当然是"他们"，但现在已经缩短为 t'an 了，我们无妨给它造一个字"怹"。关于这一点，我们已经在讨论人称代词时说过[①]，不必多赘。

乙　不同身的替代

A. 以"你"代"我"。有一天一个朋友对我说："我真怕他了，你越跟他客气，他就越欺负你。"这里面的"你"字分明是指"我"。这也是一种感情的表示。

B. 以"你"代"他"。日常生活中，在向甲叙述与乙辩论争吵时，常会不知不觉地把自己的理由，直接向甲发挥，好像正和乙说话的时候一样，例如："你当你这就露了脸啦？别装样子！我才犯不上和你治气哪！"这里的"你"字明明是"他"之谓，但这样说出来，就更显得说话人的盛怒之情。

C. 以"他"代"我"。有时为着表示不负责起见，我们往往把该用第一身的地方用上第三身。例如被责失约时的反驳："你让去就行啦？他不乐意去么！"这也是一种感情的表示。

丙　泛称代词的应用　为着表示敬畏，避免责任等等情绪，汉语常常用一种泛称代词。有时用"人"，有时用"人家"，有时甚至于用"人们"。"人"或"人家"等是泛称代词，因为它只指某一个人，而不指哪一个固定的人。即因其如此，不愿意说清楚到底是谁时，我们就用"人"、"人家"来指任何的身。有时用来指第一身，有时用来指第三身，不论数之单多，特别是用来表示"我"。《红楼梦》载薛宝

---

① 参阅本书第二编第二章第四节。

钗劝贾宝玉的话："早听人一句话，也不至有今日！"这"人"就是宝钗自己，就是"我"。福州方言中而且把这种"人"和"人家"都用得烂熟了，甚至于损失了它的感情成分，而变成普通的第一身代词了。

（五）感叹词的应用　感叹词大约可以分为三类：一是句终感叹词，一是句中感叹词，一是特殊感叹词。感叹词云云是指一切表达感情的词而言，不光是叹息而已。

甲　句终感叹词

A. 古文

1. 也

恶！是何言也！（《孟子·公孙丑上》）

君子人与！君子人也！（《论语·泰伯》）

大丈夫当如此也！（《史记·高祖纪》）

斯人也而有斯疾也！（《论语·雍也》）

若是其靡也！（《礼·曲礼》）

2. 矣

善哉禹功，明德远矣！（《左传·昭公元年》）

大哉言矣！（《孟子·梁惠王下》）

子玉无礼矣！（《国语·晋语》）

楚其殆矣！（《国语·楚语》）

3. 焉

君矣舜也！巍巍乎有天下而不与焉！（《论语·泰伯》）

虽无石椁，又何戚焉！（《史记·张释之传》）

4. 乎

泰山其颓乎！梁木其坏乎！哲人其萎乎！（《礼记·檀弓

上》)

富哉言乎!(《论语·颜渊》)

吴其墟乎!(《史记·越世家》)

5. 哉

三代之际,非一士之智也,信哉!(《史记·叔孙通传》)

帝曰:"咈哉!"(《书·尧典》)

燕雀安知鸿鹄之志哉!(《史记·陈涉世家》)

6. 邪

甚矣夫!人之难说也!道之难明邪!(《庄子·天运》)

乾坤其《易》之门邪!(《易·系辞》)

7. 与(欤)

猗与!那与!(《诗·那》)

舜其大孝也与!(《礼记·中庸》)

孝弟也者,其为仁之本与!(《论语·学而》)

8. 来

嗟来!桑户乎!嗟来!桑户乎!(《庄子·大宗师》)

9. 夫

南人有言曰:"人而无恒,不可以作巫医。"善夫!(《论语·子路》)

汲郑亦云"悲夫!"(《史记·汲郑传》)

10. 兮

大风起兮云飞扬!(《史记·高祖本纪》)

螽斯羽,诜诜兮!宜尔子孙振振兮!(《诗·周南·螽斯》)

帝高阳之苗裔兮,朕皇考曰伯庸。(《楚辞·离骚》)

B. 口语

1. 啊

是天命啊!(《月下》剧本)

朋友是非结婚不能报答的啊!(《回家以后》剧本)

因为命只有一条啊!(《骆驼祥子》第252页)

2. 呵

这也是人生极不公平的事呵!(《第二梦》第一幕)

子明,早呵!(《少奶奶的扇子》第四幕)

我的躯壳同灵魂也未尝没有交给你呵!(《泼妇》剧本)

3. 呀

好苦呀!(《第二梦》第二幕)

是呀!(《骆驼祥子》第71页)

你们女人对女人,心好狠呀!(《少奶奶的扇子》第一幕)

4. 哩

聪明的人用不着哭的,丑的女人才哭哩!(《少奶奶的扇子》第一幕)

你不要弄错了,我还有朋友,好些朋友哩!(同上)

正要找你哩!(同上第二幕)

5. 呢

我自己的痴迷,还怕人家点破呢!(《少奶奶的扇子》第四幕)

对了,在厨房里呢。(《二马》第80页)

他还拿着呢!(同上第120页)

6. 哇

咱们受不了哇!(《二马》第101页)

学商业，好哇！（同上第118页）

山里村里，总有人去过林子，见过哇！（《第二梦》第一幕）

7. 哪

也不失咱们的身分哪！（《二马》第102页）

当是你是铁作的哪！（《骆驼祥子》第54页）

8. 吓

好吓！（《好儿子》剧本）

9. 啦

以后更不容易啦！（《少奶奶的扇子》第一幕）

我恨极啦！怨极啦！（同上第三幕）

你总找不出一位，再比我王裕规矩、老实、忠心、可靠的买卖人啦！（《第二梦》第一幕）

10. 咧

见你大大的成功了，自然有人要妒忌咧！（《月下》剧本）

是，我打算再像那时那么与众人奋斗一次咧！（同上）

那就人人多要恭敬你是大慈善家咧。（《好儿子》剧本）

乙 句中感叹词

A. 古文

1. 矣

展矣君子！（《诗·邶风·雄雉》）

甚矣我衰也！久矣吾不复梦见周公！（《论语·述而》）

允矣君子！（《诗·车攻》）

往矣汝谐！（《史记·五帝本纪》）

2. 哉

大哉乾元！（《易·乾象传》）

孝哉闵子骞！（《论语·先进》）

君子哉若人！尚德哉若人！（《论语·宪问》）

冤哉烹也！（《史记·淮阴侯传》）

异哉所闻！（《史记·樊哙传》）

3. 与

猗与漆沮！（《诗·周颂·潜》）

4. 乎

确乎其不可拔！（《易·乾文言》）

郁郁乎文哉！（《论语·八佾》）

惜乎子不遇时！（《史记·李将军传》）

B. 口语

1. 呀

她呀，每天只在草场上，……。（时曲《可怜的秋香》）

我呀，爸爸，我就躲在那棵树下。他们没有看见我——。（《卞昆冈》第三幕）

2. 呢

现在呢，你的脸上，反有懊悔之色。（《月下》剧本）

要办呢，自然就办。（《第二梦》第一幕）

我呢，的确不容易领会。（同上）

3. 罢

你说出来罢，究竟是何事？（《月下》剧本）

4. 啊

怕嚷啊，当初别贪便宜呀！（《骆驼祥子》第102页）

5. 末(么，吗)

本来末，死骨头都是香的！（《卞昆冈》第三幕）

"悔不当初"么！就是鬼。(《第二梦》第二幕)

我早就知道吗，他一跑起来就不顾命，早晚是得出点岔儿。(《骆驼祥子》第82页)

丙 特殊感叹词 句终感叹词和句中感叹词所表示的情感不大清楚。我们只知道其表示一种情感，什么情感却不一定，要视说话的情景如何而定。特殊感叹词所表示的则比较的清楚。在这种情形之下，表示感情的词往往是单独的用着。然而和上下句都有关联，而其本身也可以算是一个句子。

A. 古文

1. 噫(意)——表叹息

噫！公命我勿敢言。(《书·金縢》)

噫！天丧予！天丧予！(《论语·先进》)

意！毒哉！仙仙乎归矣！(《庄子·在宥》)

2. 嘻(譆憘熙)——表痛感

嘻！此奚斯之声也！(《公羊传·僖公元年》)

譆！善哉！技盖至此乎！(《庄子·养生主》)

憘！以乐召我而有杀心，何也？(《后汉书·蔡邕传》)

熙！我念孺子，若涉渊水。(《汉书·翟义传》)

3. 诶(唉)——表厌叹

魏王曰：诶！(《战国策·魏策》)

狂屈曰：唉！予知之。(《庄子·知北游》)

4. 吁——表惊叹

吁！君何见之晚也！(《史记·蔡泽传》)

吁！谓之兹邪！(《汉书·扬雄传》)

5. 吓——表愤怒

鹓鸰过之，仰而视之曰："吓！"（《庄子·秋水》）

6. 呼——表惊怒

江华怒曰："呼！役夫！"（《左传·文公元年》）

曾子闻之，瞿然曰："呼！"（《礼记·檀弓》）

7. 嚄——表惊愕

武帝下车泣曰："嚄！大姊，何藏之深也！"（《史记·外戚世家》）

8. 咄——表呵叱

朔笑之曰："咄！口无毛！声謷謷，尻益高。"（《汉书·东方朔传》）

立政曰："咄！少卿良苦。"（《汉书·李陵传》）

谭堕马，顾曰："咄！儿过我！我能富贵汝。"（《后汉书·袁谭传》）

9. 嗟兹乎（嗟嗞乎，嗟子乎，嗟乎子乎）——表痛惜

嗟兹乎！我穷必矣！（《说苑·贵德》）

嗟嗞乎！司空马！（《战国策·秦策》）

嗟子乎！此盖吾先君文武之风也夫！（《尚书·大传》）

嗟乎子乎！楚国亡之日至矣！（《战国策·楚策》）

10. 嗟（嗟嗟，嗟乎，于嗟，叱嗟）——表痛惜

嗟！土室之人，顾无多辞！（《史记·匈奴传》）

嗟嗟臣工，敬尔在公！（《诗·周颂·臣工》）

嗟乎！有以也！（《史记·田儋传》）

于嗟麟兮！（《诗·周南·麟之趾》）

叱嗟！尔母婢也！（《战国策·赵策》）

11. 已——表哀痛

已！予惟小子。(《书·大诰》)

已！女乃其速由兹义率杀。(《书·康诰》)

已！我安逃此而可！(《庄子·庚桑楚》)

12. 咨(訾)——表责叹

帝曰："咨！女羲暨和。"(《书·尧典》)

子反叱曰："訾！退，酒也！"(《吕氏春秋·权勋篇》)

13. 恶(哑)——表拒斥

恶！是何言也?！(《孟子·公孙丑上》)

哑！是非君人者之言也！(《韩非子·难篇》)

14. 於(於乎，於呼，於戏，乌乎，呜呼，恶乎)——表哀叹

於！昭于天！(《诗·文王》)

於乎小子！未知臧否！(《诗·大雅·荡之什》)

於呼！安得长者之语而称之？(《史记·滑稽传》)

於戏！前王不忘！(《礼·大学》引《诗·烈文》)

呜乎！曷归予怀之悲！(《书·五子之歌》)

乌乎！必有此夫！(《左传·襄公三十年》)

恶乎！崔子将为无道，杀其君，盟者皆视之。(《新序·义勇》)

15. 懿(抑)——表怒恨

抑！此皇父！(《诗·十月》)

懿！厥哲妇！(《诗·瞻卬》)

16. 都——表叹美

皋陶曰："都！"(《书·皋陶谟》)

驩兜曰："都！共工方鸠僝功。"(《书·尧典》)

禹拜曰："都！帝！予何言？予思日孜孜。"(《书·皋陶

谟》)

B. 口语

1. 啊哟——表惊愕与惨痛

啊哟！姑妈，妹妹都来了。(《泼妇》剧本)

2. 哎哟——表惊愕与惨痛

哎哟！王先生，秀云全告诉我了。(《少奶奶的扇子》第二幕)

3. 啊唷——表惊愕与惨痛

啊唷！这是老虎肉，那里动得起呢！(《好儿子》剧本)

4. 啊吓——表惊愕与惨痛

啊吓！又抓了一大把出去！(《好儿子》剧本)

5. 哎嗳——表惊愕与惨痛

哎嗳！等我来解释给你听！(《少奶奶的扇子》第二幕)

6. 哎——表伤叹

哎！别死！你看，我死不了吧？(《二马》第 188 页)

7. 唉——表伤叹

唉！天天为了这两餐吃，就得把人磨死。(《好儿子》剧本)

8. 呕——表轻慢

呕！保罗！别那样说呀！(《二马》第 197 页)

9. 嘘——表轻慢

嘘！不要多说！(《少奶奶的扇子》第三幕)

10. 喊——表嗤笑

有什么可忙的呀？喊！(《二马》第 171 页)

11. 喏——表惊愕

嗐！非念不可！(《二马》第 219 页)

12. 唏——表喜悦

那么，我就不陪了，不陪了！唏，唏，唏，(《二马》第 220 页)

13. 嘻——表喜笑

我已经多赖了一个时辰，嘻嘻！(《第二梦》第一幕)

14. 哈——表狂喜

哈哈！要把人修成机器，那就糟了。(《回家以后》剧本)

15. 哼——表厌恶

哼！我不爱那朵粉花儿(《二马》第 222 页)

16. 咳——表痛叹

咳！一定要我告诉你么？(《第二梦》第二幕)

17. 嗄——表疑虑

嗄！是请柬么？(《月下》剧本)

18. 呀——表沉痛

呀！母亲！(《月下》剧本)

19. 唷——表惊愕

唷！只顾说着话，……。(《回家以后》剧本)

20. 啊——表惊动

啊！自己吓自己一跳。(《二马》第 216 页)

21. 嘿——表冷嘲

嘿！我的马先生，我嫌工钱小！(《二马》第 230 页)

22. 哦——表注意

哦！那位王昭王先生，收到你的请帖啦！(《少奶奶的扇子》第一幕)

23. 喂——表关切

喂！朋友！你的制造机关和印刷器在那里？(《好儿子》剧本)

24. 唔——表疑虑

唔！可以可以，当然可以！(《少奶奶的扇子》第二幕)

25. 咦——表厌腻

咦！我的旅行皮包，怎么也在这里？(《第二梦》第三幕)

26. 呵——表轻慢

呵！我当你笑的是国家大事呢！(《泼妇》剧本)

27. 呣——表疑虑

谁劝我，呣！(《少奶奶的扇子》第一幕)

28. 嘞——表厌斥

你拿着就结了，喽！(《二马》第98页)

29. 呸——表怒叱

呸！浊物！你是个男子汉，自不做主，却听别人调遣！(《水浒传》第二十三回)

30. 喝——表惊疑

喝！五镑十个先令！五镑十个先令！(《二马》第107页)

这些例子而且是不完全的，除此之外，还有很多其他的。这些感叹词多半都是假借字，不过是代表其声音而已。即因其如此，同样的词往往可以有许多的写法。例如古文中的“嘻”和“譆”、“憘”等其实只是一个同一的词。口语中的“啊哟”、“啊唷”等也是同一的词，还有人写作“吓哟”、“吓唷”、“哎唷”等等；“咳”字有人写作“嗨”，真是举不胜举。这些词而且多半是一种拟声词，这则请待下面解说了。

(六)其他句型的借用　广义地说,询问命题,命令命题,疑惑命题等都可以算是表情命题的一种。即就狭义言,这些句型和表情句的关系也是很密切的。一部分的表情句都是借用询问命题、怀疑命题、命令命题等等的。有的时候,还可以兼用感叹词。例如:

甲　借用询问句

A. 古文

子曰:"斗筲之人,何足算也!"(《论语·子路》)

吁! 汉帝之德,侯其祎而!(《张衡·东京赋》)

我身自请之而不肯,汝焉能行之?!(《史记·甘茂传》)

势位富贵,盖可忽乎哉?!(《战国策·秦策》)

人主无贤,如瞽无相,何伥伥?!(《荀子·成相》)

B. 口语

自古道"嫂叔不通问","初嫁从亲,再嫁从身。"阿叔如何管得?!(《水浒传》第二十四回)

你这个鸟头陀,好不依本分,却怎地便动手动脚?!(同上第三十一回)

咱们村庄人家,那一个不是老老诚诚,守着多大碗儿,吃多大的饭?!(《红楼梦》第六回)

你父亲怎么还不回来呢!(《二马》第172页)

可是这般正派人到底把她当做什么东西!(《少奶奶的扇子》第二幕)

乙　借用疑惑句

A. 古文

其然,岂其然乎?!(《论语·宪问》)

老臣妄窃帝号，聊以自娱，岂敢以闻天王哉?!(《史记·南越传》)

处非道之位，被众口之谮，溺于当世之言，而欲当严天子而求安，几不亦难哉?!(《韩非子·奸劫弑臣》)

且帝宁能为石人邪?!(《史记·魏其侯传》)

B. 口语

咱们这回子反一窝一拖的奔了去，岂不没眼色些?!(《红楼梦》第四回)

难道说父母真不能作主?!(《泼妇》剧本)

不过用了我一句话儿，那里费了我什么事?!(《红楼梦》第六回)

还不就是长辈的福气吗?!(《回家以后》剧本)

还能不来，先生!(《骆驼祥子》第71页)

丙 借用命令句

A. 古文

嗟我农夫！我嫁既同，上入执公官！(《诗·七月》)

将军毋失时！时间不容息。(《史记·陈余传》)

子无乃称！(《庄子·德充符》)

其去刚卯，莫以为佩！除刀钱，勿以为利！(《汉书·王莽传》)

无落吾事！(《庄子·让王》)

B. 口语

好汉息怒！(《水浒传》第二十六回)

快带了那孩子来！别吓著他！(《红楼梦》第二十九回)

拉过来！再找一辆！(《骆驼祥子》第17页)

唷！少倒了一杯了，再去倒罢。(《回家以后》剧本)

王裕！哎哟！快来王裕！(《第二梦》第一幕)

(七)呼句　呼唤是语言的一般现象，一切的语言都有呼唤。印欧语的名词往往有呼格(vocative)，汉语并没有这形式。今人称汉语具有名词功能的词的"呼位"，可以说是完全上了西洋语法的当[①]。但呼唤则是一样的存在。汉语要呼唤的时候，就简单的用平常具有名词功能的词，不过声调著重，显然有一种情绪的表现。有的时候，更加上感叹词，表情的成分也就因此而更加浓厚了。例如：

甲　古文

虞兮！虞兮！奈若何！(《史记·项羽本纪》)

天乎！吾无罪！(《史记·秦始皇本纪》)

参乎！吾道一以贯之。(《论语·里仁》)

赐也！女以予为多学而识之者与？(《论语·卫灵公》)

帝曰："契！百姓不亲，五品不逊，汝作司徒。"(《书·舜典》)

帝曰："格！汝禹！朕宅帝位，三十有三载！"(《书·大禹谟》)

乙　口语

兀！那汉子！你认得宋江？(《水浒传》第三十一回)

---

① 黎锦熙先生的"实体词的七位"中有呼位一项(见《新著国语文法》第30—71页)，而特别在注中注明其所谓"位"就是英语的case，马氏称为"次"，或译为"格"(见上引书第30—31页)。他之强把英语语法中的"格"问题加在汉语之上是显而易见的事实。他后来也自觉其不妥，就于《比较文法》中声明一句说："惟此所谓位者，不尽同于英语语法之case，宁谓之为position of verbs耳。"(见《比较文法》第2页)

刘知寨！你便是个正知寨，待怎的奈何了花荣！(《水浒传》第三十二回)

宝姐姐！我瞧瞧你的那香串子！(《红楼梦》第二十八回)

马先生！后面的花是你种的呀！(《二马》第134页)

阿哥！给我一角钱，门口卖鳅鱼的来了。(《好儿子》剧本)

母亲啊！……。(同上)

总之，汉语表达感情的方法很多，这里不过是其大略而已。语言心理学家如果能够对此作一特殊的研究，他的贡献一定是很大的。

第三节　汉语的感叹词

上面所论的感叹词，其中句终感叹词和句中感叹词都是和其他句型所用的虚词相同的。这原因也极容易明白。因为像命令句、请求句、询问句、反诘句等等，广义地说起来都多少带有表情的成分。我们已经说过，除了几个特殊的句终词，如"吗"之类特别用在一个特殊的地方外，其他的句终词多半都有表情的作用，不过加在命令句或询问句之中而已。只有特殊的询问词，特殊的命令词，特殊的反诘词等才算是有限制的。在表情句子之中也是一样的。一般的句终感叹词或句中感叹词多半是和其他的句型合用的，而且因为各种句型的相混，其正确的意义也不容易追寻。当然参照上下文，我们可以知道它所表示的是哪一种感情，但抽象地说，却不容易。然而特殊感叹词所表示的意义则比较的明确。

关于句终词的来源，上面略已论过，兹不赘。至于特殊感叹词的来源则是我们所要讨论的。

感情情绪都是自然的流露，所以这些感叹词都是自然的语音。当然这自然的语音也须经过社会化的阶段，但大体说起来，它们的来源都是带有某种表情色彩的语音。这些词而且不能用一般词源学的方法来追溯它们的来源。比方说，从前文丐骂人，每曰："屁"，或"放屁"。这"屁"或"放屁"其实是一种误会。章炳麟在他的《新方言》说："《方言》：粃，不知也。今人反遮人言，若云不知者，则呼曰粃。音如糟。此见《东山经》，《广韵》作屁。"[①]在他看来，"屁"的原义是"不知"。其实这也是一种通俗的词源学，和一般人以为"屁"是"放狗屁"一样，都是一种误会。现在人骂人"屁"，其实只是一种自然的吐音，不过表示厌恶而已。这"屁"其实就是"呸"，并没有其他的来源，既不是"放屁"，也不是"不知"，只是语音之自然流露。厌恶一个东西，一个人，或一桩事，则"呸"之。"呸"的发音由三个语音成分结合而成，双唇无声闭塞音 p-加上吐气，再加上前元音 i。闭塞音本质上是很干脆的，更兼是无声的，特别来得轻脆。前元音 i 本质上是很尖清的，吐气正是由胸中吐出一口气。"呸"的作用本来是表示发泄怒气而以轻慢尖脆的态度出之，这正好和 p'i 的音彩相合，所以是自然的流露。这就是它的来源，用不着再去寻找不相干的词源根据。这是一个例，其他的也是如此。

有一部分语言学家以为一切语言的来源都是拟声词。换言之，在他们看来，一个词所以用来代表某一个意义完全是因为它的声音的性质可以代表这意义所反映的事物的性质。有的语言学家甚至于认为就是高度抽象的概念也是这样来的。这当然是错误的

---

① 章炳麟《新方言·释词第一》第5页上。

理论。要知道语言是社会的传习,符号本来可以随便代表,并不一定非某种音代表某种意义不可,而成为传习之后则不能轻易更改。何况语音的变化又随时跟着音变的内部规律而有其一定的法则,哪能视意义为依归呢?同一的意义在各不同的语言中有各不同的发音,而在同一语言中也因时间的演变,而随语音变化的规律而变迁,这就够得驳斥拟声论的学说了。然而这并不是说一切的拟声都是不可能的。反之,在创造词的时候,有意或无意之中确是可以应用拟声的原则的。不过,随着语音的变化,已经创出来的拟声词也会变成毫无拟声色彩的词,而本来不是拟声的词也有因为语音的变化而反在不知不觉之中变成拟声词的可能。简言之,词之是否拟声乃是偶然的结果,并不是绝对的法则。在创造时,可以是拟声,也可以不是拟声,在语音的演变中又是变化无穷。可是,大部分的所谓感叹词则多半是拟声词。这原因不难明白。感叹是自然的语音流露,其所以发出如此声音者大半是因为发生某种情感时,身体上的生理动作可以影响发音机关,而使其生某种声音。例如喜笑的时候,左右两嘴角向两端平裂,又由喉中发出笑声,于是就有 çi(嘻)声,其中元音 i 正是嘴角平裂的前元音,而 ç 也正是喉牙摩擦音。另一方面,这些感叹词因为和身体的动作,感情表达的关系太深,往往不大受一般语音变化原则的影响。因此能保持其拟声的本色。所以要研究感叹词的来源,最好是以拟声的原则来解释[①]。

把汉语的感叹词拿来一看,我们就看出无论是古文也好,或是

---

① 关于各辅音,各元音的音质所代表的表达色彩,Grammont 论之至详。参阅其所著 Traité de phonétique, pp. 383—398。

口语也好，都可以把它们归纳为几个种类，视其所表达的感情或情绪的性质如何而定。第一是表达惨痛的，古文有“嗟”、“已”（音哀）、“唉”等，口语有“哎”、“哎哟”、“吓哟”、“啊哟”、“啊唷”、“唉”等，它们刚刚好都是以 a 或 ai 为元音的。元音 a 音质上是沉重的声音，刚刚好代表沉痛的情绪。第二是表达叹息的，古文有“唏”、“嘻”等，口语有“咳”、“嗨”等，它们刚刚好都是以喉牙吐气 x 为声母的，刚刚好代表叹息的吐气。第三是表达愤怒的，古文有“呼”、“吓”、“恶”等，口语有“嘿”、“呕”等，有的是从吐气的，表示怒气之由胸而出，有的则从后元音 o，u 类，表示怒气之含在喉头。第四是表达惊愕的，古文有“嚄”，口语有“唷”、“呵”、“哦”等，皆从后元音 o，ɔ 类，发此种音时，刚刚好是下颚下降，口腔圆空，而嘴唇圆开，这姿势又刚刚好是惊愕时所有的。第五是表达愤斥的，古文有“咄”，口语有“嘘”、“嚰”等，都是以摩擦吐气音为声母的，正好表示激怒而斥的姿势。其他不能归类的也多半都有拟声的色彩。“哼”之表示厌恶，正是厌恶时上唇向上掀起而使鼻孔转动的写真；“哈”之表狂喜，正是狂笑时开口哈哈大笑的模型。总之，这些感叹词大半是拟声词。不过这种拟声词也须经过社会的同意，因此各语言也有其不同的表现罢了。

词语索引

C

D

E

F

G

H

J

K

L

M

N

O

P

Q

R

S

T

W

X

Y

Z

编辑后记

《汉语语法论》出版于1948年，是高名凯教授早年的一部语法论著。此书在40年代，和王力《中国现代语法》、吕叔湘《中国文法要略》一样，曾在语法学界产生过较大的影响，是汉语语法学史上的重要著作之一。

1957年，作者曾对此书做过修订，并写有"前记"。这次我们编辑《汉语语法丛书》，即根据1957年科学出版社出版的修订本重排。北京大学石安石先生为此书写了重印序言，并校阅了全书。

为了读者翻检方便，我们请李静女同志编了词语索引，附于书后。

商务印书馆编辑部

一九八六年秋